Werner Kurzawa

ERFOLGREICH AN DER BÖRSE

Schritt für Schritt von der Depoteröffnung bis zu Absicherungsstrategien

FBV

Bibliografische Information der Deutschen Nationalbibliothek
Die Deutsche Nationalbibliothek verzeichnet diese Publikation in der Deutschen Nationalbibliografie. Detaillierte bibliografische Daten sind im Internet über http://dnb.d-nb.de abrufbar.

Für Fragen und Anregungen:
info@finanzbuchverlag.de

1. Auflage 2021

ein Imprint der Münchner Verlagsgruppe GmbH
Türkenstraße 89
80799 München
Tel.: 089 651285-0
Fax: 089 652096

Redaktion: Judith Engst
Korrektorat: Anja Hilgarth
Umschlaggestaltung: Sonja Vallant
Abbildungen im Innenteil (Sprechblase und Explosion): Shutterstock/alimughni
Die Grafiken, Abbildungen und Charts im Innenteil wurden bearbeitet von Tobias Prießner
Satz: inpunkt[w]o, Haiger (www.inpunktwo.de)
Druck: GGP Media GmbH, Pößneck
Printed in Germany

ISBN Print 978-3-95972-453-1
ISBN E-Book (PDF) 978-3-96092-856-0
ISBN E-Book (EPUB, Mobi) 978-3-96092-857-7

Weitere Informationen zum Verlag finden Sie unter
www.finanzbuchverlag.de
Beachten Sie auch unsere weiteren Verlage unter www.m-vg.de

Für meine Kinder
Wanja & Johannes

Inhalt

Vorwort
Erfolgreich anlegen und vorsorgen auch in unsicheren Zeiten – trotz Minizinsen, ausufernder Staatsverschuldung und zunehmender globaler Krisen

In einem überschaubaren Zeitraum aus einem Euro zwei oder noch mehr Euro machen zu können – das erscheint den meisten Menschen eher wie aus einem Traum oder den Märchengeschichten ihrer Kindheit.

Doch so unrealistisch, wie dies auf den ersten Blick scheint, ist es keineswegs. Denn was in der Welt der Märchen die gute Fee an Wundergaben aus Gold und Geld herbeizuzaubern vermochte, das scheint heutzutage ein »Goldesel« ganz anderer Art leisten zu können: die Börse! Die Börse ist heute der Ort, an dem das Glück par excellence versucht werden kann. Denn sie birgt bei Beachtung gewisser, gar nicht so schwer erlernbarer Regeln allen Unkenrufen zum Trotz sehr viel mehr Chancen als Risiken. Und das gilt trotz zwischenzeitlich immer wieder vorkommender Kurseinbrüche wie im Börsencrash 1987, in der geplatzten Internetblase von 2000, nach den Terroranschlägen vom 11. September 2001, in der Weltfinanzkrise 2007/2008 oder im Zuge der Corona-Pandemie 2020/2021.

Vor dem Hintergrund solcher Ausschläge erscheint vielen eine Kapitalanlage in Aktien, Anleihen, Investmentfonds oder anderen börsennotierten Finanzinstrumenten auch und gerade für die eigene Altersvorsorge als viel zu riskant, gar unkalkulierbar. Doch diese Ansicht ist ein gerade in Deutschland weit verbreiteter Irrtum – mit erheblichen Folgen für den eigenen Vermögensaufbau und die Vorsorge fürs Alter. In Zeiten dauerhafter Niedrigzinsen läuft die Zurückhaltung gegenüber Aktien und ähnlichen kurzfristig schwankungsstärkeren Anlageformen auf einen Verzicht an Rendite hinaus. Sie schmälert bei anhaltender Inflation den allein an der realen Kaufkraft festzumachenden tatsächlichen Wert Ihres Vermögens.

Dabei sind Ihre Risiken als Anleger und Anlegerinnen an der Börse durchaus überschaubar. Denn nach jedem der kleineren oder größeren Börsencrashs kam es in der Vergangenheit noch immer zu einer ebenso starken Kurserholung: Allein von 1988 bis 1999 stieg der Deutsche Aktienindex (DAX) von 1000 auf 8000 Punkte, vom Tiefpunkt 2003 bis zum Hochpunkt 2007 sowie von 2009 bis 2020 legte er um jeweils 300 Prozent zu.

So führen alle Bedenken gegen eine »Spekulation«, wie Börseninvestments immer wieder mit moralischem Unterton gebrandmarkt werden, nicht an einer Tatsache vorbei, die durch wissenschaftliche Untersuchungen nachhaltig bestätigt wurde: Wer mittel- bis langfristig an der Börse investiert und sich in unsichereren Phasen durch einfache Absicherungsstrategien vor allzu großen Verlusten schützt, kann sich mit einem gemischten Depot aus Aktien und Anleihen als den beiden wichtigsten Anlageklassen ein solides Vermögen aufbauen, es ausbauen und erhalten! Da bei Anleihen statt auf Kursgewinne auf (regelmäßige) Zinsausschüttungen gesetzt wird, nennt man sie auch Renten(papiere).

Der Erfolg an der Börse kommt allerdings nicht von allein. Ganz mühelos werden sich auch hier nicht tausend Euro in hunderttausend oder gar Millionen Euro verwandeln. Dahinter steckt Arbeit, vor allem Gedankenarbeit, eine im Laufe der Zeit durch die eigene Praxis wachsende Erfahrung, Freude am Aufspüren wirtschaftlicher Zusammenhänge, Mut, Geduld, Gelassenheit und zu guter Letzt immer auch ein Quäntchen Glück.

Hier setzt das vorliegende Werk an – als grundlegende Neubearbeitung meines seit 1991 in zahlreichen Auflagen erschienenen Bestsellers *Erfolgreich an der Börse*. Es hat viele Leser geprägt, sogar einige, die später beruflich im Finanzbereich selbst zu Profis wurden und die es als grundlegendes Werk und Handbuch für die Kapitalanlage an der Börse genutzt haben. Ausgangspunkt war meine Artikelserie »Absolute Beginners« in der ab Mitte Oktober 1987 – just zum ersten größeren Börsencrash der Nachkriegsgeschichte – herausgebrachten Wochenzeitschrift *Börse Online*. Mein Ansinnen war es, Privatanleger mit dem Wissen und der Kompetenz auszustatten, die für eine erfolgreiche, selbstbestimmte Kapitalanlage unabhängig von den Empfehlungen interessengeleiteter Anlageberater erforderlich sind.

Insofern ist das mit diesem Buch verbundene Anliegen das gleiche wie damals. Angesichts der radikalen Veränderungen, die seit der Weltfinanzkrise 2007/2008 eingetreten sind – mit »verordneten« Null- bis Minizinsen und den Notenbanken als entscheidenden Mitspielern an den Finanzmärkten – verlangte es aber nach einer grundlegenden Überarbeitung, einer umfänglichen Ergänzung und einer Anpassung der in den früheren Auflagen vorgestellten Gewinnstrategien. So haben Anleihen ihre frühere Funktion als risikoarme Beimischung in einem ansonsten eher auf Aktien basierenden Depot vorübergehend an Attraktivität eingebüßt: Das ist eine der größten Herausforderungen für sicherheits- bis risikobewusst orientierte Anleger, Vermögensverwalter, Fondsmanager, Pensionskassen und Produkte zur privaten Altersvorsorge!

Vor dem Hintergrund dieser *disruptiven* Veränderungen will mein Buch Ihnen, die Sie als Einsteiger und Einsteigerin noch nichts oder als Fortgeschrittene erst wenig mit der Börse zu tun gehabt haben, den Weg dahin ebnen: durch konkrete, Schritt für Schritt nachvollziehbare, aus langjähriger Praxis gewonnene Erläuterungen, Illustrationen, Tabellen, Rechenbeispiele, Schaubilder, Charts und Kopiervorlagen für Ihr eigenes Börsentagebuch. Hinzu kommen Hinweise auf manchmal selbst erfahrenen Profis wenig bekannte Hintergründe, Zusammenhänge und Strategien, die Sie für Ihren Anlageerfolg auch in unsichereren Marktphasen oder bei fallenden Kursen nutzen können.

In zwischendurch eingestreuten kleinen Episoden werfe ich dabei auch – als Börseninsider – einen sehr persönlichen Blick hinter die Kulissen der Finanzindustrie. Er fällt für manche Akteure, Aufsichtsorgane und Behörden am Finanzplatz nicht immer schmeichelhaft aus.

Mögen Sie als Anlegerinnen und Anleger dieser ganz an Ihren praktischen Bedürfnissen ausgerichteten Darstellung von meinen langjährigen, keineswegs immer ungetrübten Erfahrungen durch Ihren eigenen Börsenerfolg profitieren!

Frankfurt am Main
Dr. Werner Kurzawa

Kapitel 1
Ihre Chancen, an der Börse ein Vermögen zu machen

Viele von Ihnen dürften der folgenden Einschätzung zustimmen: Wer darauf hofft, allein durch eigene *abhängige* Arbeit ein großes Vermögen zu machen, muss in der Regel schon einen sehr langen Atem haben, damit ihm dies – womöglich erst am Ende eines mühevollen, entbehrungsreichen Lebens – wirklich gelingt. Häufig sind es erst die eigenen Kinder oder Kindeskinder, die mithilfe von ererbten Gütern und Geldern in die Lage versetzt werden, nicht für den täglichen Konsum benötigte Mittel frei anlegen, als Vermögen aufbauen und kräftig mehren zu können. Aus einer Million zwei Millionen zu machen, erscheint dann keine so große Kunst mehr. Doch der Weg bis zur verflixten ersten Million hat es in sich – den meisten bleibt er unter normalen Umständen zeitlebens verwehrt.

Ein Trost ist manchmal nur noch die eigene Phantasie: Reich zu werden über Nacht ohne besonderen persönlichen Einsatz, ohne Risiko, ohne Nervenanstrengung – wer hätte davon nicht schon einmal geträumt? Die ersten Märchen unserer Kindertage haben bereits mit solchen scheinbar nur aufs Materielle gerichteten Wünschen und Motiven zu tun: Wo das Gute über das Böse siegt und der gute Mensch für sein Handeln belohnt wird, da besteht dieser Lohn am Ende nicht selten aus Goldklumpen, Talern und prachtvollen Gaben – ganz zu schweigen von den übermenschlichen Fähigkeiten, die dem Gerechten zeitlebens zuwachsen sollen. Und gerecht sein wollen wir ja alle, vor allem wenn uns der Lohn dafür nicht erst im Jenseits, sondern bereits im diesseitigen Leben beschert werden könnte.

Reich werden über Nacht?!

In Wirklichkeit gibt es zwar manche Beispiele für Fälle, in denen Menschen ganz plötzlich zu großem Reichtum gekommen sind. Selten ist dies dann aber das Ergebnis besonderer persönlicher Verdienste. Da gewinnt einer sechs Millionen im Lotto. Da erbt jemand plötzlich ein großes Vermögen von einem verstorbenen, vielleicht unbekannten Verwandten. Da setzt irgendwer im Roulette mehrfach hintereinander auf die richtige Zahl oder – was durchaus im Rahmen des Möglichen liegt – vervielfacht sein Kapital innerhalb kürzester Zeit durch Spekulation an der Börse.

All das kommt im wirklichen Leben gelegentlich vor, die Regel – selbst im Börsenalltag – ist das jedoch nicht. Mit Aktien kann Ihr Kapital unter normalen Umständen jährlich im Durchschnitt mindestens doppelt oder dreimal so stark wachsen wie mit Zinsanlagen oder ähnlichen ertragsorientierten Finanzinstrumenten. Auch die Chancen auf einen überproportionalen plötzlichen Wertzuwachs sind nirgends größer und realistischer als am Aktienmarkt. Und das gilt trotz, ja gerade auch wegen zwischenzeitlich immer wiederkehrender Kursrückschläge oder gar Crashs an den Börsen. Es sollte Ihnen allerdings klar sein, dass eine solche Geldanlage zwangsläufig auch immer mit höheren Risiken einhergeht. Diese können Sie zwar mit klugen Strategien und durch die Wahl eines längeren Anlagehorizonts deutlich abmildern, aber kurz- und mittelfristig nie völlig vermeiden.

Wo der Kurs einer Aktie oder eines Aktienindex wie des DAX morgen oder in einem halben Jahr steht, kann niemand wissen. Deshalb sind auch die manchmal sehr vollmundig verkündeten Prognosen zum Stand von Aktienindizes, Währungen oder Zinsen zu bestimmten Stichtagen wie dem Jahresende selten mehr als ein von subjektiven Erwartungen geprägter oder von der Marketingabteilung der befragten Institute vorgenommener Blick in die Glaskugel! Je entschiedener solche bis heute nicht auszurottenden Nonsens-Prognosen verkündet werden, desto misstrauischer sollten Sie sein. Denn *Risiko und Rendite bleiben an der Börse immer die beiden Seiten einer Medaille:* Je höher Ihre Gewinn- und Renditeerwartungen an ein Investment sind, desto höher sind im Normalfall auch die Risiken, die Sie damit zwangsläufig eingehen – und umgekehrt. Wer diesen unauflöslichen Zusammenhang ignoriert, macht seine Rechnung ohne den Wirt und dürfte dafür am Ende teuer bezahlen.

Lassen Sie sich deshalb auch nicht von manchen Marktschreiern, allzu forsch daherkommenden Fondsmanagern, sich medial gern in Szene setzenden »Börsenstars« oder den vielen scheinbar immer erfolgreichen Börsenbriefschreibern hinters Licht führen, die Ihnen etwas anderes einzureden versuchen: Angeblich können Sie mit den von ihnen propagierten Anlagestrategien, Fonds oder Finanzbriefen leicht dauerhaft zweistellige jährliche Renditen erzielen und damit Ihr Kapital in fünf, sechs oder sieben Jahren so gut wie automatisch verdoppeln. Dass dies mit der Wirklichkeit wenig zu tun hat, lässt sich häufig bereits an den Anlageergebnissen ablesen, die diese Gaukler und ihre angepriesenen Produkte erzielen. Betrachten Sie solche überzogenen Gewinnprognosen daher besser gleich als das, was sie meistens sind: pure Werbeversprechen mit geringer Substanz – die häufig nur der Verschleierung ihrer eigentlichen Geschäftsinteressen dienen.

Mit Ihren Träumen als Anlegerin oder Anleger lässt sich denn auch leicht Schindluder treiben! Vor allem dann, wenn man rhetorisch besonders geschickt ist und als Gesicht häufig im Börsenfernsehen erscheint. Fallen Sie nicht auf solche vollmundigen Prognosen herein.

Rechnen Sie statt mit nominalen besser mit wahren Renditen – nach Kosten, Steuern und Inflation

Statt sich von überhöhten und auch in den eigenen Anlageprodukten selten unter Beweis gestellten zweistelligen jährlichen Traumrenditen solcher Selbstvermarkter täuschen zu lassen, sollten Sie daher nur realistische, nachhaltig erzielbare Renditen erwarten. Diese allerdings können sich am Aktienmarkt mittel- und langfristig wirklich sehen lassen! Wissenschaftliche Untersuchungen über einen Anlagezeitraum von 20 Jahren und länger haben gezeigt, dass die mit (deutschen) Aktien und entsprechenden Fonds in der Vergangenheit erzielten durchschnittlichen Renditen pro Jahr deutlich besser ausfallen als die mit zinsorientierten Investments wie Anleihen oder Rentenfonds. Für deutsche Aktien werden hierbei Werte um 7 bis 8 Prozent pro Jahr gemäß der durchschnittlichen Entwicklung des DAX genannt. Ihre Erwartungen sollten Sie allerdings nicht an solchen *nominalen* Renditen ausrichten, die zwischenzeitliche Kaufkraftverluste unberücksichtigt lassen. Doch auch der Ausweis von *realen* Renditen, die die Inflation berücksichtigen, zeigt nicht die für Sie persönlich maßgebliche *wahre* Rendite Ihres Investments. Erst diese ist die Kennzahl, an der Sie den Erfolg Ihres eigenen Investments auch im Vergleich zu denkbaren Alternativen wirklich ablesen können.

Die von mir so genannte **wahre Rendite** misst Ihre Anlageergebnisse nicht nur nach Inflation, sondern auch Steuern und anfallende Transaktions- und Haltekosten sowie mögliche Ausgabeaufschlägen bei Investmentfonds werden vor der Betrachtung abgezogen. Nur diese Zahl zeigt also, wie sich Ihr eingesetztes Kapital *tatsächlich* über einen bestimmten Zeitraum entwickelt hat. Was nutzt Ihnen eine nominale Verdoppelung Ihres Anlagevermögens innerhalb von 10 oder 20 Jahren, wenn sich im selben Zeitraum die Kaufkraft Ihres Kapitals halbiert hat? Rein nominale Renditeangaben und -vergleiche führen daher zwangsläufig zu falschen Schlüssen – ja sie sind eigentlich unseriös! Ich habe solche Angaben seit zig Jahren auch in der Öffentlichkeit immer wieder massiv kritisiert. Leider arbeiten die Finanzbranche, Fondsgesellschaften und auch der überwiegende Teil der Finanzpresse fast ausnahmslos immer noch nur mit nominalen Renditeangaben und führen Sie als Anleger oder Anlegerinnen damit bewusst oder unbewusst in die Irre.

Was die Höhe der zu erwartenden wahren Renditen der wichtigsten Anlageinstrumente angeht, kommen seriöse Langfristuntersuchungen im Tenor dabei durchaus zu ähnlichen Ergebnissen: Während man mit Festgeld, Anleihen und – vor dem jüngsten Hype – auch mit Immobilien im Durchschnitt der letzten 20 Jahre bei einer durchschnittlichen Inflationsrate von rund 2 Prozent kaum mehr als 1 Prozent **reale Rendite** erwirtschaften konnte, kam man mit deutschen Aktien immerhin *real* auf mehr als 3 Prozent pro Jahr! *Vor* Inflation lag die Rendite dann immerhin um 5 bis 6 Prozent pro Jahr.

Nur mit solchen, vorsichtig kalkulierten und wirklich nachhaltig erzielbaren Ergebnissen sollten Sie als Anlegerin und Anleger langfristig rechnen. Denn sie erlauben es Ihnen, sich mit Aktien, Aktienfonds und den von mir als Chefredakteur eines großen Anlegermagazins als Erster in Deutschland bereits Ende 2000 umfänglich analysierten börsennotierten Indexfonds (Exchange Traded Funds/ETF) ein solides Vermögen aufzubauen, es auszubauen und unter Schwankungen auch zu erhalten! Dabei spiegeln Indizes wie der Deutsche Aktienindex (DAX) die Entwicklung der darin enthaltenen Aktien wider, während der Deutsche Rentenindex (REX) die Wertentwicklung deutscher Staatsanleihen misst.

Abb. 1.1: Wie sich Aktien (DAX, oben), Anleihen (REX) und Gold (unten, in Dollar!) von 2010 bis 2020 nominal entwickelt haben

Quelle: Comdirect

Aktien und darauf beruhende Investmentfonds sind daher gegenüber den weniger schwankungsanfälligen Rentenanlagen oder auch Goldinvestments mittel- und langfristig eine der chancenreichsten, renditestärksten Anlageinstrumente überhaupt (**Abb. 1.1**). Je länger Ihr Zeithorizont ist, desto geringer sind umgekehrt auch die damit verbundenen Risiken!

Dabei weisen Aktien, die im Standardwerte-Segment einer Börse wie dem DAX notiert werden, normalerweise eine geringere Wertschwankungsbreite (Volatilität) und damit kurzfristig auch ein geringeres Renditepotenzial auf als solche im Nebenwerte-Index wie dem MDAX (**Abb. 1.2**). Hier werden Unternehmen mittlerer Größe gelistet, die im Vergleich zu den Standardwerten langfristig wachstumsstärker erscheinen oder erst am Anfang ihrer Entwicklung stehen. Handelt es sich um kleine Unternehmen, die zwar eine beeindruckende Zukunftsvision vermitteln, deren Tragfähigkeit bislang aber noch nicht durch entsprechende Geschäftszahlen unter Beweis stellen können, sind der Phantasie kaum Grenzen gesetzt und psychologische Einflüsse auf die Entwicklung der Kurse besonders groß. Top und Flop liegen hier nah beieinander.

Abb. 1.2: Langfristige Entwicklung von DAX (unten) und MDAX

Quelle: Comdirect

Von Aktien, die übertrieben hoch bewertet sind und deren bisherige Kursentwicklung vor allem auf langfristigen Hoffnungen beruht, sollten Sie bei Ihren ersten Schritten an der Börse zunächst besser die Finger lassen und nicht auf Ihr Glück vertrauen. Denn das Glück ist im Bereich Geldanlage ein kaum kalkulierbarer Partner.

Zwar wird die Entwicklung eines Kurses wie die Börsenentwicklung insgesamt häufig von irrationalen, manchmal auch völlig zufällig erscheinenden Umständen beeinflusst, die selbst der erfahrenste Profi nicht vorhersehen kann. Psychologie ist an der Börse aber kurzfristig ein ernstzunehmender Faktor. Auf längere Sicht spielt sie für die angemessene Bewertung der Aussichten einer Aktie oder eines Aktienmarkts jedoch eine weit geringere Rolle: Da sind es vor allem harte fundamentale Daten und Fakten, die zählen und die sich durch eine Zukunftsstory nicht vom Tisch wischen lassen, die sich noch so schön anhört. Ausnahmen wie zuletzt der amerikanische Elektroautohersteller Tesla bestätigen hierbei nur die Regel.

Das Platzen der Internetblase Anfang 2000 ist ein typisches Beispiel dafür, wie die Börse nach einer viel zu euphorischen Einschätzung der Aussichten der vielen jungen, von allen Seiten hochgejubelten »Wachstumswerte« auf den Boden der Realität zurückgebracht wurde. Die meisten der damals im Neuen-Markt-Index NEMAX gelisteten Firmen gibt es heute schon gar nicht mehr – und den Index übrigens auch nicht.

Dazu folgende Episode: Als ich wenige Wochen vor dem Platzen der Dotcom-Blase im Frühjahr 2000 in einem Beitrag als Chefredakteur des *Geldanlage-Beraters* meinen Lesern zum sofortigen Ausstieg aus seinerzeit sehr nachgefragten, völlig überteuerten Neuen-Märkte-Fonds riet, rief einer der Fondsmanager meinen Verleger an. In einem unangekündigten Schaltgespräch zwischen uns dreien beschwerte er sich über meine heftige Kritik und die Verkaufsempfehlung. Mein dringender Rat zum Ausstieg aus seinem Fonds betraf allerdings auch andere Akteure wie den damals ähnlich umtriebigen Fondsmanager und Neuen-Markt-Pionier eines bekannten Bankhauses aus der Schweiz. Auch dessen ähnlich aufgestellter Fonds war inzwischen so heiß gelaufen, dass die darin enthaltenen Werte im Krisenfall nur noch zu Schleuderpreisen – wenn überhaupt – hätten verkauft werden können. Ein Crash stand für mich angesichts der völlig übertriebenen, fundamental nicht mehr zu rechtfertigenden Bewertungen am Neuen Markt unzweifelhaft bevor: Da reichte schon ein Blick auf den Indexchart, der zu diesem Zeitpunkt nahezu senkrecht nach oben zeigte. Also war es für mich das Gebot der Stunde, meinen Lesern zu raten, die auf diesem Kursniveau

> aufgelaufenen hohen Gewinne konsequent zu sichern und entsprechende Anteile zu verkaufen. Und wie ich es erwartet hatte, so kam es denn auch: Beide zig Millionen schweren Fonds der seinerzeit bekanntesten »Börsenstars« für Nebenwerte waren kurze Zeit nach unserem überraschenden Telefonat tatsächlich kaum mehr als die Hälfte wert. Von März bis Dezember 2000 stürzte der Neue-Markt-Index NEMAX um rund 75 Prozent ab! Den kritisierten Fonds erging es entsprechend: Sie waren bald nur noch reine Vermögensvernichtungsmaschinen! Heute gibt es sie längst nicht mehr.

So war der Kollaps am Neuen Markt denn auch die Folge einer übertriebenen Wachstumseuphorie, die zur völligen Überwertung der dort notierten Aktien geführt hatte. Manche, die sich seinerzeit von der psychologischen Stimmung am Markt zu Investments in entsprechenden Aktien hinreißen ließen, haben dies teuer bezahlt. Das sollte jedem frisch gebackenen Anleger eine Lehre sein.

> **Tipp:** Machen Sie Ihre Entscheidungen für den Einstieg in eine Aktie oder in einen Markt weniger von vorübergehenden Moden, Stimmungen und kurzfristigen Trends abhängig als von mittel- bis langfristig gut überschaubaren Entwicklungen, fundamentalen Daten und Fakten.

Die neue Realität: Notenbanken als entscheidende Kurstreiber an den Börsen

Seit der Jahrtausendwende und vor allem seit dem Ausbruch der Weltfinanzkrise 2007/2008 kommen allerdings neue Akteure hinzu, die es in diesem Ausmaß vorher nie gegeben hat: die internationalen Notenbanken. Sie haben sich mit ihrer expansiven Liquiditätspolitik (Stichwort: »quantitative easing«) zu den größten kursbeeinflussenden Mitspielern an den Finanzmärkten entwickelt, deren Ziele und Interessen Sie bei Ihren eigenen Anlageentscheidungen auf keinen Fall außer Acht lassen dürfen!

Gegen die Notenbanken zu wetten sollten Sie als Anleger erst gar nicht versuchen, selbst wenn Sie deren Handeln kritisch betrachten oder manches davon gar für unverantwortlich halten. Mit ihrer Politik der Mini- und Negativzinsen (Stichwort: »finanzielle Repression«) haben Notenbanken wie die Europäische Zentralbank EZB nicht nur die bisherige Rationalität des Finanzsystems und das originäre Verhältnis zwischen Gläubigern und Schuldnern völlig auf den Kopf gestellt. Indem sich die EZB immer stärker auch zur Steuerung der konjunkturellen Entwicklung von der Politik vereinnahmen lässt, unterminiert sie auch die Unabhängigkeit ihres Mandats.

Durch die systematische Bevorteilung von Schuldnern und verschuldeten Staaten zulasten von Sparern und privaten Gläubigern gefährdet die dauerhaft betriebene Notenbankpolitik des lockeren Geldes gerade in Deutschland altbewährte Geschäftsmodelle der Banken sowie Altersvorsorge-, Lebens- und Rentenversicherungen. Sie erschwert damit den langfristigen Aufbau, Ausbau und Erhalt von Vermögen. Gleichzeitig befeuert sie Preisblasen an den Immobilienmärkten, die über massive Mieterhöhungen in den Ballungszentren zu erheblichen Unruhen in der Bevölkerung und zu tiefgreifenden gesellschaftlichen Verwerfungen führen.

Inzwischen sind die Notenbanken durch den expansiven Aufkauf von Staats- und Unternehmensanleihen, durch gezielte Absenkung des Zinsniveaus bis in den negativen Bereich hinein und durch die Ausweitung ihrer Bilanzen zum größten Staatsfinanzierer geworden – und damit auch zum größten Risiko für die langfristige Stabilität des Finanzsystems. Denn entgegen der weitverbreiteten Legende, Notenbanken seien die »Gläubiger der letzten Instanz« (»Lender of last Resort«), sind es in Wirklichkeit die Bürger, die als letzte Instanz und Kreditgeber früher oder später für die Schulden der Staaten und für die Finanzierungsgarantien der Notenbanken aufkommen müssen. Die mit der expansiven Geldpolitik verbundenen Kollateralschäden werden hinter den verschlossenen Türen der EZB inzwischen denn auch längst diskutiert und mit wachsender Besorgnis zur Kenntnis genommen.

Bürger in der Rentenfalle

Warum sollten Sie mit Börseninvestments beginnen, wo dies doch jahrzehntelang überflüssig und nachgerade gefährlich erschien? Die beklagenswerte Nullzinspolitik der Europäischen Zentralbank ist ein gewichtiger Grund dafür. Es gibt jedoch noch einen weiteren, den Sie in Erwägung ziehen sollten und der sogar noch bedeutender sein dürfte: Die gesetzliche Rente allein wird in Zukunft nicht ausreichen, um im Alter den eigenen Lebensstandard aufrechtzuerhalten. Durch das bis 2030 erwartete drastisch fallende Rentenniveau entsteht bei vielen Menschen eine erhebliche finanzielle Lücke zum bisherigen Einkommen. Die kann bei den meisten nur durch eine möglichst frühzeitig begonnene private Zusatzvorsorge geschlossen werden.

Abb. 1.3: Fallende Ansprüche aus der gesetzlichen Rentenversicherung – Anteil der Rente in Prozent am Durchschnittseinkommen

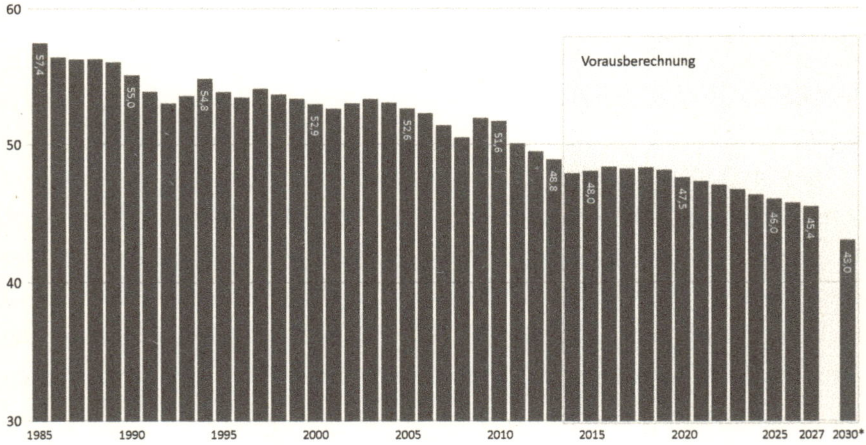

*Untergrenze der Niveausicherungsklausel.

Quelle: Daten bis 2008: Deutsche Rentenversicherung Bund, Renten in Zeitreihen 2012. Daten ab 2008: Bundesregierung, Rentenversicherungsbericht 2013.

Abb. 1.3 zeigt, dass die sogenannte Netto-Standardrente (das ist die Brutto-Rente nach Abzug des Kranken- und Pflegeversicherungsanteils)

langfristig bis auf 43 Prozent des durchschnittlichen Jahresentgelts fallen könnte. Das inzwischen eingeführte Sicherungsniveau vor Steuern gilt nur bis 2025. Selbst wenn noch Einkünfte aus einer möglichen Betriebsrente dazukommen sollten, bleibt die Versorgungslücke immer noch groß.

Hinzu kommt das vor dem Hintergrund des demografischen Wandels stark gestiegene Risiko, im Alter zum Pflegefall zu werden oder an Demenz zu erkranken. Davon werden in Zukunft jede zweite Frau und jeder dritte Mann betroffen sein! Auch die gesetzliche Pflegeversicherung bietet dafür immer nur eine Teilabsicherung. Ohne eine private Vorsorge werden viele Menschen daher voraussichtlich in erhebliche finanzielle Schwierigkeiten geraten. Darin sind sich alle Experten einig. Und sie appellieren seit Jahr und Tag an die Bürger, selbst mehr für die private Vorsorge zu tun, um einer drohenden Renten-, Pflege- oder gar Armutsfalle zu entgehen. Dieser Gefahr sind aufgrund ihrer meist nicht lückenlosen Erwerbsbiografie und strukturell niedrigerer Einkommen vor allem Frauen ausgesetzt.

Banken- und Versicherungslösungen fragwürdig

Banken und Versicherungen haben vor diesem Hintergrund eine Fülle von Angeboten entwickelt, mit denen man Sie als Anleger und Vorsorgesparer zu beglücken versucht. Von vielen dieser Produkte ist aber abzuraten. Sie sind überwiegend intransparent, unflexibel und meistens mit sehr hohen Kosten verbunden. Kein Wunder, dass viele Bundesbürger angesichts solcher Mängel verunsichert sind und dann doch lieber auf eine der ihnen vertrautesten, aber am schlechtesten rentierenden Anlageformen zurückgreifen: auf das Sparbuch.

Immerhin 49 Prozent der Bundesbürger gaben in einer Forsa-Umfrage noch vor einiger Zeit an, sie würden auf diese Weise für ihr Alter vorsorgen. Laut Deutscher Bundesbank hatten die privaten Haushalte Mitte 2020 rund 2,4 Billionen Euro ihres Geldvermögens in Spareinlagen, Termingeldern, Sparbriefen, Sichteinlagen und Bargeld angelegt – das waren 40 Prozent ihres insgesamt auf 6,3 Billionen Euro veranschlagten Geldvermögens. Ein Ergebnis mit gravierenden Folgen für die private Vermögensbildung. Denn anders als noch vor Jahren werfen diese zinsbasierten Anlageformen heute kaum noch Erträge ab, sondern entpuppen sich nach Steuern und Inflation sogar als reine Geldvernichtungsprodukte.

Das gilt in einer ausgesprochenen Niedrigzinsphase tendenziell auch für solche scheinbar sicheren Vorsorgeprodukte wie Kapitallebensversicherungen und ähnliche Anlageinstrumente mit sogenannten Kapitalgarantien. Sie werden in der Statistik der Bundesbank mit einem Anteil von rund 37 Prozent am Geldvermögen der Bürger als »Ansprüche gegenüber Versicherungen« ausgewiesen. Immerhin verfügt im Durchschnitt jeder Zweite im mittleren Alter über eine Lebensversicherung. Das Dilemma der Lebensversicherer: Sie sind aufgrund eigener Richtlinien und gesetzlicher Vorgaben gezwungen, überwiegend in festverzinsliche Wertpapiere zu investieren, um Wertschwankungen und Verlustrisiken möglichst aus dem Wege zu gehen.

Dabei müssen die Versicherer ihren Vorsorgesparern seit 2017 gerade mal einen Zins von 0,9 Prozent garantieren. Ab 2022 könnte dieser »Höchstrechnungszins« für Neuverträge sogar auf 0,5 Prozent herabgesetzt werden. Und selbst dieser vermeintliche Garantiezins könnte – was die wenigsten wissen – im Extremfall, wenn alle Stricke reißen und die staatliche Aufsicht das als zwingend ansieht, auch noch ausgesetzt werden. Eigentlich eine komfortable Situation – für die Versicherer. Entsprechend gering ist denn auch deren Bereitschaft, mit ihren Anlagen stärker ins Risiko zu gehen. So lag die Aktienquote der deutschen Lebensversicherer 2019 nur bei gut 5, die Rentenquote aber bei 83 Prozent des Anlagevermögens.

Damit legen die deutschen Versicherer noch konservativer an als der Durchschnitt der deutschen Sparer. Auch die deutschen Privatanleger haben nur einen Bruchteil ihres Geldvermögens in Aktien investiert – trotz der nachgewiesenermaßen langfristig hohen Outperformance von Aktien im Vergleich zu allen anderen Anlageformen. In Summe legten sie im Jahr 2020 rund 1,3 Billionen Euro oder knapp 20 Prozent ihres Geldvermögens in Aktien und entsprechende Fonds an und verschenkten damit in der Vergangenheit erhebliche Renditechancen.

Hohe Produktkosten und Provisionen gepaart mit niedrigen Zinsen ergeben bei einer solch scheinbar sicheren, überwiegend auf Zinserträgen basierenden Vermögensanlage eine Mischung, bei der Sie nur hoffen können, nach Steuern überhaupt noch einen Ertrag zu erzielen. Angesichts einer aktuellen Rendite von kaum mehr als 0 bis 1 Prozent für langfristige Anleihen guter bis sehr guter Qualität, in die die Versicherer überwiegend investieren, ist das für Neuverträge gegenwärtig kaum noch möglich.

Berücksichtigen Sie als Anleger dann auch noch die kontinuierliche Entwertung Ihres Vermögens und dessen Erträge durch die Inflation, führt eine solche extrem sicherheitsorientierte Ausrichtung der Versicherer zwangsläufig zum schleichenden Vermögensverlust. Schließlich kommt es nach der eingangs dargelegten Auffassung nicht auf die mit Ihren Anlagen erzielte nominale, sondern allein auf die **wahre Rendite** an! Und das ist der Ertrag, den Sie nach Steuern und unter Berücksichtigung des durch Inflation entstandenen Kaufkraftverlustes wirklich erzielt haben.

Statt sich daher als Vorsorgesparer auf solche wenig erfolgversprechenden statischen Versicherungslösungen einzulassen, sollten Sie Ihr Schicksal als Anleger besser selbst in die Hand nehmen. Das gelingt Ihnen am ehesten über den Erwerb von Aktien, durch die Sie Anteilseigner eines Unternehmens werden und an dessen Wachstum und Gewinnen über Dividenden und Kursgewinne partizipieren. Allein die Dividendenausschüttungen der DAX-Unternehmen lagen im langfristigen Durchschnitt der letzten Dekaden deutlich über 3 Prozent pro Jahr. Vor dem Hintergrund einer anhaltenden Minizinsphase spricht man an der Börse inzwischen denn auch schon von Dividenden als dem »neuen Zins«.

Gleichzeitig gehen Sie mit Aktien aber auch zwangsläufig das Risiko ein, dass sich »Ihr« Unternehmen zwischenzeitlich nicht so entwickelt, wie Sie es sich erhofft haben. Das kann am Unternehmen selbst, der allgemeinen Konjunkturentwicklung oder anderen, auch außerhalb der Wirtschaft liegenden Faktoren wie zuletzt den Risiken im Zusammenhang mit dem Ausbruch der Corona-Krise 2020 liegen. Dann kann die Dividende auch einmal geringer oder ganz ausfallen – und auch der Kurs Ihres Beteiligungspapiers kann (mitunter sogar erheblich) unter die Räder kommen.

Grundsätzlich gilt für Aktienkurse aber dennoch, was André Kostolany in seinen Büchern immer wieder auf den Punkt gebracht hat: »Fallen können sie – aber steigen müssen sie!« Das gilt jedenfalls langfristig, weil der Wert eines börsennotierten Unternehmens sich in den Aktienkursen widerspiegelt und mit dessen Wachstum und dem Wirtschaftswachstum der Volkswirtschaft insgesamt nach oben tendiert. Anders würde unternehmerisches Handeln in einer kapitalabhängigen Marktwirtschaft kaum Sinn machen.

Chancen und Risiken gut kalkulieren

Sie wissen nun: Die »neue Realität« sieht dergestalt aus, dass sichere Zinsen nicht mehr zu haben sind, dass eine auskömmliche Rendite überhaupt nur möglich ist, wenn Sie sich auch für die private Altersvorsorge an die Börse trauen, so groß Ihnen die schwankungsbedingten Gefahren dort auch erscheinen mögen. Doch von einem in erster Linie vernunftgeleiteten Konzept zum Vermögensaufbau sollten Sie sich durch Verlustängste nicht abbringen lassen. Überhaupt gilt: Wer langfristig an der Börse erfolgreich sein will, setzt statt auf kurzfristige Ereignisse und Zufälligkeiten auf längerfristige Entwicklungen, auf die eigene Klugheit, auf Wissen und auf immer wieder selbstkritisch überprüfte Erfahrung. Vor allem wird sich der- oder diejenige bemühen, aus den eigenen Anlagefehlern die richtigen Schlüsse zu ziehen für das zukünftige Handeln. Insofern beruht Ihr Erfolg an der Börse trotz der unübersehbaren Einflüsse der neuen Mitspieler sehr viel mehr auf Vernunft, Verstand und der Fähigkeit, die eigenen Entscheidungen bei Bedarf auch infrage zu stellen und zu korrigieren. Dies aber besagt, dass im Prinzip *jeder* lernen kann, wie man an der Börse gewinnt!

Wer denken kann, dürfte es dabei sogar mit jenen vermeintlichen »Börsenstars« aufnehmen können, die ihre eigene Kunst gern als Geheimwissenschaft preisen – um auf diese Weise über den Verkauf teurer, aber gleichwohl häufig mittelmäßiger Ratschläge und Konzepte bei Ihnen als Anleger Kasse zu machen. Ihre Chance, einen dieser vermeintlich edlen und meistens nicht weniger eitlen Ritter der Zunft durch eigene vernünftige Überlegungen vom hohen Ross werfen zu können, ist nirgends so groß wie im Bereich der Geldanlage.

Dabei gilt: Wenn Sie mit dem Gedanken spielen, einen Teil Ihres Geldes statt auf ein niedrig, gar nicht mehr oder sogar negativ verzinstes Konto lieber an die Börse zu tragen, sollten Sie sich zunächst darüber Klarheit verschaffen, was Sie da überhaupt tun. Denn Chancen und Risiken liegen auf diesem Markt der Möglichkeiten eng beieinander.

Wahrscheinlich ist Ihnen bewusst, dass der Einsatz von Geld an den Aktienmärkten etwas grundsätzlich anderes ist als eine risikolose Anlage, die Sie etwa für unvorhersehbare Notfälle des täglichen Lebens, kurzfristige Sparziele (Ablösung eines Darlehens, Anschaffung eines neuen Autos, Startkapital zur Gründung eines eigenen Unternehmens und Ähnliches) bereithalten wollen. Als Kontosparer sind Sie mit **Festgeld- und Zinsanlagen** Gläubiger einer Bank, die mit ihrem Namen und den dahinterstehenden Sicherheiten sowohl die Rückzahlung der eingezahlten Beträge als auch die (äußerst bescheidene) Verzinsung Ihres Kapitals garantiert. Die Chancen, auf diese Weise ein Vermögen zu machen und (*nach* Abzug von Steuern und Inflation) *real* zu erhalten oder gar deutlich auszubauen, sind gering. Gering ist andererseits auch das Risiko, dabei einen größeren Teil Ihres Vermögens oder gar alles zu verlieren. Bestenfalls decken die am Jahresende verbuchten Zinsgutschriften gerade das ab, was Sie an Wertverlust aufgrund der zwischenzeitlich eingetretenen Preissteigerungen hinnehmen müssen. Hält dann nach Ausschöpfung möglicher Sparerfreibeträge auch noch der Fiskus die Hand auf, um an den vereinnahmten Zinsen mitzuverdienen, schreiben Sie als

Anleger real, also *nach* Inflation, in aller Regel bereits rote Zahlen. Wenn das dauerhaft der Fall ist, würde dadurch sogar der Wert Ihres Vermögens, in Kaufkraft gerechnet, Jahr für Jahr schrumpfen.

Betrüblich ist das für jene, die gar keine Gelegenheit haben, sich um alternative Anlagekonzepte außer dem Sparbuch zu kümmern. Das ist Grund genug für die anderen Sparer und Anleger, der konservativsten aller Kapitalanlagemöglichkeiten wenigstens teilweise den Rücken zu kehren. Denn am normal verzinslichen Sparbuch verdienen zuerst jene Geld, die die niedrigen Zinsen festsetzen und damit gerade den weniger gut Informierten das vorenthalten, was ihnen eigentlich zukommen sollte – die Banken und Sparkassen selbst. Wenn Sie im Jahr 2020 auf einem normalen Sparbuch oder mit einem kurzfristigen Festgeld gerade mal eine Verzinsung von maximal 1 Prozent erhalten, dieselben Banken dieses Geld an ihre Kunden als Kontokorrentkredite aber für wenigstens 10 Prozent, für Konsumentenkredite mit wenigstens 3 Prozent und selbst im Hypothekenbereich mit immer noch auskömmlichen Zinsspannen weitergeben, wissen Sie, wer hierbei garantiert am besten verdient.

Entgegen allen Gerüchten läuft jedoch ein Engagement am Aktienmarkt nun keineswegs auf ein unbegrenztes Risiko für Sie als Kapitalanleger oder -anlegerin hinaus. Auch das sind Märchen, wie sie in bestimmten politischen Lagern zu finden sind, die sich häufig weniger durch ökonomischen Sachverstand denn durch unerschütterliche Ideologien auszeichnen. Die dort weitverbreitete Stimmungsmache gegen Aktien als »spekulative« und daher nach eigener Auffassung abzulehnende Unternehmensbeteiligungen selbst zum Zwecke einer langfristigen ergänzenden privaten Altersvorsorge spricht für sich. Sie atmet noch immer den Geist eines oberflächlichen Verständnisses von Unternehmertum, wonach jeder Gewinn in Wirklichkeit aus Lohn resultiert, der den Arbeitnehmern eigentlich zustünde, ihnen aber zum Teil vorenthalten wurde. Gewinnausschüttungen an Aktionäre in Form von Dividenden oder auch Kursgewinne sind nach diesem Verständnis nichts anderes als eine Bereicherung auf Kosten der Arbeitnehmer und daher moralisch verwerflich. Die Marx'sche Mehrwertlehre lässt grüßen. Und da nach dieser Ideologie Kursgewinne, Dividenden und Zinsen angeblich leistungsloses Einkommen sind, erscheint es in höchstem Maße suspekt, über ein Börsen-Investment daran teilzuhaben. Diese Auffassung verkennt völlig den Sinn und Nutzen von Unternehmensfinanzierungen über die Ausgabe von Anteilsrechten wie Aktien.

Entsprechende Vorbehalte und Warnungen vor kaum zu bändigenden Verlustrisiken an den Finanzmärkten sind denn auch stark übertrieben. Sie widersprechen allen langfristigen Untersuchungen. Für die Vergangenheit gilt: Wer zehn Jahre Geduld hatte, lag gemäß Deutschem Aktieninstitut DAI mit einem Investment auf den DAX nominal bislang fast immer im Plus, bei 15 Jahren sogar ganz sicher (siehe **ANHANG: DAX-Renditedreieck, 50 Jahre Aktienrenditen**). Gerade die Börse bietet Ihnen als Anleger die Möglichkeit, Chancen und Risiken auf Ihre persönlichen Erfordernisse und Wünsche genauestens einzustellen.

Sie selbst entscheiden, in welchem Umfang Sie auf eher risikoreichere oder risikoärmere Anlageinstrumente und auf deren Mischung setzen wollen. Die Chancen-Risiko-Pyramide (**Abb. 1.4**) bietet Ihnen dafür eine gute Orientierung.

Dabei gilt ein ehernes Gesetz, das durch noch so klug ausgedachte Konstruktionen niemals auflösbar ist: Je höher das eingegangene Risiko, desto größer sind unter normalen Bedingungen auch Ihre damit verbundenen Renditechancen – und je weniger Sie riskieren, desto geringer sind auch die zu erwartenden Erträge! *Denn die Höhe Ihrer Risiken ist nichts anderes als der Preis für die Chance, mit Ihrem Investment entsprechend gewinnen zu können.*

Die Anlagepyramide zeigt Ihnen, dass ein Engagement in festverzinslichen Wertpapieren wie Anleihen unter normalen Bedingungen als vergleichsweise risikoarm erscheinen, zugleich aber auch entsprechend geringere Renditechancen erwarten lässt. Demgegenüber ist das »Spiel« mit Option(sschein)en, Futures und bestimmten Ausprägungen von Zertifikaten mit erheblichen Risiken bis hin zum Totalverlust Ihres Einsatzes verbunden, kann andererseits aber auch höchst chancenreich sein.

Abb. 1.4: Anlagepyramide Chancen und Risiken an der Börse

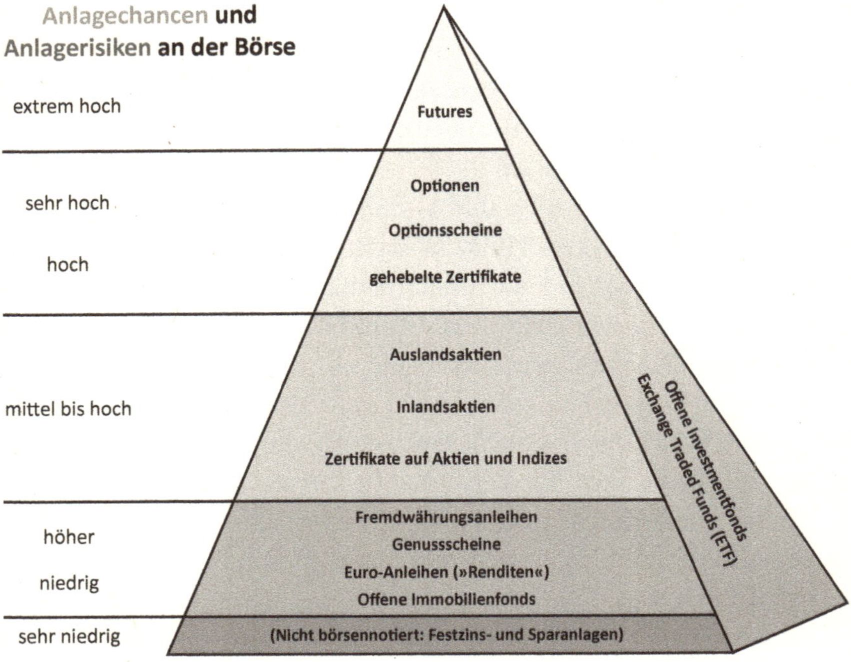

Seit Ausbruch der Weltfinanz- und Staatsschuldenkrise 2007 wissen wir aber auch, dass jahrzehntelang als risikoarm, gar »mündelsicher« verkaufte Anlageinstrumente wie Staatsanleihen Ihnen als Anleger im Extremfall erhebliche Verluste bescheren können. Wenn der Schuldner einer Anleihe, gleich ob Staat, Bank oder Unternehmen, diese nicht mehr mit den zugesagten Zinszahlungen bedient, die Rückzahlung (Tilgung) aussetzt oder gar bei seinen Gläubigern einen Teilverzicht (Schuldenschnitt) durchsetzt, hilft Ihnen auch die unter normalen Umständen richtige Einstufung von Anleihen als risikoarme Investments nichts. Von »sicheren Anleihen« als »Safe Haven« sollte man heute nicht mehr reden, sondern allenfalls von graduell *sichereren* im Vergleich zu Aktien und ähnlichen *risikoreicheren* Finanzinstrumenten. Bitte, lieber Leser, glauben Sie es nicht, wenn Ihnen selbst renommierte Finanz- und Wirtschaftszeitschriften etwas anderes vermitteln wollen.

Als vielleicht noch wenig erfahrener Anleger sollten Sie sich dabei zunächst auf Investments mit mittlerem bis geringfügig höherem langfristigen Kursrisiko konzentrieren, also auf die in der Mitte der Anlagepyramide aufgeführten Instrumente: in erster Linie auf Aktien und die aktiv gemanagten Investmentfonds oder passiv gesteuerten Indexfonds (ETFs), die in Aktien investieren.

Erst wenn Sie damit bereits Erfahrungen gewonnen haben, können Sie sich mit einem kleinsten Teil Ihres frei verfügbaren Geldes auch an derivative Instrumente wie die im oberen Drittel der Anlagepyramide angeführten **Optionsscheine** wagen. Diese sind nämlich bei kluger Anwendung und kleiner Beimischung keineswegs zwangsläufig »Hexenwerk« (Kostolany), sondern ermöglichen es Ihnen in bestimmten Situationen sogar, Ihr Depot vorübergehend vor Kursverlusten zu schützen.

Ich saß seinerzeit mit André Kostolany während der Frankfurter Buchmesse im Hessischen Hof bei einem Essen zusammen, das der ECON-Verlag ausrichtete. Damals versuchte er mir seine ablehnende Haltung als quasi väterlichen Rat näherzubringen. Er war zu diesem Zeitpunkt bereits weit über 80 Jahre alt und sah moderne derivative Anlageinstrumente zumindest für Normalanleger als äußerst gefährlich an. Als vergleichsweise noch junger Spund an der Börse, aber zusammen mit einer kleinen Gruppe aus unserem Kreis höchst praxiserfahrener Spezialisten in diesem Bereich, widersprach ich ihm in seiner Abneigung gegen derivative Finanzinstrumente also vehement, konnte ihn verständlicherweise aber nicht überzeugen.

In Börsenphasen mit sehr klarem Trend können sich Optionsscheine durchaus als kurzfristige Beimischung und Renditerenner in einem breit aufgestellten Depot erweisen. Denn die Kurse/Preise solcher »abgeleiteten« Anlageinstrumente entwickeln sich aufgrund des ihnen innewohnenden Hebeleffekts um ein Vielfaches stärker – allerdings nach oben wie auch nach unten! **Abb. 1.5** zeigt die Entwicklung der Allianz-Aktie im Vergleich zu einem Allianz-Optionsschein mit mittlerem Hebel von Januar bis Juni 2019. Während die Aktie in diesem Zeitraum um 25 Prozent zulegte, waren es beim Optionsschein rund 75 Prozent.

Abb. 1.5: Wertentwicklung Allianz-Aktie versus Allianz-Optionsschein Januar bis Juni 2019

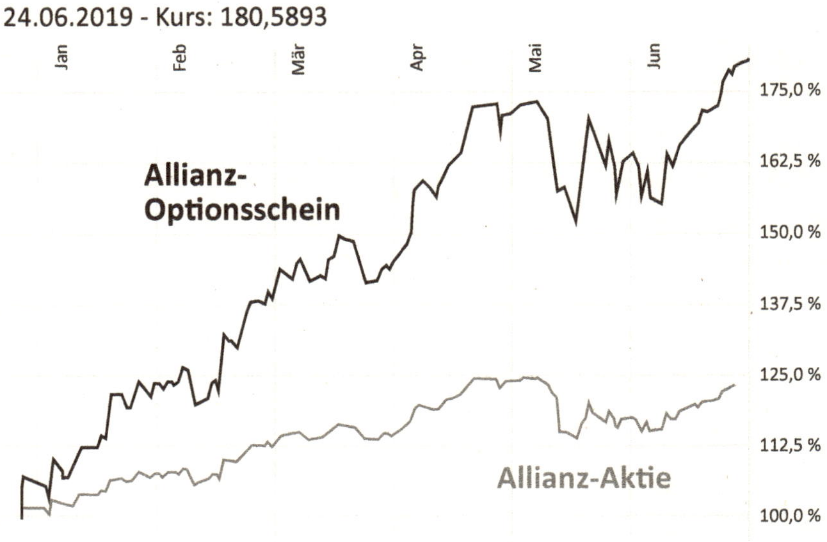

Quelle: Comdirect

Wie heiß das Geschäft mit Hebelprodukten ist, zeigt die Vergangenheit. Wer sich zu Beginn des weltweiten Börsenaufschwungs Anfang der Achtzigerjahre mit Aktien oder Optionsscheinen eingedeckt hatte und seine Papiere bis August 1987 behielt, konnte aus seinem Kapital an den deutschen Börsen nach Steuern fast unbesehen im Durchschnitt das Doppelte, bei deutschen Optionsscheinen gar mehr als das Dreifache machen. Eine ähnliche Entwicklung vollzog sich nach dem Oktober-Crash 1987 ab Frühjahr 1988 bis zum Jahr 1990.

Auch andere Börsen, von Mailand über Madrid bis Tokio und New York, legten in diesem Zeitraum so kräftig zu, dass es eigentlich schon kaum noch mit rechten Dingen zugehen kann, wenn jemand behauptet, sich in diesem glorreichen Jahrfünft an der Börse keine goldene Nase verdient zu haben. Eine ähnliche Situation ergab sich an den meisten Börsen von 1996 bis 1999 und von März 2003 bis Oktober 2007 – und dann auch wieder im Zuge der **Börsenhausse** 2009 bis 2020. Gemessen am DAX, legten deutsche Aktien innerhalb dieser Zeiträume nominal zum Teil um 100 bis 200 Prozent zu. Mit Optionsscheinen konnte es dann je nach eingesetztem Hebel auch das Vielfache davon sein.

Die Frage, was es denn nun eigentlich mit den Aktien so Besonderes auf sich habe, dass sie ihren Inhabern tatsächlich zuweilen goldene Berge bescheren, sollte für Sie als Einsteiger oder noch wenig erfahrene Börsianer in diesem Bereich daher ganz am Anfang stehen. Sie sollten als Anleger jedenfalls gut verstehen, auf was Sie da setzen und welche Wirkungsweise für Ihr Vermögen sich damit verbindet.

Die Aktie: das attraktivste, renditestärkste Anlageinstrument auch für Einsteiger und Vorsorgesparer

Aktien sind Wertpapiere, die man eigentlich meint, wenn im landläufigen, aber überwiegend falsch verstandenem Sinn von »Börsenspekulationen« die Rede ist. Sie werden meistens an den dafür eigens eingerichteten Märkten, eben den Aktienbörsen, gehandelt. Ihr Kurs wird je nach Börsensegment und vorhandener Nachfrage und Angebot in der Regel laufend während einer Börsensitzung bestimmt. Der von der Börsenaufsicht überwachte Kursmakler, also Börsenhändler, der fortlaufend Angebot und Nachfrage abgleicht und daraus den Kurs bestimmt, ist dabei verpflichtet, diesen so festzusetzen, dass immer ein möglichst großer Umsatz (= Anzahl der gehandelten Aktien x Kurs in Währung) entsteht. Dies geschieht heutzutage, wo der Parketthandel weitestgehend abgeschafft ist, überwiegend automatisch auf elektronischem Wege über Computeranlagen. So ist in Deutschland beispielsweise der Handel auf XETRA, der größten und umsatzstärksten Börse in Deutschland, ein reiner Computerhandel.

Da Aktien ihrem Inhalt nach Miteigentumsanteile an einem Unternehmen, eben der Aktiengesellschaft, verbriefen, ist dieser Kurs im Grunde nichts anderes als der Preis, den die Marktteilnehmer bei Abschluss ihres Geschäfts für einen solchen Anteil bezahlen. Entsprechend verändert sich dieser Preis (Kurs) je nachdem, wie das Unternehmen nach

Einschätzung der Käufer und Verkäufer zum jeweiligen Zeitpunkt wahrgenommen wird. Erwarten diese eine günstige Geschäftsentwicklung des Unternehmens, der Branche oder der Gesamtwirtschaft, wirkt sich das entsprechend in der Regel als Kursanstieg aus, schlechte Nachrichten dagegen führen zum Nachgeben oder gar starken Verfall des Aktienkurses. Wenn, wie in den Jahren 1983 bis 1986, 1996 bis 1997, 2003 bis 2007 oder nach 2009 geschehen, die Gewinne der Unternehmen (wieder) stark wachsen, kommt die Börse nicht umhin, diese positive Entwicklung nachzuvollziehen – sie **haussiert**. Greift dagegen Pessimismus um sich, sind die Ertragsaussichten von vielen Unwägbarkeiten gekennzeichnet oder gibt die politische Großwetterlage zu plötzlichen Sorgen Anlass, kann es zu erheblichen Kursturbulenzen bis hin zu kleineren oder größeren Crashs kommen, wie wir sie seit 1987 mehrfach und im Zuge der Weltfinanzkrise ab 2007 oder der Corona-Pandemie 2020 mit extremen Ausschlägen nach unten hinnehmen mussten.

Aber nicht nur an solchen Veränderungen der Kurse können Sie als Aktienbesitzer teilhaben, sondern Sie können darüber hinaus je nach wirtschaftlicher Situation des Unternehmens in regelmäßigem, häufig jährlichem Abstand an der Ausschüttung von Gewinnen in Form von Dividenden verdienen. Über die Höhe dieser Ausschüttung entscheiden Sie zusammen mit den übrigen Anteilseignern in der Hauptversammlung des Unternehmens, die alljährlich auch über die Entlastung der Organe der Aktiengesellschaft (Vorstand und Aufsichtsrat) bestimmt. In der Regel aber werden Sie dieses Stimmrecht, durch das Sie auf die Geschäftspolitik der Aktiengesellschaft Einfluss nehmen könnten, allerdings an Ihre Bank übertragen, die dann gemäß Ihrer Weisung auf der Hauptversammlung abstimmen muss. Denn gerade Privatanleger mit geringeren Aktienbeständen nehmen nur selten die Möglichkeit wahr, direkt zu den Hauptversammlungen zu fahren.

Gemessen am jeweiligen Kurswert einer Aktie kann die Verzinsung des eingesetzten Kapitals allein über die erhaltene Dividende in der heutigen Niedrigzinsphase durchaus beachtlich sein. So lag die erwartete Dividendenrendite der Allianz-Aktie auf Basis der geschätzten Ausschüttung von 9,60 Euro und eines Kurses von 201 Euro Mitte Januar 2021 bei einer Rendite vor Steuern und Inflation bei 4,8 Prozent. (Formel: [Ausschüttung je Aktie geteilt durch den aktuellen Aktienkurs] mal 100 Prozent). Die durchschnittliche Dividendenrendite der DAX-Werte lag in den vergangenen Jahren immerhin bei rund 3 Prozent.

Da der DAX ein sogenannter Performance-Index ist, bei dem die Dividende zum Zeitpunkt der Ausschüttung rechnerisch gleich wieder reinvestiert wird, bilden die Dividenden auch den Anteil an seiner Entwicklung, der eben nicht aus der reinen Kursentwicklung der zugrundeliegenden Aktientitel resultiert. Dagegen sind Indizes wie der amerikanische Dow-Jones-Index oder der japanische Nikkei-Index reine Kursindizes, bei denen die Dividenden unberücksichtigt bleiben.

Abb. 1.6: Langfristige Entwicklung des DAX, S&P 500, MSCI-WORLD und NASDAQ (von unten nach oben)

Quelle: Comdirect

Dennoch ist davon auszugehen, dass sich die meisten Kapitalanleger bei der Auswahl von Aktien nicht so sehr an der Höhe der jeweils zu erwartenden Dividende orientieren als vielmehr an der wirtschaftlichen Gesamtentwicklung des Unternehmens, die bei positiver Einschätzung eine mehr oder weniger starke Kursentwicklung möglich erscheinen lässt.

Sämtliche Gewinne sind allerdings zu versteuern. Seit 2009 gibt es die Kapitalertragsteuer in Form der sogenannten Abgeltungssteuer: So unterliegen sämtliche Kursgewinne unabhängig von der Haltedauer genauso wie Zins- und Dividendeneinnahmen einem einheitlichen Abgeltungssteuersatz von 25 Prozent zuzüglich eines Solidaritätszuschlags darauf von 5,5 Prozent (= insgesamt 26,375 Prozent). Verschont bleibt lediglich der sogenannte Sparerpauschbetrag in Höhe von 801 Euro pro Anleger (beziehungsweise 1602 Euro bei zusammen veranlagten Ehepaaren). Die Politik in Deutschland – ganz gleich von welcher Partei – hat noch immer ein äußerst gespaltenes Verhältnis zur Börse und verhindert damit seit Jahrzehnten die Förderung einer stärker auch auf Aktien beruhenden, ergänzenden langfristigen Altersvorsorge.

Ich kann mich noch an ein Stipendiaten-Treffen der Friedrich-Ebert-Stiftung mit Martin Doerrey und Werner Kilz im legendären Konferenzraum des früheren *Spiegel*-Redaktionshauses mit seiner eindrucksvollen violetten Bestuhlung erinnern. Daran nahmen auch Verantwortliche des NDR teil, und ich stellte die Frage, warum im öffentlich-rechtlichen Fernsehen fast gar nicht über die Börse berichtet werde. Ich sah in viele erstaunte Gesichter. Es entspann sich eine lebhafte Diskussion. Die Themen Geldanlage und Vermögensaufbau, Aktien und Finanzmarkt waren in jenen Jahren gerade für eher im linksliberalen Spektrum angesiedelte Medien Dinge, mit denen sie wenig zu tun haben wollten, sie aber auch wohl nicht wirklich verstanden. Mit dem Aufbau einer eigenen ARD-Börsenberichterstattung wurde erst viele Jahre später begonnen. Man trug mir an, daran vom Börsenparkett in Frankfurt aus mitzuwirken. Aber angesichts des zur Verfügung gestellten Zeitrahmens von zwei, drei Schaltungen täglich mit wenigen Minuten Sendezeit, für die ich den ganzen Tag hätte dort sein müssen, schien mir das Ganze als zu wenig fordernd. Zu Unrecht übrigens: Die Sendungen *Börse im Ersten* ab 2000 und *Börse vor acht* seit 2012 gehören zum Besten, was die ARD in diesem Bereich vorzuweisen hat. Und die früheren Kurzberichte und Kommentare von Frank Lehmann zum Börsengeschehen waren an Witz und Humor kaum zu übertreffen und brachten das Thema Börse und Geldanlage selbst den »kleinen Leuten« so nahe, wie es nach ihm

> kaum ein anderer schaffte. Die »große Politik« versteht es heute allerdings immer noch nicht. Selbst die Fähigkeiten vieler der im Bundestag für solche wichtigen Themen eigentlich zuständigen Abgeordneten liegen bis heute ja augenscheinlich noch immer eher auf Hilfsschulniveau. Da muss man sich dann nicht wundern, dass ihnen auch in aufsichtsrechtlichen Fragen wie zuletzt im Skandal um das DAX-Skandalunternehmen Wirecard jede Handlungskompetenz fehlte.

Den hohen Gewinnchancen bei der »Spekulation« mit Aktien steht freilich ein entsprechendes Risiko gegenüber, vor allem dann, wenn Sie als Anleger diese Gelder nicht – wie es die Regel sein sollte – mittel- bis langfristig anlegen wollen und womöglich bei Engpässen genötigt sind, ihren Aktienbestand zu verkaufen. Das Risiko ist zweifellos größer als bei Spareinlagen. Dennoch ist eine plötzliche Halbierung, gar ein Totalverlust des insgesamt eingesetzten Kapitals bei Beachtung bestimmter Sicherheitsregeln ebenso unwahrscheinlich wie eine kurzfristige Verdoppelung oder gar Vervielfachung. Keines unserer großen Unternehmen wie Daimler, Bayer oder Siemens, auf die sich ein erheblicher Teil der Aktieninvestments hierzulande konzentriert, könnte nach menschlichem Ermessen über Nacht in Insolvenz gehen. Ebenso wenig allerdings darf man von solchen vielgehandelten Standardwerten, den sogenannten Blue Chips des deutschen Aktienmarkts, überdimensionale kurzfristige Kurssprünge erwarten. Wie das weiter unten aufgeführte Beispiel zeigt, bestätigen aber auch hier Ausnahmen die Regel.

Schnellere Gewinne, aber auch größere Verlustrisiken indessen bringen Aktien mit sich, die als sogenannte Nebenwerte (Small- und Mid-Caps) notieren. Sie sind im MDAX und im SDAX notiert. Im Vergleich zu den Standardwerten machen sie nur einen Bruchteil des Börsenumsatzes aus. Entsprechend geringer ist auch die Anzahl der tagtäglich in diesen Aktien an der Börse gehandelten Papiere; der Fachmann spricht deshalb von »marktengen« Titeln. Häufig sind dies Aktien von kleineren oder noch jungen, gerade erst an der Börse eingeführten Unternehmen (Start-ups), deren Profil und mögliches Wachstumspotenzial sich erst im Laufe der Zeit beim Börsenpublikum herausbilden kann. Werden solche

Werte dann allerdings erst einmal von den Börsianern entdeckt, sind Kurssprünge innerhalb kürzester Zeit fast vorprogrammiert.

Umgekehrt werden Sie diese Titel, wenn diese denn einmal vom Publikum »fallengelassen« werden oder plötzlich schlechte Nachrichten auftauchen, womöglich nur sehr schwer und unter Inkaufnahme hoher Kursabschläge veräußern können. Dass dies selbst in dem eigentlich mit hohen Eintrittshürden und Veröffentlichungspflichten verbundenen ersten Börsensegment der deutschen Börse so sein kann, zeigt der Fall Wirecard (**Abb. 1.7**). Die im DAX notierte Aktie geriet nach Vorwürfen von Bilanzmanipulationen ab Mitte 2018 kräftig ins Trudeln.

Abb. 1.7: Auf und ab bei Wirecard

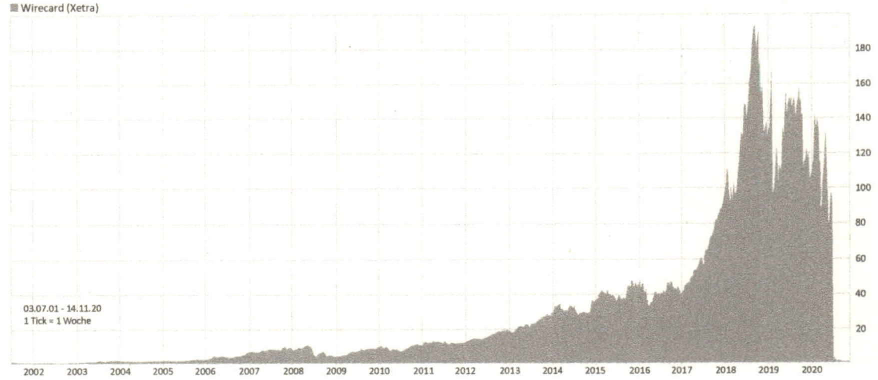

Wie die Sache vor dem Hintergrund der von der *Financial Times* immer wieder befeuerten Unsicherheiten endgültig ausgehen würde, war dabei lange Zeit schwer abzuschätzen. Selbst die deutsche Finanzaufsicht, die Bundesanstalt für Finanzdienstleistungsaufsicht (Bafin), hatte sich bis zuletzt schwer damit getan, das offensichtlich in einigen Bereichen mit krimineller Akribie betriebene Geschäft des Unternehmens kritisch unter die Lupe zu nehmen und dessen märchenhaft anmutende Bilanzdaten zu hinterfragen. Stattdessen verbot sie in der letzten Phase des Unternehmens sogar Leerverkäufe, mit denen professionelle Akteure auf fallende Kurse der Aktie setzen konnten. Schließlich erhärteten sich die Vorwürfe, führten zur Verhaftung des Vorstands und das Unternehmen musste im Juni 2020 Insolvenz anmelden. Für das Ansehen des deutschen Aktienmarkts ein Skandal mit weitreichenden Folgen.

Ein langjähriger Freund und für mich noch immer einer der besten Fondsmanager Deutschlands, Dr. Hendrik Leber von *ACATIS*, hatte im Juni 2020 im Umfeld des Skandals ein Interview im Börsenfernsehen gegeben und seinen Zweifeln am Geschäftsmodell des Unternehmens in seiner zurückhaltenden Art Ausdruck verliehen. Er, ein eingefleischter Value-Investor und Anhänger Warren Buffetts, hatte in seinen Fonds eine kleinere Position von Wirecard aufgebaut, bis ihm 2018 nach einem Gespräch mit dem Vorstand des Unternehmens erhebliche Zweifel an den in der Öffentlichkeit verbreiteten Geschäftszahlen kamen und er die Aktien (wohl noch mit Gewinn) aus seinen Fonds abverkaufte. Eigentlich hätte er seine Zweifel am Unternehmen schon zur damaligen Zeit gern öffentlich gemacht – und damit dann andere Anleger vermutlich vor erheblichen Schäden bewahrt. Seine Frage damals an mich: Wie und wo kann das überhaupt geschehen? Das Problem für Experten seiner Kategorie ist es hierzulande, dass jede kritische öffentliche Äußerung dieser Art mit erheblichen Regressforderungen der »Gegenseite« bedroht ist – ganz gleich, wie fundiert und juristisch aussichtsreich sie auch immer sein mögen. Findige Anwälte der kritisierten Unternehmen schicken denen, die sich kritisch äußern, schnell eine strafbewährte Unterlassungserklärung, die sie innerhalb weniger Tage unterschreiben müssen, wenn sie der Gefahr hoher Schadenersatzforderungen und langjähriger, kostenintensiver gerichtlicher Auseinandersetzungen aus dem Weg gehen wollen. – Das kenne ich alles sehr gut: Es ist mir in meiner langjährigen Praxis als Finanzjournalist mehrfach so ergangen. Ich werde Ihnen darüber in kleinen Einschüben an geeigneten Stellen dieses Buches noch das eine oder andere Mal berichten.

Pennystocks – nur für Spieler

Ein Segment am deutschen Aktienmarkt gibt es allerdings, dem Sie als noch wenig erfahrener Anleger nur mit größter Vorsicht begegnen sollten: dem sogenannten »Freiverkehr« (Open Market) an der Frankfurter Börse. In diesem nichtregulierten Markt werden neben Anleihen Aktien von Unternehmen gehandelt, die häufig sehr niedrige Handelsumsätze aufweisen und die manchmal niemand so ganz genau kennt. Nur irgendwelche Tippdienste empfehlen Ihnen gerne Aktien aus dem Freiverkehr, mit denen Sie Ihren Einsatz angeblich innerhalb kürzester Zeit vervielfachen können.

Dabei handelt es sich manchmal auch um sogenannte Pennystocks, die in jeweiliger Lokalwährung einen Kurswert von unter eins, im Euroraum also unter 1 Euro, haben. Leider fallen Anleger immer wieder darauf herein und meinen, dieser niedrige Wert sei gleichbedeutend mit einer besonders günstigen Bewertung und entsprechend hohen Gewinnchancen der Aktie. Das eine hat mit dem anderen aber in Wirklichkeit nichts zu tun: Wenn ein Aktienkaufkurs von 1 Euro »nur« um 50 Cent fällt, hat der Anleger bereits die Hälfte, also 50 Prozent seines Einsatzes, eingebüßt.

Tipp: Beachten Sie, dass die Höhe des Aktienkurses allein nichts darüber aussagt, ob die betreffende Aktie oder das Unternehmen an der Börse besonders günstig oder (zu) hoch bewertet ist. Denn es kommt maßgeblich darauf an, wie viele Aktien ausgegeben worden sind und auf wie viele dieser Anteilscheine sich folglich das an die Börse gebrachte und dort bewertete Kapital verteilt. So führt eine Verdoppelung der Aktienanzahl zwar zur Halbierung des Aktienkurses und eine optische Verbilligung auf die Hälfte ihres ursprünglichen Preises – an der Bewertung des Aktienunternehmens und der Einzelaktie selbst (ob niedrig oder hoch) ändert sich dadurch aber nichts.

So nehmen Sie Ihre Chancen selbst in die Hand: Mit Selbstvertrauen und Disziplin zum Erfolg!

Trotz Ihrer guten Chancen, Ihr Vermögen mit Aktien mittelfristig überdurchschnittlich vermehren zu können, sollten Sie sich dennoch als Anleger immer eine gesunde Portion Skepsis gegenüber allzu hohen Erwartungen und Versprechungen bewahren. Statt den vielen guten Ratschlägen anderer blauäugig zu vertrauen, sollte Sie versuchen, sich Schritt für Schritt ein eigenes Urteilsvermögen auf diesem Gebiet anzueignen. Nach und nach werden Sie ein Gespür für eher kurzfristige Tendenzen und längerfristige Trends an der Börse bekommen, das Sie befähigt, selbstständig zu entscheiden.

Jeder kann an der Börse auf die Dauer erfolgreich sein – keineswegs nur die Profis. Voraussetzung ist, dass man die Regeln, nach denen dieser Markt funktioniert, in den wichtigsten Grundzügen zu durchschauen versucht. Wer auf diese Weise sogar ein wenig Freude findet an der Beschäftigung mit wirtschaftlichen Sachverhalten, die unsere Welt mehr bewegen, als dies die meisten überhaupt ahnen, wird dann allerdings nach den ersten tastenden Versuchen von der Börse vermutlich so schnell nicht wieder loskommen.

Wichtig für jeden ist es, gleich zu Anfang einige Grundsätze ohne Wenn und Aber anzuerkennen, die Sie sich am besten vor jeder größeren Transaktion immer wieder ins Gedächtnis rufen und unter gar keinen Umständen außer Acht lassen sollten:

Lassen Sie sich nie zu einem Engagement überreden, wenn Ihnen die vorgetragenen Gründe nicht auch selbst einigermaßen einsichtig erscheinen. Die schlechtesten Argumente sind immer noch die, die man allein aus der von anderen Börsianern – etwa über die sozialen Medien und entsprechende Börsenforen – behaupteten Notwendigkeit gewinnt, diese oder jene Aktie unbedingt kaufen zu »müssen«. Der »Meinungsaustausch« dort hindert Sie nur daran, zu einer eigenen fundierten Bewertung zu kommen. Stattdessen nehmen Sie Informationen schnell durch eine Art Filter wahr, ohne es zu merken und ohne wirklich zu wissen, wer dort welche Hinweise mit womöglich unseriösen Eigeninteressen gezielt verbreitet.

Legen Sie den Betrag fest, den Sie für Ihre Anlage an der Börse oder einen regelmäßig zu bedienenden Sparplan wirklich frei zur Verfügung haben. Lassen Sie sich auch nicht von der angeblich besten aller Chancen dazu verleiten, tiefer in die Tasche zu greifen, als es Ihnen bei kritischer Betrachtung Ihrer eigenen Vermögens- und Einkommenslage und eingedenk der schlechtesten aller möglichen Kursentwicklungen guttun würde. Geld, das Ihnen nur kurzfristig zur Verfügung steht, gehört auf keinen Fall an die Börse.

Wer glaubt, sich über sehr kurzfristige Aktivitäten von einem auf den anderen Tag (Fachleute sprechen vom Trading, Kritiker von Zockerei) an den Finanzmärkten ein regelmäßiges Einkommen verschaffen zu können, ist schlecht beraten. Er begibt sich in Zwänge, die dem mittelfristigen Erfolg seines Investments abträglich sind. Alle Überlegungen, Daten und Informationen mögen mit Blick auf eine bestimmte Anlageentscheidung auf mittlere und längere Sicht völlig richtig sein. Kurzfristig aber bleibt der Kurs einer Aktie, der Aufwärtstrend einer Börse, die gegebene wirtschaftspolitische Gesamtkonstellation durch plötzlich eintretende, unkalkulierbare Ereignisse im Prinzip immer gefährdet.

Lassen Sie als Einsteiger lieber viele der kurzfristig gewinnträchtig erscheinenden Chancen aus. Konzentrieren Sie sich mit dem Großteil Ihres dafür zur Verfügung stehenden Kapitals auf eine mittel- bis längerfristige Anlagestrategie, bei der Sie auch dann noch ruhig schlafen können, wenn die Kurse kurzfristig einmal eine ganz andere als die erwartete Richtung nehmen.

Mit auf Aktien ausgerichteten, kostengünstigen Exchange Traded Funds (ETF) auf Indizes wie dem DAX, dem Weltindex MSCI WORLD, dem amerikanischen Index STANDARD & POORS 500 und in Asien anlegenden ETF-Länder- und Regionalfonds haben Sie aber auch Alternativen zu Direktinvestments in Einzelwerten und aktiv gemanagten Fonds. Beide Anlageformen gehören zum Besten, was die Börse Ihnen als Anleger heute bieten kann. Während Sie über den Erwerb von wenigen marktbreit anlegenden repräsentativen Indexinstrumenten dem allgemeinen Trend an den Börsen folgen und von diesen auch im Abwärts- und in lang anhaltenden Seitwärtstrends abhängig sind, bestimmen Sie bei Einzelinvestments sehr viel genauer, wohin die Reise gehen soll, und können auch Ihre Anlagerisiken gezielter steuern.

Schließlich haben Sie mit einer Mischung aus beiden Welten – der passiven, kostengünstigen und pflegeleichten Investments einerseits und der aktiven, zeitaufwendigeren, aber auch sehr viel spannenderen Variante andererseits – die besten Chancen, langfristig an der Börse erfolgreich zu sein und es mit den wirklichen Profis aufnehmen zu können.

Kapitel 2
Erste Schritte

Am Anfang Ihres Lebens als Anleger steht das Geld. Da es sich nicht auf die traditionelle Weise über niedrig verzinste Spareinlagen bei Ihrer Bank Euro um Euro vermehren, sondern an der Börse für Sie arbeiten und langfristig damit ein Vermögen aufgebaut werden soll, sind die besseren Chancen auch mit höheren Risiken verbunden. Von nichts kommt nichts, und wer darauf spekuliert, sich ohne jedes Wagnis an der Börse schnell eine goldene Nase verdienen zu können, verspekuliert sich bereits, noch ehe er den ersten Euro eingesetzt hat.

Als Einsteiger sollten Sie sich deshalb zunächst darüber klar werden, welche Beträge Sie überhaupt für Ihre Börseninvestments erübrigen wollen. Das ist zuallererst eine Frage des Könnens, also der genauen Prüfung, welches Geld Ihnen für Ihr Engagement wirklich *frei* zur Verfügung steht. Ein »Kassensturz« ganz zu Beginn, ehrlich und kritisch mit Blick auf die Grenzen und Möglichkeiten, die der eigene Geldbeutel wirklich zulässt, ist daher der erste, wichtigste Schritt zum Erfolg.

Kassensturz

Dabei müssen Sie sich keineswegs schon von Ihren Börsianerträumen verabschieden, wenn Sie erkennen, dass Sie für Aktien, Anleihen und andere an den Börsen gehandelte Finanzinstrumente anfangs kaum mehr als ein paar Tausend Euro einsetzen können. Der Gedanke, dass angesichts einer so geringen Kapitalbasis die wirklichen Chancen, über die Börse reich zu werden, eine Illusion bleiben muss, liegt da sehr nahe. Dennoch gibt es nicht wenige, die es in der Vergangenheit tatsächlich geschafft haben, aus 3000, 5000 oder 10 000 Euro ein Vermögen zu machen. Oder mit einem langfristigen Sparplan und regelmäßigen festen Einzahlungen zum Beispiel auf breit anlegende Aktienindexfonds. Je früher Sie damit beginnen, umso besser. Wichtig zunächst ist nicht so sehr die absolute Höhe der verfügbaren Summe oder der einzelnen Sparraten – obgleich sie natürlich die Geschwindigkeit des Zuges, in den Sie da einsteigen wollen, nicht unwesentlich mitbestimmt.

Wichtiger ist vielmehr, dass Ihnen dieses Geld tatsächlich eine längere Zeit uneingeschränkt zur Verfügung steht, damit Ihnen nicht bei jeder kleinsten Kursbewegung nach unten gleich die Puste ausgeht. Besser ein kleines, ungebundenes Anfangskapital, das Sie im schlimmsten Fall auch mal verlieren können, ohne in Ihren übrigen Lebensverhältnissen unterzugehen, als ein großer Betrag, dessen Sie sich nur mit halbem Herzen oder gar schlechtem Gewissen bedienen können. Nur wenn Sie Geld einsetzen, das Sie mittel- bis langfristig nicht brauchen, sind Sie wirklich frei darin, Ihre Anlageentscheidungen unter keinen anderen als börsenspezifischen Gesichtspunkten zu treffen. Und das ist für Ihren Erfolg an der Börse unbedingt nötig. Je länger Ihr Anlagehorizont, desto größer auch die Wahrscheinlichkeit, kurzfristig eingetretene Verluste wieder ausgleichen zu können. Darüber hinaus rate ich Ihnen, etwa drei bis sechs Monatsgehälter quasi als Kassenbestand möglichst immer verfügbar zu halten und nicht in Wertpapiere zu investieren. Da es dabei nicht um die Erzielung von Erträgen, sondern um reine Risikovorsorge geht, kann dies auch über ein Sparkonto geschehen, das nicht mit Minuszinsen belastet wird.

Die Auswahl der richtigen Bank

Ohne Wertpapierdepot geht dabei nichts. Deshalb sollten Sie sich das Institut genau ansehen, über das Sie Ihre Geschäfte abwickeln wollen. In diesem Metier lässt sich nämlich nicht nur im Großen gewinnen, beim Kursanstieg der von Ihnen erworbenen Wertpapiere und den Erträgen, die Sie aus Zinsen, Dividenden oder Boni einstreichen. Auch auf die im Rahmen Ihrer Aktivitäten anfallenden Kosten und sonstigen Bankkonditionen sollten Sie achten. Dabei geht es nicht zuletzt um den Ihnen zur Verfügung gestellten technischen Service bei der Abwicklung Ihrer Aufträge sowie die Qualität der Kundenbetreuung. Vielleicht legen Sie gerade zu Anfang auch auf eine gewisse Mindestberatung Wert, jedenfalls auf die Möglichkeit, Fragen im Umfeld Ihres Engagements professionell klären lassen zu können. All dies sind Faktoren, die Ihren Erfolg als Anleger mitbestimmen.

In der Regel wird es zunächst Ihre eigene Hausbank sein, die Sie sich als Einsteiger für die Abwicklung Ihrer Transaktionen aussuchen dürften. Doch nicht jedes Institut ist im Börsengeschäft gut aufgestellt. Von Bank zu Bank, von Stadt zu Stadt, ja selbst von Zweigstelle zu Zweigstelle kann das Niveau der Wertpapierabteilung sehr unterschiedlich ausfallen. Wenn Sie begründete Zweifel an der Leistungsfähigkeit Ihrer eigenen Bank auf diesem Gebiet haben, sollten Sie sich nicht scheuen, Ihre Börsengeschäfte einem Konkurrenzinstitut anzuvertrauen.

Tipp: Da die in der folgenden Übersicht enthaltenen Angaben ständig im Fluss sind, sollten Sie vor Ihrer Entscheidung für die eine oder andere Bank jeweils die aktuellsten Testergebnisse einfach über die Website von *Finanztest* abrufen oder sich deren entsprechende Heftausgabe besorgen.

Besser noch ist die Einrichtung eines Wertpapierkontos bei einer Direktbank (Online-Broker), bei der Sie Ihre Transaktionen günstig übers Internet abwickeln können. Direktbanken verfügen über keine Filialen vor Ort, bieten wenig oder keine Beratung und sind deshalb besonders kostengünstig. Eine Alternative dazu ist die Einrichtung eines sogenannten Online-Depots bei Ihrer Filialbank, über das Sie in ähnlicher Weise übers

Internet aktiv sein können. Schließlich können Sie sich auch noch für Depots bei mobilen Brokern entscheiden, bei denen das Depot über eine Smartphone-App geführt wird. Hier ist jede Beratung ausgeschlossen, dafür fallen aber auch nur Minimalkosten an.

Abb. 2.1: Kosten und Angebote für Wertpapierdepots im Vergleich

Institut	Orderkosten		... insgesamt (über Xetra)			Jahreskosten (*davon* Depotentgelt)		
Filialbank	in % des Kurswerts		beim Kurswert von ... €			nach Depotgröße und (Orderanzahl)		
... Online-Depot	zzgl. Ordergebühr mind. €		10.000	5.000	2.000	150.000 (6)	50.000 (16)	20.000 (2)
Filialbanken bei traditioneller Orderaufgabe und Beratung, ggfs. über Online-Depot oder Direktbank								
Commerzbank	1,00 %* + 4,90€	49,90	105,70	55,70	50,70	808 (375)	965 (125)	181 (80)
Comdirect	*0,25 % + 4,90€*	*9,90*	*31,40*	*18,90*	*11,40*	*144 (6)*	*227 (0)*	*40 (18)*
Deutsche Bank	1,00 %*	30,00	102,60	52,60	32,60	596 (180)	712 (70)	93 (28)
" " Maxblue	*0,25 %*	*8,90*	*27,60*	*15,10*	*11,50*	*116 (0)*	*206 (0)*	*23 (0)*
Dt. Apoth- u. Ärztebk.	1,00 %*	20,00	100,00	60,00	20,00	623 (223)	580 (80)	70 (30)
" Online-Depot	*0,70 % **	*10,00*	*70,00*	*35,00*	*14,00*	*503 (223)*	*430 (80)*	*58 (30)*
Hypovereinsbank	1,00 %*	30,00	103,50	53,50	33,50	721 (300)	756 (100)	115 (48)
" Online-Depot	*0,50 % **	*20,00*	*53,50*	*26,50*	*23,50*	*521 (300)*	*506 (100)*	*95 (48)*
Frankf. Sparkasse	1,00 %*	25,00	100,94	50,89	25,84	650 (245)	679 (115)	102 (50)
" S-Online-Depot	*0,30 %*	*9,90*	*30,94*	*15,89*	*10,74*	*287 (162)*	*295 (92)*	*53 (32)*
Hamb. Volksbank	1,00 %*	25,00	100,82	50,78	25,76	640 (224)	697 (104)	81 (30)
" Online-Depot	*0,40 %*	*15,00*	*47,28*	*23,81*	*18,79*	*400 (224)*	*417 (104)*	*61 (30)*
Targobank	*0,50 %*	34,90	52,71	37,61	37,61	256 (0)	602 (0)	105 (30)
" Online-Depot	*0,25 %*	*8,90*	*27,71*	*15,21*	*11,61*	116 (0)	207 (0)	23 (0)
Online-Broker (ohne Beratung)								
DKB	2 Preisstufen	10,00	10,94	10,89	10,85	65 (0)	174 (0)	22 (0)
Flatex	Pauschale	5,90	8,22	8,19	8,17	51 (0)	137 (0)	18 (0)
ING-Diba	0,25 % + 4,90€	0	31,65	19,15	11,65	140 (0)	231 (0)	23 (0)
Onvista Bank	Pauschale	5,00	6,50	6,50	6,50	39 (0)	104 (0)	13 (0)
S Broker	0,25 % + 4,99€	8,99	31,47	18,97	11,47	139 (0)	229 (0)	23 (0)
** bei Anleihen die Hälfte – Quellen: „Finanztest"12/2018 und eigene Recherchen DWK*								

Ein großer Player unter den Direktbanken ist zum Beispiel *Comdirect*, ein Tochterunternehmen der Commerzbank, das über eines der besten Internetportale verfügt. Ich nutze es seit zig Jahren. Darüber können Sie Ihre Order übers Internet einstellen und in Echtzeit an Ihrem Computer mitverfolgen. Gute Konditionen bietet Ihnen auch Maxblue, ein Unternehmen der Deutschen Bank. Die Stiftung Warentest untersucht in ihrer Zeitschrift *Finanztest* in regelmäßigen Abständen die Angebote der entsprechenden Institute (**Abb. 2.1**). Daran können Sie sich bei der Suche nach einem passenden Anbieter für Ihre Wertpapiergeschäfte gut orientieren.

Doch auch in diesem Fall muss Ihre Entscheidung für den einen oder anderen Anbieter nicht eine Entscheidung fürs Leben sein. Wenn es allzu viele Anlässe für Unzufriedenheit und berechtigte Kritik gibt, sollten Sie diese auch zur Disposition stellen. Nur das Beste sollte für Sie als Anleger gut genug sein; denn für mangelnde Qualität müssen Sie am Ende ganz allein bezahlen. Falls Sie das Gefühl haben, beim falschen Broker gelandet zu sein, ist das kein Problem: Sie können Ihr Depot jederzeit kündigen und Ihre Wertpapiere auf eine andere Depotbank übertragen. Solange Sie Ihr Depot nicht ins Ausland verlegen wollen, fallen dafür keine Kosten an.

Achten Sie auf ein attraktives Gesamtpaket

Die Frage nach den Konditionen betrifft im engeren Sinne die Höhe der Gebühren für die Führung des Depots mit zugehörigem Verrechnungskonto sowie die anfallenden Provisionen, Maklergebühren und möglicherweise zusätzlichen Spesen bei der Abwicklung Ihrer Kauf- und Verkaufsaufträge. Im weiteren Sinne geht es dabei auch um alle übrigen bei der Durchführung der Börsengeschäfte geltenden Bestimmungen und Usancen des jeweiligen Instituts, die Sie dem jeweiligen Preis- und Leistungsverzeichnis entnehmen können.

Zum Depot gehört zwingend ein **Verrechnungskonto**. Alle Transaktionen laufen über dieses Konto, lediglich bei Sparplänen können Sie zur Abbuchung der Sparrate auch ein anderes, bereits bestehendes Konto angeben, etwa Ihr Girokonto. Aber auch die laufenden Erträge aus Ihrem Wertpapierbestand, etwa Dividenden, Zinsen oder die Ausschüttungen von Fonds, werden auf dem Verrechnungskonto gutgeschrieben. Sie brauchen nur den Stand Ihres Verrechnungskontos mit dem Tageswert der eigenen Wertpapiere in Ihrem **Depotkonto** zu vergleichen und sind über die Höhe des aktuellen Buchgewinns oder -verlusts schnell informiert (**Abb. 2.2**).

Abb. 2.2: Einfache Erfolgskontrolle

Verrechnungskonto		Depotkonto	
Einzahlungen	**50 000**	Kurswert Aktie A	21 000
Kauf Aktie A	-10 000	Kurswert Aktie B	17 500
Kauf Aktie B	-15 000	Kurswert Anleihe A	9 900
Nachkauf Aktie A	-5 000	Kurswert Anleihe B	10 500
Kauf Anleihe A	-10 000		
Kauf Anleihe B	-10 000		
Dividende Aktie A	720		
Zinsen Anleihe B	420		
Transaktionskosten	-315		
Depotgebühren	-400		
Kassenbestand	**425**	**Buchwert**	**58 900**
Buchgewinn vor Steuern			*9 325*

Der entscheidende Faktor bei der Frage nach den besten Bankkonditionen sind die **Ordergebühren** (Transaktionskosten), die Ihnen für Ihre Kauf- und Verkaufsaufträge jeweils in Rechnung gestellt werden. Sie hängen überwiegend von der Höhe Ihres Auftrags und gegebenenfalls einer Mindestgebühr ab sowie von der Art des Anlageinstruments (Aktien, Anleihen, Rohstoffe, Edelmetalle, Optionsscheine, Zertifikate, Investmentfonds oder auch ETFs). Wenn Sie davon ausgehen, dass Sie in stürmischen Zeiten einen Teil Ihres Depots vielleicht häufiger umschichten wollen, würden Sie von niedrigeren Provisionssätzen kräftig profitieren. »Hin und her macht Taschen leer!«, lautet zwar eine gut begründete Börsenweisheit – manchmal kommt man aber um eine radikale Entscheidung nicht herum. In der Übersicht (**Abb. 2.2**) finden Sie auch

Beispielrechnungen für die Gesamtkosten eines Depots bei unterschiedlichen Aktivitäten pro Jahr einschließlich jährlicher Depotgebühren.

Sie sehen: Bei Online-Brokern zahlen Sie häufig nur Bruchteile der bei einer Filialbank anfallenden Gebühren. Für Anleger mit vergleichsweise geringen Dispositionsmöglichkeiten oder einem kleinen Depot ist es schließlich wichtig, zu klären, ob ihr Institut bei inländischen oder ausländischen Aufträgen irgendwelche Mindestauftragshöhen verlangt. Üblich ist etwa bei Sparplänen eine Mindestrate von 25 oder 50 Euro. Da auch ein kleines Depot unter dem Aspekt der Risikomischung etwa acht bis zwölf Einzeltitel enthalten sollte (bei breitanlegenden Indexfonds und ETFs kommen Sie auch gut mit der Hälfte an Positionen aus), wäre ein »Mindestschluss« von zum Beispiel 10000 Euro, wie ihn allerdings nur noch sehr wenige Banken für Auslandsaufträge verlangen, nachteilig.

Service und Schnelligkeit bei der Auftragsabwicklung

Geschwindigkeit im Börsengeschäft ist heutzutage eigentlich keine Hexerei mehr, sondern eine Bedingung für schnelle Reaktionsmöglichkeiten auf plötzliche Ereignisse an den Finanzmärkten. Dabei sind Sie im Nachteil, wenn Sie Ihre Kauf- und Verkaufsaufträge noch auf traditionellem Weg nur über den Mitarbeiter Ihrer Bank aufgeben können, selbst wenn dies auf telefonischem Wege geschieht. Das haben Privatanleger in früheren Zeiten immer wieder schmerzlich erfahren, wenn es in Krisensituationen darum ging, bei Verkaufs-, Kauf- oder Änderungsaufträgen zu einer sofortigen Ausführung zu kommen und nicht in eine Warteschleife geschickt zu werden.

Ich kann mich noch gut an die Situation beim ersten großen Crash der Nachkriegsgeschichte im Oktober 1987 erinnern. Er war auch für mich und die meisten meiner damals stark engagierten Freunde aus unserem Kreis in Göttingen ein sehr lehrreiches, noch heute unvergessliches Ereignis. Ohne kräftige Blessuren kam seinerzeit keiner von uns davon. In jenen Tagen

> legten Sachbearbeiter einer angeblich der »Gemeinwirtschaft« besonders verpflichteten und heute schon gar nicht mehr existierenden Göttinger Bank wegen der kaum zu bewältigenden Anrufe und waschkörbeweise eintreffenden Verkaufsaufträge einfach den Telefonhörer auf die Seite, um bis zur Abwicklung der entgegengenommenen Order für den nächstfolgenden Anrufer vorübergehend unerreichbar zu bleiben. Also waren die Leitungen zu ihnen immer wieder lange besetzt, und die Kurse liefen einem davon. Später bekam man dann manchmal mit, dass der Sachbearbeiter die Verkaufsaufträge für sein eigenes Depot fast immer zu sehr viel besseren Kursen abwickeln konnte als man selbst.

Es ist heute Standard und darüber hinaus auch sehr zu empfehlen, die eigenen Wertpapierorders über das Internet einzugeben und unverzüglich ausführen zu lassen: Am Bildschirm werden Ihnen dann die aktuellen Preise/Kurse direkt angezeigt – ein Klick auf den entsprechenden Button, und Sie erhalten sofort die Bestätigung darüber, zu welchem Preis Ihr Auftrag abgewickelt und auf Ihrem Wertpapierkonto verrechnet wurde. In kritischen Börsenphasen können Sie sich darauf allerdings nicht verlassen, wie der Corona-Crash im März 2020 gezeigt hat. Seinerzeit brach das Handelssystem bei Onvista wegen Überlastung zusammen, sodass Anleger vorübergehend keinerlei Order aufgeben konnten oder bereits vorliegende nur mit längerer Verzögerung ausgeführt wurden.

Bestehen Sie auf aktuellen Kursinformationen

Neben den Printmedien sind es vor allem die internetgestützten Hilfsmittel, die Ihnen eine nahezu zeitgleiche Information über die an den Börsen gehandelten Kurse erlauben. Für Profis sind heute Bloomberg, Thomson Reuters Datastream oder SIX Telekurs die wichtigsten Anbieter von Finanzinformationen. Bloomberg verfügt über einen englischsprachigen TV-Kanal mit Programmen rund um die Uhr, den Sie auch über Ihr Fernsehgerät oder Smartphone kostenlos nutzen können.

Für Sie als Privatanleger reichen aber die mit einer allenfalls geringen Zeitverzögerung über Internetportale wie *www.comdirect.de*, *www.onvista.de*, *www.finanzen.net* und vor allem das sich um die Bedürfnisse von Privatanlegern besonders verdient machende Portal der Stuttgarter Börse (*www.boerse-stuttgart.de*) erhältlichen Kursinformationen völlig aus. Ein hervorragendes Portal rund um das weiterhin stark kommende Segment der ETF-Indexfonds bietet *www.justetf.com*, ein Unternehmen, das ich seit seinen Anfängen auch persönlich intensiv begleitet und für das ich entsprechende Beiträge und Analysen verfasst habe. Die Informationen dieser Portale sind inzwischen so umfangreich, dass Sie diese nur zu einem Bruchteil nutzen können.

Ausgewählte Internetseiten, die Sie nutzen können

Finanzmedien und Börsendienste
finanzen.net
boerse-online.de
n-tv.de
bloomberg.com
vwd.com
reuters.de
boersen-zeitung.de
finanztreff.de
focus.de/finanzen
deraktionaer.de
fmh.de
deutsche-boerse.com
boerse-stuttgart.de

Direktanlagebanken, zum Bespiel
comdirect.de
consorsbank.de
smartbroker.de

Seiten für Optionsscheine, Zertifikate, Fonds & Co.
finanztreff.de

morningstar.de
onvista.de
fondsweb.de
anleihen-finder.de
boerse-stuttgart.de
justetf.com

Wirtschaftspolitik/Research
bundesregierung.de
morganstanley.com
politik-digital.de
iab.de

Tipp: Konzentrieren Sie sich bei Ihrer Informationsbeschaffung am besten auf ein oder zwei dieser Portale. Weniger Informationen sind in Börsendingen häufig mehr als zu viele, die Sie dann gar nicht mehr wirklich verarbeiten können. Sie müssen nicht alles wissen, um an der Börse zu guten Entscheidungen zu kommen. Fokussieren Sie sich auf das Wesentliche!

Auf jeden Fall sollten Sie bei keiner Bank ein Depotkonto einrichten, die nicht in der Lage ist, Ihnen im Bedarfsfall jederzeit **Realtime**-Kurse anzuzeigen.

Anders als bei vielen herkömmlichen Filialbanken oder Sparkassen ist all das über Direktbanken heute ein Kinderspiel: Sie bestimmen an Ihrem Computer oder sogar schon über eine entsprechende Smartphone-App selbst, wie und wo Ihr Auftrag abgewickelt werden soll, und können zeitgleich bis zur endgültigen Ausführungsbestätigung sehen, wie das geschieht. Und das ist Geld wert. An der Börse verhält es sich in diesem Punkt durchaus manchmal ähnlich wie im wirklichen Leben: Wer zuerst kommt, mahlt zuerst – während die Letzten das Nachsehen haben.

Der passende Anlageberater: Trau, schau, wem?

Welche Wertschätzung (potenzielle) Wertpapierkunden bei den Banken genießen, konnte man in früheren Jahren mancherorts bereits beim Betreten der Schalterhalle erkennen. Kein anderer Bereich war seinerzeit so zielstrebig ausgebaut worden wie die Abteilungen für Anlageberatung. In manchen Bankfilialen rückte er denn auch schon rein optisch ganz ins Zentrum: Ledersessel, gemütlich gestaltete Sitzgruppen, Getränkeautomaten, gar ein »Börsencafé« im Wiener Kaffeehausstil mit regulärer Bedienung – all dies war Ausdruck des immensen Umsatzwachstums, das den Banken sprudelnde Provisionseinnahmen aus dem Wertpapiergeschäft beschert hatte. Das ist Gott sei Dank lange vorbei.

Heutzutage backen die meisten Institute in dieser Hinsicht sehr viel kleinere Brötchen. Sie haben gemerkt, dass Normalanleger mit dem einen oder anderen Zehntausend-Euro-Anlagekapital vor dem Hintergrund strenger aufsichtsrechtlicher Regeln erheblichen Beratungsaufwand verursachen und daher mit vorgefertigten Produkten von der Stange aus dem eigenen Haus viel zeit- und kostensparender versorgt werden können. Das erleichtert ihnen auch die Anfertigung der heute bei jeder (auch telefonischen) Beratung anzufertigenden Protokolle, die im Streitfall für die Bank mit kaum abschätzbaren Risiken verbunden sind.

Doch Vorsicht: Vergessen sollten Sie bei der Suche nach der »richtigen« Bank jene vorrangig auf ein gutes Make-up getrimmten Institute. Die vergoldeten Türklinken, der rote Teppich, der kostenlos offerierte Kaffee, ja selbst das neueste computerunterstützte und dem Kunden kostenlos zur Verfügung gestellte Analyseprogramm – all das sind Annehmlichkeiten aus längst vergangenen Tagen, die das Geschäft ganz im Sinne der Bank ein wenig lockerer von der Hand gehen lassen sollten. Über die eigentliche Güte der Anlageberatung – wenn Sie darauf gerade zu Anfang Ihrer Börsenkarriere noch nicht verzichten wollen – sagen solche Äußerlichkeiten kaum etwas aus. Denn diese steht und fällt noch immer mit der Qualität jener Köpfe, die für Ihre individuelle Betreuung zuständig sind: mit der Person Ihres Anlageberaters. Das Problem daran:

In der Regel werden Sie dessen Fähigkeiten und Schwächen erst im Laufe der Zeit richtig einschätzen können.

Dennoch gibt es manche nicht weniger wichtige Kriterien, an denen Sie Ihre Entscheidung für den einen oder anderen Berater auch schon in den ersten Informationsgesprächen ausrichten sollten.

Vertrauenswürdigkeit und Offenheit als Kriterien

Ein guter Berater wird versuchen, die Anlageziele und finanziellen Möglichkeiten seines Kunden bei all seinen Überlegungen und Empfehlungen genau im Auge zu behalten. Dies sollte auch dann der Fall sein, wenn sein unmittelbares Eigeninteresse oder das seiner Bank dem Interesse des Kunden entgegensteht. Dazu ist ein Berater nach Einführung der ganz auf den Anlegerschutz ausgerichteten MiFID (Markets in Financial Instruments Directive) seit November 2007 auch ausdrücklich verpflichtet. Nur dann verdient er jenes Vertrauen, das notwendig ist für eine auf Dauer erfolgreiche Zusammenarbeit mit dem Kunden.

Natürlich wird ein Anlageberater von seiner Bank nicht zuletzt an der Höhe der Umsätze gemessen, die sich aus dem Kauf und Verkauf der seinen Kunden empfohlenen Wertpapiere ergeben und an denen sie über die anfallenden Provisionen vorrangig verdient. Viele Bankfilialen erhalten von ihrer Zentralstelle gar Maßzahlen mit entsprechenden Vorgaben über Art und Umfang der zu tätigenden Geschäfte. Das bewegte sich in der Vergangenheit auch schon mal am Rande der Legalität. Wenn es eine Bank etwa übernahm, ein junges Unternehmen an die Börse zu führen (Initial Public Offering, kurz IPO) und infolge eines zu hoch angesetzten Ausgabepreises der neuen Aktien auf einem Teil des Pakets hängenzubleiben drohte, legte sie ihren Mitarbeitern mitunter nahe, unbedingt noch einen Teil des vorhandenen Volumens bei irgendwelchen besonders treuseligen Kunden »abzuladen«.

Es gab und gibt wohl leider noch immer Berater, die Ihnen vor diesem Hintergrund mit zum Teil fadenscheinigen Argumenten nahezu alles verkaufen. Die Gefahr, auf solche Empfehlungen hereinzufallen, ist für Sie als Anleger auch heute immer noch groß, und sie scheint manchmal leider umso größer zu sein, je gewichtiger der Name der Bank und die Stellung ihrer zentralen Anlageberatung ist.

Freilich kann ein Anlageberater das Interesse des Anlegers nur so weit berücksichtigen, wie er es auch wirklich kennt. Es ist daher seit Einführung der MiFID auch zwingend, ihn über das eigene persönliche Umfeld (Beruf, Familienstand, Einkommen, Vermögen, Schulden) und die genaueren Anlageziele wie über entsprechende plötzliche Veränderungen auf dem Laufenden zu halten. Nur dann ist er in der Lage, das für Sie als Anleger zumutbare Risiko bei der einen oder anderen Anlageentscheidung mitzubedenken und Sie gegebenenfalls vor größeren Risiken zu bewahren. Zu solchen Abfragen sind die Bankberater heute gesetzlich verpflichtet. Verweigern Sie als Kunde entsprechende Informationen, darf er Sie gar nicht beraten oder Ihnen Anlageprodukte empfehlen – selbst dann nicht, wenn Sie unterschreiben, dass Sie die dadurch entstehenden möglichen Risiken auf die eigene Kappe nehmen wollen. Der Anlageberater ist heute verpflichtet zu prüfen, ob das Finanzinstrument für Sie sowohl »anlegergerecht« als auch »anlagegerecht« ist. An diese Kriterien sind hohe Ansprüche gestellt, deren Erfüllung die Bank im Streitfall nachweisen muss.

Ein Berater, der sich für solche und ähnliche Belange des Kunden nicht interessiert, wird sich sehr schnell als jemand entpuppen, der seine Aufgabe ohne großes Engagement zu erledigen pflegt. Einem solchen Berater sollten Sie am besten gleich die rote Karte zeigen.

Wenn schon, denn schon – entscheiden Sie sich besser für langjährig erfahrene Berater

Vertrauenswürdigkeit und ein offenes Ohr für Ihre Belange als Anleger helfen allein jedoch wenig, wenn Ihr Betreuer sein Handwerk, das Börsengeschäft, selbst nicht gründlich beherrscht. Die zu fordernde Kompetenz erstreckt sich nicht zuletzt auf die Fähigkeit, das Kurspotenzial einer

Aktie wie die Gesamtentwicklung der Börse für einen überschaubaren Zeitraum sachkundig bewerten und die Urteile anderer Experten und vorhandene Analysen zurate ziehen, aber auch hinterfragen zu können.

Ein guter Berater sollte sich hierbei nie allein auf die Analysen anderer verlassen müssen. Er muss selbst in der Lage sein, die wichtigsten fundamentalen Daten einer Aktiengesellschaft (Gewinnentwicklung, Zukunftsperspektiven usw.) sowie das gesamtwirtschaftliche Umfeld beurteilen zu können. Dabei ist es heute notwendiger denn je, auch psychologische Faktoren in die Anlageüberlegungen einzubeziehen, die das Auf und Ab der Kurse und des Gesamtmarktes manchmal ganz erheblich beeinflussen können: die Tatsache zum Beispiel, dass Kursentwicklungen zyklische Bewegungen mit mehr oder weniger erkennbaren Gesetzmäßigkeiten sind. In der Praxis spricht man hierbei von sogenannten technischen Faktoren.

Ein Anlageberater, der diese zum Beispiel anhand von Kursgrafiken (Charts) und statistischen Daten überhaupt nicht beurteilen kann, befindet sich nicht auf dem neuesten Stand seines Metiers. Jemand, der sie bei seinen Empfehlungen völlig unberücksichtigt lässt, handelt naiv; wenn er deutliche Signale wissentlich ignoriert, ist das verantwortungslos.

Gleichwohl sollte man sich vor der Annahme hüten, dass allein ein vorhandenes gutes theoretisches Wissen oder ein noch so überzeugend wirkendes computerunterstütztes Analyseprogramm für eine solide Beratung ausreichen könnte.

Zuerst und zuletzt sollten Sie bei Ihrer Suche nach einem kompetenten Berater darauf achten, dass er bereits über eine reichhaltige, in der Regel erst im Laufe von vielen Jahren erzielbare praktische Erfahrung verfügt. Leider entspricht die Mehrzahl der Banken diesem vielleicht wichtigsten Kriterium für eine gute Anlageberatung noch am allerwenigsten – gerade auch, wenn es um die Beratung jener finanziell weniger vermögenden Bevölkerungskreise geht, die sie eigentlich am dringendsten nötig haben. Denn je besser der Berater, desto eher wird er von seiner Bank aus dem nervenaufreibenden Massengeschäft abgezogen und für wirklich vermögensstarke Kunden reserviert. An ihnen lässt sich schließlich am meisten verdienen.

Die Qualität Ihres Beraters zeigt sich erst in der Krise

Vor allem in einer Baisse, einem länger andauernden Niedergang der Kurse, wie er für die Entwicklung eines typischen zyklisch verlaufenden Aktienmarkts von Zeit zu Zeit zwangsläufig ist, muss sich die Erfahrung Ihres Anlageberaters bewähren. Aktienmärkte sind nun einmal, wie eine alte Börsenweisheit besagt, keine Einbahnstraßen, auch wenn sie langfristig durchweg nach oben tendieren. Wer als Berater in einer längeren Hausse immer gewohnt war, nur in eine Richtung zu denken – nämlich nach oben –, wird sich früher oder später verfahren. Da ist es kein Wunder, dass mancher Jüngling auf dem Stuhl des Anlageberaters beim ersten großen Crash der Nachkriegsgeschichte am 19. Oktober 1987 oder der dramatischen Abwärtsspirale von 2000 bis 2003 einem Herzinfarkt nahe war oder sich vorübergehend krankmeldete, um für die Folgen seiner ständigen »Halten«- und »Kaufen«-Empfehlungen bloß nicht in Anspruch genommen zu werden. Ähnliche Erfahrungen konnten Anleger am Tage des Terroranschlags vom 11. September 2001 machen, im Zuge der dramatischen Abwärtsbewegung infolge der Weltfinanzkrise 2007/2008 oder auch des Corona-Crashs 2020.

Sie müssen mit einiger Sicherheit davon ausgehen, dass Sie Ihren Anlageberater bei einem plötzlichen Kurseinbruch (Crash) nicht sofort erreichen werden, um noch eventuelle Verkaufsaufträge platzieren zu können. Er hat ja nicht nur Sie zu betreuen und wird im kritischen Fall je nach Wichtigkeit (bestenfalls) eine Telefonliste abarbeiten, falls er Handlungsbedarf sieht. Das macht deutlich, wie wichtig es für Sie ist, heutzutage (auch) über ein Online-Depotkonto zu verfügen und darüber Ihre Aufträge ohne Zeitverzögerung ins System eingeben zu können. Allerdings ist ein solcher Online-Zugang in außergewöhnlichen Situationen wie bei einem dramatischen Kursverfall keineswegs garantiert. Ich habe in den letzten Jahren mehrfach erlebt, dass gerade dann die Systeme stundenlang »gestört« oder »überlastet« waren und Aufträge nur mit erheblicher Verzögerung und entsprechend schlechteren Kursen ausgeführt wurden.

Einem noch unerfahrenen Berater sollten Sie als Anleger grundsätzlich kritisch gegenüberstehen. Sie werden dabei Ihre Entscheidung für oder gegen die eine oder andere Kaufempfehlung vermutlich vorrangig unter dem Gesichtspunkt der Gewinnmaximierung treffen wollen. Vergessen sollten Sie dabei aber nie, dass es noch wichtiger ist, möglichen Verlusten aus dem Wege zu gehen. Denn Sie wissen ja: Bei einem Verlust von 25 (50) Prozent benötigen Sie einen Kursanstieg von 33 (100) Prozent, um ihn wieder auszugleichen!

Erfolgreich werden Sie an der Börse dann sein, wenn Sie bereit sind, eigene Überlegungen auch immer wieder kritisch zu überprüfen, sich gemachte Fehler und Fehlentscheidungen selbst einzugestehen und daraus für die Zukunft Schlüsse zu ziehen. Eine Art **Börsentagebuch**, wie Sie es im Anhang zu diesem Buch auch als Kopiervorlage finden, kann dabei hilfreich sein.

Der Börsenzyklus

Gelegentlich gibt es selbst an der Börse Zeiten, da kann man, was die Auswahl erfolgversprechender Aktien angeht, fast blindlings zugreifen. Wenn die Kurse etwa im Zuge einer Rezession oder einer übertrieben pessimistischen Grundstimmung so stark verfallen sind, dass sie kaum noch einen Spielraum nach unten besitzen, ist für den hartgesottenen Börsianer die Zeit gekommen, die inzwischen zu Schleuderpreisen verscherbelten Aktienperlen einzusammeln und auf eine irgendwann zwangsläufig kommende Erholung zu setzen.

Kaufzeit ist hier also, wenn die Nachrichten von der Wirtschaftsfront gerade am schlimmsten aussehen: Schwärzer als schwarz kann es nicht mehr kommen. Da bedarf es dann nach einiger Zeit geruhsamen Wartens nur eines Hoffnungsschimmers am Horizont – schon drehen die Kurse nach oben.

Eine solche Phase gab es etwa im Frühjahr 2003, als die Aktienmärkte nach einer dreijährigen Talfahrt wie ausgebombt schienen. Und eine solche Phase gab es auch nach der anderthalbjährigen Abwärtsbewegung im Zuge der Weltfinanzkrise im Frühjahr 2009, die anschließend bis zum Frühjahr 2020 zu einer der Haussen an den Aktienmärkten geführt hat, die am längsten anhielten.

Abb. 2.3: Idealtypischer Konjunktur- und Börsenzyklus

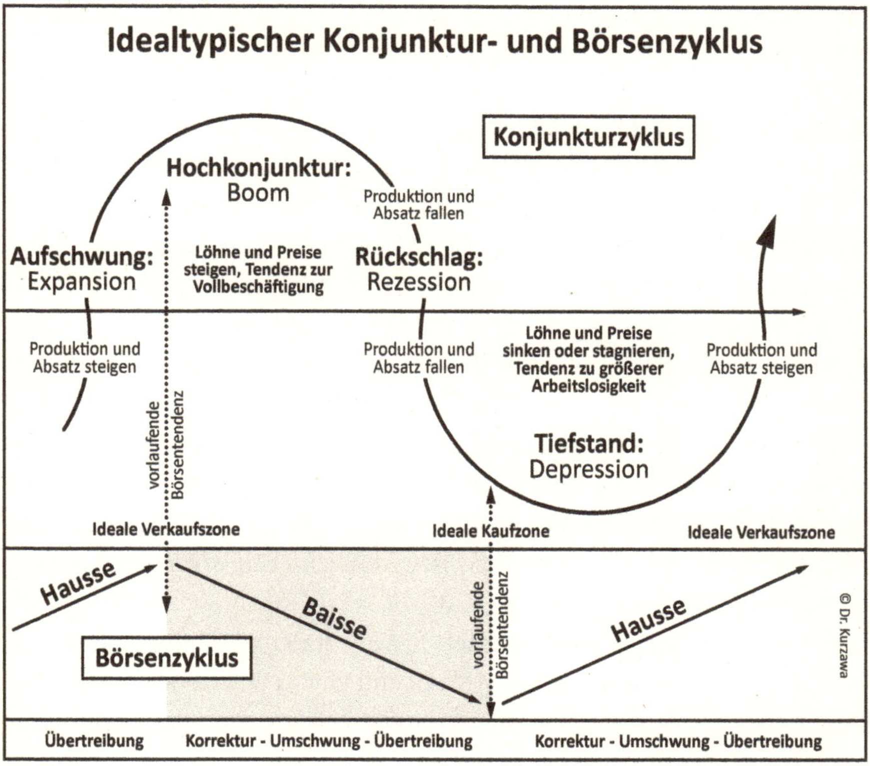

Doch diese sich mehr oder weniger deutlich als Tief- oder Hochpunkte herausstellenden Börsenphasen sind meistens erst im Nachhinein zu erkennen. Der absolut richtige Zeitpunkt zum Ein- oder Ausstieg lässt sich nicht prognostizieren. Folgt man den idealtypischen zyklischen Bewegungen von Konjunkturverläufen, denen ähnliche Bewegungen an der Börse entsprechen, müssten Sie als Aktienanleger zudem durchaus schon mal Jahre warten, ehe die Kurse nach Erreichen des Höhepunkts am Ende einer Börsenhausse und der sich anschließenden Baisse ihren Tiefpunkt erreichen und ein neuer Börsenzyklus beginnt.

So lange sollten Sie als Aktienanleger aber nicht warten. Sie müssen es aber auch nicht, denn selbst eine nachhaltige Abwärtsbewegung vollzieht sich häufig über einen Zeitraum von Jahren und bietet in kürzeren oder längeren Phasen allgemeiner Erholung zwischendurch immer wieder Gelegenheit, mit ausgewählten Aktien Geld zu verdienen.

Mit einem aktienorientierten Sparplan und regelmäßig festen Einzahlungsraten etwa auf Aktienindexfonds müssen Sie sich um solche »natürlichen« Kursschwankungen an den Märkten dagegen kaum sorgen. Bei tieferen Kursen kaufen Sie eben automatisch mehr Anteile, bei höheren umso weniger. Da Sie damit den Einstieg in den Markt nicht auf einmal vornehmen, sondern über einen langen Zeitraum verteilen, entgehen Sie damit auch der Frage nach dem »richtigen« Zeitpunkt (Timing), der bei einer größeren Einmalanlage umso wichtiger ist. Durch den regelmäßigen Kauf mit immer gleichen Raten erzielen Sie einen Durchschnittspreis und vermeiden damit, eventuell zu überhöhten Kursen einzusteigen – ein Phänomen, das sich **Cost-Average-Effekt** oder Durchschnittskosten-Effekt nennt. Dass Sie damit Ihre Aktien insgesamt zu günstigeren Preisen erwerben, ist entgegen früher weit verbreiteter Auffassung allerdings nicht der Fall.

Und wenn nicht damit, könnten Sie als Anleger in einer Phase absehbar fallender Kurse vielleicht auch mit dem zweiten wichtigen Anlageinstrument an der Börse, den festverzinslichen Rentenpapieren oder Anleihen, Geld verdienen: nämlich sowohl an deren Zinsen (was zurzeit und auf längere Dauer eher schwierig erscheint), aber bei weiter fallenden Renditen auch an einem Anstieg der Anleihekurse.

So könnten Sie gerade in Phasen einer weniger gut erscheinenden Konjunkturentwicklung darauf setzen, dass die Notenbanken häufig über eine Herabsetzung des Zinsniveaus versuchen, die Wirtschaft anzukurbeln, was eine Anlage des eigenen Kapitals in langfristigen festverzinslichen Wertpapieren unter spekulativen Gesichtspunkten als besonders interessante Anlagealternative erscheinen lässt. Nur wenige Anleger sind sich ja darüber im Klaren, dass man mit festverzinslichen Wertpapieren nicht nur Zinsen kassiert, sondern bei fallenden Zinsen mit bereits früher emittierten Anleihen kräftige Kursgewinne einstreichen kann. Doch dieser Strategie sind angesichts des derzeitigen Tiefzinsniveaus deutliche Grenzen gesetzt. Dennoch werden Sie zu jeder Zeit noch manche Anleihen finden, mit denen Sie diese Gewinnstrategie anwenden können.

Informationen sind nicht alles, aber ohne sie ist alles nichts

Empfehlenswert ist zunächst die regelmäßige Lektüre einer überregionalen Tageszeitung mit breitem Wirtschafts- und Finanzteil. Das beste Angebot dafür ist immer noch die *Frankfurter Allgemeine Zeitung*. Ich gebe zu: Ich sage dies auch, weil ich mit dieser Zeitung seit meiner Lehre als Bankkaufmann gewissermaßen groß geworden bin – und über ein Jahrzehnt im Korrektorat auch für deren Finanz- und Wirtschaftsteil tätig war. Wer sehr gut über wirtschaftliche und finanzpolitische Belange informiert werden will, liest vielleicht zusätzlich eine originäre Wirtschaftszeitung. Das ist in erster Linie das *Handelsblatt*. Speziell auf Finanzthemen ausgerichtet sind die englischsprachige *Financial Times* (sie hatte zuletzt einen starken Anteil an der Aufdeckung des Wirecard-Skandals 2020) und die mittwochs und samstags erscheinende Schweizer Zeitung *Finanz und Wirtschaft* – für mich in diesem Bereich noch immer das Beste vom Besten.

Nützlich für eine schnelle, tagesaktuelle Orientierung kann auch die Berichterstattung über das Fernsehen, allen voran die *ntv-Telebörse*, und für professionelle Anleger das oben erwähnte englischsprachige Angebot *bloomberg-tv* sein. Aktuelle Kurse erhalten Sie ebenfalls über das Internet und über die Videotexttafeln der großen Fernsehsender. Neben aktuellen Börsenkursen und den Rücknahmepreisen der Investmentfonds bekommen Sie über die beiden genannten Börsenfernsehkanäle auch eine Reihe von Hintergrundberichten, Kurzanalysen und Interviews zum deutschen und internationalen Börsengeschehen.

Mit Skepsis sollten Sie dabei allerdings den Ratschlägen so mancher dort immer wieder auftretenden »Experten« begegnen. Deren immerwährender Börsenoptimismus oder umgekehrt auch notorische Weltuntergangsstimmung hat häufig nichts mehr mit seriöser Marktanalyse zu tun. Ich habe viele von ihnen auch persönlich kennengelernt: Die meisten sind nette Zeitgenossen, viele nur Schwätzer, einige wissen es nicht besser, und manche sind einfach nur ausgebuffte Selbstdarsteller zur Beförderung ihrer eigenen, nicht offengelegten Finanzinteressen oder von denen ihrer Auftraggeber. Wenn Sie die dort auftretenden Akteure über einen längeren Zeitraum beobachten, werden Sie schnell ein Gespür dafür bekommen, wer eigentlich so gut wie immer optimistisch gestimmt ist und durchweg zum Halten, »Verbilligen« oder gar Neueinstieg rät. Entsprechend liegt der Erkenntniswert ihrer Kommentare bei null, sodass Sie besser gleich den Ausschaltknopf drücken.

Wirtschafts- und Börsenzeitschriften: solche und solche

Turnusmäßig erscheinenden Wirtschaftszeitschriften wie die *Wirtschafts-Woche* bieten Ihnen weitere Möglichkeiten, sich umfassend zu informieren. Deren Stärke liegt zumeist darin, wirtschaftliche Sachverhalte und Entwicklungen auch in umfangreicheren Artikeln analysieren und mit Zahlen, Übersichten und Grafiken illustrieren zu können.

Auch wenn diese und die oben erwähnten Informationsquellen schon mehr abdecken, als Sie als Anleger im Normalfall verarbeiten können: Noch spezieller gehen Börsenzeitschriften auf Ihre Bedürfnisse als Anleger ein. Die meisten davon bestechen allerdings weniger durch die Qualität tiefgründiger, gut geprüfter Analysen als durch die unsägliche Fülle von schnell verbreiteten »heißen Tipps«. Auf der Titelseite sprechen deren Werbefachleute dann häufig von »Supergewinnen«, »bombigen Ergebnissen«, die man mit ihren Empfehlungen in der Vergangenheit erzielt hätte. Natürlich wird sich unter der Vielzahl dieser Empfehlungen immer auch der eine oder andere wirkliche Renner befinden. Das hat aber häufig weniger mit der besonderen Güte der Empfehlungen als mit der Wahrscheinlichkeitsrechnung zu tun.

Als Anleger sollten Sie besser auf solche Börsenzeitschriften setzen, die Ihnen auch eine Reihe gut recherchierter Hintergrundberichte liefern. Dies ist etwa bei *Börse Online*, *Euro am Sonntag* und *Euro* der Fall.

Rein vorsorglich sei hier auch mit Blick auf alle übrigen Teile dieses Buches der Hinweis auf meine persönliche Voreingenommenheit angebracht: *Börse Online* habe ich 1987 zusammen mit meinen Freunden Dr. Frank-Bernhard Werner und Dr. Michael Kölmel – beide studierte Finanzwissenschaftler aus unserem Kreis in Göttingen – mitgegründet und darin umfängliche Artikelserien veröffentlicht. In der *Edition Börse Online* habe ich mehrere Bücher veröffentlicht und das Programm maßgeblich mitgestaltet. *Euro am Sonntag* und *Euro* kommen redaktionell aus dem gleichen Haus und sind heute Teil des Finanzenverlags unter der Leitung und Mitinhaberschaft meines Freundes Frank-Bernhard Werner. Dessen Angebote gehören für mich noch immer zum Seriösesten, was in Deutschland zur Aufklärung und Finanzbildung von Anlegern auf dem Markt ist. Das gilt auch für deren Online-Portal *Finanzen.net* und die Online-Lernkurse der *Euro Akademie*.

Bleiben Sie kritisch gegenüber Börsenbriefen

Noch stärker abhängig von der Qualität ihrer Empfehlungen sind Börsenbriefe, wie sie in den letzten Jahren überwiegend als Zusendungen über das Internet auf den Markt gekommen sind. Ihnen geht es in der Regel nicht darum, dem Anleger als Informationsquelle für eine eigenständige Entscheidung zu dienen, sondern ihm diese Entscheidung so weit wie möglich abzunehmen.

Darin liegt nun aber auch die Schwäche fast all dieser Dienste. Um die zum Teil horrenden Gebühren für ein regelmäßiges Abonnement vor dem Kunden rechtfertigen zu können, müssen sie ständig neue Anlagechancen ausfindig machen. Börsenphasen, in denen ein guter Berater über Wochen oder gar Monate eher empfehlen würde, sich mit Käufen zurückzuhalten, zum Ausstieg oder zur Reduktion von Positionen zu raten, kann es für diese Briefe entsprechend gar nicht geben. Die Empfehlung, auch einmal nichts zu tun, widerspräche nur dem, was die Abonnenten von den Herausgebern erwarten.

Kritisches werden Sie in solchen Briefen eher selten lesen – dies würde ihnen nur ihre eigene Geschäftsgrundlage entziehen. Und die versprochenen »Supergewinne«, die Anleger laut Werbung mit den entsprechenden Diensten in der Vergangenheit erzielen konnten, beziehen sich zumeist auf eine geschickte Auswahl der Titel mit der besten Performance. Die Nieten mit horrenden Kursverlusten fallen dabei einfach unter den Tisch. Unter 100 Empfehlungen wird es natürlich auch immer einige geben, die besonders gut laufen. Ganz »pfiffige« Verlage produzieren im selben Haus gleich Finanzbriefe, die sich direkt widersprechen. Der eine setzt auf die größte Hausse aller Zeiten, der andere auf Baisse und einen bevorstehenden Crash, gar den Zusammenbruch des Weltfinanzsystems – mit entsprechenden Kauf- und Verkaufsempfehlungen. So kann ein solcher Verlag dann später werbewirksam immer auf irgendwelche besonders gut gelaufenen Empfehlungen verweisen. Über die wirkliche Qualität eines Investmentbriefes sagen solche selektiven Erfolgsmeldungen denn auch wenig aus.

Tipp: Mit dem »Schnell-Check« auf der folgenden Seite können Sie prüfen, von welchen Diensten Sie besser gleich die Finger lassen sollten.

Schnell-Check: So prüfen Sie Börsenbriefe und Trading-orientierte Finanzdienste auf Ihre Seriosität

Zurzeit kommt eine ganze Fülle von Finanz- und Tradingdiensten auf den Markt, die behaupten, sie könnten Ihnen in kürzester Zeit Supergewinne bescheren. Allerdings gibt es nur wenige seriöse Angebote, die sich über einen längeren Zeitraum in der Hausse und Baisse wirklich bewährt haben.

Anhand der folgenden Fragen können Sie prüfen, ob Sie solchen Angeboten vertrauen und sich für ein längerfristiges Abonnement wirklich binden sollten.

- ☐ **Ist die behauptete Performance-Leistung, die der Dienst Ihnen angeblich bietet, tatsächlich seriös nachprüfbar und über einen längeren Zeitraum erreicht worden?**

  Mindestens 90 Prozent aller Angebote beruhen auf unseriösen, geschwindelten oder mathematisch höchst fragwürdigen Berechnungen. Wenn also jemand behauptet, er hätte in seinem »privaten Depot« oder auf Basis einer Computer-Simulation diese oder jene hohe Performance mit dem von ihm angepriesenen und jetzt auch einem größeren Kreis zugänglich gemachten »System« erzielt, lassen Sie besser gleich die Finger davon.

  Tipp: Lassen Sie sich eine **lückenlose Leistungsbilanz** mit allen Kauf- und Verkaufspositionen, dem Datum der Kauf- und Verkaufsempfehlungen und den jeweils vorgegebenen Limits vorlegen, ebenso die genaue Berechnungsgrundlage für die ermittelte Performance über einen möglichst langen Beobachtungszeitraum.

  Tipp: Achten Sie bei der Überprüfung besonders darauf, dass man Ihnen **keine kumulierten Rendite-Ergebnislisten** vorlegt. Die daraus ermittelte Durchschnittsentwicklung wird dann häufig völlig zu Unrecht als Performance-leistung des Finanzbriefs/-traders ausgegeben. Da bei 100 und mehr Empfehlungen im Laufe eines Jahres kein Anleger jeden Tipp umsetzen kann, hat sein persönliches Anlageergebnis mit solchen Angaben in aller Regel nichts zu tun. Nur ein **1:1 umsetzbares, regelmäßig aktualisiertes Musterdepot** kann die wirkliche Leistung eines solchen Finanzdienstes seriös wiedergeben. Alles andere sind Scheinrechnungen.

Tipp: Selbst wenn ein Dienst vorgibt, die Performance-Angaben von einem Wirtschaftsprüfer oder Ähnliches überprüft haben zu lassen, bleiben Sie zunächst skeptisch. Überprüfen Sie sicherheitshalber, in welcher Beziehung dieser Wirtschaftsprüfer zum Hause des Herausgebers steht. Da solche »Zertifizierungen« natürlich vom Auftraggeber bezahlt werden und der Prüfer daran verdient, sind der Objektivität der Ergebnisse erhebliche Grenzen gesetzt.

- ☐ **Handelt es sich bei den empfohlenen Titeln um »normale«, von Ihnen jederzeit gut nachprüfbare Investments?**

Das sind in der Regel Aktien bekannter, an einer entwickelten Börse gelisteter Unternehmen.

Tipp: Ist der Finanzbrief dagegen überwiegend auf Exoten, kleinste Nebenwerte, Pennystocks, hochspekulative Terminmarktprodukte oder auf ein für Sie nur schwer nachvollziehbares, häufig mit großem mathematischen Tamtam daherkommendes »Anlagekonzept« ausgerichtet, sollten Sie den Werbeangaben nicht vertrauen. Wie wollen Sie in solchen Fällen die Empfehlungen auf ihre Stichhaltigkeit prüfen, die Abwicklung Ihrer Kauf- und Verkaufsaufträge kontrollieren und – vor allem in kritischen Situationen – schnell an Informationen herankommen, um möglicherweise noch rechtzeitig die »Reißlinie zu ziehen«? Gerade bei kleinen Auslandswerten, die nur an Nebenbörsen gehandelt werden, sind der Kursmanipulation Tür und Tor geöffnet. Sie sollten daher nur auf solche Dienste setzen, die ein Investment in Exoten von vornherein ausschließen und deren Anlagesystem von Ihnen mit normalem Menschenverstand auch nachvollzogen werden kann.

- **Handelt es sich bei den verantwortlichen »Machern« des Dienstes wirklich um anerkannte Fachleute mit einem möglichst langen Erfahrungs- und Leistungshintergrund?**

Nichts gegen gewissenhaft arbeitende Anlagestrategen, die sich in diesem Bereich erst noch einen Namen verdienen wollen. Die Wahrscheinlichkeit aber, dass Sie als Anleger oder Anlegerin von Leuten mit einer sehr kurzen Anlageerfahrung und einer schmalen oder sogar völlig fehlenden Ausbildung im Finanzbereich seriös »beraten« werden, ist äußerst gering.

Tipp: Wer nicht mindestens 10 bis 15 Jahre im Finanzbereich tätig war und daher sowohl in einer Hausse wie in einer Baisse (!!!) seine Fähigkeiten unter Beweis stellen musste und möglichst auch »Crash-erfahren« ist, wird dies nur in den seltensten Fällen leisten können. Sie sollten auf Dienste, deren tatsächliche oder vermeintliche Erfolge möglicherweise nur Zufallsprodukte einer bestimmten Periode an den Finanzmärkten sind, besser verzichten.

Geschönte Direktinformationen

Natürlich können Sie sich auch bei der Beschaffung von Informationen über ein Unternehmen, an dessen Aktien Sie interessiert sind, dieser Gesellschaft selbst bedienen: Jedes Unternehmen wird gern bereit sein, einem potenziellen Anleger Geschäftsberichte oder Ähnliches zur Verfügung zu stellen. Meistens können Sie diese über deren Websites einsehen oder sich herunterladen. Was die Zukunftsperspektiven angeht, sollten Sie deren ansprechenden Broschüren allerdings nicht zu sehr vertrauen.

Die dort abgedruckten Zahlen und Prognosen geben häufig nur ein sehr unvollständiges, manchmal bewusst geschöntes Bild der Unternehmenswirklichkeit wieder.

Nicht viel besser fährt, wer sich »Analysen« von Banken besorgt, die eine besonders enge Beziehung zum jeweiligen Unternehmen aufweisen. Als Großaktionäre wie als Gläubiger haben die Geldinstitute ein erhebliches Interesse daran, die Güte eines solchen Unternehmens in bunten Farben zu malen – gleich wie es sich in Wahrheit wirklich darstellen mag.

Hier wie in Finanzanlagedingen überhaupt sollten Sie sich immer kritisch fragen, *von wem* Sie die Informationen und Anlageempfehlungen erhalten, auf die Sie Ihre Entscheidungen stützen, und *wer* sie *mit welchem möglichen Eigeninteresse* verbreitet. Das gilt auch für Börsenbücher wie dieses, für Börsen- und Finanzbriefe und entsprechende Online-Portale. *Erkenntnis und Interesse* war eine der wichtigsten Veröffentlichungen meines großen Lehrers Jürgen Habermas am Sozialforschungsinstitut in Frankfurt am Main. Die darin entwickelten Grundelemente der sogenannten Kritischen Theorie der Frankfurter Schule haben mich auch in meinen Überlegungen als eingefleischter Börsianer, früherer Vermögensverwalter, Fondsmanager und Finanzpublizist nachhaltig geprägt – nicht selten zum Vorteil meiner eigenen Anlageentscheidungen und -empfehlungen.

Kapitel 3
Wie Sie aussichtsreiche Aktien finden und deren Chancen beurteilen können

Ins Blaue hinein Anlageentscheidungen zu treffen, wäre ebenso falsch wie die Annahme, dass Börsenkurse allein ein Ergebnis rationaler, wohlerwogener Überlegungen sind. Dann wäre nur ein ausgefeiltes Wertpapieranalyseprogramm nötig – und Sie erzielten quasi auf Knopfdruck Gewinne.

Doch das aktuelle und sich häufig schnell verändernde psychologische Umfeld kann für kurzfristige Veränderungen von Aktienkursen genauso maßgeblich sein, wie es fundamentale Faktoren für die langfristige Entwicklung sind. Manchmal beeinflusst das eine das andere sogar besonders stark. So konnten Sie im Frühjahr 2020 sehen, wie die Sorge um die Ausbreitung des wohl aus China stammenden Coronavirus und die befürchteten Auswirkungen auf die Weltwirtschaft die Kurse an den internationalen Finanzmärkten innerhalb von nur wenigen Tagen zum Absturz brachten.

Für den Einsteiger an der Börse kommt es aber darauf an, daraus nicht die falschen Schlüsse zu ziehen und in Irrationalismus zu verfallen – ganz nach dem Motto: Genau kann man es ja ohnehin nie wissen, also wähle ich meine Aktien doch gleich nach dem Zufallsprinzip aus.

Auch wenn die Entwicklung der Börsenkurse kurzfristig stark von psychologischen Momenten wie der Marktstimmung, dem allgemeinen politischen Umfeld und anderen schwer kalkulierbaren Faktoren abhängig ist, basiert sie mittelfristig doch auf einer Reihe unabweisbarer harter

Daten und Fakten, die zwar ein Spieler, aber kein vernünftiger, auf den langfristigen Erfolg seines Investments bedachter Anleger außer Acht lassen wird. Der Hinweis auf eine scheinbar alles überlagernde Börsenpsychologie dient denn manchmal auch eher der Relativierung eigener Fehlentscheidungen – und das gilt für Profis ebenso wie für Privatanleger.

Man verkennt leicht, dass selbst die noch so unberechenbar bleibenden psychologischen Einflüsse zuletzt meistens auf Erwartungen über Veränderungen jener für die wirtschaftliche Entwicklung eines Unternehmens und der Wirtschaft entscheidenden fundamentalen Daten zurückgeführt werden können – allen voran auf die der Gewinne und die Aussichten für ein nachhaltiges und heutzutage immer mehr auch umweltverträgliches Wachstum.

So planen Sie Ihren Einstieg

Für Sie als Einsteiger sollte es darum gehen, gerade Ihre ersten Dispositionen sorgfältig vorzubereiten. Besser eine späte, vielleicht verspätete Börsenkarriere als ein Einstieg ohne vernünftige Entscheidungsgrundlagen. Vermutlich werden Sie sich zunächst gerade in der ersten Phase Ihrer Börsenaktivitäten – mehr als dies später erforderlich und auch sinnvoll ist – an den Analysen und Empfehlungen anderer »Experten« orientieren, die Ihnen zuverlässig erscheinen. Doch am Aktienmarkt sind keineswegs nur diejenigen erfolgreich, die mit einem großen Stab von hochbezahlten Analysten daherkommen.

Obgleich die institutionellen Investoren über Informationsquellen verfügen, an die Sie als Normalanleger nur schwer herankommen, können sie trotz ihres professionellen Sachverstands im konkreten Fall ebenso falschliegen wie ein klug und halbwegs vernünftig agierender Privatanleger – der 19. Oktober 1987 und viele der anschließenden größeren und kleineren Börsencrashs oder der Skandal um den inzwischen insolventen Zahlungsdienstleister Wirecard liefern dafür den besten Beweis. Die Aktie dürfte noch bis Frühjahr 2020 Bestandteil vieler Investmentfonds und Depots professioneller Vermögensverwalter gewesen sein – trotz der zahlreichen warnenden Hinweise auf einen möglichen Bilanzbetrug seit Ende 2018.

Dass durchschnittlich mehr als 80 Prozent der Manager professionell gesteuerter Aktienfonds eines Jahres nicht in der Lage sind, den jeweils maßgeblichen Index wie den DAX oder den MSCI World zu schlagen, unterstreicht diesen Sachverhalt nachhaltig. Und das sollte Sie darin bestärken, Anlageentscheidungen am Aktienmarkt auf die Dauer ebenso erfolgreich wie manche Profis treffen zu können.

Die Fundamentalanalyse als wichtigstes Auswahlverfahren

Die Analyse von Aktien anhand fundamentaler Kennzahlen, wie man sie bereits aus gut aufbereiteten Kursübersichten etwa im *Handelsblatt*, der *Frankfurter Allgemeinen Zeitung* und sehr ausführlich in speziellen Börsenzeitschriften entnehmen kann, bietet Ihnen eine hervorragende Möglichkeit, fundamental bessere und damit chancenreichere Aktien von schlechteren zu unterscheiden. Das ist sehr viel einfacher, als Sie auf den ersten Blick vielleicht meinen.

Im Wesentlichen geht es dabei um die Einschätzung der Substanz und der Ertragsstärke eines Unternehmens im Vergleich zu einem anderen, zum Durchschnitt der Branche oder zum Gesamtmarkt. Wenn Aktienkurse kein reines Zufallsprodukt irrational handelnder Akteure sind, sondern auch Ausdruck für die Substanz- und Ertragsentwicklung der jeweiligen Unternehmen, dann geben Veränderungen der fundamentalen Faktoren einen Hinweis auf die mögliche zukünftige Entwicklung der Kurse.

KGV, Cashflow und KBV

Das **Kurs-Gewinn-Verhältnis** (KGV) ist eine der wichtigsten Kennzahlen zur Beurteilung der Ertragskraft und -entwicklung eines Unternehmens im Vergleich zu einem oder mehreren anderen, auch Price Earnings Ratio (PER) genannt. Es stellt das Verhältnis zwischen dem Reingewinn, bezogen auf eine einzige Aktie, und dem Kurs dieser Aktie her. Beispiel: Der Kurs der VW Vorzugsaktie lag Mitte Januar 2021 bei rund 151 Euro (**Abb. 3.2**). Für 2021 wurde ein Gewinn von knapp 22 Euro je Aktie erwartet. Daraus ergibt sich ein Kurs-Gewinn-Verhältnis von 6,9 (Formel: Kurs / Gewinn je Aktie).

Abb. 3.1: Aspekte der Aktienanalyse

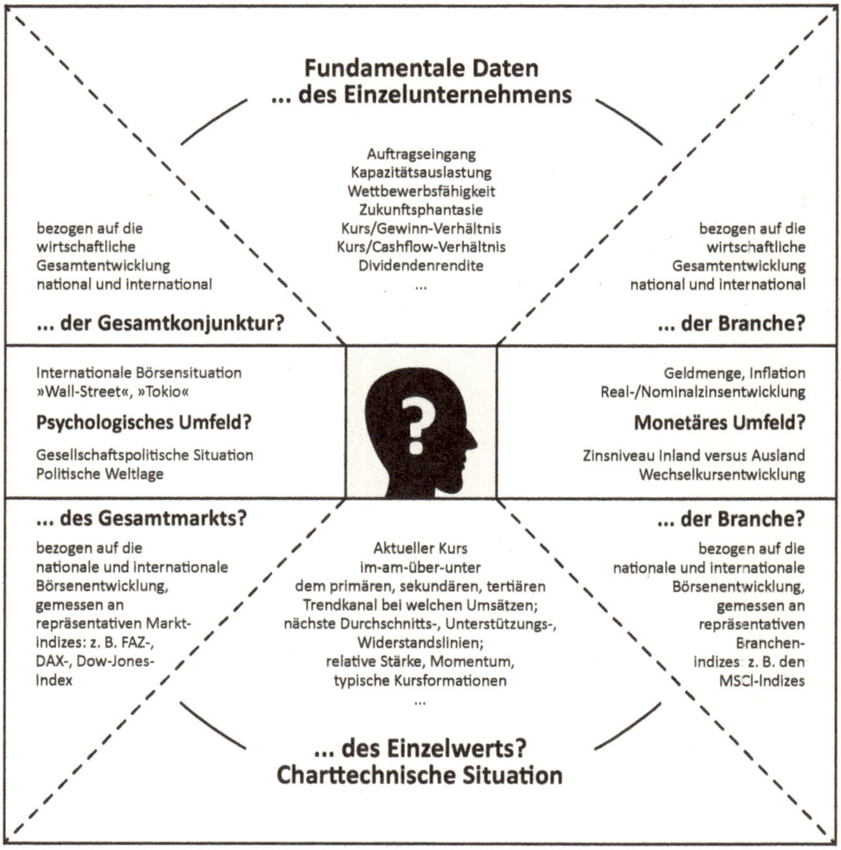

Vergleicht man diese Zahl mit dem durchschnittlichen KGV der entsprechenden Branche (hier: des Automobilsektors) oder mit dem Durchschnitt aller im selben Marktindex (hier: dem DAX) notierten Aktien, würde man vielleicht sagen, die Aktie von VW sei relativ »günstig« bewertet oder gar »unterbewertet«. Denn zum selben Zeitpunkt wiesen Konkurrenzunternehmen wie BMW oder Daimler mit 8,4 beziehungsweise 9,3 ein höheres KGV auf. Das DAX-KGV für 2021 lag sogar bei 15,9.

Manche leiten daraus die Erwartung ab, dass sich der Kurs einer solchermaßen moderat bewerteten Aktie auf längere Sicht der sehr viel höheren Index-/Marktbewertung angleichen werde. Dementsprechend räumen sie ihr ein überdurchschnittliches Kurspotenzial ein.

Abb. 3.2: Analytische Kennzahlen der DAX-Werte

KGV					Xetra Tages		Veränd. in % seit		Xetra 52 Wochen			Div.-
2020	2021		15.1.21 Schluss	18.1.21 Schluss	Hoch	Tief	15.1.	30.12.20	Hoch	Tief	Div.	Rend.
20,4	15,9	**Dax 30**	13787,73	**13848,35**	13850,40	13701,74	+0,4	+0,9	14131,52	8255,65	358,10	2,59
134,5	34,1	**Adidas NA ▲▼**	281,80	**295,20**	295,20	279,50	+4,8	–0,9	316,15	162,20	0,00[1x]	0,00
12,3	10,1	**Allianz vNA ▲▼**	202,15	**201,15**	201,35	199,40	–0,5	+0,2	232,60	117,10	9,60[1x]	4,77
25,6	17,9	**BASF NA ▲▼**	67,29	**67,48**	67,60	66,50	+0,3	+4,3	69,24	37,36	3,30[1x]	4,89
8,3	8,4	**Bayer NA ▲▼**	52,25	**52,63**	52,67	51,50	+0,7	+9,3	78,34	39,91	2,80[1x]	5,32
34,3	29,1	**Beiersdorf**	92,50	**92,48**	93,10	91,66	±0,0	–2,1	107,50	77,62	0,70[1x]	0,76
12,6	8,4	**BMW St ▲**	69,41	**69,49**	69,62	68,40	+0,1	–3,8	77,31	36,60	2,50[1x]	3,60
103,4	14,0	**Continental**	118,20	**118,30**	118,70	116,00	+0,1	–2,4	126,50	51,45	3,00[1x]	2,54
24,7	18,0	**Covestro**	53,84	**55,04**	55,26	53,28	+2,2	+9,0	55,70	23,54	1,20[1x]	2,18
21,7	9,3	**Daimler NA ▲▼**	56,26	**56,67**	56,71	55,44	+0,7	–1,9	59,93	21,02	0,90[1x]	1,59
0,0	0,0	**Delivery Hero**	126,95	**130,05**	130,50	126,05	+2,4	+2,4	145,40	50,18	0,00[1x]	0,00
37,4	24,1	**Deutsche Bank NA**	9,63	**9,68**	9,72	9,51	+0,6	+8,2	10,37	4,45	0,00[1x]	0,00
21,0	20,2	**Deutsche Börse NA ▲**	133,55	**133,75**	134,70	132,80	+0,1	–3,9	170,15	92,92	2,90[1x]	2,17
17,6	15,8	**Deutsche Post NA ▲**	42,70	**43,31**	43,67	42,33	+1,4	+6,9	43,67	19,10	1,15[1x]	2,66
14,1	13,3	**Deutsche Telekom NA ■▲▼**	15,05	**14,94**	15,09	14,87	–0,7	–0,1	16,75	10,41	0,60[1x]	4,02
20,6	25,5	**Dt. Wohnen Inh.**	41,30	**41,79**	41,93	41,25	+1,2	–4,3	46,97	27,66	0,90[1x]	2,15
14,3	12,7	**E.ON NA**	8,81	**8,71**	8,80	8,68	–1,1	–3,9	11,56	7,60	0,46[1x]	5,28
11,9	10,8	**Fresenius**	38,39	**38,24**	38,35	37,89	–0,4	+1,1	51,54	24,25	0,84[1x]	2,20
14,6	13,7	**Fresenius M. C. St.**	68,78	**67,54**	68,84	67,40	–1,8	–1,0	81,10	53,50	1,20[1x]	1,78
18,5	9,7	**HeidelbergCement**	66,78	**66,30**	66,40	65,80	–0,7	+8,3	69,70	29,00	0,60[1x]	0,90
20,7	18,6	**Henkel Vz.**	89,56	**88,78**	89,24	88,68	–0,9	–3,8	96,62	62,24	1,85[1x]	2,08
56,5	34,5	**Infineon NA ■**	33,67	**34,61**	35,13	33,96	+2,8	+10,3	35,53	10,13	0,27[1x]	0,78
26,6	24,1	**Linde PLC** (IRL) **▲▼**	213,70	**215,20**	215,40	211,50	+0,7	+1,0	226,40	130,45	0,96$[4x]	1,50
22,5	21,8	**Merck**	148,90	**148,80**	149,50	148,00	–0,1	+6,0	149,95	76,22	1,30[1x]	0,87
39,1	32,1	**MTU Aero Engines**	212,10	**209,90**	212,00	208,30	–1,0	–1,6	289,30	97,76	0,04[1x]	0,02
26,5	11,7	**Münch. Rück vNA ▲**	237,70	**237,50**	238,00	235,40	–0,1	–2,2	284,20	141,10	9,80[1x]	4,13
23,4	19,0	**RWE St.**	37,30	**37,05**	37,25	36,88	–0,7	+7,2	38,65	20,05	0,80[1x]	2,16
19,9	21,1	**SAP ■▲▼**	103,52	**103,24**	104,04	102,70	–0,3	–3,7	143,32	82,13	1,58[1x]	1,53
21,3	20,3	**Siemens NA ▲▼**	119,78	**119,84**	119,84	118,46	+0,1	+2,0	125,54	55,59	3,69[1x]	3,08
16,0	6,9	**Volkswagen Vz. ▲**	151,88	**151,20**	152,86	150,00	–0,4	–0,8	183,98	79,38	4,86[1x]	3,21
24,4	20,4	**Vonovia NA ▲**	55,96	**56,00**	56,16	55,62	+0,1	–6,3	62,74	36,71	1,57[1x]	2,80

Quelle: *Frankfurter Allgemeine Zeitung* (Auszug)

Ein solcher Schluss ist allerdings nur bedingt erlaubt. Er würde besagen, dass Aktien wie der Technologiewert Infineon, der zum obigen Zeitpunkt mit dem 34,5-Fachen seiner Erträge pro Aktie notierte, im Vergleich zur VW-Aktie und der niedrigeren Bewertung des Gesamtmarktes durchweg viel zu teuer und daher mittelfristig stark gefährdet erscheint.

Bei genauerem Hinsehen werden Sie aber erkennen, dass die Börse Technologiewerten offenbar ein viel höheres KGV zubilligt als den Aktien der Automobilindustrie. Was den Schluss nahelegt, dass die Höhe des KGV einer Aktie im Vergleich zu einer anderen allenfalls Performanceprognosen zulassen, wenn die Unterschiede sich auf dieselbe Branche, hier also die Automobilbranche, beziehen. Aber auch innerhalb der Branche müssen Sie dabei noch unterscheiden.

Unter dieser Voraussetzung hätte die Aktie von VW im Vergleich zu BMW und Daimler tatsächlich ein höheres Kurspotenzial, und Sie sollten sie unter sonst gleichen Bedingungen (»ceteris paribus«) den beiden anderen vorziehen.

Transaktionsregel: *Je geringer das KGV einer Aktie im Vergleich zum KGV einer anderen aus derselben Branche, desto größer sind ihre Kurs- und Gewinnchancen im direkten Vergleich.*

Doch selbst bei dieser Betrachtung müssen Sie auch noch innerhalb der Branche unterscheiden. Handelt es sich um ein Unternehmen mit eher traditioneller Ausrichtung oder eines mit besonders hohen Zukunftserwartungen? So wies der Elektroautobauer Tesla Ende 2020 bei einem Kurs von 540 Euro ein KGV von sage und schreibe 622 auf – eine Höhe, die an die früheren Verhältnisse am Neuen Markt erinnert und auf diesem Niveau inzwischen allerdings auch zur Vorsicht gemahnt. Aber schon mit Blick auf die für 2021 geschätzten Ergebnisse lag das erwartete KGV für 2021 zuletzt »nur« noch bei 173.

Auch was die Unter- oder Überbewertung eines Gesamtmarktes im internationalen Vergleich und das sich daraus womöglich ergebende größere oder geringe Kurspotenzial nationaler Börsen anbelangt, sollten Sie sich vor Fehlschlüssen hüten. Natürlicherweise müsste man Börsen von Wachstumsmärkten wie China, Indien oder Brasilien, deren Unternehmen aufgrund des erheblichen Nachholbedarfs auf mittlere Sicht ein überdurchschnittliches Gewinnsteigerungspotenzial aufweisen, auch ein höheres durchschnittliches KGV zubilligen als den etablierten Börsen der Industrieländer.

Das gilt zum Beispiel auch für Subindizes wie den MDAX für mittelgroße deutsche Unternehmen oder den TecDAX für Technologie-Werte im Vergleich zum DAX, der die sogenannten Standardwerte (»Blue Chips«) am deutschen Aktienmarkt abbildet. Erstere wiesen zum obigen Zeitpunkt für 2021 ein durchschnittliches KGV von 33 und 27 auf, also um 17 beziehungsweise 12 Zähler höher als das DAX-KGV.

Das KGV ist also eine Kennzahl, an der Sie sich als Anleger zur Einschätzung dessen, ob der Kurs einer Aktie oder der Punktestand eines Index angemessen ist oder nicht, zwar gut orientieren können, von der allein Sie aber keine sichere Prognose über die zukünftige Entwicklung eines Kurses erwarten dürfen.

Tipp: Achten Sie bei der Beurteilung der Aussagekraft von fundamentalen Kennzahlen wie dem KGV darauf, wie sich diese mit Blick auf künftige positive oder negative Änderungen der Wertbasis (hier des Gewinns) entwickeln. Bei einem Aktienkurs von 150 Euro und einem Gewinn je Aktie von 15 Euro beträgt das KGV 10 und könnte als sehr attraktiv gelten. Würde sich der Gewinn im Folgejahr aber auf 7,50 Euro halbieren, läge das KGV bereits bei 20, sodass der aktuelle Kurs dann womöglich als überteuert angesehen werden müsste und entsprechende Kursabschläge drohen.

Was die Aussagekraft dieser Kennzahl angeht, sollten Sie auch auf die Entwicklung der Unternehmensgewinne in der Zukunft, also das Gewinnwachstum, achten. Das KGV auf Basis des aktuellen Kurses wird ja niedriger und die Aktie entsprechend attraktiver, wenn die Gewinne des Unternehmens in den Folgejahren steigen. Umgekehrt kann ein aktuell niedriges KGV sich schnell als wenig aussagekräftig erweisen, wenn in den Folgejahren der Unternehmensgewinn sinkt.

Ähnliches gilt für das von angelsächsischen Analysten gern herangezogene sogenannte **Kurs-Cashflow-Verhältnis** (KCV). Einige halten diese Kennzahl für aussagekräftiger als das KGV, weil sie über die Berücksichtigung von Abschreibungen und langfristigen Rückstellungen eines Unternehmens besser die wirkliche Substanz einer Aktiengesellschaft erfasst.

Der Cashflow ergibt sich aus dem Jahresüberschuss plus Abschreibungen plus Veränderung der langfristigen Rückstellungen plus Steuern vom Ertrag und Einkommen, dividiert durch die Anzahl der Aktien. Grundsätzlich gilt: Je höher der Cashflow, desto substanzhaltiger auch die Aktie.

Transaktionsregel: *Je niedriger das KCV einer Aktie, desto günstiger ist sie bewertet und je größer das Kurspotenzial im Vergleich zu einer Aktie derselben Branche mit höherem KCV.*

Als weitere Kennzahl zur Beurteilung der Kurschancen einer Aktie wird insbesondere von Value-Investoren wie dem legendären Börsenprofi Warren Buffett auch das **Kurs-Buchwert-Verhältnis** (KBV) betrachtet.

Der Buchwert eines Unternehmens entspricht im Wesentlichen dem bilanzierten Anlagevermögen und berechnet sich als Summe des Wertes der immateriellen Vermögensgegenstände, der Sach- und Finanzanlagen abzüglich der Schulden und Verbindlichkeiten. Bezogen auf den Kurs einer Aktie ergibt sich daraus das Kurs-Buchwert-Verhältnis. So lag der für 2021 erwartete Buchwert je Aktie für VW laut Schätzungen Anfang 2021 bei 259 Euro, während der Aktienkurs nur 151 Euro notierte, das KBV betrug mithin 0,58 – Sie konnten die Aktie also weit unter ihrem Substanzwert eines KBV von 1,0 erwerben. Vorteilhafter wäre die Aktie unter diesem Gesichtspunkt auch im Vergleich zu BMW, die zum selben Zeitpunkt ein KBV von 0,81 aufwies.

Transaktionsregel: *Je niedriger das KBV, desto aussichtsreicher die Kurschancen der Aktie.*

Dividendenrendite

Neben weiteren fundamentalen Indikatoren wie die Exportquote, Kapazitätsauslastung, Auftragseingang oder übrige, vor allem die Lage der Gesamtkonjunktur betreffenden Daten ist die **Dividendenrendite** eine besonders häufig herangezogene Kennziffer zur Beurteilung der Kurschancen eines Aktienwerts. Denn Ihr Ertrag aus einem Aktieninvestment ergibt sich nicht allein aus den möglichen Kurssteigerungen, sondern auch aus der Beteiligung am Gewinn eines Unternehmens, der in der Regel einmal im Jahr an Sie in Form der von der Hauptversammlung festgelegten Dividende ausgezahlt wird.

Da Sie mit Sparanlagen, Festgeldern und Staatsanleihen gegenwärtig und wohl auch noch für längere Zeit kaum noch Zinsen erwirtschaften, gelten Dividenden vielen Anlegern immer häufiger als Ersatz dafür. Sie können in schlechteren Zeiten jedoch auch gekürzt werden oder auch mal ganz ausfallen. Bei den DAX-Werten liegen sie seit vielen Jahren aber kontinuierlich bei durchschnittlich mehr als 3 Prozent vor Steuern und Inflation und machen somit einen erheblichen Teil des Gesamtertrags aus. Selbst wenn die Aktienkurse dann einmal kräftig nachgeben, bleiben Ihnen als Anleger diese Erträge im Normalfall erhalten. Ich kenne viele, die sich eher als »Dividenden-« denn als »Kursjäger« verstehen und damit in den letzten Jahrzehnten ganz unabhängig vom jeweiligen Auf und Ab der Börsenentwicklung recht gut gefahren sind.

Wie das unter glücklichen Umständen erfolgreich gelingen kann, hat mir eine gute, jetzt 92-jährige Bekannte vorgemacht. Als sie beim Ausscheiden aus ihrem Berufsleben seinerzeit hohe Pensionsansprüche ausgezahlt bekam, hatte sie – statt des empfohlenen Abschlusses einer privaten Rentenversicherung bei ihrer eigenen Firma, der Allianz – die Hälfte des Geldes zum Kauf einer selbstgenutzten Eigentumswohnung im Frankfurter Westend verwendet. Die andere legte sie in deutsche Aktien (vorzugsweise DAX-Werte) mit möglichst nachhaltig gezahlten Dividenden an, um damit ihre gesetzliche Rente und ihre Allianz-Betriebsrente aufzubessern. Die Aktien behielt sie ganz nach der Buy-and-hold-Strategie möglichst lange im Depot, ohne sie bei jeder deutlichen Abwärtsbewegung gleich zu veräußern. Ihr kam es ja nicht so sehr auf Kursgewinne, sondern auf die Dividenden an, die in kritischen Phasen wie 2020 während der Corona-Krise zwar gekürzt werden oder auch ausfallen können, langfristig aber doch mit hoher Stetigkeit gezahlt werden. Das Resultat ihrer klugen Anlagepolitik heute: Die Wohnung ist inzwischen abgezahlt, und zusammen mit dem Aktiendepot liegt ihr Vermögen bei rund 1,2 Million Euro! Und was macht sie damit? Da sie kinderlos ist und keine Familienangehörigen mehr hat, gründete sie eine Stiftung, die ihr Vermögen nach ihrem Ableben in zehn Jahresraten an die SOS-Kinderdörfer verteilt. *Chapeau!* Und da schimpfe noch einer der notorischen Kritiker der Aktienanlage über die bloße Gier der vielen bösen »Spekulanten«, die sich mit ihren Gewinnen als angeblich »leistungsloses Einkommen« nur an anderen bereichern.

Die Dividendenrendite ist dabei nichts anderes als die Verzinsung des in einer Aktie gebundenen Kapitals auf Grundlage des bei der Veröffentlichung ausgewiesenen Kurses. Ihre **persönliche Dividendenrendite** bezieht sich dagegen immer auf den Aktienkurs zum Einstieg Ihres Investments.

Um die Rendite zu berechnen, muss von der festgesetzten Bruttodividende zunächst die vom Unternehmen gezahlte Körperschaftsteuer abgezogen werden. Daraus ergibt sich die sogenannte Bardividende.

In einem zweiten Schritt müssen Sie von dieser die pauschale Abgeltungsteuer und den Solidaritätszuschlag (soweit noch erhoben) und gegebenenfalls Kirchensteuer abziehen. Das Ergebnis ist die Nettodividende, die von der depotführenden Bank auf Ihr Konto überwiesen wird. Daraus ergibt sich folgende Beispielrechnung:

Berechnung Dividendenrendite vor/nach Steuern*

Bruttodividende	3,50 Euro
– 15 % Körperschaftsteuer	0,53 Euro
= ausgeschüttete Dividende (*Bardividende*)	2,97 Euro
– 25 % Abgeltungsteuer	0,74 Euro
– 5,5 % Solidaritätszuschlag** (auf 0,74 Euro)	0,04 Euro
= *Nettodividende*	2,19 Euro

Bei einem Aktienkurs von 58 Euro ergibt sich

2,97 : (58 : 100) = **5,20 %** *Dividendenrendite* ***vor*** *Steuern und Inflation*
2,19 : (58 : 100) = **3,77 %** *Dividendenrendite* ***nach*** *Steuern und vor Inflation*

* *ohne Kirchensteuern*

** Arbeitnehmer zahlen ab 2021 keinen Soli mehr, wenn sie im Jahr nicht mehr als etwa 73 000 Euro brutto verdienen. Bis zu einem Einkommen von 109 000 Euro fällt nur noch ein Teil an, wer mehr verdient, zahlt wie bisher.

Es versteht sich von selbst, dass für Sie die Höhe dieser Rendite ein nicht unwichtiges Entscheidungskriterium für Ihre Aktienauswahl sein kann. Unter Anlagegesichtspunkten, wie sie etwa für die großen institutionellen Investoren – Versicherungsgesellschaften, Pensionsfonds oder Stiftungen – unter regulatorischen Gesichtspunkten maßgeblich sind, stehen dabei hochrentierliche Aktien in unmittelbarer Konkurrenz zu festverzinslichen Wertpapieren (Anleihen).

Unter anlagestrategischen Gesichtspunkten bieten Ihnen Aktien mit hoher Dividendenrendite einen weiteren Vorteil: Weil bei fallenden Kursen, aber gleichbleibenden Dividenden die aktuelle Dividendenrendite steigt, scheinen jene Aktien gegen einen Kursverfall besonders gut abgesichert zu sein, die eine im Vergleich zur jeweiligen Durchschnittsrendite am Anleihemarkt höhere Dividendenrendite aufweisen. Denn schwankungsempfindliche Aktieninvestments stehen grundsätzlich in Konkurrenz zu den weniger volatilen Investments am Anleihemarkt. So werden Dividendenrenditen vor dem Hintergrund der Lage an den Rentenmärkten mit anhaltenden Mini- bis Negativzinsen von vielen Anlegern inzwischen als der neue Zins angesehen.

Transaktionsregel: *Je höher die Dividendenrendite einer Aktie ausfällt, desto attraktiver erscheint sie – auf den ersten Blick auch im Vergleich zu Zinsanlagen. Da Dividenden aber nicht immer nur aus den erwirtschafteten Gewinnen, sondern in schlechteren Jahren auch schon mal ganz oder teilweise aus dem Eigenkapital bezahlt werden, haben die Höhe der Zahlung und die Dividendenrendite nur eine begrenzte Aussagekraft für die tatsächliche Qualität einer Aktie.*

Fällt also die Durchschnittsrendite von Anleihen, wie dies infolge von Zinssenkungsmaßnahmen durch die Notenbanken manchmal gezielt erreicht werden soll, käme dies der Attraktivität renditestarker Aktien quasi als Anlagealternative besonders zugute. Manche sagen daher, Dividenden seien heute und für eine ganze Weile noch »der neue Zins«. Da zudem die Zinsen als Kosten für die Aufnahme von Krediten in die Gesamtrechnung eines Unternehmens eingehen und dessen Gewinne schmälern, lässt sich daraus ein allgemeiner Grundsatz für die Einschätzung von Aktientrends gewinnen. Er besagt, dass fallende Zinsen dem Aktienmarkt tendenziell zugutekommen, steigende ihm eher schaden.

Trotz der zentralen Bedeutung dieser und anderer Fundamentalkennzahlen bei der Analyse des Kurspotenzials und bei der Auswahl einer Aktie sollten Sie sich darüber im Klaren sein, dass diese Kenngrößen zwar entscheidende Orientierungspunkte sind, sie aber Ihre Aktienauswahl nicht allein bestimmen sollten. Schauen Sie bei Ihrem Einstieg in eine Aktie auch auf deren bisherige Kursentwicklung und die des Gesamtmarktes. Beides können Sie aus dem jeweiligen Chartverlauf ablesen: Man spricht hier von der sogenannten technischen Analyse.

Technische Analyse mithilfe von Charts und Indikatoren

Wenn Sie zu den »absolute beginners« an der Börse gehören, dürften Ihnen mehr noch als die oben dargestellten fundamentalen Kennzahlen die im Folgenden erläuterten technischen Faktoren wahrscheinlich zunächst wie ein Buch mit sieben Siegeln vorkommen. Die technische Analyse geht davon aus, dass in den aktuellen Kursen bereits alle relevanten Fundamentaldaten und Markterwartungen enthalten sind. Die bildliche Darstellung der Preisentwicklung erfolgt als Chart, der je nach Art (Linien-, Balken- oder Kerzenchart/Candlesticks) unterschiedlich viele Informationen enthält.

Auch wenn Sie diese Seite der Aktien- und Marktanalyse als Privatanleger nicht übertrieben ernst nehmen müssen – ein gewisses Verständnis dafür kann auf keinen Fall schaden. Immerhin richten viele professionelle Anleger danach ihre kurzfristigen Kauf- und Verkaufsentscheidungen aus und haben sie in ihren automatischen, computergestützten Handelssystemen hinterlegt. Selbst wenn man einzelne Ausprägungen der Chartanalyse für übertrieben oder Hokuspokus halten mag, ist es doch sinnvoll zu wissen, wie einflussreiche Akteure sich an der Börse in bestimmten Situationen verhalten oder wie sie ihre automatischen Handelssysteme programmiert haben.

Die *F.A.Z.* veröffentlicht seit Jahren jede Woche unter dem Titel »Technische Analyse« einen aktuellen Beitrag dazu – mit konkreten Hinweisen zu den Chancen und Risiken einzelner Aktientitel und Börsen. Ein heute in der Schweiz lebender befreundeter Fondsmanager, Heinrich Morgen, richtet die Anlageentscheidungen für seinen internationalen Aktienfonds seit Jahr und Tag ausschließlich an solchen charttechnischen Analysen und Signalen aus. Früher hatte er sich die jeweils aktuellen »Hoppenstedt-Charts« in Papierform jede Woche rund um die Welt zuschicken lassen und darin entsprechende Unterstützunglinien, Trendkanäle oder Widerstandszonen händisch eingezeichnet – heute verwendet er dafür entsprechende Analyseprogramme. Ob sein Fonds ohne diese akribischen Chartanalysen wirklich schlechter abgeschnitten hätte, ist im Nachhinein natürlich schwer zu sagen. Immerhin lag die Wertentwicklung seines Fonds in vielen Phasen weit über der des Weltaktienindex MSCI World (Euro).

Über die technische Analyse von Aktien- und Markttrends sind denn auch inzwischen eine ganze Reihe kluger Bücher verfasst worden, in denen sich die Autoren mit zuweilen kaum noch übertreffbarer Akribie um die Interpretation von Kursverläufen und Kursformationen und anderer statistischer Indikatoren bemühen.

Die Grundannahme eines technischen Analysten ist, dass das Verhalten der Käufer und Verkäufer an der Börse sich nicht allein an fundamentalen Daten der wirtschaftlichen Entwicklung eines Unternehmens und des Gesamtmarkts orientiert, sondern nach mehr oder weniger festen, der Eigendynamik der Börse entsprechenden Mustern verläuft. In diesem Sinne spricht der Chartist dann manchmal von »Dreiecken«, »Rechtecken und Wimpeln«, von »Kopf-Schulter-«, »Untertassen-«, »W-« und »M-Formationen« – je nach dem Bild, das sich für ihn nach Einzeichnung gewisser Hilfslinien aus dem Chart ergibt.

Im Prinzip versucht die technische Analyse mithin, anhand vorliegender Daten und Muster aus der Vergangenheit zukünftige Entwicklungen eines Aktienkurses und auch des Gesamtmarktes vorherzusagen. Bei bestimmten Konstellationen spricht sie in diesem Zusammenhang dann von Kauf- oder Verkaufssignalen und wird daran ihre Empfehlungen ausrichten (**Abb. 3.3**).

Selbst eingefleischte Gegner solcher Methoden können nicht leugnen, dass der tatsächliche Kursverlauf einer Aktie oder eines Gesamtmarkt-Index wie des DAX sich umso eher nach solchen Mustern vollzieht, je mehr Börsianer an die Richtigkeit dieser Analysen glauben und ihre Kauf- und Verkaufsentscheidungen daran ausrichten. Es wäre töricht, dies nicht zur Kenntnis zu nehmen und es bei den eigenen Anlageentscheidungen völlig unberücksichtigt zu lassen. Es sollte Ihnen als Privatanleger aber genügen, sich mit einigen grundlegenden Aussagen dieser Analyse vertraut zu machen.

Abb. 3.3: Chartanalyse United Internet

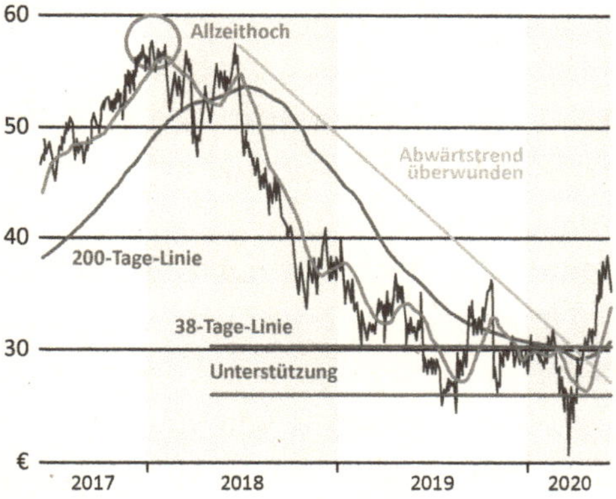

Kaufsignal erzeugt
Ein dynamischer Aufwärtsimpuls sorgte ab Mitte März für stetig steigende Notierungen. Im Zuge dessen wurde sowohl der dominierende Abwärtstrend als auch die maßgebende 200-Tage-Linie nach oben überwunden – ein zweifaches Kaufsignal! Dieses löste bereits einen weiteren Kurzuwachs bis zum 38er-Bereich aus. Um nach der aktuellen Konsolidierung weiter anzusteigen, sollte die Unterstützung um 31/30 Euro nicht mehr unterschritten werden.

Empfehlung: Discount-Call auf United Int.; ISIN: DE 000 PX5 YT0 9 (Cap: 31 €)

Quelle: *Euro am Sonntag*, 12.06.2020

Es reicht völlig, den Chart einer Aktie und eines für die Entwicklung der Börse insgesamt maßgeblichen Index in groben Zügen deuten zu können. Das ist leichter, als Sie vielleicht meinen und als Ihnen eingefleischte Gläubige der Chartanalyse gern einreden wollen.

Trends und Signale

Grundsätzlich gilt: Eine Kauf- oder Verkaufsentscheidung sollten Sie – ganz unabhängig von den dafür zuallererst maßgeblichen, zuvor angesprochenen fundamentalen Daten – nie völlig gegen den bestehenden Kurstrend der entsprechenden Aktie und den allgemeinen Börsentrend vornehmen. Gerade als Anfänger muss man nicht unbedingt klüger sein als alle übrigen Börsianer zusammen. Und deren Entscheidungen spiegeln sich nun mal im jeweils aktuellen Kurs und dessen Chartverlauf wider. So mancher hat für seine Rechthaberei gegen den herrschenden Trend schon teuer bezahlt.

Antizyklisches Handeln gegen den vorherrschenden Trend kann in bestimmten Situationen zwar zu erheblichen Gewinnen führen. Es eignet sich aber eher für den sehr erfahrenen Anleger, der über ein entsprechendes Nervenkostüm verfügt und auch dann seine Positionen durchzuhalten vermag, wenn die Zittrigen bereits das Handtuch geworfen haben.

Der am Chartverlauf abzulesende Trend (**Abb. 3.4, 3.5 und 3.6**) ist daher das erste, vielleicht wichtigste technische Datum zur Beurteilung eines Aktienwerts oder Gesamtmarkts. Er ist aufwärts gerichtet, wenn die durch die untersten Punkte der Kurslinie gezeichnete Gerade ansteigt, und abwärts gerichtet, wenn diese Gerade fällt.

Zieht man eine zweite Gerade durch die obersten Punkte der Kurslinie, erhält man den sogenannten Trendkanal. Je langfristiger ein solcher Trend ist, desto wahrscheinlicher ist es im Allgemeinen auch, dass sich der Kurs auch weiterhin innerhalb dieses Kanals bewegt. Denn die Erfahrung lehrt im meisten Fall aller Fälle: »The trend is your friend!« Der technische Analyst gewinnt aus dem Verlauf solcher Trends Anhaltspunkte zweifacher Art: Günstig erscheint ihm der Kauf einer Aktie oder der Einstieg in den Gesamtmarkt, solange sich die Kursnotierung (Indexnotierung) im unteren Drittel dieses Trendkanals bewegt. Entsprechend fasst er einen Verkauf eher im oberen Drittel ins Auge. Durchbricht der Kurs nachhaltig von oben kommend die untere Begrenzungs- und Unterstützungslinie, ist dies für ihn denn auch ein Verkaufssignal; der nachhaltige Ausbruch über die obere Begrenzungslinie hinaus ist entsprechend ein Kaufsignal. Als nachhaltig gilt ein Zeitraum von mindestens drei Tagen.

Nähert sich also der Kursverlauf einer dieser Linien, besteht für den Verfechter der technischen Analyse möglicherweise bald Handlungsbedarf. Darauf sind automatische Handelssysteme programmiert, sodass es völlig gleichgültig ist, ob man dies als Anleger für vernünftig hält oder nicht: Technische Verkaufs- und Kaufsignale haben eben ihre Wirkung und können die weitere Kursentwicklung maßgeblich beeinflussen.

Abb. 3.4: Idealtypische Chartformationen und deren Interpretation

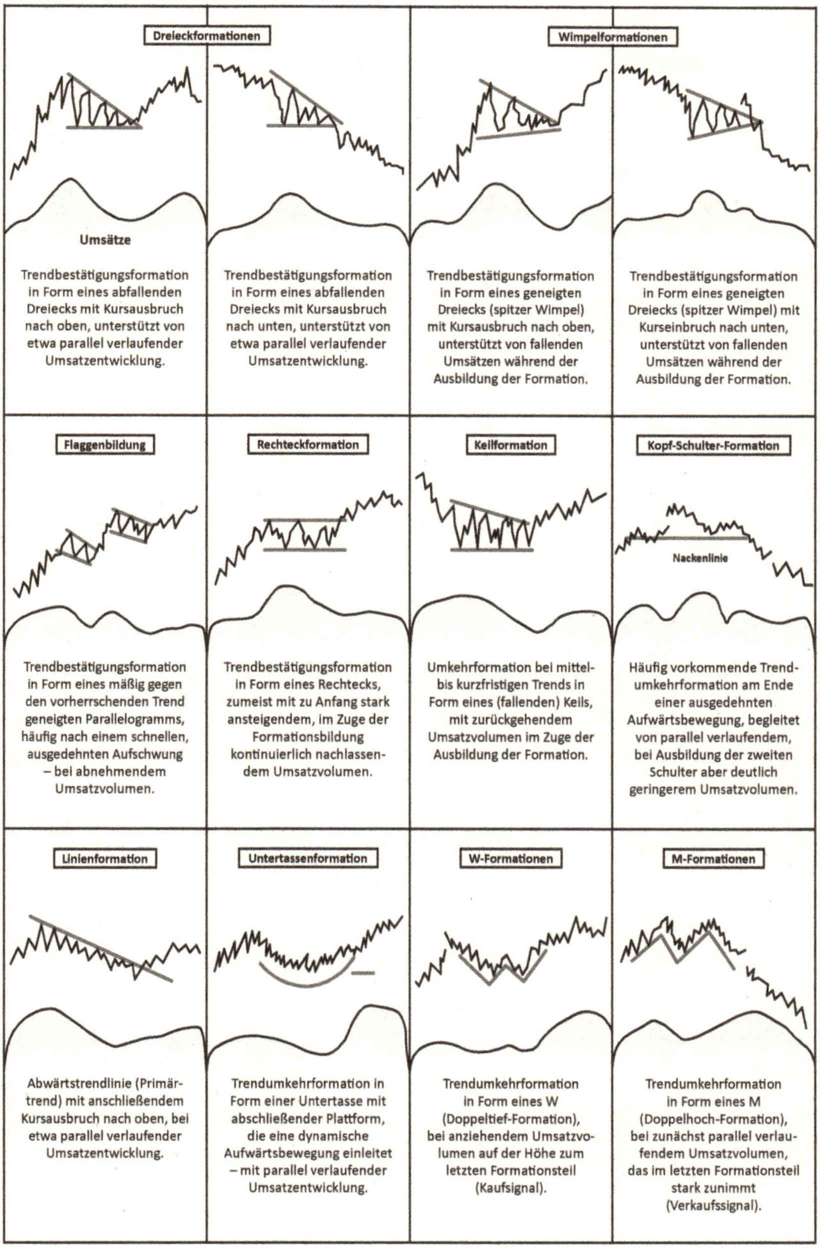

Abb. 3.5: Charttechnik SAP

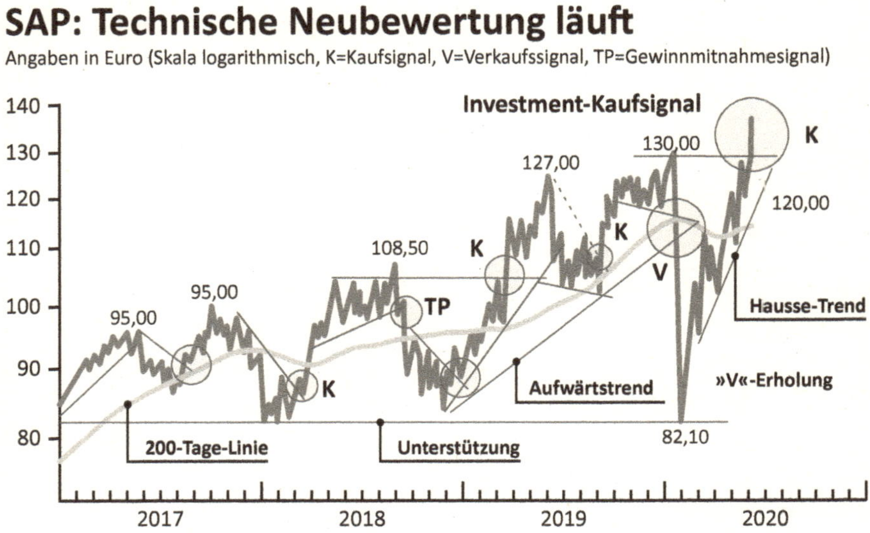

Quelle: *Frankfurter Allgemeine Zeitung*, 10.07.2020

Gleitender Durchschnitt und Momentum

Der langfristige Trend ist der markanteste Signalgeber für den Chartisten. Da er aber eher ein Maßstab für Zeiträume von Jahren ist, reicht er für den mittelfristig agierenden Börsianer in der Regel nicht aus. Dieser unterscheidet deshalb noch differenzierter zwischen solchen längerfristigen primären und kurzfristigeren sekundären und tertiären Trends.

Für den technischen Analysten sind darüber hinaus aber noch weitere, kurzfristiger wirksame Indikatoren bedeutsam, allen voran bestimmte Durchschnittslinien. Sie ergeben sich aus dem **gleitenden Durchschnitt** der jeweiligen Kurse der vorangegangenen Periode (GDL, ADL), wobei sich die 200-, die 100- oder 90- und die 50- und 38-Tage-Linien als die gebräuchlichsten herausgebildet haben.

Ein Sonderfall ist hier die Berechnung des sogenannten **Momentums.** Dabei wird der gegenwärtige Indexstand mit dem Durchschnitt aller Indexschlusskurse der letzten 200, 100 oder 50 Tage verglichen und die Abweichung in Indexpunkten festgestellt. Hohe Abweichungen nach oben oder unten werden dabei als Übertreibungen oder Untertreibungen der aktuellen Kursentwicklung interpretiert.

Je nach Gesamtkonstellation an der Börse ergeben sich dann aus dem Durchbrechen solcher gleitender Durchschnittslinien nach oben oder unten Kauf- und Verkaufssignale. Wie in den oben genannten Fällen wird ein technischer Analyst aber auf eine solche Entwicklung vernünftigerweise erst dann reagieren, wenn sie sich als nachhaltig erweist. Der Durchbruch ist nur dann signifikant, wenn er mindestens über einen Zeitraum von drei Tagen und mit einer Differenz von wenigstens 3 bis 5 Prozent zur entsprechenden Trendlinie erfolgt. Andernfalls könnte er sich auch als Fehlsignal oder gar als Falle herausstellen.

Hat sich der Kurs einer Aktie oder eines marktbreiten Index zu weit oder zu schnell von solchen Durchschnittslinien entfernt, besteht die Gefahr eines Rückschlags. Ein tradingorientierter, hochspekulativ eingestellter Börsianer wird daher nach einem heftigen, schnellen Kursanstieg eher schon einmal wenigstens einen Teil (die Hälfte, zwei Drittel) seines Aktienpakets verkaufen, um Gewinne zu sichern und vielleicht nach erfolgter »technischer Reaktion« zu niedrigeren Kursen wieder einzusteigen. Pokern sollten Sie als Anleger dennoch nie um die letzten 10 Prozent eines möglichen Kursanstiegs. Denn erstens kommt es manchmal anders und zweitens, als man denkt.

Widerstands- und Unterstützungszonen

Von besonderer Bedeutung für die Einschätzung der Höhe eines möglichen Kursanstiegs und der Tiefe eines möglichen Kursverfalls sind die sogenannten Widerstands- und Unterstützungszonen (**Abb. 3.4, 3.5, 3.6**). Der Chartist gewinnt sie, indem er waagerechte Linien durch frühere untere Kurslinienpunkte oberhalb der derzeitigen Kursnotierung (= Widerstand) beziehungsweise untere Kurslinienpunkte unterhalb der aktuellen Notierung (= Unterstützung) einzeichnet.

Abb. 3.6: Charttechnik mit Kauf- und Verkaufssignalen

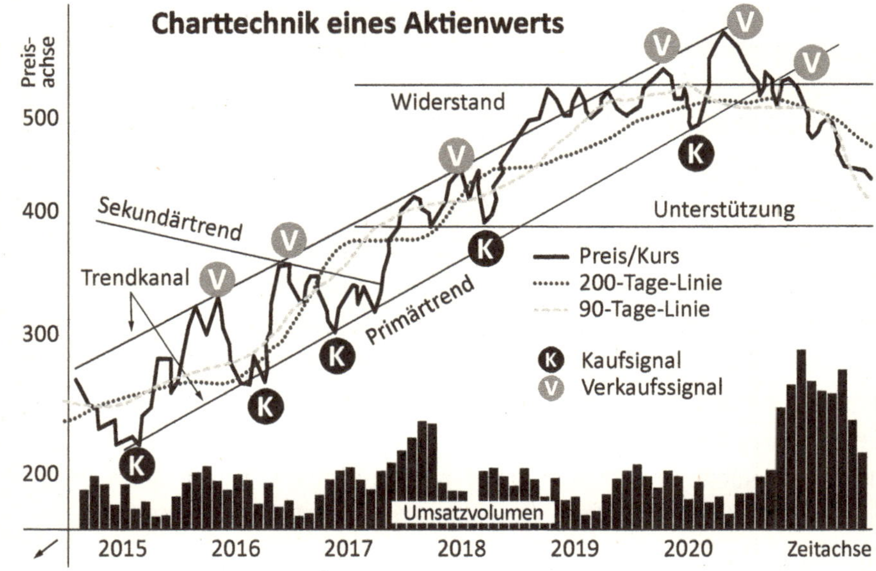

Bei fallenden Kursen kennzeichnet eine Unterstützungszone den Bereich, in der der Kursverfall möglicherweise gestoppt wird. Bei steigenden Kursen ist je nach Stärke des Widerstandes damit zu rechnen, dass der Anstieg in dieser Kursregion gebremst wird. Einen Aktienkurs, der keinerlei Widerstand mehr nach oben hat, nennt man »frei«. Für den Charttechniker sind solche Aktien daher in der Regel ein klarer Kauf und bieten ein besonders hohes Kurspotenzial.

Umsatzvolumen

Bei der Suche nach möglichen Kauf- und Verkaufssignalen gilt es allerdings immer auch die Umsätze zu berücksichtigen, unter denen der jeweilige Kurs einer Aktie oder eines Marktindexes zustande gekommen ist. Sie errechnen sich aus der Anzahl der jeweils gekauften oder verkauften Aktien, multipliziert mit dem jeweiligen Kurswert. Die entsprechenden Tagesumsätze sind häufig am unteren Rand eines Charts in Form von senkrechten Balken eingezeichnet.

Transaktionsregel: *Je höher der Umsatz zu einem bestimmten Kurs, umso aussagekräftiger ist auch die Notierung.*

Der Gedanke dahinter: Im Grenzfall könnte sich der Tageskurs einer Aktie ja durchaus aus dem Kauf oder Verkauf eines einzigen Papiers ergeben, womit über die wirkliche Einschätzung der Aktie durch die übrigen Marktteilnehmer gar nichts ausgesagt wäre. Im Zuge einer nach oben oder nach unten gerichteten Kursentwicklung würden sinkende Umsätze insofern eher darauf verweisen, dass das gebildete Kursniveau von einem größeren Teil der Börsianer nicht mitgetragen wird und die weitere Kursentwicklung ins Stocken gerät oder zu Gewinnmitnahmen mit entsprechenden Kursverlusten führen.

Das psychologische Umfeld

Nicht wenige meinen, die Börse sei nichts anderes als Psychologie. Auch wenn man diese extreme Position als weit übertrieben ansehen muss, kommt man nicht um die Erkenntnis herum, dass das bereits früher angesprochene psychologische Umfeld auf den Gesamttrend an der Börse einen erheblichen Einfluss ausüben kann.

Die fundamentalen Daten können noch so gut sein – wenn die allgemeine psychologische Verfassung des Marktes (noch) nicht danach ist, verlieren sie jedenfalls kurzfristig an Bedeutung. Das gilt insbesondere für plötzlich ausbrechende politische Krisen – denken Sie etwa an den Krieg zwischen Iran und Irak, den Putsch gegen den sowjetischen Staatspräsidenten Gorbatschow oder den Kampf der USA gegen Saddam Hussein, deren Auswirkungen alle ökonomischen Planungen und Erwartungen seinerzeit schnell wieder infrage stellten. Auch der Ausbruch der Weltfinanz- und Schuldenkrise 2007 und zuletzt der Crash infolge des Coronavirus im Frühjahr 2020 sind Beispiele dafür.

Abb. 3.7: Ifo-Geschäftsklima-Index

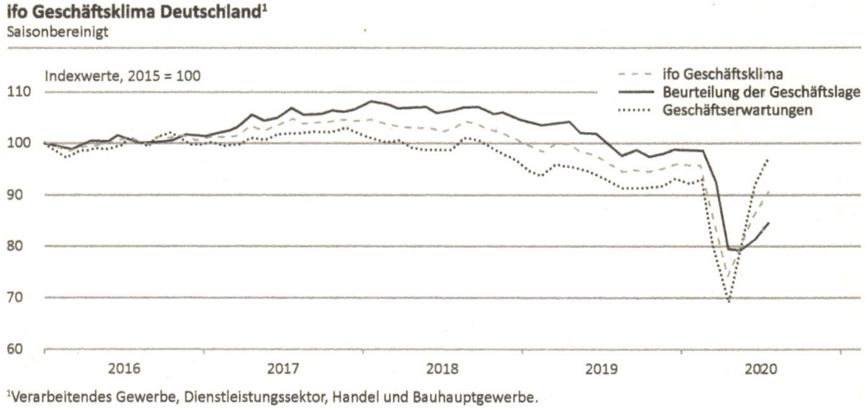

Quelle: ifo Konjunkturumfragen, Juli 2020.

Messbar erscheint Analysten diese Verfassung anhand von Stimmungs- beziehungsweise Sentimentindikatoren, in die die Ängste und Sehnsüchte, die Niedergeschlagenheit und Euphorie sowie die Befürchtungen und Absichten der verschiedenen Marktteilnehmer eingehen.

So wird anhand von Umfragen regelmäßig die Stimmungslage bei den Verbrauchern und der Industrie ermittelt, worin sich die Umsatz-, Gewinn- und Investitionserwartungen sowie die Beurteilung der jeweiligen Branchenkonjunktur niederschlagen. Einer der wichtigsten Frühindikatoren ist der **Ifo-Geschäftsklima-Index** (**Abb. 3.7**), der aus den Geschäftserwartungen und der Beurteilung der aktuellen Geschäftslage der gewerblichen Wirtschaft hervorgeht. Eine andere, monatlich durch Umfragen bei 350 Finanzexperten ermittelte Kennzahl sind die ZEW-Konjunkturerwartungen.

Beim **Verbrauchervertrauen** geht es um die Zukunftspläne und Einschätzungen der Verbraucher, die sich naturgemäß vor allem auf die Erwartungen der Konsumgüterindustrie und deren Aktien auswirken. Eine andere Kennzahl drückt den Prozentsatz der optimistisch und pessimistisch gestimmten Anlageberater aus oder stellt entsprechende Stimmungsverhältnisse anhand der umlaufenden Börsenbriefe und Frontseiten-Aufmacher fest.

Weitere Indikatoren geben Auskunft über das Verhalten der Insider, also eines mit besonderem Vorauswissen ausgestatteten Personenkreises, das Anlageverhalten der Privatanleger, die Erwartungen von Finanzexperten oder Ähnliche – der Entwicklung neuer, mehr oder weniger aussagekräftiger Kennzahlen sind hierbei kaum Grenzen gesetzt.

Aus solchen Indikatoren versuchen die »Börsenpsychologen« nun eine angemessene Einschätzung des zukünftigen Anlageverhaltens an der Börse zu gewinnen. Dabei ist die Einsicht bedeutsam, dass eine gute, sehr gute oder gar euphorische Stimmung beim Großteil der Anleger, den Börsenbriefschreibern oder Anlageberatern Sie als Anleger eher zur Vorsicht mahnen sollte. Wenn nämlich alle verkünden, wie prächtig man mit einer bestimmten Aktie aktuell Geld verdienen kann, dürften sie selbst in der Regel bereits voll engagiert sein. Dasselbe gilt für die scheinbar nicht enden wollenden Kurssteigerungen an den internationalen Börsen, wie wir sie zuletzt von 2009 bis 2020 gesehen haben, die viel mit der ausufernden Geldpolitik der Notenbanken zu tun hatten und im Zuge der Corona-Krise zu drastischen Kurseinbrüchen führten.

Chancen gegenteiligen Marktverhaltens

In dieser Situation ist Vorsicht geboten: Denn eine Aktienhausse stirbt fast immer in Phasen der Euphorie, die Sie bei Ihren Engagements an der Börse eher zur Zurückhaltung oder zu gezielten Gewinnmitnahmen veranlassen sollte. Manchmal ist es auch sinnvoll, einfach mal für eine

Weile die Füße still zu halten. Besser ein entgangener Gewinn als die leichtsinnige Inkaufnahme von Verlusten.

Eine übertrieben negative, gar depressive Gesamtstimmung an der Börse könnte allerdings ein Anzeichen für eine womöglich kurz bevorstehende Wende nach oben sein, also eher ein Kaufsignal. Im Ergebnis geht die Deutung des Verhaltens der Mehrheit der Börsianer jedenfalls davon aus, dass die Mehrheit an der Börse in der Regel falschliegt.

Einen umgekehrten Schluss zieht der psychologisierende Analyst dagegen aus dem Anlageverhalten der Insider. Ihnen wird vor dem Hintergrund ihres Sonderwissens um die wirtschaftliche Situation und die Erwartungen von Unternehmen, aufgrund ihrer Kenntnis von noch nicht veröffentlichten Analysen, Anlageempfehlungen und Ähnlichem ein besonders gutes Gespür für die tatsächlichen Bewegungen des Marktes zugetraut.

Entsprechend wäre es sinnvoll, sich im eigenen Anlageverhalten am Verhalten dieser (kleinen) Personengruppe zu orientieren: zu kaufen, wenn sie kaufen, zu verkaufen, wenn sie verkaufen. Die Crux ist nur, dass Sie als Privatanleger vom jeweiligen Anlageverhalten dieser eingeweihten Auguren in der Regel erst dann erfahren, wenn sich der Zug in die eine oder andere Richtung bereits kräftig in Bewegung gesetzt hat. Hinzu kommt, dass die Ausnutzung von Insiderwissen für diese selbst, aber auch für Personen aus deren Umkreis seit vielen Jahren verboten und unter Strafe gestellt worden ist.

MSCI-Indizes – die wichtigste Quelle zur Beurteilung Ihrer Chancen an den internationalen Finanzmärkten

Wie sich die internationalen Aktienmärkte in der Vergangenheit über verschiedene Zeiträume hinweg entwickelt haben, ersehen Sie am besten aus der börsentäglich aktualisierten Übersicht von Morgan Stanley Capital International, die Sie auf deren Internetseiten (*www.msci.com*) einsehen können. Darin ist die Entwicklung der sogenannten MSCI-Indizes nach Ländern, Regionen und Branchen aufgeführt. Es sind die für den Anlageprofi wichtigsten Indizes überhaupt, weil sie einen schnellen Überblick darüber verschaffen, welche Regionen/Länder/Branchen sich gerade besonders gut oder schlecht entwickeln. Diese sind auch das Anlageuniversum für die meisten Exchange Traded Funds (ETF), über die sie an der Indexentwicklung quasi 1:1 teilhaben.

Achten Sie bei der Prüfung dieser Daten für Ihre Anlageüberlegungen aber unbedingt auf die jeweilige Währungsbasis, die für Sie als deutscher Anleger nicht die jeweilige Landeswährung ist, sondern der Euro. Es nützt Ihnen ja nichts, wenn Sie beispielsweise mit US-Aktien gemäß MSCI-USA auf US-Dollar-Basis 15 Prozent Gewinn machen, der US-Dollar* im selben Zeitraum aber gegenüber Ihrer Landeswährung, dem Euro, um 10 Prozent nachgibt. Dann liegt Ihre wirklich erzielte Performance (also der nominale Wertzuwachs Ihres Investments) eben nicht bei 15, sondern nur bei 5 Prozent.

Vor diesem Hintergrund sollten Sie auch die Veröffentlichungen der verschiedenen Länderindizes wie den Dow-Jones-Industrial-Average-Index, den S&P-500-Index oder den Nikkei-225-Index relativieren. Die meisten Veröffentlichungen geben diese Indizes ausschließlich auf Basis der jeweiligen Landeswährung an, sodass Sie als Leser leicht zu falschen Schlüssen verleitet werden.

In der Wochenzeitschrift *Börse Online* finden Sie eine der besten Übersichten mit umfänglichen analytischen Kennzahlen, an denen Sie sich als Anleger jeweils aktuell leicht orientieren können (**Abb. 3.8**).

* Im weiteren Verlauf des Buches wird der Begriff »Dollar« verwendet, gemeint ist aber jeweils der US-Dollar.

Abb. 3.8: Analytische Kennzahlen internationaler Börsenindizes

DIE INDIZES: KENNZAHLEN DEUTSCHLAND UND INTERNATIONAL

Land (Index)	Stand 20.12.20	Veränderungen Vorwoche	Veränderungen 30.12.19	KGV 2020e	Schulden/ BIP	Anleihenrendite	KGV Aktien/ Anleihen	KUV	KBV	KCV	Div. Rend.	Volatilität (90 Tage)	Abstand 200-Tage-Linie	Börsenwert in Mrd. €
Deutschland (DAX)	13246,30	+0,17 %	–0,02 %	19,17	61,00%	-0,59%	-0,11	1,03	1,69	6,29	2,77%	21,96	9,76%	1242,48
Deutschland (MDAX)	29866,47	+0,47 %	+5,49 %	236,84	61,00%	-0,59%	-1,39	1,26	2,26	7,27	1,17%	16,48	15,49%	489,41
Deutschland (TecDAX)	3136,29	+0,81 %	+4,02 %	27,50	61,00%	-0,59%	-0,16	2,26	3,71	12,97	1,19%	21,12	5,26%	397,24
Deutschland (SDAX)	14257,97	+1,70 %	+13,96 %	51,79	61,00%	-0,59%	-0,30	0,65	1,52	8,59	1,17%	18,65	21,86%	125,21
Euroraum (Euro-Stoxx 50)	3450,77	–1,52 %	–7,86 %	22,20	86,10%	-0,59%	-0,13	1,42	1,87	5,88	2,25%	21,22	9,30%	3290,91
Europa (Stoxx 50)	3019,82	–1,78 %	–11,26 %	20,11	80,80%	-0,59%	-0,12	1,77	2,23	6,15	3,06%	17,77	3,51%	4387,81
USA (Dow Jones)	30024,62	+0,55 %	+5,21 %	24,48	108,02%	0,12%	0,03	2,40	4,60	15,12	2,07%	17,50	13,94%	7682,10
USA (Nasdaq 100)	12586,48	+1,00 %	+44,12 %	32,24	108,02%	0,12%	0,04	5,30	8,50	22,63	0,75%	26,10	21,46%	12051,27
USA (S&P 500)	3667,09	+0,54 %	+13,50 %	25,74	108,02%	0,12%	0,03	2,69	3,98	15,42	1,66%	18,28	15,31%	26236,73
Brasilien (Bovespa)	116053,10	+1,26 %	+0,35 %	44,67	87,00%	3,24%	1,45	1,57	2,30	11,03	2,59%	22,56	22,85%	621,59
China Shanghai SE)	3420,57	+1,53 %	+12,15 %	15,42	51,21%	3,26%	0,50	1,28	1,63	9,76	2,07%	14,40	9,24%	5213,62
Frankreich (CAC-40)	5393,34	–2,43 %	–9,78 %	27,00	99,50%	-0,34%	-0,09	1,27	1,66	4,77	2,03%	21,95	10,98%	1777,47
Großbritannien (FTSE-100)	6416,32	–1,77 %	–14,93 %	21,15	86,30%	0,20%	0,04	1,22	1,65	4,42	3,33%	18,60	6,64%	2069,53
Hongkong (HSI)	26331,45	–0,22 %	–6,59 %	14,12	0,05%	0,48%	0,07	1,86	1,14	4,75	2,53%	14,93	6,29%	2755,72
Indien (Sensex 30)	45553,96	–1,51 %	+10,42 %	27,93	69,00%	5,92%	1,65	3,28	3,03	46,87	0,96%	16,08	24,33%	1004,26
Italien (MIB-40)	21410,51	–1,60 %	–9,35 %	22,34	133,00%	0,57%	0,13	0,79	1,13	12,22	2,14%	21,76	11,95%	510,14
Japan (Nikkei 225)	26714,42	–0,07 %	+12,93 %	25,16	235,96%	0,00%	0,00	1,40	2,03	12,18	1,57%	13,27	19,69%	3084,97
Japan (Topix)	1789,05	–0,08 %	+3,93 %	23,33	235,96%	0,00%	0,00	0,88	1,27	8,73	2,08%	13,25	14,11%	5269,47
Kanada (TSE)	17384,40	–0,02 %	+1,88 %	23,23	87,00%	0,72%	0,17	1,83	1,86	7,88	3,01%	13,22	11,17%	1720,02
Niederlande (AEX)	609,39	–0,57 %	+0,80 %	25,13	52,90%	-0,51%	-0,13	1,50	1,88	5,03	2,07%	17,00	11,58%	918,47
Russland (RTX)	1723,27	–5,00 %	–23,76 %	11,98	18,67%	5,91%	0,71	1,02	0,86	5,36	6,61%	31,79	8,84%	371,15
Schweden (OMX)	1845,11	–2,41 %	+4,13 %	18,87	38,30%	-0,02%	0,00	1,93	2,23	5,81	1,45%	16,89	8,25%	593,39
Schweiz (SMI)	10305,52	–0,65 %	–2,93 %	19,79	42,00%	-0,61%	-0,12	2,42	2,73	9,53	3,14%	14,55	3,15%	1145,34
Spanien (IBEX-35)	7789,80	–4,31 %	–18,42 %	33,64	98,30%	0,05%	0,02	1,15	1,26	2,16	3,15%	24,06	9,07%	527,31
Südkorea (Kospi)	2778,65	+0,60 %	+26,44 %	19,74	39,00%	1,73%	0,34	0,75	1,07	9,94	1,58%	17,39	26,48%	1355,62

Quelle: Finanzen Verlag / Kursservice

Kapitel 4
Ihr erster Auftrag am Aktienmarkt

Haben Sie sich als angehender Börsianer aufgrund der Ihnen vorliegenden fundamentalen Daten und unter Beachtung der zu erwartenden Entwicklung der Gesamtkonjunktur erst einmal für den Kauf einer bestimmten Aktie entschieden, ist der wichtigste Schritt ins Börsenleben damit bereits getan. Nun werden Sie vielleicht schon bald jene Höhenluft einatmen, von der selbst die alten Hasen dieses Geschäfts auch nach vielen Jahren Praxis gelegentlich immer noch träumen. Zu verhindern, dass diese Träume möglichst nie zu Albträumen werden, haben Sie dabei zu erheblichem Teil selbst in der Hand.

So prüfen Sie Ihren Einstieg auf Herz und Nieren

Stellen Sie die Argumente, die für oder gegen Ihre Aktienauswahl sprechen (Pro-Contra-Matrix) zur eigenen Kontrolle auf einer Seite oder in einer Art Börsentagebuch (s. **ANHANG – Kopiervorlagen: Mein Börsentagebuch**) für sich schriftlich zusammen. Bis Sie ganz flügge sind, sollten Sie dabei durchaus noch den Rat Ihres persönlichen Kundenbetreuers oder des Anlageberaters in Ihrer Filialbank einholen. Das kann zu Anfang nie schaden. Es mag sein, dass der nun ein langes Gesicht ziehen wird, weil er merkt, dass Sie von ihm mehr erwarten als das übliche Herunterbeten der neuesten Empfehlungen aus seiner Vertriebszentrale.

Erst jetzt wird sich zeigen, was in ihm steckt. Ein guter Berater wird spüren, wie sehr er angesichts Ihres wachsenden Sachverstands auch selbst auf dem Prüfstand steht. Und er wird sich bemühen, dabei selbst nicht allzu schlecht auszusehen. Fordern Sie ihn, so wird er Sie hoffentlich fördern: fair, aber entschieden, kritisch, aber konstruktiv. Schließlich ist er daran interessiert, Sie als Kunden nicht zu verlieren.

Wenn Zweifel an der Zuverlässigkeit Ihrer Einschätzung aufkommen, bitten Sie Ihren Berater, zusätzliche Informationen für Sie einzuholen. Nur in den seltensten Fällen stimmen ja zum Beispiel die Gewinnerwartungen verschiedener Analysten oder Fachmedien nahtlos überein, sodass es geboten ist, den letzten Stand solcher Daten in Erfahrung zu bringen. Angesichts der zum Teil recht unterschiedlichen Berechnungsmethoden sollten Sie hierbei darauf achten, nur Zahlen miteinander zu vergleichen, die nach derselben Methode ermittelt wurden.

Was die Gewinnerwartungen betrifft, richtet ein Anleger sich hierzulande am besten nach Berechnungen, die mithilfe der sogenannten DVFA-Formel durchgeführt worden sind. Die DVFA ist als Deutsche Vermögensgesellschaft für Anlageberatung das renommierteste Institut für Unternehmensanalysen in Deutschland. Jedenfalls sollten Sie sich als kritischer Börsianer nie an den für eine Aktiengesellschaft günstigsten Zahlen orientieren, sondern, wenn schon nicht von den schlechtesten Daten, zumindest von einem Mittelwert ausgehen.

Hören Sie auf Einwände Ihres Anlageberaters. Stellen Sie gegebenenfalls Ihre Kaufentscheidung eine Weile zurück, um Ihre Überlegungen in aller Ruhe noch einmal kritisch zu überdenken. Aber lassen Sie sich nicht ohne überzeugende Gegenargumente von Ihrer Anlageidee abbringen oder gar zum schnellen Kauf einer angeblich besseren Alternative verleiten! Nur wenige Berater sind allerdings frei genug, von ihren Vorlieben und den Empfehlungen des eigenen Hauses Abstand zu nehmen und neue Vorstellungen ihrer Kunden vorurteilsfrei zu erörtern.

Wenn Sie den Eindruck gewinnen, Ihr Berater wäre befangen, sollten Sie nicht zögern, zu einem anderen Berater zu wechseln. Es ist Ihr Geld, das im Börsengeschäft im Grenzfall auf dem Spiel steht, nicht das des

Beraters oder gar das seiner Bank. Wer mit dem Vermögen seines Kunden sorglos umgeht und bei der Beratung vornehmlich die Interessen seines Brötchengebers oder gar seine eigenen bedient, hat an einem solchen Platz eigentlich nichts zu suchen. Je eher er es merkt, desto weniger Schaden kann er anrichten.

Zuzugeben sei allerdings auch: Infolge der massiven Verschärfung der regulatorischen Anforderungen stehen sowohl Banken als auch Berater heute so sehr unter Druck, dass sie kaum noch ein Wagnis eingehen, um später nicht für Fehler haftbar gemacht werden zu können. Da greifen sie dann lieber auf »bewährte Produkte« des eigenen Hauses zurück und können sich, wenn es schiefgeht, auch gegenüber ihren Kunden leicht aus der Affäre ziehen. So führt die heute gängige Überregulierung auch zur Bevormundung, ja Entmündigung vieler Anleger und läuft deren wohlverstandenen Interessen häufig entgegen.

Gehen Sie heißen Tipps aus dem Weg

Was Sie in dieser Phase so kurz vor dem Einstieg auf keinen Fall tun sollten: sich von den beiläufig geführten Partygesprächen mit anderen tatsächlich oder nur vermeintlich erfahreneren Börsianern irritieren zu lassen. Meistens führen solche Gespräche über Stammtischplattitüden nicht hinaus, sodass die Bewertung von Kurschancen und -risiken dann eher aus dem hohlen Bauch heraus erfolgt. Häufig bezieht ein Anleger sich dabei auf den einen oder anderen »heißen Tipp« irgendwelcher tatsächlicher oder nur vermeintlicher Börsenautoritäten, die allesamt eines miteinander verbindet: dass sich ihre eigene »Performance« in den wenigsten Fällen schwarz auf weiß nachprüfen lässt.

Hierbei sei mir eine kleine Replik auf den noch heute allseits verehrten Altmeister unserer Zunft, André Kostolany, erlaubt. Wenn ich es richtig sehe, war er zeitlebens so klug, niemals öffentlich eine konkrete (!) Anlageempfehlung zu geben. Was seinen vielen Ratschlägen für Privatanleger in seinen Büchern und medienwirksamen Auftritten keinen Abbruch tat. Wie erfolgreich er damit auch für sich selbst wirklich war, habe ich auch aus den gelegentlichen Gesprächen mit Gottfried Heller, dem früheren Partner der gemeinsamen Beratungsfirma Fiduka, nie herausfinden können. Es blieb bis zuletzt wohl sein Geheimnis.

Das Ergebnis Ihres Beratungsgesprächs sollten Sie schriftlich fixieren. Nur ein Spieler, der nichts zu verlieren hat, kann auf solche Aufzeichnungen verzichten. Dem langfristig denkenden Börsianer helfen sie dagegen, sein eigenes Anlageverhalten kennenzulernen und von Zeit zu Zeit immer wieder selbstkritisch unter die Lupe zu nehmen, um es vor dem Hintergrund besserer oder schlechterer Entscheidungen langfristig korrigieren zu können.

Nun kommt alles darauf an, die getroffene Wahl auch in die Tat umzusetzen: also einen konkreten Auftrag zum passenden Zeitpunkt (Timing) auf die sinnvollste Art (Auftragsvergabe) an die richtige Börse (Platzierung) zu bringen. Viele Anfänger schenken dieser Seite des Börsengeschäfts wenig Aufmerksamkeit und verschenken damit ohne Not gleich zu Beginn einen guten Teil ihrer Gewinnmöglichkeiten.

Das richtige Timing

Zurückstellen sollten Sie den Kauf einer Aktie dann, wenn die technische Seite der Analyse, wie ich sie im vorangegangenen Kapitel erläutert habe, mit höherer Wahrscheinlichkeit auf einen Kursrückgang als auf einen Anstieg hindeutet. Dabei ist die technische Situation des Gesamtmarkts zunächst entscheidender als die der einzelnen Aktie.

Denn nur in Ausnahmefällen wird sich ein einzelner Wert dem allgemeinen Börsentrend völlig entziehen, sodass ein Blick auf die Kurve eines für den Gesamtmarkt insgesamt repräsentativen Index geboten ist – wie beispielsweise des DAX, wenn es um deutsche Aktien geht. Diese Prüfung können Sie als Einsteiger auch zusammen mit Ihrem Kundenbetreuer vornehmen oder den gängigen Charts seriöser Börsenzeitschriften entnehmen. Erst wenn die Prüfung grünes Licht für den Einstieg signalisiert, sollten Sie zur Festlegung des richtigen Zeitpunkts das Chartbild Ihrer Aktie genauer studieren.

Abb. 4.1: Charttechnische Situation und Timing-Indikatoren beim DAX

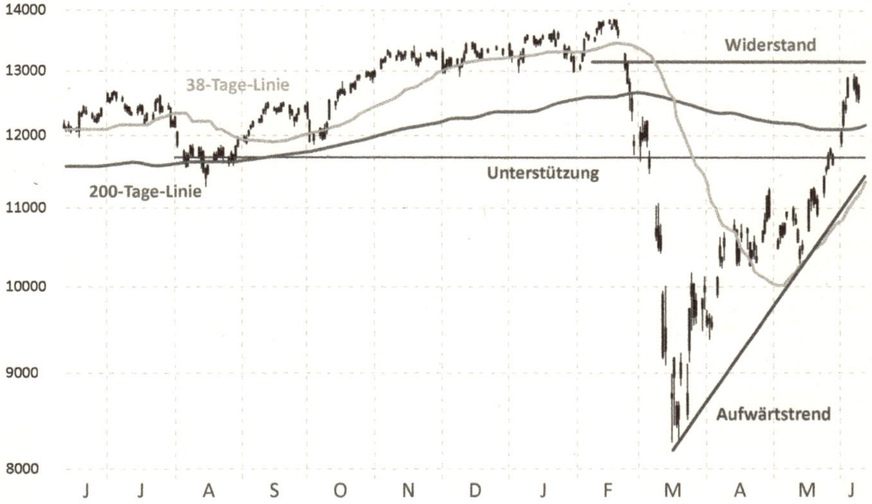

Quelle: *Euro am Sonntag*, Juni 2020

Auch wenn der optimale Einstiegzeitpunkt in eine bestimmte Aktie sich immer erst im Nachhinein angeben lässt und allgemeine Grundsätze stets auch Ausnahmen zulassen, gibt es doch eine Reihe mehr oder weniger gefestigter Erfahrungen, an denen Sie sich orientieren können.

Keinesfalls kaufen sollten Sie, wenn der Kursverlauf sich im unmittelbaren Bereich der oberen Begrenzungslinie des Trendkanals bewegt und die Wahrscheinlichkeit nicht sehr groß ist, dass die Aktie unter hohen Umsätzen nach oben ausbricht. Schauen Sie noch mal auf **Abb. 3.4, 3.5 und 3.6** (Seite 87 bis 90). Warten Sie in diesem Fall lieber, ob Ihrem Aktienfavoriten dieser Durchbruch tatsächlich nachhaltig gelingt und damit die Bildung eines neuen Trendverlaufs signalisiert. Gelingt der Ausbruch nicht, ist die Wahrscheinlichkeit groß, dass der Kurs im Laufe der Zeit bis in den Bereich der unteren Begrenzungslinie des Trendkanals zurückfällt. Wenn die übrigen Daten zu diesem Zeitpunkt weiterhin positiv sind, sollten Sie dann im unteren Drittel dieses Kanals wirklich zugreifen.

Auch im umgekehrten Fall, beim Durchbruch durch die untere Begrenzungslinie des Trendkanals, sollten Sie besser mit dem Kauf zunächst warten. Einiges spricht in diesem Fall dafür, dass die eigene, mittelfristig positive Einschätzung der Aktie von den übrigen Marktteilnehmern nicht (mehr) geteilt wird. Dies sollte ein Anlass sein, die eigenen Überlegungen vielleicht noch einmal kritisch zu prüfen. Kommen Sie dabei trotz erneuter Recherchen zu keinem anderen Ergebnis als zuvor, sollten Sie dennoch abwarten, bis der zu beobachtende kurzfristig fallende Trend wieder nach oben dreht, bevor Sie – vielleicht zunächst nur mit einem Teil der für diesen Wert insgesamt veranschlagten Anlagesumme – dann wirklich einsteigen.

Zurückhalten sollten Sie Ihren Kauf ebenfalls, wenn eine Aktie eine Zeitlang ohne jegliche erkennbare Unterbrechung haussiert. Je schneller der Anstieg des Kurses, desto größer auch die Gefahr einer kurzfristigen Gegenreaktion, bei der manche bereits im Gewinn liegende Anleger die schnell aufgelaufenen Gewinne über den Verkauf zu sichern versuchen. Wenn Sie diese Reaktion, vielleicht gar eine ausgeprägte Konsolidierungsphase mit einer kurz- bis mittelfristigen Seitwärtsbewegung der Kurse abwarten und dann zu einem niedrigeren Kurs einsteigen können, haben Sie bei Anhalten des nach oben gerichteten Gesamttrends rein rechnerisch bereits die ersten Gewinne fest in der Hand. Eine technische Reaktion, gar Überreaktion, bietet mithin manchmal ganz hervorragende Chancen für einen günstigen Einstieg.

Wenn Sie nicht sicher sind, ob der Zeitpunkt Ihres Kaufs optimal gewählt ist – und die charttechnischen Analysen geben keineswegs immer so eindeutig Auskunft, wie es deren eingefleischte Anhänger gern glauben machen wollen –, sollten Sie zunächst nur einen Teil (ein Drittel, die Hälfte) der tatsächlich vorgesehenen Position kaufen. Hat sich die Situation später auf die eine oder andere Weise geklärt, können Sie dann einen weiteren und schließlich vielleicht den letzten Teil hinzukaufen. Bei zurückgehenden Kursen erreichen Sie auf diese Weise eine Verringerung Ihres durchschnittlichen Einstandspreises, Sie »verbilligen« also Ihren Einstieg. Ein sehr diszipliniert verfahrender Anleger würde allerdings ohnehin jeweils etwa ein Drittel der eigentlich für den Wert vorgesehenen Summen als Kassenbestand auf seinem Dispositionskonto zurückhalten, um bei unerwarteten Rückschlägen solchermaßen das nicht so optimal verlaufene Timing nachträglich korrigieren zu können. Das macht freilich nur Sinn, wenn die Position, die Sie eingehen wollen, dafür groß genug ist, also optimalerweise mindestens 3000 Euro beträgt. Man kann es mit ausgefeiltesten Einstiegsstrategien aber auch übertreiben.

Nur in einem Fall können Sie alle oben angestellten Überlegungen weitgehend vergessen: wenn aufgrund plötzlich eintretender, im ersten Moment in ihren Auswirkungen noch kaum einzuschätzenden Veränderungen die Börse verrücktspielt. In Phasen eines unkontrollierbaren massiven Umschwungs, wie er uns am 19. Oktober 1987, beim Terroranschlag vom 11. September 2001, zu Beginn der Weltfinanzkrise 2007 oder im Zuge der Corona-Krise im Frühjahr 2020 innerhalb kürzester Zeit beschert wurde, spielen technische Faktoren kurzfristig keine wirkliche Rolle. Dann kommt es nur auf ein einziges richtiges Timing an: sich mit dem erwogenen Einstieg so lange zurückzuhalten, bis die Wogen geglättet sind und die Börse einen eindeutigen Trend wiedergefunden hat.

Kleiner Exkurs: Wie Kurse entstehen

Der erste Erfolg an der Börse ist meistens der schönste. Ganz beschwingt kommt ein Anleger sich vor, wenn er sieht, wie nach getaner Arbeit, den zahlreichen Vorüberlegungen, Analysen und vielleicht auch Beratungsgesprächen die Aktie tatsächlich schon bald jenen Aufschwung nimmt, den er sich erhofft hat. Denn nach dem gelungenen Einstieg kommt es zunächst nicht mehr so sehr auf Sie selbst an als vielmehr auf die wachsende »Einsicht« der übrigen Anleger. Wenn auch andere »Ihre« Aktie in ihr Depot aufnehmen, sorgen sie damit Schritt für Schritt für einen weiteren Kursanstieg. Manchmal schon kurze Zeit nach dem glücklichen Einstieg laufen die Kurse dann plötzlich davon. Nur gut, wenn man dabei mit seinem Kauflimit bis auf den letzten Ein-Euro-Betrag gerade noch hingekommen ist und wegen eines zu engen Limits nicht den Einstieg verpasst hat.

So mancher Börsianer dürfte allerdings sein blaues Wunder erleben, wenn er glaubt, sich allein auf die Kursangaben in der Tagespresse seiner Regionalzeitung oder in einschlägigen Online-Portalen verlassen zu können. Zwar werden diese Angaben jene Kurse enthalten, die auch das amtliche Börsenblatt der jeweiligen Börse am Folgetag ausweist. Häufig aber – und dies gilt insbesondere für die bei uns veröffentlichten Kursangaben der ausländischen Börsen – kann man ihnen gerade das Wichtigste nicht entnehmen: ob man als Anleger nämlich bei entsprechendem Kurslimit mit seinem Auftrag zum Zuge gekommen ist.

Manchmal ist die Marktsituation durch den Umstand gekennzeichnet, dass zu bestimmten Kursen gerade kein Interessenausgleich zwischen den Kauf- und Verkaufswilligen möglich war oder nur ein Teil der vorliegenden Aufträge zum entsprechenden Kurs ausgeführt werden konnte. Erst die sogenannten Kurszusätze – beispielsweise »b« für »bezahlt«, »G« für »Geld«, »B« für »Brief«, »T« für »Taxkurs« – geben genauere Auskunft über die jeweilige Marktlage zum Zeitpunkt der Kursfeststellung (Notierung). Sie werden in den amtlichen Kursblättern der jeweiligen Börse veröffentlicht, auf die Sie sich bei Reklamationen als Anleger beziehen können. Gut daher zu wissen, auf welche Weise es überhaupt zur Feststellung eines Wertpapierkurses kommt.

Der Börsenmakler ist verpflichtet, den Kurs so festzusetzen, dass jeweils ein maximaler Umsatz (= Kurs x Stückzahl) zustande kommt. Vorrangig sind dabei zunächst alle Kauf- und Verkaufsaufträge zu berücksichtigen, die ohne Kurslimit als Billigst- beziehungsweise Bestens-Aufträge zum Zeitpunkt der Kursfestsetzung vorliegen. Mit einem Limit kann ein Anleger bei einer Kauforder den Maximalpreis (Kauforder) vorgeben, den er höchstens zu zahlen bereit ist. Bei einer Verkaufsorder ist das Limit der Minimalpreis, den das verkaufte Papier mindestens einbringen muss. Wenn überhaupt Geschäfte abgeschlossen werden können und also eine Notierung erfolgt, haben Sie als Anleger mit solchen Aufträgen an den deutschen Börsen einen Rechtsanspruch auf Ausführung Ihrer Order. Der amtliche Makler, der an der Börse selbst außer zum Ausgleich von Spitzen keine Eigengeschäfte betreiben darf, ermittelt den Kurs im Prinzip so, wie es **Abb. 4.2** zeigt. Fett gedruckt sind dabei diejenigen Orders aus dem Orderbuch, die zur Erzielung des maximalen Umsatzes führen und daher ausgeführt wurden.

Abb. 4.2: Kursermittlung nach dem höchstmöglichen Umsatz

Kursfeststellung			
Kauf		**Verkauf**	
Stück	Limit	Stück	Limit
300	**billigst**	**300**	**bestens**
500	**250,10**	**200**	**249,60**
1 000	**250,00**	**300**	**249,70**
100	249,90	**350**	**249,80**
400	249,80	**100**	**249,90**
200	249,70	**550** (150)	**250,00**
		500	250,10
Kursnotierung: 250,00 bB (bezahlt Brief)			
maximaler Umsatz: 1 800 Stück x 250 = 450 000 Euro			

Im heute üblichen computerunterstützten Abwicklungsverfahren verläuft die Berechnung ähnlich, automatisch und im Bruchteil von Sekunden. Dabei sind die möglichen Abstufungen zwischen den einzelnen Kursen genau festgelegt. Bei Aktien betragen sie mindestens 0,05 Euro. Im vorliegenden Beispiel kommt es zu einem Ausgleich zwischen dem Angebot (Verkauf) und der Nachfrage (Kauf) bei einem Kurs von 250,00 Euro. Zu diesem Kurs können 1800 Stück umgesetzt werden, wobei sich auf der

Verkaufsseite noch ein Überhang von 150 nicht verkauften Stück zum Kurs von 250 ergibt. Dies besagt, dass zum angegebenen Kurs noch ein Angebot von 150 Aktien bestand. Die Notierung lautet daher »250 bezahlt Brief (bB)«; der maximale Umsatz beträgt also 450 000 Euro. Alle übrigen Kauf- und Verkaufsaufträge sind mit einem Kurslimit versehen, das im Kauf unter dem festgestellten amtlichen Kurs im Verkauf über dieser Notierung liegt.

Meistens kommt es vor, dass auf der Basis des berechneten Kurses noch ein Überhang an nicht ausgeführten Aufträgen besteht. Entweder liegen noch weitere Kaufaufträge vor, die aufgrund ihres Limits zum festgestellten Kurs noch hätten bedient werden können, wenn zu diesen Kursen entsprechende Verkaufsaufträge vorhanden gewesen wären. Oder es liegen weitere Verkaufsaufträge im Markt, die aufgrund ihres Limits noch hätten abgewickelt werden können, wenn nur entsprechende Kaufaufträge zur Verfügung gestanden hätten.

Im ersteren Fall, also beim Nachfrageüberhang, wird der Kurs mit dem Zusatz »bezahlt Geld« (bG) notiert, im Fall des Angebotsüberhangs mit dem Zusatz »bezahlt Brief« (bB). Ganz exakt besagt eine Kursnotierung »bG« also, dass zu dem genannten Kurs alle unlimitierten Aufträge und die, die bei Käufen darüber und bei Verkäufen darunter lagen, vollständig bedient worden sind, während Käufer, die genau zu dem notierten Kurs kaufen wollten, nur zum Teil zum Zug gekommen sind. Entsprechend umgekehrt verhält es sich bei der Notierung »bB«. Hier konnte ein Teil der Verkäufer, deren Limit auf der Höhe der Kursnotierung lag, seine Papiere nicht unterbringen oder nur einen Teil seiner Papiere verkaufen.

Manchmal kommt es sogar vor, dass aufgrund der unterschiedlichen Kursvorstellungen der Börsianer gar kein Geschäftsabschluss möglich war. Ein Kurszusatz »Geld« (G) bedeutet, dass zum angegebenen Kurs zwar eine Nachfrage bestand, aber zu diesem Kurs sich niemand zum Verkauf seiner Wertpapiere bereitfand. Entsprechend weist der Zusatz »Brief« (B) auf ein vorhandenes Angebot bei fehlender Nachfrage hin.

Abb. 4.3: Kurszusätze

Abkürzung	Bezeichnung	Bedeutung der Kurszusätze
A	Teilabnahme	Teilabnahme im Aktienoptionshandel, sinngemäß wie bB im Aktienhandel
B	Brief	Es war nur im Angebot vorhanden, ohne dass es zu Umsätzen kam.
-B	gestrichener Brief	Selbst »Bestens«-Verkaufsaufträge konnten wegen mangelhafter Nachfrage nicht bedient werden.
b bz bez	bezahlt	Angebot und Nachfrage waren ausgeglichen. Alle »bestens« und »billigst« aufgegebenen Aufträge wurden ausgeführt. Alle zum festgestellten Kurs oder darüber limitierten Kaufaufträge wurden abgewickelt. Alle zum festgestellten Kurs oder darunter limitierten Verkaufsaufträge konnten abgewickelt werden.
bG bzG bezG	bezahlt Geld	Die zum festgestellten Kurs limitierten Kaufaufträge konnten nur teilweise abgewickelt werden, da zu diesem Kurs noch weitere Nachfrage bestand. Die darüber liegenden Kaufaufträge kamen vollständig zum Zuge.
bB bzB bezB	bezahlt Brief	Die zum festgestellten Kurs limitierten Verkaufsaufträge konnten nur teilweise abgewickelt werden, da zu diesem Kurs noch weiteres Angebot bestand. Die darunter liegenden Verkaufsaufträge kamen vollständig zum Zuge.
bG rep/rat bzG rep/rat bezG rep/rat	bezahlt Geld repartiert oder rationiert	Alle zum festgestellten Kurs und höher limitierten sowie die unlimitierten Kaufaufträge konnten nur durch eine teilweise Zuteilung bedient werden.
bB rep/rat bzB rep/rat bezB rep/rat	bezahlt Brief repartiert oder rationiert	Alle zum festgestellten Kurs und niedriger limitierten sowie die unlimitierten Verkaufsaufträge konnten nur durch eine teilweise Zuteilung bedient werden.
etw. bG etw. bzG etw. bezG	etwas bezahlt Geld	Die zum festgestellten Kurs limitierten Kaufaufträge konnten nur zum kleinen Teil ausgeführt werden.
etw. bB etw. bzB etw. bezB	etwas bezahlt Brief	Die zum festgestellten Kurs limitierten Verkaufsaufträge konnten nur zum kleinen Teil ausgeführt werden.

Abkürzung	Bezeichnung	Bedeutung der Kurszusätze
G	Geld	Es war nur Nachfrage vorhanden, ohne dass es zu Umsätzen kam.
-G	gestrichen Geld	Selbst »Billigst«-Kaufaufträge konnten wegen mangelnden Angebots nicht bedient werden.
T	Taxe	Geschätzter Kurs. Es kam zu keinerlei Umsatz, weil keine Börsenaufträge vorlagen oder die vorliegenden nach der gegebenen Marktsituation dem Makler unvertretbar erschienen.
exB ExBR	ex Bezugsrecht	Handel ohne Bezugsrecht; Kurszusatz am Tage des Bezugsrechtsabschlags.
exBA	ex Berichtigungsaktien	Handel ohne Berichtigungsaktien; Kurszusatz am Tage des Berichtigungsaktienabschlags.
exD	ex Dividende	Handel ohne Dividende; Kurszusatz am Tage des Dividendenabschlags.
Z	Teilzuteilung	Teilzuteilung im Aktienoptionshandel, sinngemäß wie bG im Aktienhandel.

Bei Aktien mit im Durchschnitt nur geringen Tagesumsätzen kann es auch schon einmal sein, dass weder Angebot noch Nachfrage besteht. Eigentlich müsste der Makler in diesem Fall auf jede Notierung verzichten. Ein Börsianer soll sich aber anhand des Kurszettels jederzeit ein Bild davon machen können, bei welchem Kurs es normalerweise zu einem Geschäftsabschluss kommen würde. Der Makler versucht daher an solchen Tagen, einen Kurs je nach übriger Marktlage einzuschätzen, zu »taxieren«, ohne dass er natürlich absolut sicher sein kann, ob seine Taxe den wirklichen Marktverhältnissen entspricht. Demgemäß veröffentlicht er diese Notierung als »Taxkurs« (T) oder »gestrichen Taxe« (-T), ohne dass irgendein Umsatz zustande gekommen ist.

Grundsätzlich werden alle Kurse nach einem ähnlichen Verfahren wie oben ermittelt, soweit sie im amtlichen Markt festgestellt werden. Im sogenannten Freiverkehr erfolgt die Kursermittlung durch Freimakler unter amtlicher Aufsicht. Der Telefonhandel findet dagegen außerhalb der Verantwortung der jeweiligen Börsen statt. Bei Reklamationen ist dadurch die Überprüfung erschwert.

In Fällen, in denen ein und dieselbe Aktie sowohl im amtlichen Markt einer Börse als auch im Freiverkehr einer anderen Börse gehandelt werden kann, sollten Sie sich genau überlegen, welche der beiden Möglichkeiten Sie den Vorzug geben wollen. Nur so können Sie sich vor möglichen Überraschungen schützen. Sie werden dann nämlich sehen, wie unterschiedlich gegebenenfalls dieselbe Aktie zum selben Zeitpunkt an den verschiedenen Märkten zur Notiz kommen kann, was bezüglich des ungeregelten Freiverkehrs und Telefonhandels auch heißt, dass hier der unbedarfte Anleger schon mal ganz gezielt über den Tisch gezogen werden kann.

Wer kann schon in der alltäglichen Hektik des Börsengeschäfts im Nachhinein einwandfrei rekonstruieren, welche Auftragslage zu einem bestimmten Zeitpunkt beim Makler vorgelegen hat? Den Letzten beißen die Hunde, und das ist in diesem Fall mit Sicherheit immer der Normalanleger selbst, der gegenüber den häufig mit allen Wassern gewaschenen Freimaklern, wenn die denn wenig Skrupel besitzen und einen starken Eigenhandel betreiben, arg ins Hintertreffen gerät.

In meinen jungen Jahren als Finanzjournalist war ich mal solchen Machenschaften auf der Spur und hatte mir einen direkten Zugang für einen Tag aufs ehrwürdige historische Parkett der Hamburger Wertpapierbörse verschafft. Mein Interesse galt den Maklern, die für die Kursstellung von Optionsscheinen zuständig waren. Ich hatte bei eigenen Kauf- und Verkaufsaufträgen immer wieder das Gefühl, dass von einer fairen Preisfeststellung manchmal kaum die Rede sein konnte. So wurden limitierte Aufträge nicht selten um nur wenige Pfennig verfehlt, obwohl die Marktlage das nach meiner Einschätzung gar nicht hergab. Wenig später drehten die Kurse dann auf unerklärliche Weise wieder, ohne dass es dafür einen sachlichen Anlass gegeben hatte, da die Kurse der zugrundeliegenden Basiswerte unverändert geblieben waren. Ausgestattet mit einem kleinen Aufnahmegerät, ging ich so zwischen den Maklern umher und diktierte meine Beobachtungen aufs Band. Bis die Makler mitbekamen, was da anscheinend Ungewöhnliches geschah, und mich eine kleine Schar umringte und fragte, ob ich für diese Recherchen überhaupt eine offizielle Genehmigung hätte. Natürlich hatte ich die. Süffisant, aber bestimmt gab mir der eine oder andere dann zu verstehen, dass ich in ihre Orderbücher ja ohnehin keinen Einblick hätte und daher »Unregelmäßigkeiten« kaum würde belegen können. Ich möchte nicht wissen, was zu jener Zeit dort so alles zwischen den Maklern unter der Hand hin- und hergeschoben wurde – und das sicher nicht immer im Interesse ihrer Kunden ...

Auftragsvergabe mit kleinen Finessen

»Aller Anfang ist schwer!«, möchte man jenem stöhnenden Börsianer zurufen, der nach den vielfältigen Vorüberlegungen, Analysen und Recherchen endlich seine(n) Anlagefavoriten gefunden hat und nun zum lang ersehnten Sprung an die Börse ansetzt.

Schon bald werden Sie merken, wie sehr sich die gründliche, gerade zu Beginn mühevoll erscheinende Vorbereitung einer Anlageentscheidung bezahlt macht. Denn anders als der typische Kleinanleger, der heißen Tipps hinterherjagt, über keine eigene Meinung verfügt und naiv den mehr oder weniger guten Ratschlägen anderer vertraut, können Sie sich auf eigene, vernünftig fundierte Überlegungen stützen. Das allein schützt Sie zwar nicht vor eventuellen Verlusten und garantiert keineswegs immer einen sicheren Anlageerfolg. Doch es sollte Ihnen zumindest jene Geduld und Gelassenheit verschaffen, die notwendig sind, um sich auch in kritischen Börsenphasen nicht von bloßen Stimmungen leiten zu lassen und sich bei aller möglicherweise aufkommenden Euphorie oder Panik einen klaren Kopf zu bewahren. Nichts wird an der Börse so teuer bezahlt wie der ständige, sich vorrangig an kurzfristigen Tagesaktualitäten orientierende Umstieg von einem Wert in den anderen. Nichts spricht gegen ein wohlüberlegtes Trading auf diesen oder jenen gerade besonders aussichtsreich erscheinenden Einzelwert für einen kurzen Anlagezeitraum. Das sollte aber nie den Hauptteil Ihres Engagements an den Märkten ausmachen. Wirkliche Zocker fristen an der Börse zumeist ein recht kurzes Leben.

Durch gezielte Platzierung zum ersten Gewinn

Mit der gefallenen Entscheidung für den Kauf einer bestimmten Aktie und dem gefundenen Einstiegszeitpunkt ist Ihre Arbeit aber noch nicht ganz getan. Als kluger Anleger können Sie, wenn Sie die »Technik« des Marktes einmal durchschaut haben, auch an der gezielten Aufgabe Ihrer Order verdienen.

Um einen optimalen Einstieg in eine Aktie zu gewährleisten, also zu einem möglichst niedrigen, nicht von Zufälligkeiten abhängigen Kurs zu kaufen, sollten Sie daher Aufträge je nach gegebener Tageslage so differenziert wie möglich platzieren. Eine solche Differenzierung kann man unter anderem vornehmen hinsichtlich des **Zeitpunkts**, zu dem am Tag gekauft werden soll, hinsichtlich des gewählten **Börsenplatzes**, hinsichtlich der unterschiedlichen **Kursnotierungsarten** (ob in »Fortlaufender Notierung« oder zum ein- bis zweimal am Tag festgestellten »Kassakurs«), hinsichtlich der **Aufteilung der Order** auf verschiedene Plätze, hinsichtlich des **Kurses**, bis zu dem gekauft werden soll (Limitierung), und schließlich der **Gültigkeit** des aufgegebenen Auftrags, ob tagesgültig oder bis Ultimo des laufenden Monats.

Was den Zeitpunkt angeht, so findet der offizielle, der sogenannte amtliche Handel an der wichtigsten Leitbörse Xetra montags bis freitags von 9:00 bis 17:30 Uhr statt. Die Regionalbörsen bieten dagegen erweiterte Handelszeiten, die von 8:00 bis 20:00 Uhr, bei bestimmten Wertpapierarten sogar bis 22:00 Uhr reichen können. Es ist ein Handel, der nach strengen gesetzlichen Vorschriften unter Kontrolle geprüfter und vereidigter Kursmakler unter Aufsicht des Börsenvorstandes beziehungsweise der Kursmaklerkammer durchgeführt wird. Dies gilt jedenfalls für den sogenannten Parketthandel, zum Beispiel also bei Aufträgen, die Sie an den Börsenplatz Frankfurt geben. Alle Aufträge, die innerhalb dieser Stunden über die an der Börse vertretenen Bankenvertreter an den Kursmakler gelangen, müssen bei der Berechnung der Kurse berücksichtigt werden. Entsprechende Abwicklungsvorschriften gelten natürlich auch für den umsatzstärksten Handel in Deutschland, auf Xetra. Bei diesem reinen Computerhandel sind die Abrechnungsprozeduren im System selbst integriert und laufen automatisch ab.

Gehen Sie davon aus, dass die Übermittlung Ihres Auftrages an eine inländische Börse auf dem traditionellen Weg über Ihre Filialbank eine Viertelstunde, maximal etwa eine halbe Stunde dauern kann, bis er dem zuständigen Händler tatsächlich vorliegt oder ins System eingespeist worden ist. Heutzutage laufen diese Aufträge aber fast ausnahmslos über internetbasierte Systeme. Und wenn Sie – etwa über ein Konto bei einer Direktbank – Ihre Aufträge selbst über das Internet aufgeben, können Sie diese sogar sekundengenau platzieren. Die Ausführungsbestätigung steht Ihnen dann ebenfalls innerhalb von Sekunden zur Verfügung. Auf diese bequemste Art der Ordererteilung und -kontrolle sollten Sie daher so schnell wie möglich umsteigen. Wenn Ihre eigene Hausbank Ihnen dafür keine Möglichkeit bietet, eröffnen Sie einfach ein Online-Konto bei einer der in Kapitel 2 aufgeführten Direktbanken (**Abb. 2.1**, Seite 48).

Ist zwischen dem Ende der Vortagsbörse und dem Börsenbeginn am Folgetag eine größere Veränderung der wirtschaftlichen oder politischen Entwicklung eingetreten, können Sie die mögliche Kursentwicklung des Tages nur anhand der Kurse einschätzen, die in der »Nachbörse« des Vortages und in der »Vorbörse« des Tages jeweils nach beziehungsweise vor der eigentlichen Börsensitzung entstehen. Dieser Handel wird gewöhnlich über Telefon und zumeist nur in größeren Stückzahlen unter Banken abgewickelt, ohne dass es dabei zu einer amtlichen Kursbildung kommt. Große freie Händler wie die Firma Lang & Schwarz stellen sogar bis zum Börsenschluss in den USA noch entsprechende Kurse, inzwischen sogar an börsenfreien Samstagen. Entsprechende L-DAX-Indikationskurse (L&S-DAX, DB-DAX oder Citi-DAX) werden auch auf *www.comdirect.de* veröffentlicht – mit Datum und Uhrzeit der jeweilige Kursermittlung.

Wenn die Einschätzung der Hauptbörsenentwicklung eindeutig positiv ist, kann es sinnvoll sein, noch zu den vielleicht günstigeren Kursen der Vorbörse oder der Nachbörse des Vortags einzusteigen. Meistens können Sie aber davon ausgehen, dass dieser Handel bereits mit den Fakten »belastet« ist, die für die nachfolgende Börsensitzung bestehen.

Sie werden also nur selten einen günstigeren Kaufkurs erwischen als in der eigentlichen Hauptbörsensitzung. Es kommt sogar vor, dass Kaufwillige wegen der relativ freien Kursfindung im vor- und nachbörslichen Handel mit überhöhten Preisen im wahrsten Sinne des Wortes über den Tisch gezogen werden, sodass Sie als Anleger in der Regel besser fahren, wenn Sie die Vorbörse und Nachbörse meiden.

Hinsichtlich des Handelsplatzes können Sie Ihre Aufträge in Deutschland grundsätzlich an jeder Börse platzieren, an der die Sie interessierende Aktie gehandelt wird. Der umsatzstärkste Handel findet über Xetra statt, der für Sie in den meisten Fällen die erste Wahl bei der Ordervergabe sein sollte. Aber auch die Börse Stuttgart, Frankfurt, Düsseldorf, München, Hamburg, Berlin oder neue Börsenbetreiber wie LS Exchange, Tradegate, gettex oder Ähnliche kommen grundsätzlich infrage. Die Stuttgarter Börse hat sich in den letzten Jahren besonders beim Handel mit Zertifikaten und anderen derivativen Finanzinstrumenten wie Optionsscheinen hervorgetan und bietet Ihnen als Privatanleger dafür beste Abwicklungsmöglichkeiten.

Wenn Sie bei Ihrer Hausbank nichts Genaueres angeben, wird Ihr Wertpapierauftrag in der Regel an die Börse weitergeleitet, mit der Ihre Bank den nächsten Kontakt hat. Soweit Sie kleinere Positionen handeln wollen mit Orderbeträgen im Tausenderbereich, ist die Wahl des richtigen Platzes im Normalfall nicht so entscheidend. Bei größeren Aufträgen empfiehlt es sich aber, an jene Börsen zu gehen, die tatsächlich in der jeweiligen Aktie auch die größeren Umsätze verzeichnen. Welche das sind, können Sie beispielsweise der oben erwähnten Internetseite *www.comdirect.de* entnehmen. Andernfalls könnte es sein, dass Sie mit Ihrem gesamten Auftrag gar nicht oder nur teilweise zum Zuge kommen, weil zu wenig Stückzahlen am Markt vorhanden sind. Besser noch kann es in einem solchen Fall sein, den Gesamtauftrag aufzuteilen und an verschiedenen Börsen unterzubringen. Damit erreichen Sie vor allem bei unlimitierten Aufträgen eine gewisse zufallsbedingte Mischung des Kurses und machen sich nicht von den gerade am Anfang einer Sitzung manchmal sehr unterschiedlich hohen Eröffnungskursen an den verschiedenen Börsen einseitig abhängig. Dabei sollten Sie allerdings von vornherein die damit zwangsläufig höheren Kaufgebühren bei Ihrer Vorteilsrechnung mit ins Kalkül ziehen. Gerade bei unlimitierten Aufträgen gilt es außerdem, die damit verbundenen Risiken mitzubedenken.

Staffellimits mit System

Nach dieser Splittingmethode verfahren Sie am besten auch bei der Festsetzung des Limits, also des Kurses, bis zu dessen Höhe Sie maximal kaufen wollen. Sie teilen also den Gesamtauftrag in mehrere Einzelaufträge mit abgestuften Kurslimits auf, im Börsenjargon spricht man von Staffellimits.

Limitierte Orders werden stets nachrangig behandelt, blieben also unausgeführt, wenn zeitgleich bei begrenztem Angebot noch unlimitierte Orders vorhanden sind. Wenn Sie einen Wert unbedingt sofort haben wollen, können Sie auch auf die Angabe eines Limits verzichten und »billigst« kaufen, um sicherzugehen, dass Sie die Aktien auch wirklich erhalten. Gefährlich ist die unlimitierte Auftragsvergabe bei Aktien, die vergleichsweise geringe Tagesumsätze aufweisen. Gefährlich ist er auch an Tagen, an denen der Aktienhandel überhaupt »dünn« ist oder aber an denen sich die Börse überaus stark nach oben bewegt, also haussiert. Hier kann es leicht vorkommen, dass eine allzu große Zahl von Billigst-Aufträgen (Market-Orders) die Kursnotierung über Gebühr nach oben zieht. Dasselbe gilt für Kaufaufträge an ausländischen Börsen, bei denen man häufig nicht genau wissen kann, wie fair die Kursbildung sich tatsächlich vollzieht, und nachträgliche Überprüfungen nur schwer möglich sind.

Was schließlich die Gültigkeitsdauer Ihrer Aufträge angeht, so können Sie zwischen »tagesgültigen« und »ultimogültigen« Aufträgen wählen. In der Regel empfiehlt sich die erste Variante, damit Sie Ihre Aufträge bei Nichtausführung gegebenenfalls schnell der veränderten Marktsituation anpassen können. Doch auch im anderen Fall sollten Sie sich niemals scheuen, einen einmal erteilten Auftrag zurückzuziehen (zu »stornieren«)

oder in Einzelheiten zu verändern – auch wenn Ihr Anlageberater darüber vielleicht die Stirn runzelt. Nichts wäre so falsch an der Börse wie das sture Festhalten an einmal eingenommenen Positionen ohne Rücksicht darauf, was sich inzwischen möglicherweise innerhalb weniger Tage, gar Stunden grundlegend verändert haben mag. Eine der wichtigsten Börsenweisheiten lautet denn auch: »Der Markt hat immer recht!«

Ordertypen ganz nach Bedarf

Machen Sie sich klar, ob Sie die von Ihnen ausgesuchte Aktie am Tag der Orderabwicklung »um jeden Preis« (unlimitiert) oder nur bis zu einem maximalen Kurs (limitiert) kaufen wollen.

Im ersteren Fall platzieren Sie Ihren Kaufauftrag als Billigst-Order: Sie wird zu dem Kurs im fortlaufenden Handel ausgeführt, der sich zum Zeitpunkt des Eingangs der Order an der jeweiligen Börse ergibt. Bei hohen Handelsumsätzen (auch im Vergleich zur Größe Ihrer Order) stellen Sie damit so gut wie immer sicher, dass Ihr Auftrag auch wirklich vollständig ausgeführt wird.

Vorsichtig sein sollten Sie mit unlimitierten Aufträgen bei Aktien, die nicht zu den umsatzstarken Standardwerten oder in die Börsensegmente für kleinere oder mittlere Werte gehören. Je geringer die Umsätze sind, desto eher ist der Kurs von zufälligen Schwankungen bei Angebot und Nachfrage abhängig. Hier sollten Sie auf keinen Fall unlimitierte Aufträge vergeben. Ohnehin schadet es nichts, wenn Sie beim Kauf (oder auch Verkauf) einer Aktie grundsätzlich ein vielleicht auch sehr großzügiges Limit vorgeben; dann können Sie nie überrascht werden.

Wenn Sie eine Aktie beispielsweise im Kauf mit einem Kurs zu 100 Euro, 100 Schweizer Franken oder 100 Dollar limitieren, bedeutet dies, dass die Order nur ausgeführt wird, wenn der an der Börse ermittelte Kurs nicht höher als 100 Euro, Franken oder Dollar ausfällt. Die Order bleibt dabei je nach Ihrer Vorgabe »tagesgültig« oder bis zum letzten Handelstag des jeweiligen Monats im Markt. Wenn Sie mit Ihrem Limit hinkommen, kann es bei marktengen Werten auch nur zu Teilausführungen kommen, weil zum vorgegebenen Kurs nicht genügend Angebote vorlagen. Dies können Sie durch entsprechende Zusätze in der Eingabemaske Ihrer Kauforder aber auch verhindern durch den Zusatz »fill or kill« (»ganz oder gar nicht«).

Sie können außerdem mit sogenannten Abstauberlimits einen Kaufauftrag auslösen, wenn die Aktie einen von Ihnen vorgegebenen möglichst tiefen Kurs im Vergleich zum aktuellen Kurs erreicht hat. Manche setzen mit einer solchen Strategie vielleicht auf einen zwischenzeitlichen vorübergehenden Ausverkauf der Aktie, wobei sie in der Folgezeit von einer umso kräftigeren Kurserholung ausgehen.

Ganz anders verhält es sich aber mit einem Ordertyp, der für Sie gerade als Einsteiger sinnvoll eingesetzt werden kann, sogenannte Stop-Loss-Order. Sie können damit Verluste bei Ihren Aktien automatisch verhindern, einschränken oder umgekehrt aufgelaufene Gewinne tendenziell absichern. Eine solche Order können Sie sogar schon gleich nach dem Kauf Ihrer Aktie einrichten.

Stop-Loss-Strategien zur Gewinnsicherung und Verlustbegrenzung

Wie das funktioniert, zeigen Ihnen die folgenden Beispiele. In allen Fällen haben Sie eine Aktie zum Beispiel für 100 Euro gekauft.

Verlustbegrenzung: Sie möchten nicht, dass Sie mit dieser Aktie einen größeren Verlust als 10, 20 oder 30 Prozent erleiden. Sie legen dann nur eine entsprechende **feste Stop-Loss-Order** mit einem Limit von 90, 80 oder 70 Euro in den Markt. Ein Verkauf der Aktie wird dann automatisch ausgelöst, wenn der Kurs im laufenden Handel an der jeweiligen Börse auch nur einmal erreicht oder unterschritten wird. Dann wird Ihre Verkaufsorder in einen unlimitierten Verkaufsauftrag umgewandelt, sodass der nächste festgestellte Kurs Ihr Verkaufskurs ist! Das bedeutet aber auch, dass der tatsächliche Verkaufskurs unter Umständen auch (weit) unter Ihrem Stop-Loss-Kurs liegen kann.

Gewinnsicherung: Der Kurs Ihrer Aktie ist inzwischen vielleicht schnell auf 150 Euro gestiegen und Sie möchten, dass Ihnen vom Buchgewinn von 50 Prozent möglichst wenigstens die Hälfte davon verbleibt. Dann könnten Sie ein Stop-Loss-Limit nach dem obigen Muster bei 125 Euro einrichten. Eine andere Methode zur Gewinnsicherung ist die Einrichtung einer sogenannten **nachgezogenen Stop-Loss-Order (»Trailing Stop Loss«)**. Sie legen beispielsweise, ausgehend vom jeweils aktuellen Kurs, eine Stop-Loss-Order in den Markt, die dann greift, wenn der Kurs Ihrer Aktie um 10 oder 20 Prozent fällt. Das Limit passt sich dabei automatisch dem steigenden Kursverlauf Ihrer Aktie an, es wird nach oben »nachgezogen«, sodass Ihre Aktie verkauft wird, wenn Ihr Kurs um diese 10 oder 20 Prozent unter den letzten Höchstkurs fällt.

Bedenken sollten Sie bei solchen strategischen Überlegungen mit Stop-Loss-Limits immer die »normale« Kursschwankungsbreite Ihrer Aktie, die Volatilität. Bei marktengen Werten mit niedrigem durchschnittlichem Handelsvolumen kann diese Volatilität sehr hoch sein, sodass Kursschwankungen von 20 bis 30 Prozent innerhalb kürzester Zeit keine Seltenheit sind. In solchen Fällen können Sie bei unsicheren Marktlagen schnell »ausgestoppt« werden, obwohl Sie die Aktie eigentlich gar nicht verkaufen möchten und mittel- oder langfristig dem Unternehmen und der Aufwärtsentwicklung Ihrer Aktie vertrauen.

Besonders gefährlich ist die Einrichtung fester Stop-Loss-Limits dann, wenn es sich – wie beispielsweise im Falle von Optionsscheinen – um derivative Finanzinstrumente mit typischerweise höheren Hebeln handelt. Deren Kursschwankungen sind je nach gewähltem Faktor um ein Vielfaches höher als der Kursverlauf des jeweiligen Basiswerts. Deshalb gilt: Sie sollten Stop-Loss-Aufträge von Aktien mit hoher Schwankungsbreite nur mit entsprechend großzügigeren Sicherheitslimits einrichten, um nicht versehentlich ausgestoppt zu werden. Nachteilig wirken sie sich auch bei einem plötzlichen starken Kurseinbruch an den weltweiten Aktienmärkten und einer danach sofort wieder einsetzenden Erholung aus. Dies haben viele Anleger im Zuge des Corona-Crashs 2020 bitter erfahren, die sämtliche Positionen ihres Depots mit dann ausgelösten Stop-Loss-Limits eingerichtet hatten: Ihre Depots waren anschließend wie leergefegt, obwohl sich die Kurse schon nach kurzer Zeit wieder erholt hatten und zum Teil schon wieder weit über ihren früheren Sicherheitslimits lagen.

Machen Sie sich klar, dass Sie nach dem Kauf Ihrer ersten Aktie möglichst bald über die nächsten Schritte nachdenken sollten. Auf einem Bein kann man schlecht stehen. Das gilt insbesondere für Engagements am Aktienmarkt. Um an der Börse nachhaltig erfolgreich zu sein, sollten Sie über ein diversifiziertes Wertpapierdepot verfügen, das bei Einzelinvestments aus etwa einem Dutzend von Positionen besteht - nicht viel mehr, aber auch nicht weniger. Es sollte sich dabei nicht nur auf eine Anlageklasse wie Aktien beziehen, sondern als zweites Basisinvestment optimalerweise auch Anleihen oder ähnliche ertragsorientierte Investments umfassen. Wie Sie im weiteren Verlauf noch sehen werden, kommt es für Ihren langfristigen Anlageerfolg nämlich weniger auf ein glückliches »Stock-Picking« von einzelnen Investmentperlen an als auf eine je nach eigener Risikobereitschaft kluge Mischung aus kursgetriebenen und eher ertragsorientierten Anlageformen. So diversifizieren Sie Ihre Anlagerisiken und können diese der jeweiligen Marktlage am besten anpassen. Selbst bei einem kleinen Depotvolumen von vielleicht 10000 bis 20000 Euro sollten Sie nie auf eine solche Diversifizierung verzichten. Wenn Sie dieses dann auf zehn bis zwölf Einzelpositionen mit etwa gleicher Gewichtung verteilen, sind Sie auch für den Anfang schon professionell aufgestellt. Aber auch bei einem Volumen von 100000 Euro und darüber sollten Sie nicht mehr als etwa 20 Einzelwerte im Depot haben. Wissenschaftliche Untersuchungen haben immer wieder gezeigt, dass Anleger mit jeder darüber hinausgehenden Position ihre Anlagechancen kaum mehr steigern und ihre Risiken nicht mehr signifikant verringern können.

Kapitel 5
So managen Sie Ihr Depot wie ein Profi

»Vertrauen ist gut, Kontrolle ist besser!« Diese dem russischen Politiker Lenin zugeschriebene Maxime ist jedenfalls dort, wo es ums eigene, in der Regel mühsam erworbene Geld geht, ein unverzichtbarer Grundsatz. Bekanntlich hört an dieser Stelle jede Gemütlichkeit, ja sogar Freundschaft auf: Eine noch so gute persönliche Beziehung zerbricht auf Dauer, wenn sich der eine vom anderen in seinen finanziellen Belangen übervorteilt, ja sogar betrogen fühlt. Kaum anders verhält es sich auch in Ihrer Beziehung als Kunde zu Ihrer Bank, zumal in Bereichen wie dem Börsengeschäft, in dem es in der Regel um mehr geht als um ein Monatseinkommen. Deshalb sollten Sie bei der Ausführung Ihrer Kauf- und Verkaufsaufträge gegenüber Ihrer Bank oder Ihrem Broker auf höchste Sorgfalt bestehen und ihnen ohne Not nichts durchgehen lassen.

Kontrollieren sollten Sie aber auch Ihren eigenen Anlageerfolg. Wer als Anleger nach jahrelanger Erprobung der persönlichen Talente zugeben muss, dass er unterm Strich mit Sparbuch und Festgeld kaum schlechtere Ergebnisse erzielt hätte als mit seinem Engagement an der Börse, der sollte beizeiten die Schuhe wechseln. Auch das gehört zur Lernbereitschaft eines erfolgreichen Anlegers: sich gegebenenfalls einzugestehen, dass das erzielte Ergebnis die Mühe, die man in die Sache hineinsteckt, nicht oder nicht mehr lohnt. Da ist es womöglich angezeigt, der Börse vielleicht auch nur vorübergehend den Rücken zu kehren und auf andere Anlagechancen zu setzen.

Ausführungskontrolle und Reklamation

Wer sich an der Börse engagiert, bleibt in erheblichem Maß auf die korrekte Arbeit anderer angewiesen. Je umfänglicher Ihr Engagement, desto eher kommt es bei der Abwicklung einer Order auch das eine oder andere Mal zu Fehlern, die sich in Euro und Cent auf Ihrem Abrechnungskonto niederschlagen. Da ist ein Auftrag vergessen, zu spät weitergeleitet, mit falschen Angaben an der falschen Börse platziert worden. Da enthält die Abrechnung nicht den korrekten Aktien- oder Devisenkurs, die richtige Wertstellung, den vereinbarten Provisionssatz. Da hat sich der Sachbearbeiter über gemeinsam besprochene Anlageentscheidungen hinweggesetzt, seinem eigenen Depot größere Beachtung geschenkt als dem des Kunden oder ihn etwa nicht rechtzeitig genug von sich aus über gravierende, seinen Aktienbestand betreffende Nachrichten informiert. All diese Fehler kosten Sie als Anleger gegebenenfalls erhebliches Geld; doch sie müssen, wenn der Sachverhalt eindeutig ist, keineswegs immer zu Ihren Lasten als Anleger gehen.

Um die korrekte Abwicklung eines Auftrags von der Auftragsvergabe bis zur Schlussabrechnung kontrollieren zu können, sollten Sie schon allein aus diesen Gründen nie auf schriftliche Aufzeichnungen verzichten. Nur so können Sie später genaue Nachweise führen über die Art und den Umfang der vorgenommenen Disposition und die Abwicklung nötigenfalls reklamieren.

Ihre eigenen Aufzeichnungen sollten alle Angaben enthalten, die Sie üblicherweise auch auf den schriftlichen Kauf- oder Verkaufsaufträgen Ihrer Bank machen müssen: also die genaue Aktienbezeichnung mit Wertpapierkennnummer oder dessen internationalem Pendant, der ISIN, die Stückzahl, das veranschlagte Limit, den vorgesehenen Börsenplatz, die Handelsart sowie die Gültigkeitsdauer Ihres Auftrags. Entsprechend besteht Ihre Abwicklungskontrolle darin, diese Angaben anhand der Ihnen später zur Verfügung gestellten Abrechnungen und den tatsächlich am Handelstag maßgeblichen Kursnotierungen zu überprüfen. Wichtig für Ihre eigene Dokumentation ist vor allem auch der Hinweis auf den Zeitpunkt der Orderaufgabe und den Namen des annehmenden Sachbearbeiters, weil zeitliche Verzögerungen bei der Weiterleitung von Aufträgen die am häufigsten zu bemängelnden Fehler mit womöglich ganz erheblichen Auswirkungen für Sie als Kunde sind.

Börsentagebuch als Gedächtnisstütze

Eine Besonderheit in diesem Zusammenhang stellt die telefonische Auftragsvergabe dar (s. **ANHANG – Kopiervorlagen: Mein Börsentagebuch**). Je intensiver Ihr Engagement, desto häufiger werden Sie Ihre Dispositionen nicht schriftlich, sondern allein schon aus Zeitgründen fernmündlich an Ihre Bank weitergeben – wenn Sie denn nicht über das im vorangegangenen Kapitel empfohlene Online-Depot zur direkten Eingabe Ihrer Order verfügen.

Achten Sie darauf, dass Ihr Sachbearbeiter am Ende des Gesprächs immer noch einmal ausdrücklich alle für Ihre Order maßgebenden Angaben wiederholt, damit Sie eventuelle Hörfehler und Missverständnisse vermeiden. Auch wenn Ihre eigenen Aufzeichnungen im Streitfall kaum Beweiskraft besitzen, weil man sich zuletzt immer noch auf eine fehlerhafte Übermittlung der Order herausreden könnte, empfiehlt sich doch gerade hierbei eine peinlich genaue Buchführung. Inzwischen sind die Banken allerdings verpflichtet, Telefongespräche dieser Art aufzuzeichnen und fünf Jahre lang aufbewahren. Inwieweit Sie im Streitfall darauf wirklich zurückgreifen können und sie zu Ihren Gunsten ausfallen, muss sich erst noch in der Praxis erweisen.

In der Regel gibt es einen Passus in den allgemeinen Geschäftsbedingungen Ihrer Bank, der besagt, dass allein schriftliche Aufträge bindend sind und Fehler bei fernmündlicher Annahme und Weiterleitung vom Kunden selbst zu verantworten sind. Natürlich fällt es Ihrem Anlageberater schwer, Ihnen gegenüber Fehlleistungen einzugestehen und womöglich für entstandene Schäden aufzukommen. Auch wenn er nicht persönlich dafür haftet, sondern seine Bank, weiß er doch, dass sein Arbeitgeber aus der Häufigkeit solcher Vorkommnisse entsprechende Schlüsse ziehen wird. Dennoch sollten Sie sich nicht scheuen, Ihrer Bank gegenüber auf den Ausgleich solcher Schäden zu bestehen. Liegt der Fehler nämlich einmal auf Ihrer Seite, wird man sich umgekehrt auch nie scheuen, Sie dafür zur Kasse zu bitten.

Vorsicht bei Auslandsaufträgen

Eine weitere Besonderheit sollten Sie bei Aufträgen an ausländische Börsen berücksichtigen, falls Sie Ihre Order per Telefon aufgeben. Hierbei ist es wichtig, dass Sie Ihren Sachbearbeiter der Bank sicherheitshalber immer noch einmal bitten, die Höhe Ihrer Disposition anhand der neuesten Devisenkurse (= aktueller Wert der ausländischen Währung in Euro) und der für die bestimmte Aktie gültigen Notierungsart zu überprüfen. Während der Kurs einer Aktie meist pro Stück angegeben wird, gilt bei Anleihen die Prozentnotierung.

So berichtete jemand in meiner wöchentlichen Redaktionssprechstunde noch vor der Zeit der Einführung des Euros, er hätte aufgrund einer Empfehlung in einer Börsenzeitschrift Aktien eines spanischen Medizingeräteherstellers geordert. Er und seine Bank hatten dabei übersehen, dass diese Aktie statt des seinerzeit in Spanien sonst zumeist üblichen Nennwerts von 500 Peseten einen Nennwert von 5000 Peseten aufwies. Auch andere Anleger hatten aus diesem Grund Positionen in einer Höhe geordert, die dem Zehnfachen der eigentlich kalkulierten Dispositionssumme entsprach – und waren damit auf ihrem Abrechnungskonto zum Teil ganz erheblich ins Minus geraten. Das hatte zur Folge, dass die nun allenthalben aus Deutschland an die spanische Börse gekommenen Aufträge den Kurs der Aktie innerhalb weniger Tage um fast 100 Prozent nach oben katapultierten. Da viele Kunden nach Eintreffen ihrer Abrechnungen angesichts ihres Kontostandes und auf Drängen ihrer Bank sich nun aber sogleich wieder zum Verkauf der überzähligen Papiere genötigt sahen, fiel der Kurs der Aktie innerhalb weniger Tage ebenso schnell wieder, wie er zuvor gestiegen war. Entsprechend verlor eine ganze Reihe unerfahrener Börsianer innerhalb weniger Tage einen erheblichen Teil ihres eingesetzten Kapitals. Das soll bei dem eigentlich für diesen Fehler mindestens mitverantwortlichen Bankangestellten seinerzeit nur ein müdes Achselzucken hervorgerufen haben, obwohl die Bank im Rechtsfall mit großer Wahrscheinlichkeit jedenfalls teilweise zu Schadenersatz verurteilt worden wäre.

Reklamationen in diesem Bereich sind denn auch relativ häufig. Da wird ein Auftrag nicht ausgeführt, obwohl das veranschlagte Kurslimit eigentlich hätte erreicht sein müssen; da werden andere als die veröffentlichten Kurse abgerechnet; da kommt man als Anleger selbst mit Bestens- und Billigst-Aufträgen, die es allerdings besser zu vermeiden gilt, tagelang nicht zum Zug. In vielen Fällen liegen die Fehler hier allerdings nicht bei Ihrem unmittelbaren Partner, der Bank, sondern bei irgendeinem der für sie im Ausland tätigen Broker. Häufig beruhen sie aber auch auf Fehlinformationen des Anlegers über die Bestimmungen über die Abwicklung von Börsengeschäften, die an den verschiedenen ausländischen Börsen ganz unterschiedlich ausfallen. Im Gegensatz etwa zu den Usancen an deutschen Börsen haben Sie an vielen ausländischen Börsen zum Beispiel bei Billigst- und Bestens-Aufträgen keinerlei Recht auf Ausführung.

Begnügen sollten Sie sich allerdings nicht mit den in vielen Fällen von den Banken leichthändig gegebenen Auskünften über solche »eben im Ausland anderslautenden Ausführungsbestimmungen« oder gar einem Hinweis auf angebliche »Wildwestverhältnisse« an solchen, vor allem kleineren, Börsen. Fordern Sie stattdessen den Wortlaut der entsprechenden Börsenbestimmungen an, damit sich Ihre Bank nicht mit irgendwelchen vagen Hinweisen herausreden kann, sondern Ihre berechtigten Interessen wahrnimmt.

Auf eines sollten Sie allerdings trotz der mit Recht von Ihrer Bank zu fordernden Sorgfalt und der in jedem Fall gebotenen regelmäßigen Ausführungskontrolle verzichten: bei jeder kleinsten Unstimmigkeit den formalen Weg am Sachbearbeiter vorbei zu seinem Vorgesetzten zu suchen oder gar ständig mit dem Hammer einer möglichen Aufkündigung der Geschäftsbeziehungen zu drohen! Immerhin müssen Sie erst eine andere Bank, einen anderen Anlageberater und andere Sachbearbeiter finden, die Sie auf Dauer besser bedienen. Das aber ist keine Frage, die man mit Blick auf ein einzelnes, noch dazu möglicherweise nebensächliches Fehlverhalten beurteilen sollte.

Depotüberwachung: Wie Sie als erfolgreicher Börsianer Buch führen

Ein altbekanntes Verhaltensmuster veranlasst uns immer wieder, Misserfolge, Fehlentscheidungen, ja überhaupt negative Erfahrungen möglichst rasch zu verdrängen und uns die tatsächlich erzielten Erfolge umso nachhaltiger ins Gedächtnis zu rufen. Für den normalen Lebensalltag ist dies durchaus ein bewährtes Prinzip: Es hilft uns doch dabei, den Blick – statt ständig nach hinten – in die Zukunft zu richten und immer wieder einen neuen, positiven Anfang zu suchen. Für einen Anleger indessen wäre eine solche Verdrängung selbstgemachter Erfahrungen, der unkritische Umgang mit den eigenen größeren und kleineren Flops, wenig hilfreich. Gerade sie bieten ihm doch, besser als alle Börsenbücher zusammengenommen, die besten Chancen, aus eigenen, mitunter gravierenden Fehlern zu lernen und daraus mit Blick auf das zukünftige Anlageverhalten wichtige Schlüsse zu ziehen.

Wer kennt sie nicht: die Börsenzeitschriften und Finanzberatungspostillen, die mit dem Hinweis auf die angeblichen »Supergewinne« ihrer Empfehlungen in günstigen Börsenphasen große Annoncen platzieren, aber die eigenen Nieten regelmäßig unter den Tisch fallen lassen? Die Anlageberater mit ihren selbstgefälligen Reden über den einen oder anderen wirklich guten Tipp, ohne ihre Fehlleistungen zu erwähnen? Die rhetorisch geschickten wirklichen oder vermeintlichen Gurus der Finanzdienstleistungszunft, die überall den Eindruck erwecken, jede Entwicklung an den Börsen eigentlich ja schon immer vorhergesehen zu haben, selbst aber unterm Strich kaum besser abschneiden als ein Durchschnittsbörsianer. Wer so agiert und über gezielt herausgestellte Einzelerfolge seine Misserfolge verdrängt, mag in Yuppie-Manier eine Zeitlang nur noch Sektgläser schwingen oder sich am vorübergehenden Beifall einer erinnerungsschwachen Zuschauer-/Zuhörerschaft erfreuen – an der Börse wird er jedoch früher oder später sein Waterloo erleben. Denn hier zählt nicht die Bilanz einiger Tage, Wochen oder Monate, sondern die über einen Zeitraum von Jahren.

Kursbeobachtung und Erfolgskontrolle nach Plan

Für einen guten Börsianer gehört eine konsequente kritische Erfolgskontrolle zusammen mit einer kontinuierlichen Depotüberwachung zu den wichtigsten Grundbedingungen seines Geschäfts. Maßgeblich ist, was insgesamt unterm Strich bleibt - nicht der eine oder andere Riesengewinn, der durch frühere oder spätere Verluste leicht wieder aufgezehrt werden kann. Dementsprechend sollte Ihnen eine konsequente Depotüberwachung jederzeit einen Überblick darüber verschaffen können, (1) wie hoch Ihr prozentualer Gewinn oder Verlust auf den jeweiligen Aktienbestand des Einzelwertes aktuell ausfällt, (2) wie groß dieser Gewinn oder Verlust, bezogen auf das Gesamtdepot, ist und (3) wie sich das eingesetzte Kapital mit Blick auf den insgesamt erzielten Gewinn bisher verzinst hat.

Zu diesem Zweck fertigen Sie sich am besten eine Übersicht an, die Sie etwa einmal monatlich aktualisieren. Sie sollte bei Aktien all jene Daten enthalten, die für eine Depotanalyse und eine schnelle Dispositionsentscheidung wichtig sind (**Abb. 5.1**):

- den Namen der Aktie (mit Wertpapierkennnummer), möglichst mit einer Zuordnung zur entsprechenden Branche
- die Anzahl der gekauften Stücke
- den Kaufpreis für die einzelne Aktie einschließlich der entstandenen Gebühren
- das vorläufige Kursziel
- den Gesamtbetrag der eingegangenen Aktienposition
- den aktuellen Börsenkurs und den sich daraus ergebenden Kurswert des Einzelengagements abzüglich der zu veranschlagenden Verkaufsgebühren
- die prozentuale Differenz bis zum veranschlagten Kursziel auf der Basis des aktuellen Kurses
- den aktuellen prozentualen Gewinn oder Verlust auf das Einzelengagement (vor, besser noch nach Steuern)

Viele Kreditinstitute sind heute schon in der Lage, ihren Kunden eine solche Übersicht auf Knopfdruck zur Verfügung zu stellen, was bei großen Depots eine erhebliche Hilfe darstellen kann. Bei einem von Ihnen über das Internet geführten Online-Depot können Sie einen Teil dieser Daten sogar tagesaktuell entnehmen.

Abb. 5.1: Depotübersicht mit Dispositionshinweisen

Wertpapier	Stck	Kauf-Preis	Summe	Kursziel	Akt. Kurs	Stop-Loss	Kurswert	% bis Ziel	% Gew/Verl
Aktien									
A	100	254	25 400	400	**276**	250	27 600	45	8,7
B	50	232	11 600	400	**285**	258	14 250	40	22,8
C	100	238	23 800	380	**298**	298	29 800	28	25,2
Optionsscheine									
A	20	740	14 800	1 400	**1 050**		21 000	33	41,9
Insgesamt			75 600				92 650		17 050
Buchgewinn/-verlust								**%**	**22,6**

Der aktuelle Depotwert ergibt sich entsprechend aus der Summe des aktuellen Kurswerts der Einzelengagements. Addiert man dazu den Stand des Verrechnungskontos, erhält man das aktuell eingesetzte Kapital. Um einen genauen Überblick über die Gewinnentwicklung des eigenen Gesamtengagements zu bekommen, braucht man von dieser Summe dann nur noch die eigenen Einzahlungen abzuziehen und erhält so den Gewinnstand seines Depots (vgl. **Abb. 2.2**, Seite 50). Daraus ließe sich dann die vorläufig erzielte Rendite, also die Verzinsung Ihres eingesetzten Kapitals, errechnen. Sie ist die eigentlich maßgebliche Kennzahl für die kritische Beurteilung des eigenen Anlageerfolgs. Solange Sie Ihre Gewinne und Verluste über den Verkauf der entsprechenden Positionen in Ihrem Depot aber noch nicht realisiert haben, bleiben es »nur« Buchgewinne und/oder -verluste.

Wer über Grundkenntnisse am Computer verfügt, kann sich solche Übersichten jedoch mit den gängigen Kalkulations- und Datenbankprogrammen schnell auch selbst erstellen, ja sogar anschließend weiter grafisch auswerten, und benötigt dann nur noch sehr wenig Zeit für die jeweilige Aktualisierung. Fertigen Sie sich dafür einfach eine entsprechende Excel-Vorlage an!

Die Goldene Regel: Gewinne laufen lassen – Verluste begrenzen!

Die rechnerische Kontrolle des eigenen Depots ist eine Seite – die Umsetzung dieser Daten in richtige Kauf- und Verkaufsentscheidungen eine andere. Gehen Sie dabei nie so vor, dass Sie die irgendwann eingegebenen Dispositionsdaten – etwa die Höhe des veranschlagten Kursziels – *automatisch* über Ihre Dispositionen entscheiden lassen. Ein solches Datum stellt nur eine ungefähre, aber durchaus sinnvolle Orientierungsgröße dar, die immer wieder im Licht der neuesten Entwicklungen überprüft werden muss. Eine alte Börsenweisheit besagt zwar, man solle »Gewinne laufen lassen« (und »Verluste begrenzen«), aber niemand kann genau sagen, wie weit sie laufen. Besser ist es da schon, das veranschlagte Kursziel nie ganz auszureizen und im Zweifelfall die letzten eigentlich bis zum Kursziel erwarteten10 Prozent Anstieg anderen zu überlassen.

Die vorletzte Spalte in der Depotübersicht kann insbesondere für Umschichtungen des Depots nützlich gemacht werden. Erscheint Ihnen nach den üblichen gründlichen Vorüberlegungen ein neues Engagement vielversprechend, sollten Sie sich nicht scheuen, jene Aktien im Depot zu veräußern, die bis zum veranschlagten Kursziel vergleichsweise sehr viel geringere prozentuale Kurschancen bieten. Würde Sie also zur festen Auffassung gelangen, dass eine neu entdeckte Aktie zum jeweiligen Zeitpunkt aus fundamentalen und technischen Gründen ein Kurspotenzial von zum Beispiel 50 Prozent aufweist, während die sich im Depot befindliche Aktie C im selben Zeitraum lediglich noch ein Potenzial von 28 Prozent hat, wäre es vielleicht sinnvoll, Position C durch die neue Aktie zu ersetzen.

Wichtiger noch als diese und die Kennzahlen zum aktuellen Gewinn oder Verlust der einzelnen Position ist die Beachtung der in der Übersicht notierten Stop-Loss-Limits. Wie diese zur Gewinnsicherung und Verlustbegrenzung eingesetzt werden können, konnten Sie den Hinweisen im vergangenen Kapitel entnehmen.

Zu warnen ist allerdings davor, eine solche Strategie völlig ohne Rücksicht auf die Gesamtlage an der Börse zu verfolgen und dem darin liegenden Automatismus bei Aufgabe des entsprechenden Limits bei Ihrer Bank blind zu vertrauen. Erinnern Sie sich daran, dass ein solches Limit bereits dann ausgelöst wird, wenn der Kurs im Laufe eines Börsentages auch nur einmal das von Ihnen vorgegebene Limit erreicht. Das heißt: Sie erzielen dann automatisch den nächsten sich am Markt bildenden Kurs, der bei marktengen Werten oder Hebelprodukten auch mal 10 Prozent und mehr unterhalb Ihres eigentlich kalkulierten Limits liegen kann. Deshalb ist es häufig besser, solche Stoppkurse nur für sich selbst als Merkposten vorzusehen (ich nenne sie »Mental-Stopps«) und bei Erreichen dieser Limits entsprechende Aufträge an die Börse zu geben. Sonst kann es passieren, dass Ihre Aktie nur für wenige Sekunden unter das Limit fällt und Ihre Position »ausgestoppt«, also verkauft wird, bevor der Kurs dann womöglich schnell wieder nach oben dreht.

Kreditfinanzierte Spekulation: ein Tanz auf dem Vulkan?

Optimieren lässt sich der Anlageerfolg eines Depots natürlich auch noch auf ganz andere Weise, die sich Ihnen als Einsteiger zwar eher verbietet, aber der Vollständigkeit halber doch erwähnt werden soll: durch kreditfinanzierte Aktionen. Ein Profi wird in bestimmten Börsenphasen auf den damit verbundenen Hebel kaum verzichten, so er über genügend große Polster aus vergangenen Gewinnen verfügt und das dabei eingegangene Risiko immer kritisch im Auge behält.

In Hausse-Phasen ist dies sogar für Kleinanleger möglich gewesen: Wer wenig Geld besaß oder aufgrund seines regelmäßigen Einkommens und eines soliden persönlichen Umfelds genügend Vertrauenswürdigkeit auszustrahlen vermochte, dem räumten die Banken noch vor vielen Jahren ohne viel Zaudern und Zögern recht großzügig die Möglichkeit ein, auf Kredit zu spekulieren. Mit Einführung der EU-Finanzmarktrichtlinie MiFID ist das seit Ende 2007 allerdings erheblich schwerer geworden – und für Anleger mit geringem Vermögen und ohne hohes regelmäßiges Einkommen nahezu unmöglich.

Manche Anleger haben auf diese Weise noch im Zuge des Internethypes am Neuen Markt oder nach dessen Kurseinbruch in der anschließenden Hausse von 2003 bis 2008 ein kleines Vermögen machen können. Wenn sie klug genug waren und mit dem stetigen Anwachsen der Kurse den Kreditanteil ihres Depots ebenso kontinuierlich und konsequent abbauten, besitzen sie einen erklecklichen Teil ihres Gewinns daraus vielleicht auch noch heute.

Doch seit den Erfahrungen aus den verschiedenen Crashs an den internationalen Aktienmärkten stellt sich die Frage in einem neuen Licht, inwieweit ein Anleger mit geliehenem Geld ein spekulatives Engagement an der Börse überhaupt eingehen sollte. Statt der großen Chance, mittels aufgenommener Gelder über den dadurch entstehenden Hebeleffekt das eigene Kapitalvermögen bei steigenden Kursen massiv zu erhöhen, steht seither die Erfahrung im Vordergrund, dass dieser Hebel bei einem Kursverfall auch nach unten ausschlagen kann. Dabei bestimmt das Verhältnis von Eigenkapital zum Fremdkapital den Hebeleffekt.

Werden etwa aus 10000 Euro Eigenkapital und 20000 Euro Kredit bei einem Kursanstieg um nur 10 Prozent die eigenen Mittel rechnerisch gleich auf 13000 Euro und damit um 30 Prozent in die Höhe katapultiert, bleiben Ihnen bei entsprechend gegenläufiger Bewegung gerade noch 7000 Euro übrig. So bestimmt das Verhältnis zwischen dem von Ihnen eingesetzten Eigenkapital (EK) und dem aufgenommenen Fremdkapital (FK) die Höhe des Renditehebels. Und dieser wirkt zwangsläufig in beide Richtungen. Wie hoch der Hebel ist, entnehmen Sie der folgenden Übersicht, die hier ohne Berücksichtigung der Kreditzinsen erstellt worden ist, die eigentlich noch gegenzurechnen wären.

Im Abwärtstrend stellt sich das, was bei steigenden Kursen vorteilhaft ist, als Nachteil heraus, in Crash-Situationen für manche, die dafür Haus und Hof eingesetzt hatten, als mittlere Katastrophe: Die Chance, schnell hohe Gewinne machen zu können, verkehrt sich ins Risiko, überproportionale Verluste einstecken zu müssen. Diese Erfahrung war nicht nur für viele junge Anleger neu, die in den späten Achtzigerjahren oder nach dem Platzen der Dotcom-Blase und dem folgenden Aufschwung ab 2003 auf den Geschmack gekommen waren, sich an den Aktienmärkten zu engagieren. Sie waren auch für die Banken selbst neu, die bis dahin ihre Gelder allzu freigiebig unter die Leute gebracht hatten und nicht nur an den Kreditzinsen, sondern darüber auch an den gestiegenen Provisionseinnahmen aus Wertpapiergeschäften trefflich verdienten.

Abb. 5.2: Hebelwirkung durch Fremdfinanzierung à la Warren Buffett

So hebeln Sie Ihre Anlagerenditen nach oben				Rendite in %	
Eigenkapital (EK)	Fremdkapital (FK)	Anlagebetrag (AB)	FK-Anteil in %	auf AK	auf EK
100 000	0	100 000	0	8	**8,0**
100 000	10 000	110 000	9	8	**8,8**
100 000	20 000	120 000	17	8	**9,6**
100 000	30 000	130 000	23	8	**10,4**
100 000	40 000	140 000	29	8	**11,2**
100 000	50 000	150 000	33	8	**12,0**
100 000	60 000	160 000	38	8	**12,8**
100 000	70 000	170 000	41	8	**13,6**
100 000	80 000	180 000	44	8	**14,4**
100 000	90 000	190 000	47	8	**15,2**
100 000	100 000	200 000	50	8	**16,0**
100 000	150 000	250 000	60	8	**20,0**

Dass der Einsatz von Fremdmitteln zur Hebelung der Anlagerenditen keineswegs ein unseriöses Spiel mit dem Feuer sein muss, ist mir vor einiger Zeit erst durch den Zugang zu einer amerikanischen Studie über das Erfolgsmodell des legendären Investors Warren Buffett klar geworden. Es ist ja bis heute noch immer ein Rätsel, wie es Buffett gelungen ist, bei den über Jahrzehnten an den Aktienmärkten durchschnittlich erzielbaren Renditen von rund 8 Prozent pro Jahr solche von rund 20 Prozent hinzubekommen. Ein großer Teil seiner Ergebnisse ist dabei sicher auf sein außergewöhnliches Geschick und seine Erfahrungen als Value-Investor zurückzuführen: Das allein erklärt die hohe Outperformance gegenüber dem Markt jedoch nicht. Das National Bureau of Economic Research hatte die Geschäfte Buffetts aus den vorangegangen 40 Jahren untersucht und dabei unter anderem herausgefunden, dass Buffett wohl den größten Teil seiner Investments mit geliehenem Geld finanziert: und zwar durchschnittlich zu 60 Prozent der Gesamtanlage. Wie Sie der letzten Zeile der Übersicht **Abb. 5.2** entnehmen, könnte dies tatsächlich eine Erklärung für die hohen Mehrrenditen von Buffett gegenüber dem Markt sein: Er hebelt über einen hohen Fremdkapitaleinsatz einfach die normale Durchschnittsrendite von 8 Prozent nach oben auf 20 Prozent. Und da ihm diese Fremdmittel über verlässliche Prämieneinnahmen seiner Beteiligungen an Versicherungsgesellschaften fast zum Nulltarif zur Verfügung stehen, erscheint dies auch nachvollziehbar und vor allem vertretbar. – Eigentümlich nur, warum die Ergebnisse dieser Studie bei uns in Deutschland selbst in Fachkreisen und am wenigsten noch bei Value-Investoren so gut wie gar nicht diskutiert worden sind. Fühlt man etwa, dass es womöglich weniger der Value-Ansatz selbst ist, der zum Erfolg von Buffett am Aktienmarkt führt, als vielmehr diese besonders ausgeklügelte Konstruktion? Denn die könnte dann im Prinzip ja auch jeder Anleger, der die durchschnittliche langfristige Wertentwicklung eines marktbreiten Aktienindex erreicht, mit dieser Methode einfach nachspielen, um auf ähnlich hohe Renditen zu kommen wie der wirklich geniale Starinvestor.

Beleihungsgrenzen

Trotz der sehr viel größer gewordenen Vorsicht und hoher regulatorischer Einschränkungen sind Banken auch heute noch daran interessiert, Kunden bei Einbringung entsprechender Sicherheiten die Spekulation auf Kredit zu ermöglichen. Für so manchen Anleger können sich solche

Aktivitäten allerdings schnell weniger als Frage danach erweisen, wie hoch die Summen sein mögen, die ihm seine Bank für die Anschaffung neuer Wertpapiere zur Verfügung stellt. Vielmehr geht es darum, wie weit die Bank bereit ist, sein möglicherweise durch die einen oder anderen Kursturbulenzen in die Verlustzone geratenes Konto überhaupt noch zu finanzieren.

Grundsätzlich behandeln die Banken Kredite zur Finanzierung von Börsengeschäften nicht anders als etwa Kredite zur Anschaffung eines Personenkraftwagens. Nicht der Verwendungszweck ist für sie entscheidend, sondern der Umfang und die Art der ihnen zur Verfügung stehenden Sicherheiten.

Wer ein Vermögen besitzt, etwa ein Haus, ein Grundstück oder andere vergleichbare Werte, kann im Normalfall gegen entsprechende Pfandstellungen mit einem Wertpapierkredit seiner Bank rechnen. Innerhalb eines gewissen Rahmens, der von der Höhe der regelmäßigen Einkünfte, von der Art und dem Umfang der sonstigen finanziellen Verpflichtungen sowie überhaupt von der persönlichen Bonität, also Zahlungsfähigkeit, des Kunden abhängig ist, dürfte Ihnen Ihre Bank sogar ohne jegliche übrige Sicherheitsleistung einen persönlichen Kredit zur Verfügung stellen.

Am häufigsten allerdings werden Kredite zum Kauf von Wertpapieren als sogenannte Effekten- oder Effektenlombardkredite vergeben und durch die Verpfändung des jeweiligen Depots an die Bank gesichert. Das Entscheidende dabei ist, dass die Bank entsprechend dem möglichen Kursrisiko nie den jeweils aktuellen Depotwert als Sicherheitsleistung (Deckungsbetrag) anerkennt, sondern je nach Wertpapier oder eingeschätztem Risikograd einen Abschlag vornimmt. Aus der Differenz zwischen diesem Abschlag und dem aktuellen Wert der jeweiligen Wertpapiere ergibt sich der sogenannte Beleihungswert.

Die Prozentsätze, bis zu denen der Kurswert eines verpfändeten Wertpapiers als Sicherheitsleistung anerkannt wird, sind von Bank zu Bank grundsätzlich, aber nur in sehr engen Grenzen verschieden. Bei inländischen festverzinslichen Wertpapieren (Pfandbriefen, Anleihen, Obligationen usw.) liegt dieser Beleihungssatz in der Regel zwischen 75 und

90 Prozent des jeweiligen Kurswerts, bei inländischen Aktien zwischen 50 und 60 Prozent; bei Investmentzertifikaten auf inländische Werte gelten die entsprechenden Sätze, bezogen auf den jeweiligen Rücknahmepreis.

Abb. 5.3: Berechnung der Sicherheitsleistung bei Verpfändung eines Depots

Wertpapierart	Beleihungssatz in %	akt. Kurswert in Euro	Deckungsbetrag in Euro
Sparbriefe	100	25 000	25 000
Dt. Staatsanleihen	75	32 000	24 000
ausl. Anleihen (AAA)	60	10 000	6 000
Inlandsaktien	60	60 000	36 000
Auslandsaktien	40	10 000	4 000
inl. Optionsscheine	25 (vom inneren Wert)	5 000	1 250
		142 000	*96 250*

Bei einem Wertpapierkredit über 100 000 Euro wären 96 250 Euro durch das aktuelle Wertpapierdepot gedeckt.

Es besteht eine Unterdeckung/Nachschusspflicht von 3 750 Euro.

Erst bei den spekulativeren Wertpapieren wie etwa Optionsscheinen, Hebelzertifikaten oder – nicht zuletzt aufgrund des zusätzlichen Währungsrisikos – auch ausländischen Aktien und Anleihen kommt es zu einer Handhabung, die von Bank zu Bank höchst unterschiedlich ausfallen kann. So beleihen manche Banken Hebelprodukte gar nicht, andere nur zu ihrem »inneren Wert« (= Aktienkurs/Bezugspreis) oder nur zu einem Teil dieses Werts. Wiederum andere unterscheiden hier zwischen Optionsscheinen auf ausländische und solchen auf inländische Aktien. Ein Börsianer sollte auch nicht unbedingt darauf drängen, maximale Beleihungssätze geboten zu bekommen. In kritischen Börsenphasen verlangt die Bank dann sehr schnell weitere Sicherheitsleistungen, die er dann vielleicht nicht so schnell beibringen kann.

Bei Bedarf wird scharf geschossen

Wichtig ist, sich immer darüber im Klaren zu sein, dass die Sicherheitsleistung, die ein verpfändetes Depot gegenüber der Bank darstellt, mit fallenden Kursen abnimmt. Für die Überwachung der Einhaltung der Beleihungsgrenzen sind Sie als Anleger zwar nicht selbst zuständig, da die Sachbearbeiter beziehungsweise entsprechende Softwaresysteme von sich aus automatisch jede Veränderung überprüfen. Dennoch ist es in Ihrem eigenen Interesse, sich über den Ausnutzungsgrad Ihres Kredits immer wieder ein Bild zu machen. Bei Bedarf wird nämlich durchaus scharf geschossen: Reicht der Wert Ihres (verpfändeten) Depots unter Zugrundelegung der vereinbarten Beleihungssätze nicht mehr zur Abdeckung der aufgenommenen Gelder aus, kann die Bank einen Nachschuss fordern. Sind Sie nicht in der Lage, diesen zu leisten, darf sie Ihr Depot auch zwangsweise, also ohne Ihr erneutes Einverständnis, (teil) liquidieren. Eine solche im Galgenhumor der Börsianer so bezeichnete »Exekution« ist dann nicht selten das Ende vom Lied. Trösten mag man sich dann allenfalls noch mit den Erfahrungen des schon mehrfach erwähnten André Kostolany, der unumwunden zugab, dass er im Laufe des Lebens mehr als einmal sein gesamtes Vermögen an der Börse verloren, es später aber auch immer wieder zurückgewonnen habe.

Das richtige Verhältnis zwischen Eigen- und Fremdkapital

Ein genaues Maß für das richtige Verhältnis zwischen Eigen- und Fremdkapital des eigenen Depots gibt es nicht. Optimal wäre es, den Kreditanteil am Gesamtdepotwert in dem Maß kontinuierlich herunterzufahren, wie es an der Börse aufwärts geht. Geht man dabei von einer festen, jedenfalls im Laufe der Zeit nicht zu stark ausgeweiteten Depotgröße aus, ersetzt man auf diese Weise allmählich den Fremdkapitalanteil immer mehr durch die zwischenzeitlich realisierten Gewinne, sodass man am Ende eines längeren Börsenzyklus auf jeden Kredit verzichten kann.

Das Risiko massiver Kursverluste, gar einer Trendumkehr, wächst ja mit der Dauer und der Höhe des allgemein erreichten Kursniveaus, während es nach einem stärkeren Kursverfall am Beginn eines neuen Börsenzyklus (siehe **Abb. 2.3**, Seite 61) am geringsten erscheint. Daraus ergibt sich ein auf den ersten Blick paradox erscheinender Grundsatz: Der kritische Börsianer nämlich baut in guten Zeiten seinen Effektenkredit diszipliniert und kontinuierlich ab, um ihn in schlechten Zeiten, etwa am Ende einer wirtschaftlichen Rezession, massiv zu erhöhen.

Als Einsteiger sollten Sie auf den Hebel kreditfinanzierter Spekulationen aber ganz verzichten. Die Unwägbarkeiten dieses Markts aller Möglichkeiten könnten Ihnen ansonsten sehr schnell den Spaß an der Sache verderben und Ihre ersten Schritte auf dem Börsenparkett schnell zum Tanz auf dem Vulkan werden lassen.

Kapitel 6
Prämien, Boni, Dividenden … Freie Fahrt für Aktionäre

Das Leben als Aktionär bringt es mit sich, dass Sie sich als Miteigentümer selbst in eher flauen Börsenzeiten mit wenig Bewegung an den Märkten hier und da an besonderen »Geschenken« Ihres Unternehmens erfreuen können. Es soll sogar Anleger geben, die im Laufe ihres Lebens eine ganze Wundertüte einzelner Aktien unterschiedlichster Gesellschaften angesammelt haben, um sich dann auf den alljährlich stattfindenden Hauptversammlungen einmal im Jahr den Bauch auf Kosten des Unternehmens vollschlagen zu können. »Fressaktien« nennt das der Volksmund. Warum auch nicht? So schlängelt sich mancher vielleicht ein wenig vergnüglicher durchs Leben – wer weiß, wie es ihm ansonsten ergeht.

Besser jedenfalls als jene Spezies von Ein-Stück-Aktionären, die auf jeder Hauptversammlung ihr Rederecht auskosten und in langatmigen Vorträgen dem Vorstand, dem Aufsichtsrat und gern auch der ganzen Belegschaft des Unternehmens aus der Sicht des leidgeprüften »Miteigentümers« die Leviten zu lesen versuchen. Der Name Kurt Fiebig steht für einen solchen Hauptversammlungsveteranen, der über Jahrzehnte aktiv war: von den einen gefürchtet, von anderen kaum zu ertragen. So sind Hauptversammlungen denn gelegentlich auch Jahrmärkte purer Eitelkeiten.

Schöne Bescherungen ganz anderer Art, die sich für Sie als Aktionär auch in Euro und Cent auszahlen, stellen jene Maßnahmen dar, mit denen Aktiengesellschaften zwischendurch immer wieder ihre Anleger bei Laune zu halten versuchen: Über Gewinnausschüttungen haben Sie als Aktionär je nach Beschluss der Hauptversammlung Anspruch auf **Dividenden.** Zum Firmenjubiläum oder aufgrund einer besonders günstigen Ertragslage kassieren Sie vielleicht einen **Bonus.** Anlässlich einer Kapitalerhöhung wird Ihnen ein **Bezugsrecht** auf neue Aktien zu besonders günstigen Konditionen eingeräumt, das Sie dann ausüben, aber auch einfach über die Börse weiterveräußern können.

In der Regel bieten Ihnen solche Maßnahmen geldwerte Vorteile, nicht nur über die tatsächlich ausgezahlten Beträge selbst. Denn diese können sich schon bei entsprechenden Ankündigungen positiv auf den Kurs Ihrer Aktie auswirken, die Sie als Extraprofite verbuchen oder unter spekulativen Gesichtspunkten für kurzfristige Tradings nutzen können. Ein gewiefter Börsianer wird also nicht nur darauf achten, die ihm als Altaktionär durch solche Maßnahmen zustehenden Rechte fristgerecht geltend zu machen, sondern auch darauf, auf welche Weise sich solche Termine in günstige, vielleicht auch nur vorübergehende Kauf- oder Verkaufsgelegenheiten ummünzen lassen.

Die Jagd nach Dividenden

Die direkteste Form, Sie als Aktionär am Erfolg »Ihres« Unternehmens zu beteiligen, ist die – hierzulande in der Regel im Abstand von einem Jahr – vorgenommene Auszahlung von Dividenden. Je nach den im Laufe der vorangegangen Geschäftsperiode erwirtschafteten Ergebnissen und der voraussichtlichen Gesamtentwicklung des Unternehmens fallen solche Gewinnausschüttungen unterschiedlich hoch aus. In kritischen Marktphasen, wie wir sie im Zuge der Corona-Pandemie 2020 nicht nur in Deutschland erleben, können solche Ausschüttungen gegenüber den Vorjahren auch erheblich gekürzt werden oder gar gänzlich ausfallen.

Für Dividendenjäger bleiben dabei in Deutschland die Versicherungskonzerne erste Wahl. So hat die Munich Re ihre Ausschüttung seit einem

Jahrhundert nicht gesenkt, die Aktie warf Anfang Juni 2020 eine Dividendenrendite von mehr als 4 Prozent ab. Ebenfalls zuverlässig ist der Industrieriese Siemens. Für Bayer und BASF waren zum selben Zeitpunkt ebenfalls hohe Dividenden in Sicht.

Abb. 6.1: Dividendenperlen am deutschen Aktienmarkt

Name	ISIN	Dividendenrendite
BASF	DE000BASF111	5,40 %
Bayer	DE000BAY0017	4,40 %
Munich Re	DE0008430026	4,30 %
Siemens	DE0007236101	3,40 %

Quelle: DWK Investments Research, Juni 2020

Im Allgemeinen ist eine Aktiengesellschaft daran interessiert, eine zumindest in etwa gleichbleibende Dividende zu zahlen. Eine überraschende Veränderung dieses Satzes nach unten oder oben wird bei den Anlegern schnell mit einer Veränderung der Wachstumsaussichten der Gesellschaft in Verbindung gebracht. Entsprechende Ankündigungen wirken sich dann schnell auf den Aktienkurs aus. Bei großen, für den deutschen Aktienmarkt repräsentativen Standardwerten wie Siemens oder Daimler können sie auch als Signal für den gesamten Aktienmarkt aufgefasst werden – mit entsprechenden Auswirkungen auf dessen künftige Kursentwicklung.

Wie Sie bereits aus den vorangegangenen Kapiteln wissen, ist die Höhe der voraussichtlichen Ausschüttung maßgeblich für die Berechnung der erwarteten Verzinsung Ihres für den Aktienkauf eingesetzten Kapitals, die Dividendenrendite. Da das eingesetzte Kapital gleichbedeutend ist mit der Höhe des *einmal* gezahlten Kaufpreises für die Aktie zuzüglich angefallener Kaufgebühren, bleibt diese Verzinsung davon unberührt, ob der Kurs nach dem Erwerb steigt oder fällt. Daher können Sie eine gleichbleibende Ausschüttung(spolitik) auch als eine Art Gewinngarantie für Sie als Aktionär verstehen.

Grundsätzlich sollte die Höhe der geleisteten Gewinnausschüttung gleichwohl von der gesamten Ertragslage und den Zukunftsperspektiven des Unternehmens abhängen. Eine Ausschüttung, die aufgrund schlechter Ertragslage aus den Rücklagen bezahlt wird, nur um das Interesse der Anleger nicht zu enttäuschen, sollte eher die Ausnahme sein. Daher sollten Sie als Aktionär markante Herabsetzungen oder gar den Ausfall der Dividende für eine überschaubare Zeit auch nicht übertrieben kritisch betrachten – vorausgesetzt, dies dient dazu, das betreffende Unternehmen auf einen besseren Pfad zurückzuführen.

Bei manchen Gesellschaften haben Sie als Anleger sogar die Möglichkeit, zwischen Aktien mit »normaler«, nicht garantierter Dividendenausschüttung (Stammaktien) und solchen mit erhöhter oder sogar garantierter Ausschüttung (Vorzugsaktien) zu wählen. Der Vorteil von Vorzugsaktien wird allerdings mit einem erheblichen Nachteil erkauft: den Verzicht des Aktionärs auf ein Stimmrecht in der Hauptversammlung. Da es potenziellen Großaktionären aber gerade darum gehen kann, einen möglichst hohen Anteil an Stimmen in der Hauptversammlung zu repräsentieren, um stärkeren Einfluss auf die Entscheidungen der Gesellschaft nehmen zu können, besitzen Stammaktien grundsätzlich und insbesondere bei erwarteten Übernahmeaktionen ein erheblich größeres Kurspotenzial als Vorzugsaktien.

Aus demselben Grund werden sie daher an der Börse häufig um 10 bis 15 Prozent höher bewertet im Vergleich zu den »Vorzügen«. So wurden die Stammaktien von Volkswagen am 21. Januar 2021 zum Beispiel mit 171 Euro notiert, während die Vorzugsaktien zum selben Zeitpunkt 157 Euro kosteten. Da sich die Kursentwicklung der Vorzüge aber im Normalfall etwa parallel zur Kursentwicklung der Stammaktien vollzieht, könnte ein Kauf der Vorzüge bei einem allzu großen Auseinanderklaffen beider Notierungen unter rein spekulativen und aus Renditegesichtspunkten in bestimmten Situationen vorteilhafter erscheinen.

Die Crux bei der Ausschüttung der Dividende ist freilich, dass der erwartete Betrag Ihnen als Anleger nicht etwa einfach gratis gutgeschrieben wird, sondern als zukünftig erwarteter Ertrag im Kurs selbst eingepreist ist. Kurz vor dem Ausschüttungstag geht er nahezu 1:1 in den Kurs ein. Am Tage der Ausschüttung (kurz nach der Hauptversammlung) sinkt der Kurs dann um diesen Betrag, und Ihre Aktie wird mit dem Kurszusatz »ex Dividende« notiert. Bei sonst gegenüber dem Vortag unverändert gebliebener Börsenlage würde dieser Abschlag genau in Höhe der Dividende ausfallen.

Bei positiver Verfassung des Gesamtmarktes holt die Aktie einen solchen Abschlag häufig in kürzester Frist, manchmal sogar am selben oder in den folgenden Tagen wieder auf. Falls Sie zu diesem Zeitpunkt, nachdem Sie die Dividende gerade vereinnahmt haben, am Verkauf Ihrer Aktie interessiert sind, sollten Sie daher besser noch eine Weile warten, bis sich der Abschlag wenigstens ein Stück weit wieder ausgeglichen hat. Dann profitieren Sie auf diese Weise gleich doppelt.

Aus der letzten Erfahrung gewinnen besonders gewitzte Börsianer eine mitunter recht vielversprechende Strategie, die Sie auch als Einsteiger ausnutzen können: Als »Dividendenjäger« lauern sie darauf, besonders dividendenträchtige Aktien jeweils kurz vor dem Ausschüttungstermin zu einem noch günstigen Kurs zu erwerben, in der Erwartung, dass die Aktie bis zur Hauptversammlung in Erwartung der Dividende überproportional anziehen wird, um sie dann nach erfolgtem Abschlag und kassierter Dividende auf dem danach womöglich bereits wieder angezogenen Kursniveau wenige Tage später wieder zu veräußern. Da sie auf diese Weise nur für einen Bruchteil des Jahres in dem entsprechenden Wert investiert bleiben, steigt die Verzinsung auf ihren Kapitaleinsatz – rein rechnerisch auf Jahresbasis ermittelt – entsprechend überproportional an. Sind sie statt zwölf nur drei Monate lang investiert, vervierfacht sie sich, bei nur einem Monat ist sie gar zwölfmal so hoch.

Dass eine solche Rechnung der Dividendenjäger indessen längst nicht immer aufgeht, weil sich die Aktie möglicherweise nach der Ausschüttung ganz anders bewegt als erwartet, dürfte einleuchtend sein. Zudem müssen Sie als Normalanleger bei solchen Transaktionen immer auch Ihre nicht unerheblich ins Gewicht fallenden Transaktionskosten und Bankprovisionen einkalkulieren, von denen professionelle Anleger mit hohen Handelsvolumina zu einem guten Teil verschont bleiben. Dennoch sollten Sie auch als Einsteiger solche Zusammenhänge bei Ihren Kauf- und Verkaufsentscheidungen mitbedenken - und sei es auch nur, um zu verstehen, wie die Börse im Umfeld von Dividendenzahlungen so ticken kann.

Bezugsrechte frei Haus

Eine andere Variante, sich in Zeiten gemächlich dahinträufelnder Kurse das Anlegerdasein ein bisschen zu versüßen, ist der Handel mit Bezugsrechten.

Von Zeit zu Zeit sind Aktiengesellschaften daran interessiert, ihr Eigenkapital zu erhöhen, um sich neue geschäftliche Möglichkeiten zu verschaffen, um zu investieren, um sich an anderen, interessanten Unternehmen zu beteiligen oder um solche gar aufzukaufen. Diese Kapitalerhöhung kann über die Ausgabe neuer, sogenannter junger Aktien erfolgen, wobei Ihnen als Altaktionär je nach Höhe Ihres Aktienbesitzes von Gesetzes wegen ein Recht auf den Bezug der neuen Aktien eingeräumt werden muss.

Grundsätzlich wird der Wert einer Aktiengesellschaft, so man ihn im Kurswert aller existierenden Aktien repräsentiert sieht, durch eine solche Kapitalerhöhung nur unwesentlich verändert. Führt eine Gesellschaft zum Beispiel eine Kapitalerhöhung im Verhältnis von 4:1 zu 150 Euro durch (**Abb. 6.2**), so bedeutet das für den bisherigen Aktionär, dass er auf vier alte Aktien unter Hinzuzahlung von 150 Euro genau eine zusätzliche neue Aktie erhält.

Repräsentierten bislang zum Beispiel 100000 Aktien zum Kurs von 200 Euro den Wert des Unternehmens (= 20 Millionen Euro), verteilt sich dieser Wert zuzüglich der durch die Kapitalmaßnahmen der Gesellschaft zugeflossenen Mittel bei dieser Kapitalerhöhung nunmehr auf 125000 Aktien. Der neue Unternehmenswert erhöht sich somit um 3,75 Millionen (= 25000 x 150 Euro für die jungen Aktien) auf insgesamt 23,75 Millionen Euro. Daraus errechnet sich für die Einzelaktien ein neuer Kurswert von 190 Euro (23,75 Millionen dividiert durch 125 000).

Abb. 6.2: Rechnerischer Wert eines Bezugsrechts

Kapitalerhöhung: 4:1 zu 150 Euro aktueller Aktienkurs: 200 Euro	
Berechnung:	
Gesamtwert von 4 Aktien = 4 x 200 =	800 Euro
1 neue Aktie beziehbar für	150 Euro
5 Aktien kosten	950 Euro
Wert einer Aktie = 950 / 5 =	190 Euro
Aktienkurs alt =	200 Euro
rechnerischer Wert des Bezugsrechts (Parität) =	**10 Euro**
*Bei einem Kursanstieg der Aktie um **5** Prozent würde sich der rechnerische Wert des Bezugsrechts um **20** Prozent auf **12** Euro erhöhen!*	

Die Differenz zwischen dem neuen, tieferen rechnerischen Kurs gegenüber dem bisherigen Börsenkurs wird Ihnen als Altaktionär durch die Einräumung des Bezugsrechts ausgeglichen. Sie können dann die jungen Aktien innerhalb eines bestimmten Zeitraums unter Hinzuzahlung des entsprechenden Bezugspreises beziehen oder aber Ihre Bezugsrechte über die Börse verkaufen.

Im angenommenen Fall läge der Wert dieses Rechts bei 10 Euro, wenn das Bezugsrecht auf »Parität« notiert. Die Aktie wird am Tag des Bezugsrechtsabschlags – das ist der letzte Tag, an dem das Bezugsrecht an der Börse gehandelt wird – entsprechend mit dem Zusatz »exBez« gehandelt. Weicht der Bezugsrechtspreis aber von der errechneten Parität ab, bieten sich für den Börsianer gute Möglichkeiten, sein Depot durch Zukäufe oder Verkäufe solcher Rechte zu verändern.

Wichtig ist, dass schon eine geringe Veränderung des Aktienkurses eine überproportionale Veränderung des Bezugsrechtswerts nach sich ziehen kann. Daraus ergibt sich für den sehr spekulativ eingestellten Börsianer eine weitere Möglichkeit auf schnelle Geschäfte.

Er setzt dabei nicht auf den möglichst preisgünstigen Kauf der Bezugsrechte, um die jungen Aktien tatsächlich zu erwerben, sondern allein auf einen schnellen Anstieg des Preises für das erworbene Recht innerhalb der Bezugsfrist. Je nach Börsenlage und Bezugsbedingungen kann es dabei durchaus innerhalb weniger Tage zu Veränderungen dieses Preises um 20, 30 oder gar noch mehr Prozent kommen – allerdings nach beiden Seiten hin. Im angenommenen Fall würde ein Kursanstieg der Aktie um nur 5 Prozent einen Anstieg des rechnerischen Werts des Bezugsrechts um 20 Prozent nach sich ziehen. Daher ist die Spekulation mit Bezugsrechten, auch und gerade auf dem Hintergrund des nur wenige Tage andauernden Bezugsrechtshandels, eines der heißesten Vabanquespiele für hartgesottene Börsianer und sollte sich für Sie als Einsteiger in diesem Geschäft unter normalen Umständen verbieten.

Kapitel 7
Mit Hebelinstrumenten bei steigenden und fallenden Kursen gewinnen

Auch wenn der Begriff der Spekulation zuallererst mit dem der Aktie in Verbindung gebracht wird, bietet die Börse dem Anleger doch eine ganze Reihe weiterer seriöser Möglichkeiten, sein Geschick auf die Probe zu stellen. Wer will, kann es sich aussuchen, mit welcher Geschwindigkeit er im Börsenzug mitfahren will: eher gemächlich, ein bisschen schneller oder mit einem kleinen Anteil seines Kapitals auch über derivative Anlageinstrumente im Hochgeschwindigkeitszug. Wie Sie meiner in Kapitel 1 abgebildeten Anlagepyramide (**Abb. 1.4**) entnehmen, sind Ihren Möglichkeiten an der Börse kaum Grenzen gesetzt.

Nicht all diese Instrumente sind für den noch wenig erfahrenen Anleger gleichermaßen geeignet. Im Gegenteil: In vielen Fällen setzen sie ein erhebliches Maß an Börsenerfahrung voraus, ehe ein Investor sie zum eigenen Vorteil sicher nutzen kann. Wer sich etwa auf den Handel mit **Optionsscheinen, Optionen** und **Futures** auf Aktien, Währungen oder Waren einlassen will, sollte schon eine sehr genaue Vorstellung von den Chancen und Risiken haben, die er dabei zwangsläufig eingeht. Die Möglichkeit, im Extremfall damit buchstäblich über Nacht ein Vermögen zu machen, ist ebenso groß wie die Gefahr, das eingesetzte Kapital komplett zu verlieren.

Wer hier nicht gelernt hat, eiserne Selbstdisziplin zu wahren und als Privatanleger – wenn überhaupt – nur einen geringen Teil seines Kapitals kontrolliert dafür einzusetzen, wird sich früher oder später wahrscheinlich von der Börse verabschieden müssen. Die Statistik besagt, dass rund drei Viertel der Geschäfte mit Optionen negativ ausgehen; da kann der noch unerfahrene, leichtfertig agierende Börsianer – von wenigen Ausnahmen abgesehen – sein Geld auch gleich im Kasino verspielen.

Optionsscheine, die schnellen Läufer

Diese Ausnahmen betreffen vor allem die beiden erstgenannten Finanzinstrumente: **Optionsscheine** und **Optionen**. Mit **Calls** verdienen Sie dabei an steigenden, mit **Puts** an fallenden Kursen des Basisinvestments, die Bezeichnung ist gleich, ob es sich nun um Optionsscheine oder Optionen handelt. Letztere eignen sich daher auch zur Absicherung eines Wertpapierbestandes gegen Kursverluste.

Optionsscheine sind seit Jahrzehnten das klassische Hebelprodukt auch für den erfahrenen, umsichtig agierenden Privatanleger. Sie werden an Wertpapierbörsen gehandelt und bieten ihm eine gut kalkulierbare Chance, mit vergleichsweise kleinem Einsatz am positiven Trend einer Aktie, eines Aktienindexes, einer Währung, eines Edelmetalls oder Rohstoffes überproportional teilzuhaben. Wer dagegen auf kurzlaufende Optionen oder Futures-Kontrakte setzt, muss an Terminbörsen handeln und in der Regel deutlich mehr Geld einsetzen – zudem hat derjenige dann ständig das Messer der Zeit im Rücken.

Chancen und Risiken lassen sich für den Anleger einigermaßen überblicken, wenn er kritisch genug bleibt und gewisse Sicherheitsregeln nicht außer Acht lässt. Gemessen am gesamten Aktienumsatz an den deutschen Börsen lag der Anteil des täglichen Optionsscheinumsatzes in früheren Zeiten an manchen Tagen sogar bei 10 bis 20 Prozent.

Dennoch sollten Sie sich bewusst machen, dass Anleger, die dieses Instrument in sehr schwankungsanfälligen (volatilen) Börsenphasen überproportional nutzen, in Zeiten des Kursaufschwungs zwar zu den ganz großen Gewinnern gehören, in Phasen des Kursniedergangs aber ebenso deutliche Verluste hinnehmen müssen.

Bei Ihren ersten Engagements in diesem Bereich sollten Sie sich daher unbedingt auf kleinste Beträge beschränken, bis Sie die Wirkungsweise von traditionellen Optionsscheinen und deren neuesten Varianten als sogenannte Knock-out-Zertifikate einigermaßen einschätzen können. Dann können sie Ihrem ansonsten breit aufgestellten Wertpapierdepot als kurzfristige, kleinste Beimischung das eine oder andere Mal aber auch einen Renditeschub geben.

Die große Chance: der Hebeleffekt

Ihren Ursprung haben Optionsscheine in sogenannten Optionsanleihen. Solche Anleihen werden zum Beispiel von einer Aktiengesellschaft zur Kapitalbeschaffung oder von einer Bank herausgegeben, wobei deren Verzinsung im Vergleich zur sonst üblichen Verzinsung am Kapitalmarkt niedriger ist. Dieser Nachteil für den Käufer einer solchen Anleihe wird ausgeglichen durch die Beigabe von Optionsscheinen, die der Erwerber von den Anleihen »abtrennen« und auf ähnliche Weise wie Aktien in fortlaufender Notierung an der Börse kaufen und verkaufen kann.

Anders als Aktien verbriefen Optionsscheine auf Aktien allerdings keine unmittelbare Miteigentümerschaft am jeweiligen Unternehmen, sondern das Recht, bis zu einem bestimmten Zeitpunkt die Aktie des Unternehmens zu einem genau festgelegten **Basispreis** erwerben zu können. Da die Wirkungsweise solcher auf Optionsrechten beruhenden Strategien bei allen darauf beruhenden Finanzinstrumenten zu allen Zeiten ähnlich ist, kann der folgende Fall aus meiner früheren Praxis diese Zusammenhänge ebenso gut veranschaulichen wie das spätere Beispiel eines Optionsscheins aus jüngster Zeit.

Wer beispielsweise Ende der Neunzigerjahre von den Aussichten einer Aktie der Dresdner Bank überzeugt war, hätte im Juni 1999 statt eines direkten Kaufs dieser Aktie für 33 Euro den Dresdner-Bank-Optionsschein 1997–2002 für gut 12 Euro erwerben können (**Abb. 7.1**). Entsprechend der für diesen Schein gültigen Bedingungen hätte er auf diese Weise das Recht erworben, eine Dresdner-Bank-Aktie (Basiswert) bis zum 30. April 2002 zum Preis von 26 Euro (Basispreis/Bezugspreis) kaufen zu können.

Abb. 7.1: Kursentwicklung Aktie versus Optionsschein

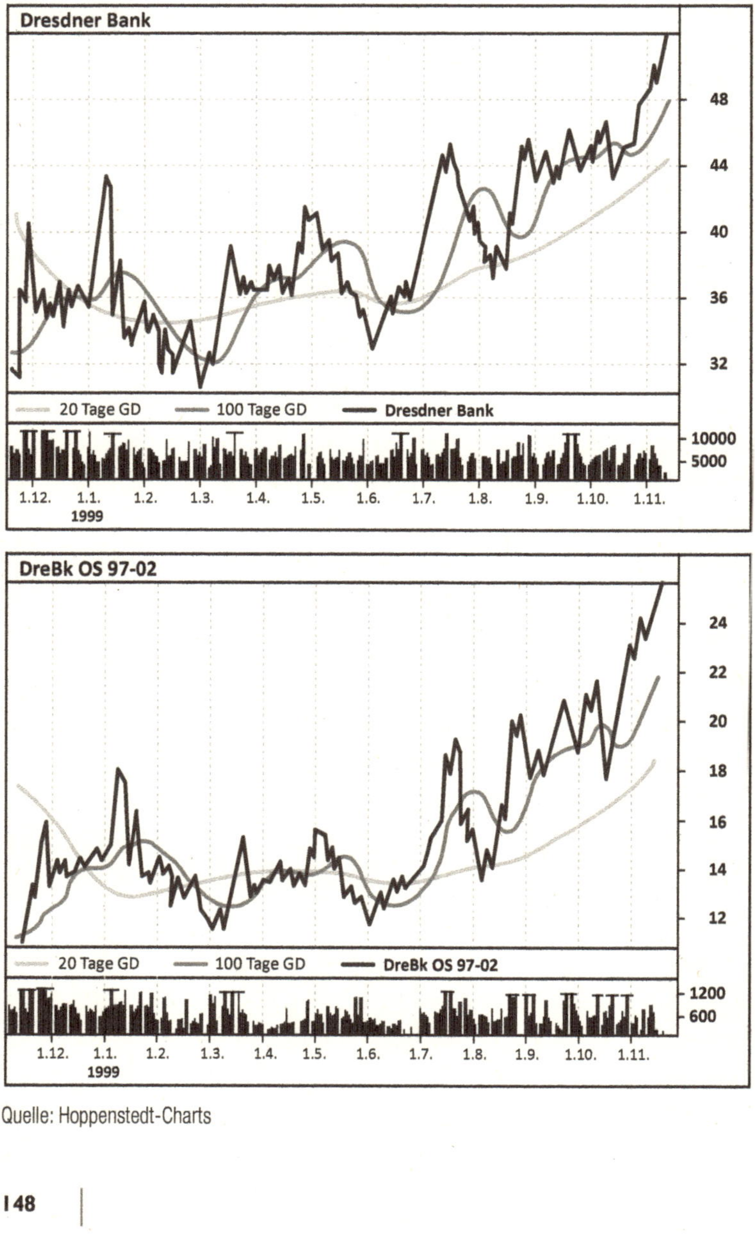

Quelle: Hoppenstedt-Charts

Der besondere Clou dabei ist, dass der Wert eines Optionsscheins wegen des bis zum Verfalltermin gleichbleibenden Bezugspreises für die Aktie mit dem Anstieg des Aktienkurses überproportional steigt. Bei einem Kursanstieg der Dresdner-Bank-Aktie auf rund 50 Euro, wie er sich tatsächlich bis November 1999 vollzog, musste sich daher der Optionsschein mehr als verdoppeln. Denn rein rechnerisch betrug der sogenannte **innere Wert** des Scheins zu diesem Zeitpunkt bereits 24 Euro (= Kosten bei direktem Kauf der Aktie über die Börse minus Kosten für die Aktie beim Bezug über den Optionsschein). Statt die Aktie nämlich für 50 Euro zu kaufen, konnten Sie als Anleger ebenso gut den Optionsschein für 24 Euro erwerben, um damit unter Hinzuzahlung des Bezugspreises von 26 Euro auf etwa dieselben Einstandskosten zu kommen.

Aus dieser Rechnung wird deutlich, dass im Beispielfall bei einem Anstieg des Aktienkurses von 33 auf 50 Euro, also um 51 Prozent, ein Kursanstieg des Optionsscheins um 100 Prozent erwartet werden konnte. Der Anleger hätte in diesem Fall also besser daran getan, den Betrag, den er für den Kauf der Dresdner-Bank-Aktie zahlen wollte, in die entsprechenden Optionsscheine zu investieren.

Andersherum geht diese Rechnung natürlich ebenfalls auf: Statt zum Beispiel 33 000 Euro für den Erwerb von 1000 Aktien anzulegen, hätte es ausgereicht, nur die Hälfte dieses Betrages, also 16 500 Euro, in den entsprechenden Optionsscheinen zu investieren, um unterm Strich etwa den gleichen Gewinn wie mit einem Direktinvestment in die Aktien zu erzielen. Dies ist Folge des mit dem Optionsschein verbundenen sogenannten **Hebels**, der im Beispielfall zum Einstiegszeitpunkt im Juni bei rund 2,7 und zum Verkaufszeitpunkt im November bei 2 lag (= Aktienkurs geteilt durch Optionsscheinpreis).

Im Normalfall kann der beim Kauf von Optionsscheinen zum Tragen kommende Hebeleffekt auch sehr viel höher ausfallen. Bei Optionsscheinen liegt er auch mal um 5 oder 10, woraus sich für Sie als Anleger auch entsprechend höhere Chancen und Risiken ergeben.

Bei Optionsscheinen, die statt des Bezugs von Aktien den Bezug von Währungen zu einem vorgegebenen Preis garantieren, mag der Hebel sogar je nach Laufzeit des Scheins und des zugrunde liegenden Bezugspreises bei 20, 50 oder gar über 100 liegen. Scheine mit solch hohen Hebeln sollten Sie aber besser den Zockern überlassen, die es an der Börse auch gelegentlich gibt und für die Verluste bedeutungslos sind, weil sie genug Geld besitzen oder ohnehin nichts mehr haben.

Im professionellen Handel über automatische Kauf- und Verkaufsprogramme sind solche Hebel dagegen eher die Regel als die Ausnahme: Da gewinnt oder verliert man beispielsweise im Devisengeschäft bereits an kleinsten Veränderungen der vierten Nachkommastelle des Euros oder Dollars.

Der Preis: das Aufgeld

Natürlich bekommen Sie als Anleger die sich im Hebeleffekt ausdrückenden überproportionalen Gewinnmöglichkeiten mit Optionsscheinen nicht einfach geschenkt. Sie bezahlen diese mit einer entsprechenden Prämie, dem sogenannten **Aufgeld**. Das ist der Mehrbetrag, den Sie beim Bezug der Aktie über den Optionsschein im Vergleich zum direkten Aktienkauf ausgeben müssen. Das Aufgeld in Prozent ergibt sich dann aus dem prozentualen Verhältnis zwischen dem Mehrbetrag beim Aktienbezug über den Optionsschein und dem Direkterwerb. Je geringer das Aufgeld ausfällt, desto größer sind unter sonst gleichen Bedingungen dann auch Ihre Gewinnchancen.

Bei einem Bezugsverhältnis von 1:1 genügt zum Bezug einer Aktie ein einziger Optionsschein. In diesem Fall berechnet sich das Aufgeld nach der Formel: (Optionsscheinkurs plus Bezugspreis/Basispreis minus Aktienkurs) dividiert durch Aktienkurs mal 100. Beim oben erwähnten Dresdner-Bank-Schein lag dieses Aufgeld zum angenommenen Zeitpunkt nahe 0, bei anderen Scheinen kann es aber durchaus bei 10 Prozent und mehr liegen.

Für Anleger ergibt sich aus solchen unterschiedlichen technischen Daten die Notwendigkeit, die Chancen eines Optionsscheins vor dem Kauf zu bewerten und sie mit anderen Optionsschein-Alternativen auf denselben Basiswert zu vergleichen.

Abb. 7.2: Kennziffern und Auswahlkriterien bei Optionsscheinen

<table>
<tr><th>Hebel</th><th>Aufgeld/Abgeld bei Optionsscheinen</th></tr>
<tr><td>(a) aktueller Hebel =
(Aktienkurs x Währung):
Bezugsverhältnis x Optionsscheinkurs</td><td>(a) absolut =
Optionsscheinkurs : Währung x Bezugsverhältnis + Bezugspreis - Aktienkurs</td></tr>
<tr><td>(b) effektiver Hebel (Berücksichtigung der Höhe des Aufgelds und der Restlaufzeit; je höher das jährliche Aufgeld bei gleichem Hebel, desto kleiner ist der Hebel) = aktueller Hebel: (1 + jährliches Aufgeld)</td><td>(b) in Prozent =
Ergebnis aus (a) : Aktienkurs x 100</td></tr>
<tr><td>Beispiel:
Optionsschein »A«
Aktienkurs 1 170 Yen
Währung: 1 Yen = 0,01083 DM
Bezugsverhältnis: 1 : 744,6
Optionsscheinkurs 4 490 DM
jährliches Aufgeld = -0,38 %</td><td>(c) jährlich in Prozent =
Ergebnis aus (b) : Restlaufzeit in Jahren</td></tr>
<tr><td>(a) (1 170 x 0,01083) : ([1 : 744,6] x 4 950)
= 1,905 aktueller Hebel

(b) 1,905 : $(1 - 0{,}38)^2$
= 1,92 effektiver Hebel</td><td rowspan="4">Beispiel:
Optionsschein »B«
Bezugsverhältnis 1 : 1;
Restlaufzeit 5 Jahre und 3 Monate;
Bezugspreis (in Währung) 430 DM;
Aktienkurs (in Währung) 542 DM;
Optionsscheinkurs (in Währung) 185 DM

(a) 185 : 1 x 1 + 430 - 542
= 43 DM absolutes Aufgeld
(b) 73 : 542 x 100
= 13,47 % Aufgeld
(c) 13,47 : 5,25
= 2,57 % Aufgeld pro anno</td></tr>
<tr><th>Innerer Wert</th></tr>
<tr><td>(a) in Währung =
(Aktienkurs - Bezugspreis) : Bezugsverhältnis</td></tr>
<tr><td>(b) in Prozent
innerer Wert in Währung : (Optionsscheinkurs: 100)</td></tr>
</table>

Im Allgemeinen gelten Optionsscheine als attraktiv, wenn der Hebel größer als 2,5 und das Aufgeld weniger als 8 bis 10 Prozent pro Jahr beträgt – bei einer Restlaufzeit von mindestens einem Jahr.

Zunächst hängt die Höhe des Aufgelds natürlicherweise von den Kurschancen ab, die ein Anleger der jeweiligen Aktie aufgrund der Ertrags- und Wachstumsperspektiven selbst zubilligen wird. Daher unterscheiden sich die Überlegungen, die beim Kauf eines Optionsscheins angestellt werden sollten, kaum von jenen, die Sie bei der Einschätzung der Kurschancen des Basiswerts nach den in den früheren Kapiteln erläuterten Gesichtspunkten vornehmen.

Außerdem hängt die Höhe des vom Markt akzeptierten Aufgelds sowohl mit der Restlaufzeit des Optionsscheins zusammen als auch mit der Höhe des sich jeweils ergebenden Hebels. Je kürzer diese Restlaufzeit ist, desto geringer wird im Allgemeinen auch das Aufgeld ausfallen – kurz vor Fälligkeit tendiert es gegen 0. Je höher andererseits der Hebeleffekt, umso höher auch in der Regel das akzeptierbare Aufgeld.

Die Risiken: freier Fall beim Ausverkauf

Schließlich sollten Sie als Anleger bei der Frage nach der angemessenen Bewertung eines Optionsscheins aber auch alle übrigen für die jeweilige Börsenentwicklung maßgeblichen Gesichtspunkte berücksichtigen. Je größer der Hebeleffekt und damit die Gewinnmöglichkeiten bei steigenden Aktienkursen, desto größer ist bei fallenden Kursen auch die Gefahr massiver Verluste. Das gilt insbesondere, wenn die Anzahl der (noch) gehandelten Scheine gering ist.

Wie die Wochen und Monate nach dem weltweiten Niedergang der Aktienkurse im Herbst 1987, im Sommer 1998, am 11. September 2001, im Frühjahr 2008 oder die jüngsten Entwicklungen im Umfeld der Corona-Pandemie 2020 gezeigt haben, kann ein Optionsschein daher innerhalb kürzester Zeit auch schon mal um 50 Prozent und mehr abstürzen. Das zeigt Ihnen das zweite Beispiel eines mit großem Hebel ausgestatteten Optionsscheins mit Laufzeit von 2019 bis 2021 (DE000SG73HV2) auf die Aktie der Deutschen Post. Er verlor in den kritischen Wochen der Corona-Pandemie 2020 sogar fast völlig an Wert, konnte sich danach aber ebenso schnell wieder erholen. So konnten Sie die Aktie der Deutschen Post im August 2019 für rund 29 Euro erwerben und ein Jahr später mit einem Kursgewinn von 31 Prozent für 38 Euro wieder veräußern. Einen entsprechenden Optionsschein mit über zehnfachem Hebel hätten Sie für 0,06 Cent kaufen und später für rund 0,25 Euro verkaufen können, was einem Zugewinn von über 300 Prozent entsprach. Dabei wurden je zehn Optionsscheine für den Bezug einer Aktie benötigt.

Das Beispiel macht deutlich, wie wichtig es ist, beim Kauf eines Optionsscheins auf eine noch möglichst lange Restlaufzeit bis zur Fälligkeit und dem Verfall des Optionsrechts zu achten. In diesem Fall war der Optionsschein erst im Dezember 2021 fällig. Das Aufgeld pro Jahr lag zuletzt bei 9 Prozent, der **aktuelle Hebel** bei 10,9 – der die Restlaufzeit einbeziehende **effektive Hebel** bei 5,7.

Vor allem bei Optionsscheinen, die mit einer vergleichsweise geringen Stückzahl auf den Markt gekommen oder von denen bereits viele ausgeübt worden sind, besteht wegen der Enge des Marktes auch die Gefahr, sie in kritischen Börsenphasen entweder gar nicht mehr oder nur mit erheblichen Kursabschlägen weiterveräußern zu können.

Optionsscheine sollten daher bei einem erwarteten nachhaltigen Kursniedergang an ganz oberster Stelle Ihres **Verkaufsprogramms** stehen, vor allem dann, wenn nicht zu erwarten ist, dass sich die Börsensituation aufgrund der möglicherweise geringen Restlaufzeit des Scheins bis zum Verfalltermin wieder erholt.

In Hausse-Zeiten dagegen erweisen sich solche Scheine als wahre Renner, von denen man dann eigentlich nie genug haben kann.

Abb. 7.3: Deutsche-Post-Aktie (oben) versus Optionsschein (unten)

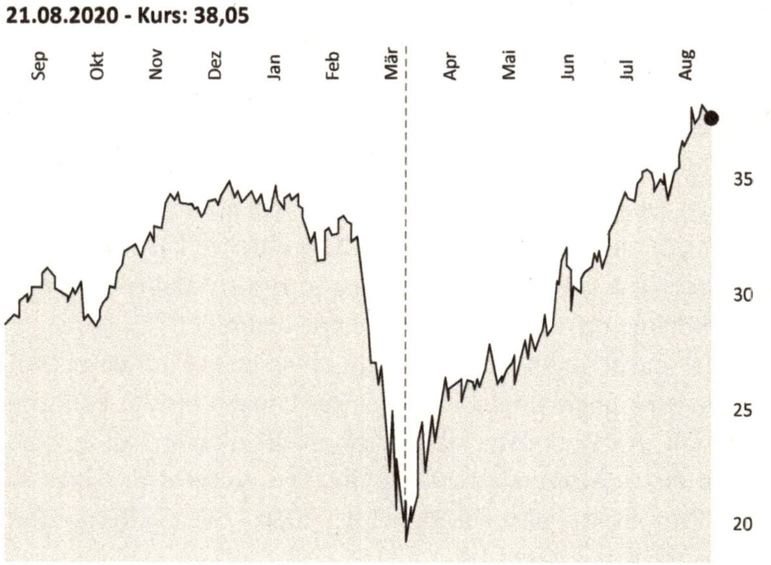

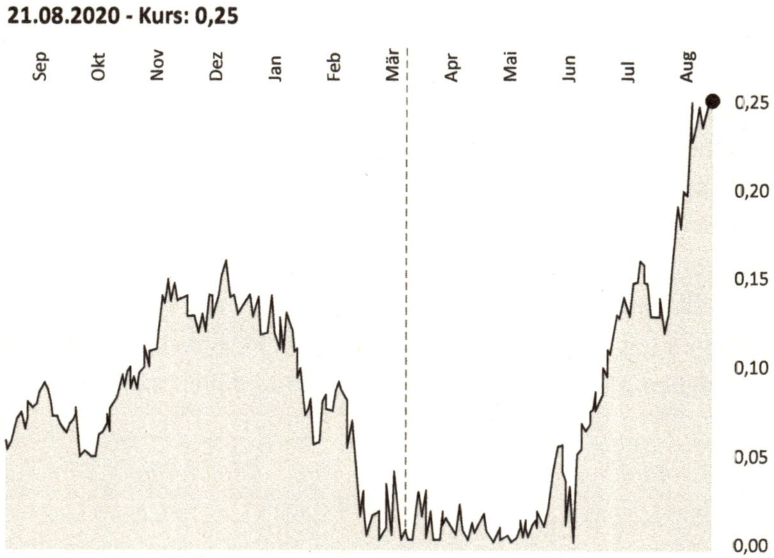

Quelle: Comdirect

Dass der Einsatz von Optionsscheinen für viele noch wenig erfahrene Anleger auch erhebliche Tücken haben und offensichtlich manche Verführungen mit sich bringen kann, lassen folgende Episoden erkennen. (1) Während des großen Hypes in den Neunzigerjahren hatte der Stuttgarter Aktien-Club (SAC) seinen Kunden neben dem Hauptprodukt, einem »Gemeinschaftsdepot« auf internationale Blue Chips, irgendwann auch eines auf Optionsscheine angeboten – mit horrenden jährlichen Kosten für dessen Nutzer. Das kam kurze Zeit später so stark unter die Räder, dass mich ein Leser des *Geldanlage-Beraters*, dessen Chefredakteur ich seinerzeit war, eines Tages in meiner wöchentlichen Redaktionssprechstunde anrief und bat, ich solle das doch mal untersuchen. Für den NDR und die ARD-Sendung *PlusMinus* drehte ich daraufhin einen Beitrag zum Thema. Darin kam neben dem Kunden des Clubs auch Heinz Gerlach vom *Gerlach-Report* vor – als ausgesprochener Kritiker vieler Machenschaften am Grauen Kapitalmarkt seinerzeit sehr bekannt. Natürlich wurden auch die Verantwortlichen des Clubs befragt, die ich für ein Interview aufsuchte. So genau wussten diese zuvor nicht, worum es mir dabei gehen würde. Entsprechend trafen sie meine kritischen Fragen und Vorhaltungen so sehr, dass sie nach dem Abdrehen des Interviews empört reagierten und uns später androhten, die Ausstrahlung meines Films zu verhindern. Zum Glück war mein Kameramann seinerzeit so gewitzt, dass er sich nach dem Interview gleich mit dem Filmmaterial davonmachte. Er hatte gespürt, was da vor sich ging. Immerhin hatte auch Gerlach in meinem Interview das höchst verlustreiche Angebot des Clubs als »Nonsensprodukt« in Grund und Boden geredet. Also war die Aufregung groß, dass sie durch meinen Bericht massiv Kunden verlieren würden. Und das Ende vom Lied: Der Beitrag wurde im NDR und der ARD ohne Änderung ausgestrahlt – und ich veröffentlichte parallel dazu meine kritische Analyse in der *WirtschaftsWoche*. Nicht viel später stellte der Club sein Optionsschein-Gemeinschaftsdepot ein! Es hatte den Nutzern nur satte Verluste beschert ... (2) Optionsscheine waren seinerzeit auch im Börsenfernsehen des Senders n-tv ein großes Thema. Und »natürlich« kamen auch die Moderatoren nicht umhin, sich darum zu bemühen. Irgendwann hatte man den Eindruck, dass bei den einmal wöchentlich dort vorgestellten »exklusiven« Empfehlungen im Zusammenspiel mit dem Chef des Optionsscheinhandels der Deutschen Bank vielleicht noch andere, nämlich höchst eigene Interessen im Spiel sein könnten. Mir selbst fielen im Umfeld der Sendung dann auch immer wieder ganz ungewöhnliche Preis- und Umsatzbewegungen auf. Bald darauf kam es dann tatsächlich auch zu schweren Vorwürfen wegen Insiderhandels gegen die Deutsche Bank und andere mögliche Profiteure und zu entsprechenden Konsequenzen auch bei n-tv. Heiko Thieme, seinerzeit häufig bei n-tv auftretender bekannter Börsenexperte und seit Langem in New York lebender Portfoliomanager und Anlageberater, vermutet wahrscheinlich noch heute, ich sei als kritischer Finanzjournalist seinerzeit der eigentliche Informant für die Vorwürfe gewesen. Es hätte zwar wirklich gut sein können, ICH war es in diesem Fall aber tatsächlich nicht! (3) Ein Börsenmagazin, in dem noch heute Tipps rund um die Börse erscheinen, veröffentlichte früher jede Woche eine Empfehlungsliste mit ausgewählten Optionsscheinen. Deren Kurse legten dann kurz nach Veröffentlichung fast regelmäßig erheblich zu – um wenig später häufig auch wieder kräftig Federn zu lassen. Spielten da vielleicht manche, die von der Veröffentlichung wussten, mit gezinkten Karten? Im Markt ging das Gerücht um, dass sich am Tag vor dem Erscheinen der Zeitschrift manche Drucker bereits mit entsprechenden Papieren eingedeckt hätten, um für kurze Zeit einzusteigen und anschließend schnell die hohen Gewinne mitzunehmen, die der Einstieg der betreffenden Leser ermöglichte.

Optionen: So setzen Sie an der Terminbörse auf steigende und fallende Kurse

Der Vorteil von Optionsscheinen ist, dass Sie diese wie Aktien einfach über Ihre Filialbank, Ihre Direktbank oder einen entsprechenden Broker kaufen und verkaufen können. Die Anforderungen an Ihre Termingeschäftsfähigkeit ist dabei gering, solange die Höhe Ihres Kapitaleinsatzes überschaubar bleibt und sich im Vergleich mit Ihren übrigen Engagements an der Börse in Grenzen hält.

Über die entsprechenden Websites der Deutschen Börse, der Stuttgarter Wertpapierbörse oder auch von comdirect und anderen Anbietern können Sie sich leicht einen Überblick verschaffen über die Sie interessierenden Optionsscheine, deren Ausstattungsmerkmale und Kursentwicklung. Der Nachteil: Es gibt zu jedem Basiswert eine so große Fülle von Angeboten, dass sie sich häufig nur schwer miteinander vergleichen lassen und manchmal nur geringe Handelsvolumina aufweisen. Immerhin garantieren Portale wie das der Stuttgarter Aktienbörse im Handel mit solchen Hebelprodukten eine gewisse Mindeststückzahl, sodass Aufträge im Bereich von wenigen 1000 Euro fast jederzeit abgewickelt werden können.

Ganz anders verhält es sich beim Handel mit von Optionen. Der findet nicht über reguläre Wertpapierbörsen oder im außerbörslichen Handel mit dem jeweiligen Emittenten statt, sondern über entsprechende Broker an speziellen Terminbörsen. Die wichtigste Börse für Sie als deutschen Anleger ist dabei die deutsch-schweizerische Eurex, eine der größten Terminbörsen weltweit. Da Optionen hinsichtlich ihrer Ausstattung (Laufzeit, Basispreis, Ausübungsart usw.) standardisiert sind, erfüllen sie höchste Ansprüche an die Transparenz, Preisfeststellung und Handelbarkeit. Um mit Optionen handeln zu können, müssen Sie als Anleger über eine Termingeschäftsfähigkeit verfügen. Diese wird Ihnen dann von Ihrer Bank erteilt, wenn Sie nachweisen, dass Sie die mit dem Anlageinstrument verbundenen Risiken angemessen einschätzen können.

Dabei geht es vor allem um vier Grundpositionen, die für sich genommen gar nicht so schwer zu verstehen sind. Hier finden Sie viele der im ersten Teil dieses Kapitels verwendeten Begriffe in ähnlicher Form wieder. Am Beispiel von Aktien als Basiswerte(en) dürfte Ihnen dies im Folgenden am besten klarwerden.

Kaufoptionen (Calls)

Grundsätzlich unterscheidet man zwischen Kauf- und Verkaufsoptionen. Beim Erwerb einer Kaufoption erhält der Käufer das Recht, bis zum Fälligkeitstermin der Optionen jederzeit vom Stillhalter – der Gegenpartei bei derlei standardisierten Verträgen – die entsprechenden Aktien zum vereinbarten Preis (Basispreis) beziehen zu können.

Der **Käufer einer Kaufoption** hofft auf einen Kursanstieg der jeweiligen Aktien. In diesem Fall wird er seine Option während der Laufzeit zu einem höheren Preis weiterveräußern oder aber die Aktien von seinem Kontrahenten beziehen und zum angestiegenen Kurs über die Börse verkaufen können.

Abb. 7.4: Strategien mit Optionen

	Strategie	Chancen	Risiken
• Sicherung eines bestimmten Kursniveaus für einen beabsichtigten, später vorgesehenen Verkauf des Basiswerts • Absicherung eines Leerverkaufs des Basiswerts gegen Kursanstieg • Diversifizierung der Risiken, insbesondere bei kleinem Depotvolumen	*Kauf von Calls*	unbegrenzt	begrenzt
• Erhöhung der Kapitalrendite durch Erlangung eines zusätzlichen Einkommens (Optionsprämie) bei stagnierenden oder steigenden Kursen • begrenzte Absicherung der veroptionierten Werte gegen Kursrückgang	*Verkauf gedeckter Calls*	begrenzt	unbegrenzt
• Erhöhung der Kapitalrendite durch Erlangung eines zusätzlichen Einkommens (Optionsprämie) bei stagnierenden oder steigenden Kursen • Kurseinstieg in den Basiswert unterhalb des aktuellen Marktpreises	*Verkauf ungedeckter Puts*	begrenzt	unbegrenzt
Erwartung: Kursrückgang	*Strategie*	Chancen	Risiken
• Baisse-Spekulation • Sicherung eines bestimmten Kursniveaus für einen beabsichtigten, später vorgesehenen Verkauf des Basiswerts • Absichern gegen Kursrückgang • Diversifizierung der Risiken, insbesondere bei kleinem Depotvolumen	*Kauf von Puts*	unbegrenzt	begrenzt
• Herabsetzung der Margin-Erfordernisse aus Leerverkäufen im Basiswert	*Verkauf gedeckter Puts*	begrenzt	unbegrenzt
• Baisse-Spekulation	*Verkauf ungedeckter Calls*	begrenzt	unbegrenzt

Abb. 7.5: Kauf/Verkauf einer Kaufoption (Call)

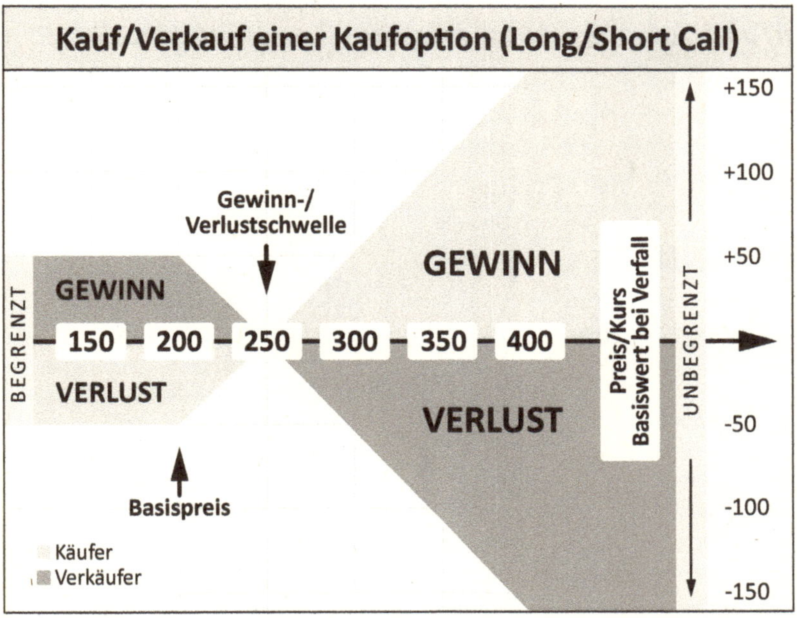

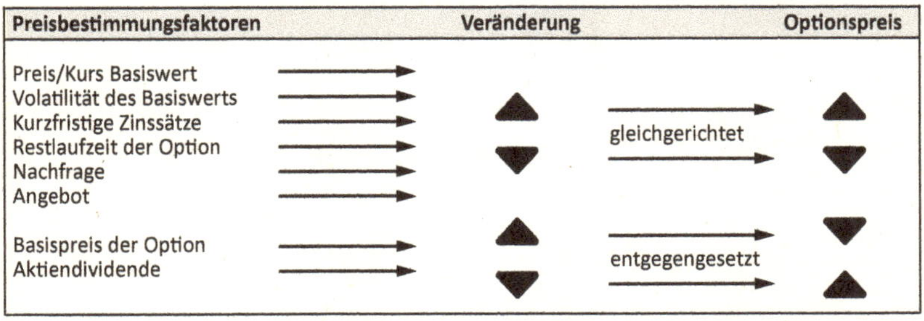

Call	Motivation	Rechte	Pflichten	Chancen	Risiken
Käufer (Inhaber) – erwartet steigende Preise/Kurse	• Hebel-Effekt • geringer Kapitaleinsatz • bekanntes Risiko • Absicherung eines Leerverkaufs • Spekulation à la hausse • Diversifikation	Kauf des Basiswerts zum festgelegten Basispreis bis zum Verfalltermin	Zahlung des Optionspreises (Prämie)	unbegrenzt, je nach Anstieg des Preises/Kurses für den Basiswert	begrenzt bis zur Höhe des Optionspreises
Verkäufer (Stillhalter/ Schreiber) – erwartet gleichbleibende oder leicht fallende Kurse	• Zusatzeinkommen auf vorhandenem Basiswert • Spekulation à la baisse beim Leerkauf	Erhalt des Optionspreises (Prämie)	Bei Ausübung der Option durch den Käufer: Lieferung des Basiswerts zum festgelegten Basispreis	begrenzt bis zur Höhe des Optionspreises	unbegrenzt je nach Anstieg des Preises/Kurses für den Basiswert

Abb. 7.6: Kauf/Verkauf einer Verkaufsoption (Put)

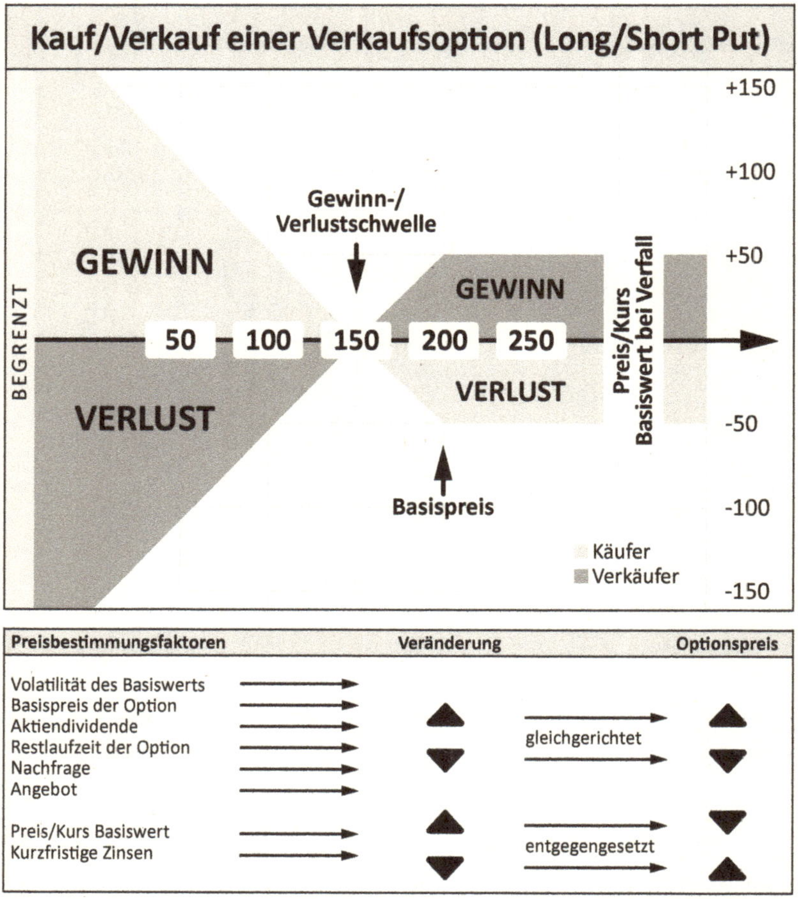

Put	Motivation	Rechte	Pflichten	Chancen	Risiken
Käufer (Inhaber) – erwartet fallende Preise/Kurse	• Hebel-Effekt • geringer Kapitaleinsatz • bekanntes Risiko • Absicherung gegen Kursrückgang • Spekulation à la baisse • Diversifikation	Verkauf des Basiswerts zum festgelegten Basispreis bis zum Verfalltermin	Zahlung des Optionspreises (Prämie)	begrenzt, da Basiswert nie kleiner als null	begrenzt bis zur Höhe des Optionspreises
Verkäufer (Stillhalter/ Schreiber) – erwartet stagnierende oder leicht steigende Kurse	• Zusatzeinkommen bei vorhandenem Basiswert • Spekulation auf stagnierende oder steigende Kurse	Erhalt des Optionspreises (Prämie)	Bei Ausübung der Option durch den Verkäufer: Kauf des Basiswerts zum festgelegten Basispreis	begrenzt bis zur Höhe des Optionspreises	unbegrenzt. da Basiswert nie kleiner als null

Der **Verkäufer einer Kaufoption** erwartet dagegen nur eine geringe Änderung der Kurse. Er besitzt jene veroptionierten Aktien, kann sie aber bis zum Fälligkeitstermin als »Stillhalter in Stücken« an niemanden anderen als den Käufer der Kaufoption beziehungsweise die Terminbörse weiterveräußern. Dafür erhält er von jenem je nach Höhe des vereinbarten Basispreises eine Optionsprämie, die er als Einnahme auf seinen Aktienbestand verbuchen kann. Steigen allerdings die Kurse während der Optionsfrist kräftig an, muss er davon ausgehen, dass die Aktien tatsächlich von seinem Kontrahenten abgerufen werden, sodass er von diesem Anstieg nicht profitiert. Fallen dagegen die Kurse über die vereinnahmte Optionsprämie hinaus, verliert er, da er weiterhin »stillhalten« muss. Er hat natürlich die Möglichkeit, diese Position vorzeitig zu schließen (= Closing Transaction), wie dies an der Eurex jederzeit möglich ist, indem er einfach eine Option mit denselben Ausstattungsmerkmalen erwirbt, also selbst eine Kaufoption eröffnet. Durch dieses Gegengeschäft hebt er seine Verpflichtungen auf, er »stellt sich glatt«, wie die Börsianer sagen.

Abb. 7.7: Gewinn-/Verlustsituation Calls

Gewinn-/Verlustsituation Calls			
Basispreis 200	Prämie 50	Käufer	Verkäufer
Wertpapierkurs bei Verfall der Option	150	-50	+50
	200	-50	+50
	250	0	0
	300	+50	-50
	350	+100	-100
	400	+150	-150
		theoretisch unbegrenzte Weiterentwicklung	

Von Ausnahmen abgesehen, ist das Risiko des Verkäufers einer Kaufoption daher gering. Und auch der Käufer einer solchen Option kann maximal seinen Einsatz, also die gezahlte Optionsprämie, verlieren.

Verkaufsoptionen (Puts)

Der **Käufer einer Verkaufsoption** rechnet mit fallenden Kursen. In diesem Fall kann er seine Option während der Laufzeit zu einem höheren Preis weiterveräußern oder die Aktien auf dem niedrigeren Kursniveau über die Börse kaufen und seinem Kontrahenten zum festgelegten höheren Basispreis verkaufen. Besitzt er hingegen bereits diese Aktien, kann er sich auf diese Weise auch gegenüber einem möglichen Kursrückgang absichern.

Der **Verkäufer einer Verkaufsoption** hofft im Gegensatz dazu auf stagnierende oder steigende Kurse. Er verpflichtet sich, bis zum Ablauf der Optionsfrist jederzeit die entsprechenden Aktien von seinem Kontrahenten zum festgelegten Preis abzunehmen; man nennt ihn daher den »Stillhalter in Geld«.

Abb. 7.8: Gewinn-/Verlustsituation Puts

Gewinn-/Verlustsituation Puts			
Basispreis 200	Prämie 50	Käufer	Verkäufer
Wertpapierkurs bei Verfall der Option	0	150	-150
	50	100	-150
	100	50	-50
	150	0	0
	200	-50	50
	250	-50	50
	300	Gewinn/Verlust begrenzt	

Zwar kann der Verkäufer einer Verkaufsoption für dieses Stillhaltergeschäft die entsprechende Optionsprämie kassieren und wird auch die Papiere erst dann abnehmen müssen, wenn Kursrückgänge seinen Kontrahenten zur Ausübung seines Rechts bewegen. Das Risiko ist hier dann mitunter sehr groß. Denn der Stillhalter muss die entsprechenden Stücke auch bei extremem Kursrückgang abnehmen. Auch hier hat er aber über die Terminbörse die Möglichkeit, sein Risiko abzufangen, indem er einfach auf die andere Seite des Marktes wechselt und selbst eine entsprechende Kaufoption erwirbt. Für den Käufer einer Verkaufsoption besteht dieses Risiko dagegen maximal im Verlust der gezahlten Optionsprämie.

Über die Europäische Terminbörse Eurex ist es in der Zwischenzeit sogar möglich, die erläuterten Grundstrategien nicht nur auf die am stärksten an den deutschen Börsen gehandelten Standardwerte zu realisieren, sondern mittels entsprechender Optionen auf den DAX den Gesamtmarkt zu handeln. Im Prinzip funktioniert dies nicht anders als oben gezeigt – mit dem einzigen Unterschied, dass der DAX am Ende der Laufzeit natürlich nicht wie Aktien »geliefert« oder »abgenommen« werden kann, sondern einfach ein Barausgleich auf der Basis des DAX-Punktestands stattfindet. Wie es überhaupt beim Handel mit solchen Optionen meistens nicht auf die Ausübung des Bezugs- oder Andienungsrechtes der jeweiligen Wertpapiere ankommt, sondern auf den entsprechenden Barausgleich.

Vorsicht bei zu engen Märkten

Abgesehen von den Risiken, die die Stillhalter (in Geld oder Stücken) grundsätzlich gegenwärtigen müssen, besteht für die Käufer von Kauf- und Verkaufsoptionen der Reiz solcher Geschäfte natürlich darin, mit begrenztem, sich allenfalls auf die Höhe der gezahlten Prämie erstreckendem Verlustrisiko innerhalb kürzester Zeit gegebenenfalls ganz erhebliche Gewinne erzielen zu können; wobei Sie als Anleger eben nicht nur auf einen Anstieg von Aktienkursen oder einen Börsenindex setzen können (Kauf eines Calls), sondern eben auch auf einen Kursverfall (Kauf eines Puts).

Was allen Optionen grundsätzlich als Risiko bleibt, ist der Wettlauf mit der Zeit. Ihre Aktie mag am Tag nach Ablauf der Frist in rasendem Tempo jene Höhe erklimmen, die Sie sich als Käufer einer Kaufoption vorgestellt hatten: »Rien ne va plus«, heißt es nach dem Fälligkeitszeitpunkt dann leider für Sie - nichts geht mehr. Das Optionsrecht endet unweigerlich mit dem Ende der Laufzeit. Daher sollten Sie das Risiko nicht unterschätzen, dass die Kurse sich innerhalb der Restlaufzeit Ihrer Option bis zum Verfall nicht in die erwartete Richtung bewegen.

Futures: das Millionenspiel – nur für Profis

Ganz heiß wird es für einen Börsianer erst, wenn er statt mit Optionsscheinen und Optionen mit Futures hantiert. Sie sind aus der Notwendigkeit von großen institutionellen Anlegern erwachsen, ihre Depotbestände in bestimmten Börsenphasen durch vergleichsweise einfache, kostengünstige Finanzinstrumente absichern zu können. In der Regel ist dieses Instrument allenfalls für Anleger mit hoher Risikobereitschaft geeignet, da schon ein einziger Kontrakt ein dahinterstehendes Volumen des 50-fachen Indexstandes in Euro repräsentiert.

Der Ausdruck **Future** ist eine allgemeine Bezeichnung für Terminkontrakte, zum Beispiel Aktienindexterminkontrakte, Zinsterminkontrakte, Devisenterminkontrakte, aber auch Warenterminkontrakte.

Im Gegensatz zu Optionen, bei denen der Inhaber der Option das ihm zustehende Recht zum Kauf oder Verkauf ausüben *kann*, aber nicht muss, beinhalten Futures die verbindliche Vereinbarung, zu einem bestimmten Zeitpunkt den entsprechenden Basiswert tatsächlich abzunehmen oder zu liefern beziehungsweise einen entsprechenden Barausgleich vorzunehmen. Natürlich gibt es bei entsprechend standardisierten Kontrakten, wie sie an der Terminbörse gehandelt werden, auch hier die Möglichkeit, einmal eröffnete Positionen durch ein entsprechendes Gegengeschäft wieder zu schließen. Etwa 95 Prozent aller offenen Positionen werden bis zum Fälligkeitstag auf diese Weise wieder geschlossen.

Abb. 7.9: Futures versus Optionen

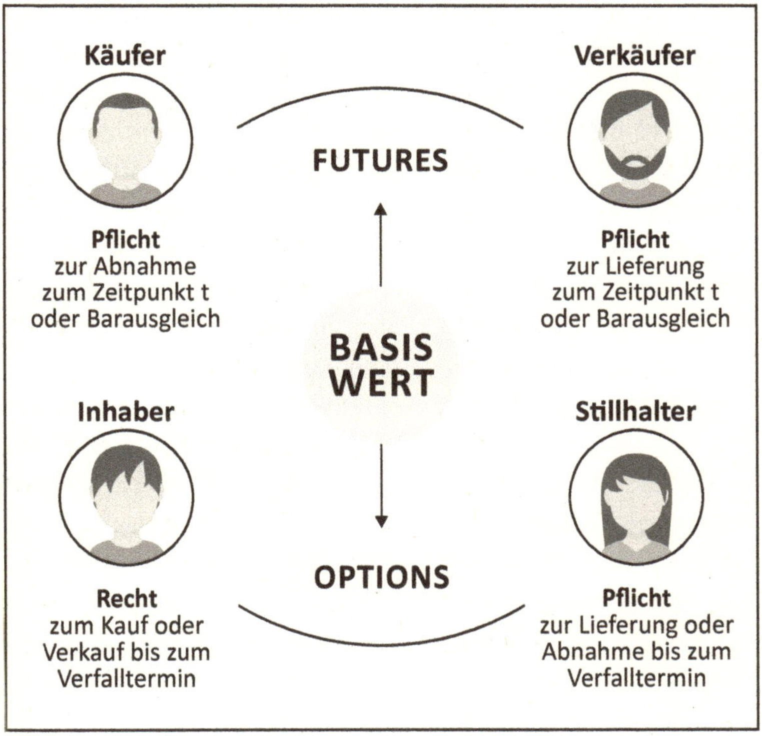

An der Eurex sind in diesem Zusammenhang besonders die DAX-Futures auf den deutschen Aktienmarkt und die Bund-Futures auf den deutschen Rentenmarkt beziehungsweise eine (synthetische) Bund-Anleihe gefragt. Durch den Kauf oder Verkauf von DAX-Futures kann ein Investor relativ bequem und ohne allzu große Kosten das Marktrisiko seines Wertpapierdepots eliminieren oder seinen Erwartungen anpassen. Er kann sich durch den Einsatz dieses Futures aber auch ein aktuelles, günstig erscheinendes Kursniveau sichern, wenn er die etwa für eine Anlage am Kassamarkt notwendigen finanziellen Mittel noch nicht zur Verfügung hat. Darüber hinaus kann er auch über den Kauf oder Verkauf eines solchen Futures über eine einzige Transaktion auf den Gesamtmarkt **à la hausse** oder **à la baisse** spekulieren.

Die Preisentwicklung des DAX-Futures hängt dabei natürlich vom Verlauf des durch den DAX repräsentierten Aktienmarkts ab. Steigen die Kurse am Kassamarkt und damit der Punktestand des DAX, so steigt in der Regel auch der DAX-Future, fallen diese Kurse, sinkt in der Regel auch der Preis des DAX-Futures.

Will ein Anleger also etwa unter spekulativen Gesichtspunkten auf den gesamten deutschen Aktienmarkt setzen und ist er in seinen Erwartungen positiv gestimmt, kann er, statt den entsprechenden Korb an Aktien zu kaufen, auch DAX-Futures erwerben. Bei Zugrundelegung eines an der Eurex geltenden Werts von 25 Euro für einen Indexpunkt würde ein einziger DAX-Future bei einem Stand von 13 000 Punkten einen wirklichen Gegenwert von immerhin 325 000 Euro repräsentieren. Jeder Anstieg dieses Futures um nur einen einzigen Punkt bedeutet dann für den Käufer des Futures einen Gewinn von 25 Euro. Bei einem Anstieg des DAX auf der obigen Basis um nur 1 Prozent hieße das, dass ein Käufer bei einer entsprechenden parallelen Entwicklung des Futures etwa 3250 Euro an Gewinn einstreichen könnte.

Futures wären für Sie als Privatanleger unter spekulativen Gesichtspunkten denn auch tatsächlich nur ein Vabanque-Spiel, das Sie unbedingt meiden sollten.

Kapitel 8
Sicherheitsorientierte Anlageformen: Anleihen, Zinsinstrumente, Gold & Co

Der »schwarze Montag« vom 19. Oktober 1987 war nicht für alle Anleger so düster, wie es heute im Rückblick auf die damaligen Kursverluste an den internationalen Börsen erscheint. Im Gegenteil: Wer sein Wertpapierdepot in den Monaten zuvor rechtzeitig von gewinnorientierten Anlageformen (Aktien, Optionsscheine) stärker auf ertragsorientierte Wertpapiere (Anleihen, Zinsinstrumente) umgeschichtet hatte, konnte nach Überwindung des ersten Schocks in den folgenden Wochen und Monaten recht zufrieden sein.

Ähnlich war es vor 20 Jahren nach dem Platzen der Internet- oder »Dotcom«-Blase im Frühjahr 2001 und nach der Weltfinanzkrise 2007/2008. Wer zu diesem Zeitpunkt das Schwergewicht seines Depots nicht auf Aktien, sondern Rentenpapiere als dem zweiten wichtigen Basisinvestment an der Börse gelegt hatte, kam mit wenigen Blessuren davon.

Anleihen als schwankungsarmes, ertragsorientiertes Basisinvestment für mehr Sicherheit im Depot

Freuen konnte sich der Betreffende zuallererst darüber, dass er durch sein Umschwenken auf eine sehr viel weniger schwankungsstarke Anlageform vor den immensen Verlusten bewahrt wurde, die andere beim täglichen Verfall der Aktienkurse hinnehmen mussten. Hinzu kam aber noch eine sich in der Folge dieser Aktiencrashs rasch abzeichnende Entwicklung, an der Besitzer von festverzinslichen Wertpapieren quasi nebenher verdienen können: der Rückgang der Zinsen und Renditen an den Kapitalmärkten.

Waren die Zinsen, gemessen an der durchschnittlichen Rendite der Anleihen, zum Beispiel von Mai bis Oktober 1987 nach einem stetigen Rückgang in den Vormonaten plötzlich wieder in die Höhe geschnellt und so einer der Auslöser dieses Crashs, fielen sie in den folgenden Monaten bis März des Folgejahres ebenso deutlich wieder zurück. Denn nach dem Debakel waren sich die Finanzminister und Notenbankchefs der westlichen Welt plötzlich so einig wie nie: Die Zinsen sollten gesenkt werden, um einer befürchteten weltweiten Rezession entgegenzuwirken und die Wirtschaft durch billiges Geld zu beflügeln. Ähnliches konnten Sie dann auch nach dem Crash 2001 und nach der internationalen Finanzkrise 2008/2009 beobachten: Immer wenn die Konjunktur stärker schwächelt oder gar eine längere Rezession droht, versuchen Notenbanken, die Zinslasten von Staaten und Unternehmen für die von ihnen über Staats- und Unternehmensanleihen aufgenommenen Gelder nach unten zu drücken – zuletzt bis auf nahezu null oder sogar in den Negativbereich.

Das Besondere dabei: Da fallende Zinsen und Renditen mit einem Anstieg der Kurse für die bereits am Markt gehandelten Anleihen einhergehen, konnten die Besitzer von – vielleicht sogar besonders lang laufenden – Anleihen in der Folge nicht nur diese Zinsen vereinnahmen, sondern beim Verkauf ihrer Anleihen während der Laufzeit kräftige Kursgewinne einstreichen. Das hängt mit dem Charakter und der Wirkungsweise dieses Finanzinstruments zusammen, das eben nicht wie Aktien von der wirtschaftlichen Entwicklung eines Unternehmens abhängig ist, sondern zuallererst von dessen Kreditwürdigkeit (»Bonität«) und der Höhe der jeweiligen Marktzinsen. Dabei geht es für die meisten Privatanleger normalerweise in erster Stelle um deren laufende, gut kalkulierbare Erträge und nur in Ausnahmefällen um mögliche zusätzliche Kursgewinne.

Was Anleihen und andere Rentenpapiere charakterisiert

Durch die Ausgabe einer Anleihe besorgen sich deren Emittenten liquide Mittel, bei dem Ihre Ansprüche als Anleihekäufer und **Gläubiger** in Form einer Schuldverschreibung verbrieft werden. Diese von Bund, Bundesländern, Kommunen, Industrieunternehmen, Kreditinstituten oder Hypothekenbanken ausgegebenen Wertpapiere werden beim Kreditnehmer (**Schuldner**) gegebenenfalls besonders gesichert oder bei Unternehmensanleihen im Insolvenzfall bevorzugt bedient.

Deshalb gelten Anleihen im Vergleich zu Aktien auch als eine sehr viel sicherere Anlageform. Sie stehen bei Pensionskassen, Lebens- oder Rentenversicherungen ganz im Fokus ihrer Investments. Staatsanleihen wurden früher sogar als »mündelsicher« bezeichnet, also als Finanzinstrumente, bei denen Wertverluste nahezu ausgeschlossen erschienen. Deren Sicherheit hängt allein von der Kreditwürdigkeit (**Bonität**) des jeweiligen Staates ab, die von internationalen Ratingagenturen (wie Standard & Poor's, Moody's oder Fitch) laufend bewertet werden.

Im Zuge der Weltfinanzkrise mussten Anleger allerdings lernen, dass selbst Anleihen entwickelter Staaten auch ausfallen und Anlegern über einen erzwungenen Teilverzicht oder eine »Umschuldung« hohe Verluste bescheren können. Erinnern Sie sich nur an die Bemühungen zur Abwendung des Staatsbankrotts von Griechenland, die die Eurozone und den Euro selbst in erhebliche Bedrängnis gebracht hatten.

Wie sich Zinsänderungen auf den Anleihekurs auswirken

In der Regel sind Anleihen mit einem festen, bis zur Rückzahlung, der **Fälligkeit**, festen Zins ausgestattet, der über die gesamte **Laufzeit** unverändert bleibt. Man spricht daher auch von festverzinslichen Wertpapieren.

Die Höhe der garantierten Verzinsung richtet sich dabei einerseits nach der Qualität beziehungsweise **Bonität** des jeweiligen Schuldners, sodass eine weniger gute Qualität über eine höhere Verzinsung (Rendite) ausgeglichen werden muss. Denn der Zins ist nichts anderes als der Preis für das Risiko, das Sie mit Ihrem Investment eingehen. So gehören Anleihen der Bundesrepublik Deutschland (»Bundesanleihen«) von jeher zu den weltweit am meisten nachgefragten Rentenpapieren mit höchstem Bonitätsrating (»AAA«), für die Anleger seit 2019/20 nur sehr geringe Zinsen verlangen oder sogar negative Renditen in Kauf nehmen.

Abb. 8.1: Bonitätsstufen (Ratings) von Anleihen (Standard & Poor's)

AAA	Höchste Bonitätsstufe des Schuldners. Zins- und Tilgungszahlungen faktisch mündelsicher.	**CCC**	Niedrige Bonität. Gefahr, dass Rückzahlungen notleidend werden, zumindest erhebliche Probleme bei der Rückzahlung entstehen können.
AA	Überdurchschnittliche Bonität. Zins- und Tilgungszahlungen sehr gut.	**CC**	Hochgradig spekulativer Wert. Gefahr, dass Rückzahlungen notleidend werden, äußert groß.
A	Hohe Bonität, aber Zins- und Tilgungsleistungen von äußeren, politischen oder konjunkturellen Faktoren abhängig.	**C**	Mindestens eine Rückzahlung wurde bereits ausgesetzt.
BBB	Durchschnittliche Bonität. Zins- und Tilgungszahlungen normal gesichert, aber stark von der Konjunktur abhängig.	**D**	Unternehmen befindet sich in Zahlungsschwierigkeiten, Rückzahlung notleidend.
BB	Spekulativer Wert, für dauerhaftes Investment eher ungeeignet.		
B	Spekulativer Wert, für dauerhaftes Investment ungeeignet. Die Rückzahlungssicherheit über einen langen Zeitraum ist nicht gewährleistet.	**+, -**	Als Buchstabenzusatz: relative Auf- bzw. Abwertung des Unternehmens innerhalb derselben Ratingstufe.

Andererseits hängt der Zins von den zum Zeitpunkt der Ausgabe der Anleihe jeweils gültigen **Marktzinsen** ab, festgemacht am Renditeniveau beziehungsweise der sogenannten Umlaufrendite.

Die Rückzahlung der Anleihe geschieht in der Regel entweder als **Tilgung** am Ende der Laufzeit oder in Teilabschnitten für einzelne ausgeloste oder gekündigte Anleiheserien.

Die **Stückelung** der Anleihe erfolgt je nach Bedarf, wobei ein Mindestnennbetrag von 100 Euro üblich, die bevorzugte Mittelgröße aber 1000, 10 000 oder auch 100 000 Euro beträgt.

Für Sie als Anleger wichtig ist, dass der größte Teil solcher Anleihen ganz ähnlich wie Aktien an der Börse gehandelt werden. Deren Kauf- und Verkaufskurse richten sich nach Angebot und Nachfrage und werden zum Beispiel in der *Börsen-Zeitung* oder auf den Internetportalen der im Anleihehandel besonders aktiven Plattform der Stuttgarter Wertpapierböse börsentäglich veröffentlicht.

Abb. 8.2: Rendite und Effektivverzinsung von Anleihen

Rendite	Effektivverzinsung
r = (a + [d/n]) / ([k+100] / 2) x 100	Nominalzins + Rückzahlungsgewinn : (Anschaffungskurs : 100) = Effektivverzinsung
wobei gilt: r = Rendite a = jährliche Ausschüttung d = Differenz zwischen Nennwert und Kurswert n = Restlaufzeit in Jahren k = Kurswert des Wertpapiers (d / n) = wird im Falle eines Disagios addiert, im Falle eines Agios subtrahiert!	dabei gilt: Rückzahlungsgewinn = (Rückzahlungskurs - Anschaffungskurs - An- und Verkaufsgebühren) : Laufzeit *Beispiel:* a) Kaufkurs der Anleihe: 96 % b) Zinssatz: 9 % c) Restlaufzeit: 3 Jahre d) Rückzahlung der Anleihe: 100 % e) An- und Verkaufsgebühren auf 100 = 2,50 Euro f) ([100 - 96 - 2,50] : 3) = 9,5 % Effektivverzinsung

Der **Kurswert** einer Anleihe wird in Prozent vom **Nennwert** (= 100) berechnet, wobei sich die garantierte Verzinsung (der sogenannte **Kupon**) nicht auf diesen Kurswert, sondern auf den Nennwert bezieht.

Solange Sie als Anleger kein Interesse daran haben, Ihre Anleihe vor Ablauf des Tilgungszeitraums zu verkaufen, brauchen der Kurswert Ihrer Anleihe und Kursschwankungen Sie aber nicht zu interessieren! Am Ende der Laufzeit erhalten Sie bei Schuldnern guter Bonität Ihr Geld zu »pari« (= 100 Prozent) zurück, was besagt, dass der Rückzahlungskurs genau dem Nennwert der Anleihe entspricht. Der Ertrag und die Rendite vor Steuern (!) ergeben sich dann aus den vereinnahmten Zinsen, abzüglich An- und Verkaufsprovisionen.

Wenn Sie dagegen planen oder in einer kritischen Situation gar darauf angewiesen sind, Ihre Anleihe womöglich doch vor Endfälligkeit zu verkaufen, ist der sich zwischenzeitlich ergebende aktuelle Kurs dagegen von entscheidender Bedeutung.

Haben Sie beispielsweise eine zehn Jahre laufende 10-prozentige Anleihe zum Ausgabekurs von 100 Prozent gekauft und wollen Sie diese nach fünf Jahren vorzeitig veräußern, erhalten Sie bei einem angenommenen Kurs von 95 auch nur 95 Prozent Ihres eingesetzten Kapitals zurück. Den über fünf Jahre vereinnahmten Zinsen von insgesamt 50 Prozent des Nominalbetrags steht also ein Kursverlust von 5 Prozent gegenüber. Die durchschnittliche Verzinsung ohne Berücksichtigung der jeweils anfallenden Kauf- und Verkaufsgebühren innerhalb dieser fünf Jahre fällt dann von 10 auf 9 Prozent (50 minus 5 = 45, geteilt durch Anzahl der Jahre).

Steht der Anleihekurs im angenommenen Fall hingegen bei 105 Prozent, streichen Sie neben den bis dahin vereinnahmten Zinsen noch 5 Prozent als Kursgewinn ein, sodass sich nach derselben Berechnung eine tatsächliche Verzinsung nicht von 10, sondern von 11 Prozent (50 plus 5 = 55, geteilt durch Anzahl der Jahre) ergibt.

Kursänderung von Anleihen bei 1 Prozent Zinsänderung

Wie sich eine Änderung des Marktzinses um 1 Prozent auf den Kurs Ihrer Anleihe rechnerisch auswirkt, hängt nicht zuletzt von deren Restlaufzeit ab.

Fall 1 = **sinkender Marktzins:** Sie haben drei Anleihen mit einem Kupon von 5 Prozent zum Nennwert von 100 Prozent gekauft, die eine Restlaufzeit von einem, fünf und zehn Jahren aufweisen. Kurz darauf sinkt der Marktzins um 1 Prozentpunkt. Der Schuldner müsste dann nur noch 4 Prozent für neue Anleihen mit denselben Restlaufzeiten zahlen. Dies hat folgende Kursänderung für die alten Anleihen zur Folge:

Restlaufzeit in Jahren	*1*	*5*	*10*
Durchschn. Laufzeit (Duration)	1,0	4,3	7,7
Kurs in Prozent	**101**	**104**	**108**

Effekt: Bei fallenden Zinsen steigen die Kurse der alten Anleihe; und zwar umso stärker, je länger die Restlaufzeit ist. Die einfache Erklärung: Da Sie als Anleger mit der alten Anleihe bis zur Tilgung höhere Zinseinnahmen erhalten als mit der neuen, muss diese für einen Erwerber unter sonst gleichen Bedingungen auch wertvoller sein als die neue. Das drückt sich im höheren Anleihekurs aus.

Fall 2 = **steigender Marktzins:** Sie haben drei Anleihen mit einem Kupon von 5 Prozent zum Nennwert von 100 Prozent gekauft, die eine Restlaufzeit von einem, fünf und zehn Jahren aufweisen. Kurz darauf steigt der Marktzins um 1 Prozentpunkt. Der Schuldner müsste dann 6 Prozent für neue Anleihen mit denselben Restlaufzeiten zahlen. Dies hat folgende Kursänderung für die alten Anleihen zur Folge:

Restlaufzeit in Jahren	*1*	*5*	*10*
Durchschn. Laufzeit (Duration)	1,0	4,3	7,7
Kurs in Prozent	**99**	**96**	**93**

Effekt: Bei steigenden Zinsen fallen die Kurse der alten Anleihe; und zwar umso stärker, je länger die Restlaufzeit ist. Die Erklärung: Da Sie als Anleger mit der alten Anleihe bis zur Tilgung geringere Zinseinnahmen verbuchen als mit der neuen, ist sie für einen Erwerber auch weniger wertvoll als die neue. Das drückt sich im niedrigeren Anleihekurs aus.

Wie sich der Kurs Ihrer Anleihe bei unterschiedlichen Zinsszenarien verändert, können Sie über entsprechende Online-Rechner einschlägiger Internetportale wie *www.zinsen-berechnen.de* oder Ihren Kundenberater leicht ermitteln.

Ihre Rentenstrategie: Anleiheanteile eher ausbauen, wenn die Zinsen fallen – und abbauen, wenn sie steigen

Professionelle Renten(fonds)manager setzen im sogenanntem **Laufzeitenmanagement** genau auf diese Effekte, um Zusatzgewinne zu generieren. Sie steigen verstärkt in möglichst langlaufende Anleihen ein, wenn sie fallende Zinsen und darüber einen entsprechenden Kursanstieg am Rentenmarkt erwarten. Sobald sich der Markt dreht und fallende Kurse befürchten lässt, verkaufen sie ihre langlaufenden Positionen, realisieren die entsprechenden Kursgewinne und steigen auf »Kurzläufer« um. Denn deren Kurse verändern sich auch beim Zinsanstieg nur wenig, wie Ihnen die oben angestellten Berechnungen zeigen.

Tipp: Wenn Sie Anleihen als Basisinvestment in Ihrem Depot verwenden, um darüber in erster Linie feste regelmäßige Erträge zu erzielen und die Schwankungsbreite Ihres ansonsten auf Aktien ausgerichteten Depots zu reduzieren, sollten Sie keine Gedanken an mögliche Kursgewinne mit Anleihen verschwenden und diese möglichst bis zur Tilgung behalten!

Hochzins- und Fremdwährungsanleihen als Beimischung zu Ihrem Depot

Um sich höhere Erträge zu sichern als beispielsweise mit den zuletzt nur noch Minizinsen abwerfenden Bundesanleihen mit »Triple-A«-Rating, können Sie Ihrem Anleihedepot schlechter bewertete Anleihen mit entsprechend höheren Kupons beimischen. Man nennt sie auch »High-Yields« (Hochzinsanleihen) oder bei bereits ausfallgefährdeten Papieren unterhalb der Ratingstufe »BB« »Junk Bonds« beziehungsweise »Ramschanleihen«. Deren Kupons sind entsprechend ihren Risiken besonders hoch.

Eine weitere Möglichkeit für Sie besteht darin, Anleihen auf eine andere Währung als dem Euro, beispielsweise dem Dollar, zu erwerben. Dies könnte dann (zumindest als Beimischung zu Ihrem Rentendepot) sinnvoll sein, wenn diese Papiere Ihnen wenigstens eine um 1, 2 oder 3 Prozentpunkte höhere Verzinsung als vergleichbare Euro-Anleihen versprechen. So lag das Renditeniveau US-amerikanischer Staatsanleihen in den vergangenen Jahren durchweg über dem Niveau deutscher Bundesanleihen.

Sie müssen bei Fremdwährungsanleihen aber berücksichtigen, dass sich Ihre Einstiegsrendite bei Änderungen der Währungsrelationen zwischen dem Euro und der ausländischen Währung schnell verändern kann. Bei einer starken oder gar aufwertungsverdächtigen Währung, wie es der Euro seit dem Ausbruch der Corona-Pandemie gegenüber dem Dollar war, ist der Vorteil, den Sie kurzfristig über den Kauf einer höher verzinslichen Auslandsanleihe erzielen, daher möglicherweise sehr schnell dahin. Dann löst sich ein anfänglicher Renditevorteil von vielleicht 2 Prozentpunkten für eine Dollaranleihe aufgrund nachgebender Dollarkurse einfach in Luft auf.

Abb. 8.3: Renditen und Ratings ausgewählter Euro-Anleihen (Juni 2020)

Emittent	WKN	Laufzeit	Kupon	Kurs	Rendite p.a.	Rating	Risiko
Deutsche Telekom	4191CW	12-2029	2,00 %	113,45 %	0,62 %	BBB	mittel
Ekosem Agrar	A1R0RZ	12-2022	8,50 %	99,50 %	8,70 %	ohne	hoch
Eon	A2YNX0	02-2030	0,35 %	98,39 %	0,52 %	BBB	mittel
Grenke Finance	A189PU	02-2022	1,12 %	99,50 %	1,44 %	BBB+	mittel
Ungarn	A28X86	06-2035	1,75 %	99,15 %	1,82 %	BBB	mittel
VW	A1ZUTM	01-2030	1,62 %	105,42 %	0,99 %	BBB+	mittel

Goldanlagen: Sicherer Hafen oder spekulatives Investment?

Damit hatte kaum jemand gerechnet: Auf dem Höhepunkt des ersten größeren Börsencrashs der Nachkriegsgeschichte im Oktober 1987 machte ein als besonders krisensicher angesehenes Investment nur eben mal einen Hüpfer nach oben, gewann in den beiden folgenden Monaten gerade noch 5 Prozent hinzu, um ein Vierteljahr später von diesem Höhepunkt aus beinahe 15 Prozent wieder an Wert zu verlieren – das Gold.

Noch stärker traf es jene seit Mitte 1986 auf einen weltweiten Zinsanstieg und eine damit einhergehende Rezession und einen Kursanstieg von Goldminenaktien spekulierenden Anleger. Sie hatten sich auf ständiges Zureden manches provisionshungrigen jungen Anlageberaters in den vorangegangenen Monaten zum Teil bis über die Halskrause mit entsprechenden Minenaktien aus Südafrika, Kanada oder Australien eingedeckt und seit Anfang 1987 vergeblich auf einen Ausbruch des

Goldpreises über die 500-Dollar-Marke gewartet. Nun mussten sie mit ansehen, wie ihre doch als so krisenfest angepriesenen Titel in den Tagen des »Finale Furioso« nicht weniger als alle anderen Aktien verfielen. Der Kursverlust einzelner, in den Wochen und Monaten zuvor von den »Goldgurus« selbst renommiertester Bankinstitute hochgejubelter Minenaktien belief sich nicht selten auf mehr als 50 Prozent und mehr innerhalb weniger Tage.

Ich selbst habe Gold bis heute nie als Sicherheitsinvestment verstanden – weder privat noch als Anlageberater noch zur Beimischung in von mir beratenen Fonds. Dagegen sprachen immer dessen hohe Preisschwankungen und der fragwürdige Nutzen, in wirklichen Krisenzeiten darüber frei verfügen und einen wesentlichen Teil seines Vermögens sicher retten zu können. (1) Meine erste Begegnung mit diesem Metall war denn auch von ganz banaler Natur. Meine damalige Frau hatte von ihrem Vater einen größeren Betrag als Vorschuss auf ihr späteres Erbe erhalten, mit dem wir einen Teil unseres Darlehens für ein zuvor gebautes Haus abzahlen wollten. 10 000 Mark davon zweigten wir dann ab und spekulierten auf eine schnelle Aufwärtsbewegung beim Goldpreis. Wir kauften Krügerrand-Goldmünzen und verkauften sie bereits wenige Wochen gegen den Rat unserer weiter auf einen Goldpreisanstieg setzenden Sparkasse mit einem schönen Gewinn von mehreren Tausend Mark. Ich erinnere mich noch, wie meine Frau mit leuchtenden Augen meinem Schwiegervater davon berichtete. Er, der sich nach dem Krieg als früherer Schreiner unter viel Mühen eine mittelständische Möbelfabrik aufgebaut hatte, wollte das zunächst gar nicht glauben und konnte es auch nicht wirklich verstehen. (2) Die zweite Episode führt in die Frühzeit meiner Tätigkeit als Finanzjournalist zurück. Für manche galt ich damals als eine Art Anlegerschützer, da ich mich als Chefredakteur des *Geldanlage-Beraters* viel mit dem Grauen Kapitalmarkt beschäftigt und meine Leser unter anderem vor einem Beteiligungsprodukt einer aus Göttingen agierenden Finanzgruppe gewarnt hatte. Die hatte mir dafür auch prompt mit einer Klage gedroht. Vor diesem Hintergrund hatte mich der Herausgeber eines Reports über Machenschaften am Grauen Kapitalmarkt einem Anleger empfohlen. Ich sollte ihm helfen, in den USA einen Teil seiner Millionenverluste zurückzuholen, die er dort mit windigen Spekulationsgeschäften am Terminmarkt verspielt hatte. So kam der Mann dann bald mit einem Mitarbeiter nach Göttingen, um mir einen entsprechenden Auftrag zu erteilen. Ich war äußerst skeptisch, aber versprach ihm, mir seine umfänglichen Abrechnungsunterlagen genauer anzusehen. Da er merkte, dass ich keineswegs so heiß

> auf diesen höchst lukrativen Auftrag war, wie er sich erhofft hatte, steckte er mir zum Abschied eine kleine Schatulle zu – als Geschenk, mit dem er mich augenscheinlich zu ködern versuchte, möglichst umgehend in die USA zu fliegen. Ich machte das Kästchen dann erst zu Hause auf und fand darin: einen Goldbarren von nicht unbeträchtlichem Wert! Aber es nützte nichts. Nach gründlicher Prüfung der mir zugesandten Unterlagen musste ich ihm eine Absage erteilen. Es erschien mir völlig unmöglich, aus den von ihm sehr blauäugig eingegangenen Währungstermingeschäften auch nur einen Cent zurückzuerhalten. Der Mann hatte sich einfach verzockt!

Tatsache ist, dass ein Zusammenhang zwischen dem Auftreten einer allgemeinen wirtschaftlich-politischen Krise und einer über eine Krisenpsychose ausgelösten Flucht ins gelbe Metall mit entsprechenden Preisschüben nach oben beim Gold selbst oder bei dessen Explorateuren keineswegs zwangsläufig ist. Solange Minenunternehmen in Anbetracht erwarteter Preissteigerungen ihre Kapazitäten kontinuierlich erweitern, solange Förderländer gerade in Zeiten einer wirtschaftlichen Krise über den Verkauf von Goldbeständen eigene Schwierigkeiten abzumildern versuchen, solange schließlich Politik und Notenbanken der Gefahr einer Weltrezession eher mit sinkenden als mit steigenden Zinsen zu begegnen versuchen – so lange bestand auch nur wenig Aussicht, dass sich der seit Ende der Siebzigerjahre zu beobachtende Preisverfall umkehren würde.

Erst seit 2001, nachdem der Preis für eine Unze Gold sein vorläufiges Tief bei 250 Dollar erreicht hatte, setzte eine Erholung ein, die den Goldpreis fünf Jahre später (2006) auf 740 Dollar (+200 Prozent) trieb, wiederum fünf Jahre später (2011) auf 1900 Dollar (+156 Prozent), um nach einem kräftigen zwischenzeitlichen Absturz in den folgenden fünf Jahren auf 1077 Dollar im Jahr 2016 (-61 Prozent) bis Herbst 2020 wieder auf rund 2000 Dollar (+92 Prozent) zu kommen.

Der Langfristchart der Goldpreisentwicklung (**Abb. 8.4**) zeigt Ihnen jedenfalls, dass Gold als Sicherheitsanlage keineswegs so »bombenfest« ist, wie dies in der Öffentlichkeit gern verbreitet wird. Wer beispielsweise von 1983 bis 1993 in Gold investiert war, hatte rein rechnerisch am Ende dieses Jahrzehnts die Hälfte seines Einsatzes eingebüßt. Wer beim Zwischenhoch im August 2011 für 1852 Dollar gekauft hatte, verlor bei einem Verkauf zum Zwischentief im Jahr 2016 rund 60 Prozent seines Einstands.

Abb. 8.4: Langfristige Goldpreisentwicklung in Dollar je Feinunze

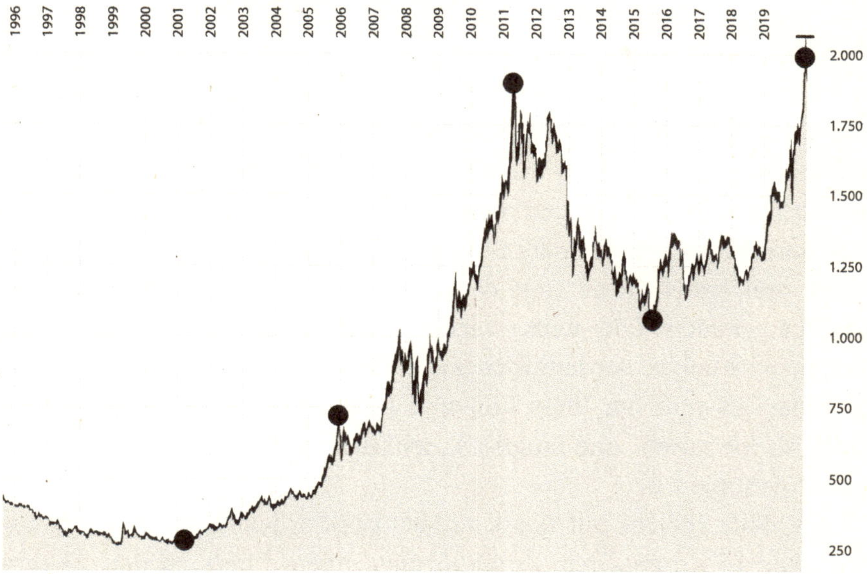

Quelle: Comdirect

Ähnlich wie beim Aktienkauf (s. **Kapitel 3**) sollten Sie auch vor dem Einstieg in Gold einen Blick auf dessen charttechnische Situation werfen. Danach weist der Goldpreis auf dem zuletzt gesehenen Niveau um 2000 Dollar jedenfalls kurzfristig ein deutliches Rückschlagpotenzial auf. Zumindest ist kaum anzunehmen, dass er sich trotz anhaltender Krisen so sicher und dynamisch wie zuletzt weiter nach oben bewegt. Es gibt manche Gründe, die eher dafür-, viele andere jedoch, die dagegensprechen.

All dies besagt: Gold ist – anders als viele meinen – ein spekulatives Investment mit unkalkulierbarer Wertentwicklung und tendenziell hohen Preisschwankungen. Daher ist es zur Reduzierung der Wertschwankungen eines ansonsten eher auf Aktien und ähnliche kursschwankungsstärkere Investments ausgerichteten Depots nur begrenzt geeignet.

Zudem wirft es keine Erträge ab und ist bei physischer Auslieferung mit hohen Haltekosten verbunden.

Ein weiterer Unsicherheitsfaktor ergibt sich für Sie als Euro-Anleger aus der Abhängigkeit Ihres Investments vom Dollar. Weltweit wird der Goldpreis in Dollar je Feinunze notiert. Wenn der Goldpreis in Dollar zum Beispiel um 10 Prozent steigt, können Sie einen entsprechenden Gewinn nur dann verbuchen, wenn die Währungsverhältnisse zwischen Dollar und Euro zwischen dem Zeitpunkt Ihres Kaufs und (möglichen) Verkaufs unverändert bleiben. Falls der Wert des Dollars in diesem Zeitpunkt gegenüber dem Euro dagegen steigt, würde Ihr Gewinn noch höher als 10 Prozent ausfallen. Fällt der Dollarkurs dagegen im selben Zeitraum um 10 Prozent, haben Sie am Gold dann unter dem Strich gar nichts verdient.

Eine genauere, über unterschiedliche Anlageperioden hinweg vorgenommene Analyse der langfristigen Preisentwicklung macht also deutlich, dass es ganz auf Ihren Ein- und Ausstiegszeitpunkt ankommt, ob Gold für Sie mittel- und langfristig wirklich ein erfolgreiches, verlässliches Investment ist.

Als »Safe Haven« mit quasi automatischem Schutz vor Vermögensverlusten in Krisenzeiten, Inflation oder einem Crash an den Aktienmärkten sollten Sie es langfristig aber besser nicht betrachten.

Wenn Sie zu den risikobewusst eingestellten Anlegern gehören, können Sie in Gold insbesondere nach kräftigen Rückschlägen unter spekulativen Gesichtspunkten dagegen durchaus investieren. Wo der Goldpreis jeweils in ein, zwei oder zehn Jahren steht, weiß allerdings niemand. Wer Ihnen hier etwas anderes weiszumachen versucht, ist entweder ein Scharlatan, der es nicht besser weiß. Oder ein Falschmünzer, der mit seinen Kaufempfehlungen in Wirklichkeit ganz andere Interessen verfolgt.

Dabei sollten Sie statt eines direkten Erwerbs des gelben Metalls und der kostenträchtigen Verwahrung im Bankdepot besser auf physisch mit Gold hinterlegte Finanzprodukte setzen. So basiert der von der Börse Stuttgart Securities GmbH emittierte Euwax Gold II (ISIN: DE000EWG2LD7) auf einer unbefristeten Inhaberschuldverschreibung, die zu 100 Prozent mit Gold unterlegt ist und eine physische Auslieferung verbrieft.

Abb. 8.5: Euwax Gold II in Euro (ETC) 2012 bis 2020

Quelle: Börse Stuttgart, 26.08.2020, 14:40 Uhr

Sie können den ETC über Ihre depotführende Bank börsentäglich kaufen und verkaufen, wobei die Euwax AG als Marketmaker für enge An- und Verkaufspreise und eine schnelle Orderausführung sorgt.

Für den Kauf und Verkauf dieses ETC fallen die börsenüblichen Transaktionskosten, hingegen keinerlei Management- oder Verwaltungsgebühren an. Zudem ist die sonst mit erheblichen Kosten verbundene Auslieferung des Goldes innerhalb Deutschlands kostenfrei.

Der Preis von Euwax Gold orientiert sich dabei am Preis eines Goldbarrens und nicht, wie bei den meisten alternativen ETFs, an einer synthetischen Nachkonstruktion der Entwicklung des Gold-Futures. Zwar sind auch synthetische Konstruktionen für spekulative Anlagen in Gold grundsätzlich geeignet, physisch hinterlegte Konstrukte wie Euwax Gold oder auch Xetra-Gold (ISIN DE000A0S9GB0) von Deutsche Börse Commodities erfüllen den mit dem Investment erhofften Sicherheitsaspekt aber in besonderer Weise.

Der für Euwax Gold II herangezogene Goldpreis richtet sich unter anderem nach dem Weltmarktpreis für Gold unter Berücksichtigung der aktuellen Wechselkurse. Der Preis von Euwax Gold II wird dabei börsentäglich fortlaufend in Euro berechnet, Sie können ihn aktuell auf *www.boerse-stuttgart.de* verfolgen.

Während in diesem wie in den meisten anderen ähnlichen Indexprodukten der einmal am Tag festgestellte Kassa-Goldpreis oder eben der sich aus den Futures ergebende fortlaufende Spotpreis in Dollar einfach in Euro umgerechnet wird, können Sie mit dem DJ-UBS Gold EUR Hedged Daily (EUR) von ETF Securities (ISIN DE000A1NZLN6) ein Produkt erwerben, bei dem der Euro gegenüber dem Dollar abgesichert wird. In diesem Fall würden Sie also von einem steigenden Goldpreis auch dann vollständig profitieren, wenn der Dollar gegenüber dem Euro nachgegeben würde. Falls der Dollar gegenüber dem Euro im Zeitraum, in dem Sie das Papier halten, dagegen steigt und also der Euro schwächer tendiert, würden Sie davon dann allerdings nicht profitieren.

Grundsätzlich sollten Sie eine solche Doppelstrategie auf Gold und zugleich den Dollar daher nur in Ausnahmesituationen verfolgen: wenn Sie fest davon ausgehen, dass der Dollar in dem ins Auge gefassten Anlagezeitraum signifikant gegenüber dem Euro verliert. Devisenspekulationen auf die langfristige Entwicklung von Währungen gehören aber seit Menschengedenken zum Unsichersten, was es an der Börse überhaupt gibt. Als Privatanleger sollten Sie sich nicht auf sie einlassen.

Auch Minenaktien sind nicht vorm Crash gefeit

Einen stärkeren Hebel auf die Entwicklung des Goldpreises bieten Ihnen Goldminenaktien wie etwa des kanadischen Unternehmens Barrick Gold (**Abb. 8.6**). Unter dem Gesichtspunkt der sicheren Geldanlage bieten Ihnen Minenaktien allerdings kein geringeres Risiko im Vergleich zum übrigen Markt. Im Gegenteil sind sie im Vergleich zu »normalen« Aktien meistens sehr viel volatiler, also schwankungsstärker als andere Aktien und auch als der Goldpreis selbst. Manchmal laufen diese Aktien dem Goldpreis kräftig voraus – dann ist Vorsicht geboten. Ein anderes Mal hinken sie ihm deutlich hinterher, sodass ein Einstieg für kurze Zeit chancenreich sein kann.

Abb. 8.6: Langfristige Kursentwicklung Barrick Gold (in US-Dollar)

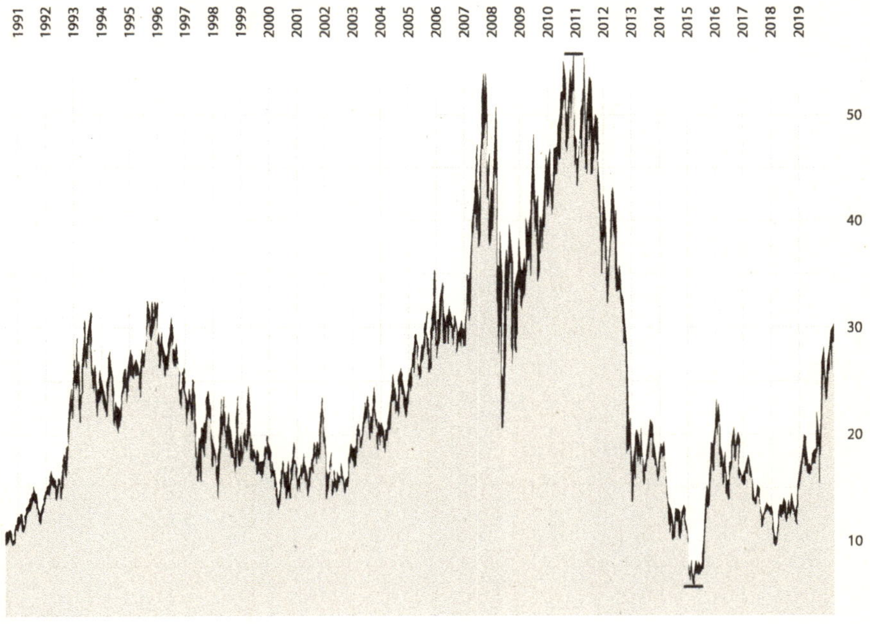

Quelle: Börse Stuttgart

Bewerten sollten Sie diese Aktien grundsätzlich nach denselben Verfahren, wie sie in **Kapitel 3** vorgestellt wurden. Die Zahlen und Zukunftsaussichten, die man Ihnen hierbei präsentiert, sollten Sie allerdings mit großen Fragezeichen versehen. Denn die Ertragsentwicklung einer Mine hängt von so vielen, zum Teil völlig unwägbaren Faktoren ab, dass manche schon von Goldgruben geredet und Minengesellschaften gegründet haben, noch ehe der erste Spatenstich getan worden ist. Gerade bei den sogenannten Junior-Minen ist größte Vorsicht geboten, solange Sie als

Anleger nicht sicher sein können, dass die Ausbeutung dieser Minen überhaupt hält, was eifrige Werbefachleute dieser Gesellschaften Ihnen als potenziellen Anteilseignern in höchsten Tönen versprechen.

Kapitel 9
So finden Sie den richtigen Anlagenmix

Wenn man Anleger nach ihren Investmentzielen und danach befragt, wie sie ihr Wertpapierdepot am liebsten ausrichten würden, erhält man in der Regel eine sehr eindeutige Antwort: Die meisten wünschen sich einerseits hohe Renditen, andererseits wollen sie möglichst gar kein oder nur ein geringes Risiko eingehen! Vermutlich werden Sie selbst dies kaum anders sehen. Und das ist auch gut zu verstehen.

Dass die Höhe der Rendite indessen nur der Preis für die Höhe des Risikos ist, das sie mit einer Wertpapieranlage an der Börse eingehen, ist vielen Anlegern nur selten wirklich bewusst.

Tatsache ist aber, dass Sie diesen nahezu gesetzmäßigen Zusammenhang mit noch so klugen Investmentstrategien nicht außer Kraft setzen können: Je höher die angestrebte Rendite, desto größer sind auch die Risiken, die Sie dafür an der Börse zwangsläufig eingehen müssen – und umgekehrt: Je geringer die Renditeerwartungen, desto weniger risikobehaftet können auch die dafür eingesetzten Investments sein. »There is no free lunch«, heißt es dazu an der Börse: Nichts ist umsonst!

Als Anleger sollten Sie daher diese beiden Seiten derselben Medaille immer im Auge behalten. Vor allem, wenn es Ihnen darum geht, Vermögen aufzubauen, es kontrolliert wachsen zu lassen und langfristig zum Beispiel für Ihre Altersvorsorge zu erhalten.

Die wichtigste Aufgabe Ihres »Depotmanagements« besteht also darin, Ihr Portfolio so zu strukturieren, dass Sie damit eine an Ihren Anlagezielen ausgerichtete Rendite unter gut kalkulierten, von Ihnen vertretbaren

Risiken erzielen. Besser eine etwas niedrigere Rendite mit entsprechend geringeren Risiken als Höchstrenditen, die Ihnen in kritischen Börsenphasen nachts den Schlaf rauben könnten.

Nicht die Einzeltitelauswahl, sondern der Depotaufbau entscheidet über Ihren langfristigen Anlageerfolg

Wie hoch die Gewinnchancen sind, die Sie mit einem bestimmten Wertpapierdepot haben, ist natürlicherweise eine Frage von dessen Zusammensetzung. Viele Anleger meinen, dass die mittel- und langfristig erzielbaren Ergebnisse ihrer Wertpapieranlagen in erster Linie davon abhängig sind, ob es ihnen gelingt, aus der Fülle des Angebots an Aktien, Anleihen und davon abgeleiteten (»derivativen«) Finanzinstrumenten jeweils die Titel mit den besten Anlagechancen ausfindig zu machen. Man sucht als »Stockpicker« dann nach einzelnen »Investmentperlen« mit möglichst hohem Gewinnpotenzial.

Ein guter Bekannter und frühester Mitstreiter für einen aufgeklärten Umgang von Privatanlegern mit Aktien und Anleihen als Kapitalanlage, Dr. Jens Ehrhardt, hat dies zum Markenzeichen seiner DJE Vermögensverwaltung gemacht. Er, auch passionierter Segler, versteht sich und seine Firma als eine Art »Perlentaucher«. Dass er damit über Jahrzehnte hinweg offenbar sehr erfolgreich gewesen ist, macht die Entwicklung seiner Fondsanlagegesellschaft deutlich, die mit immer wieder ausgezeichneten Investmentfonds heute viele Milliarden Euro verwaltet.

»Perlentauchen« kann sich auch für Privatanleger im Einzelfall lohnen – als Gesamtstrategie aber schnell in die Irre führen. Anleger übersehen dabei leicht, dass sich in steigenden, fallenden oder auch seitwärts gerichteten Märkten Einzeltitel tendenziell ähnlich verhalten wie die jeweilige Anlageklasse: In einer Aktienhausse folgen selbst die Aktien der allgemeinen Aufwärtsbewegung, die nach einer gründlichen fundamentalen Analyse (s. **Kapitel 3**) dafür möglicherweise keinerlei Rechtfertigung bieten. Und umgekehrt kann sich auch eine noch so solide Aktie kaum dem Sog nach unten entziehen, wenn die Kurse – wie im Blitzcrash im Zuge der Corona-Pandemie Mitte 2020 noch einmal deutlich vor Augen geführt – drastisch nachgeben.

Ähnliches gilt auch für den Rentenmarkt mit Anleihen und anderen ertragsorientierten Finanzinstrumenten, wenn die Zinsen plötzlich steigen oder fallen. Und es gilt darüber hinaus auch für die Entwicklung entsprechend ausgerichteter reiner Aktien- und Rentenfonds und darauf basierender Indexprodukte (s. **Kapitel 10 und 11**).

Auch wenn es jetzt ein bisschen anstrengender für Sie wird – versuchen Sie sich diesen Zusammenhang einmal ganz grundsätzlich klarzumachen! Es ist der Schlüssel für jedes kluge Depotmanagement und Ihren langfristigen Erfolg an der Börse.

Die mit dem Namen des Nobelpreisträgers Dr. Harry M. Markowitz verbundene moderne Portfoliotheorie hat bereits in den Fünfzigerjahren wissenschaftlich nachgewiesen, dass die optimale Einstellung der Chancen und Risiken eines Wertpapierdepots viel mehr davon abhängig ist, mit welchem Gewicht unterschiedliche Klassen von Wertpapieren (Assets) zum jeweiligen Zeitpunkt ins Depot eingehen. Sein Fazit:

> *Wenn man zwei sich grundsätzlich unabhängig voneinander entwickelnde Anlageklassen wie beispielsweise Aktien und Anleihen (Rentenpapiere) als die beiden Hauptkategorien an der Börse in einem Depot klug miteinander kombiniert, lassen sich auf diese Weise wesentlich höhere Renditen bei einem geringeren Gesamtrisiko erzielen.*

Wenn Sie als Anleger die Ergebnisse Ihres Wertpapierportfolios also langfristig optimieren wollen, müssen Sie Ihr Augenmerk vor allem darauf richten, wie Sie vor dem Hintergrund Ihrer persönlichen, individuell unterschiedlichen Risikofähigkeit, Risikobereitschaft und Ihrer Anlageziele Ihr Depot optimal gewichten und von Zeit zu Zeit den sich verändernden Bedürfnissen und Entwicklungen an den Märkten anpassen können.

Diversifikation, Korrelation und Varianz – die zentralen Begriffe der modernen Portfoliotheorie

Wie lässt sich diese Erkenntnis wissenschaftlich begründen? Eines der wichtigsten Untersuchungsergebnisse von Markowitz bestand darin, dass Vermögensanlagen nicht isoliert für sich, sondern stets als Gesamtheit (= Portfolio) betrachtet werden müssen. Denn ein gutes Portfolio, so schreibt Harry M. Markowitz in seinem 1959 erschienenen Werk *Portfolio Selection*, ist »mehr als eine Liste von Wertpapieren. Es ist eine ausbalancierte Einheit, die dem Investor gleichermaßen Chance und Absicherung unter einer Vielzahl von möglichen Entwicklungen bietet.«

Die Optimierung eines Depots kann dabei auf zweifache Weise geschehen: Entweder wird versucht, einen gegebenen Ertrag als vorgegebenes Renditeziel mit möglichst geringem Risiko zu erzielen; oder man versucht, mit einem vorgegebenen Risiko einen möglichst hohen Ertrag zu realisieren. Beide Ziele können durch eine systematische Risikostreuung (**Diversifikation**) erreicht werden, wodurch ein »effizient« aufgebautes Depot A trotz eines geringeren Gesamtrisikos wesentlich höhere Renditen erwirtschaften kann als ein weniger effizient strukturiertes Depot B.

Schon früher hatten die Menschen erkannt, dass sich das Risiko von Handelsgeschäften durch breite Streuung verringern lässt. Im Mittelalter schlossen sich Kaufleute zusammen, um gemeinsam riskante Investitionen insbesondere in der Handelsschifffahrt zu tätigen. Der kluge Kaufmann war dadurch in der Lage, sein Kapital auf verschiedene, sich voneinander unabhängig entwickelnde Investments zu verteilen und dadurch sein Risiko zu senken. Durch diese Verteilung des Kapitals war sein wirtschaftlicher Erfolg nicht mehr vollends vom Gelingen eines einzigen Handelsgeschäfts abhängig.

Markowitz bewies, dass eine effiziente Senkung des Anlagerisikos nur dadurch gelingt, dass man das Ausmaß der Abhängigkeit (**Korrelation**) der einzelnen Anlagen bei der Zusammenstellung des Portfolios berücksichtigt. Ein Portfolio ist danach nicht effizient diversifiziert, wenn es zwar aus verschiedenen Teilen besteht, diese sich zum selben Zeitpunkt aber alle gleich oder ähnlich verhalten (= Korrelation von +1). In diesem Fall würden alle Werte eines Depots bei einem Ereignis x (beispielsweise einer Zinserhöhung, einer bevorstehenden Rezession, einem weltweiten Crash an den Finanzmärkten oder Ähnlichem) in dieselbe Richtung laufen: fallen *oder* steigen.

Das ist bei den hier als Beispiel herangezogenen beiden Hauptanlageklassen »Aktien« und »Renten« in der Vergangenheit selten über längere Zeit der Fall gewesen. Normalerweise entwickeln sie sich gegensätzlich zueinander, eine Entwicklung, die seit Ausbruch der Weltfinanzkrise 2007/2008 und den massiven Eingriffen der internationalen Notenbanken allerdings stark konterkariert worden ist.

Ein Portfolio ist ebenfalls nicht effizient diversifiziert, wenn es zwar aus (zwei) verschiedenen, gleichgewichteten Teilen zusammengesetzt ist, sich diese aber genau gegenläufig entwickeln (Korrelation von -1). In diesem Fall würden bei einem Ereignis y beispielsweise die Kurse der einen Hälfte der Depotwerte fallen, während die der anderen Hälfte steigen würden, und zwar um exakt dasselbe Ausmaß.

Grundsätzlich gilt, dass eine Anlage, deren mögliche Ergebnisse sich in einer engen Wertschwankungsbreite bewegen, weniger riskant ist als eine, deren Ergebnisse eine große Streuung aufweisen. Denn je höher die sogenannte Standardabweichung (**Varianz**) vom veranschlagten Mittelwert ausfällt, desto größer ist – bei gleichem Erwartungswert – auch die Wahrscheinlichkeit, ein schwächeres Ergebnis zu erzielen, und umso höher kann auch der maximale Verlust ausfallen.

Vereinfacht gesagt geht es bei der Optimierung Ihrer Anlageergebnisse also darum, die Wertschwankungen Ihres Depots zu reduzieren, ohne dafür Renditechancen vergeben zu müssen!

Ein Portfolio ist deshalb dann effizient, wenn es aus Teilen besteht, die sich weitgehend unabhängig voneinander entwickeln (Korrelation 0).

Vor diesem Hintergrund ergänzen sich Anleihen und Aktien, die diese Voraussetzung langfristig am ehesten erfüllen, geradezu auf ideale Weise zur Steuerung der Chancen und Risiken Ihres Wertpapierdepots.

Abb. 9.1: Risiko/Performance-Profile unterschiedlich gewichteter Depots

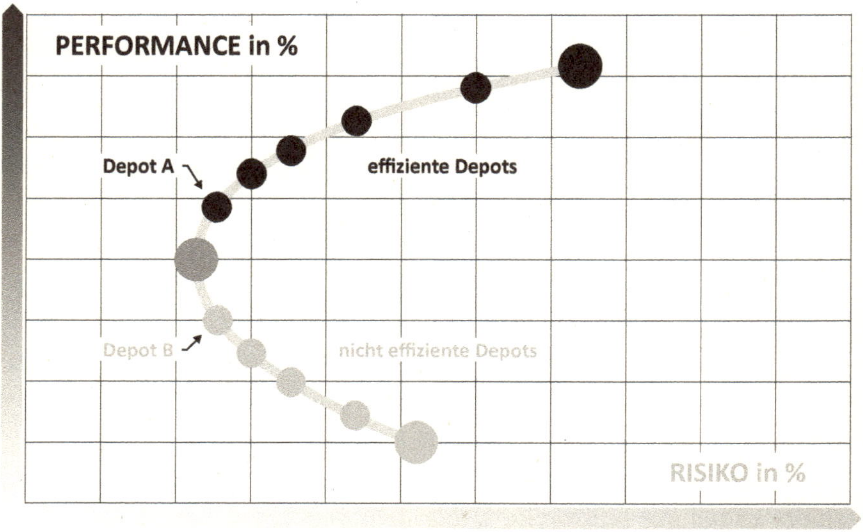

Abb. 9.1 veranschaulicht diesen Zusammenhang: Ein Depot A ist im Vergleich zu einem Depot B effizienter, wenn es bei gleich hohem Risiko eine höhere Performance (Wertentwicklung) erzielt.

So können Sie die Wertschwankungen Ihres Depots und Ihre Anlagerisiken systematisch reduzieren

Grundsätzlich haben Sie mit einem reinen Aktiendepot höhere Gewinnchancen als mit einem reinen Anleihen- beziehungsweise Rentendepot. Dazu brauchen Sie sich nur die Kursbewegungen zu vergegenwärtigen, die ein marktbreiter Börsenindex wie etwa der Deutsche Aktienindex

(DAX) in der nachfolgend beispielhaft ausgewählten Anlageperiode 1995 bis 2006 gezeigt hat.

Abb. 9.2/9.3: DAX-Performance-Index versus REX-Performance-Index

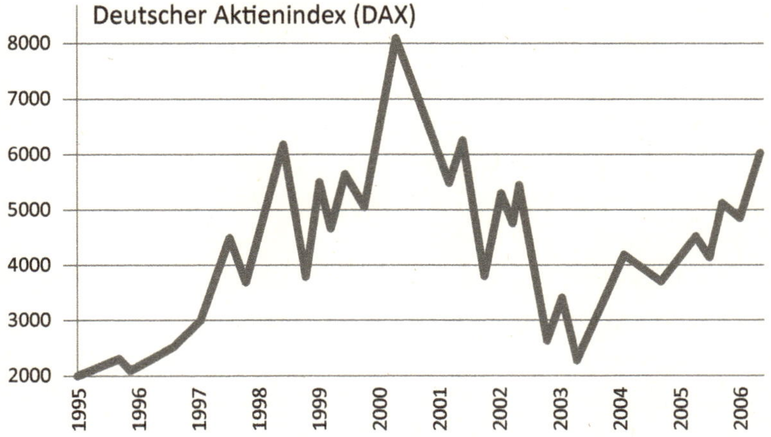

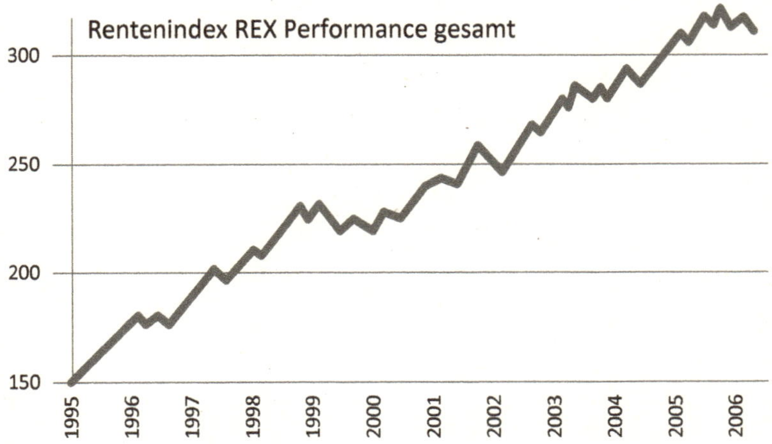

Stand der DAX Anfang 1995 bei rund 2100 Punkten, lag er im Frühjahr 2000 bei über 7900 Punkten – das ist ein Wertzuwachs (Performance) von +276 Prozent. Danach verlor er bis Februar 2003 wieder über 5000

auf 2000 Punkte (= -65 Prozent), um bis Mitte 2006 wieder auf 6000 Punkte oder um 200 Prozent zuzulegen. Insgesamt betrug der *Wertzuwachs von 1995 bis 2006 rund 200 Prozent.*

Im selben Zeitraum 1995 bis 2006 legte der die Wertentwicklung am Euro-Rentenmarkt abbildende REX Performance-Index von rund 150 auf 320 Punkte zu. Das ist ein Wertzuwachs von »nur« rund 100 Prozent.

Doch wenn Sie die unterschiedlich hohen Wertschwankungen beider Indizes miteinander vergleichen, sehen Sie leicht, welche Risiken Sie bei Aktien- im Vergleich zu Renteninvestments eingehen. Wer im Frühjahr 2000 sein Depot vollständig auf DAX-Werte ausgerichtet hatte, musste bis zum Frühjahr 2003 einen Verlust von rund 65 Prozent hinnehmen. Erst vier Jahre nach der danach einsetzenden Aktienrally lag das Depot des betreffenden Anlegers im Herbst 2007 auf der Höhe seines Einstandswerts. Sein Ergebnis also: Plus minus 0. Wenn er sein Depot im Jahr 2000 dagegen völlig am Rentenmarkt investiert hätte, wären daraus vor Steuern (!) bis zum Herbst 2007 immerhin rund 33 Prozent mehr geworden!

Bezogen auf ein Anfangsinvestment von 10 000 Euro Anfang 2000 lag der Aktienanleger im Herbst 2007 noch immer bei rund 10 000 Euro und der Renteninvestor mit 3300 Euro im Plus. Das zeigt Ihnen, dass reine Aktieninvestments auch mittelfristig mit sehr viel größeren Unwägbarkeiten verbunden sind, als Ihnen dies von interessierter Seite häufig gesagt wird.

Das eigentlich Entscheidende für Sie als Anleger ist daher, dass es Ihnen durch eine gezielte Kombination aus einem aktienorientierten und einem rentenorientierten Depotanteil gelingen kann, die Wertschwankungen Ihres Depots so zu verringern, dass es Ihnen trotz geringerer Risiken dennoch gute, besser kalkulierbare Renditen einbringt.

Entscheiden Sie sich für die Depotaufteilung, die am besten zu Ihnen passt

Grundsätzlich gilt: Je höher der Aktienanteil im Vergleich zum Rentenanteil, desto größer sind auch die mit Ihrem Depot tendenziell verbundenen Wertschwankungen und Renditechancen, aber auch die Verlustrisiken. Und umgekehrt: Je höher der Rentenanteil, desto geringer die Wertschwankungen, Renditechancen und Verlustrisiken. Bei einer Renditeerwartung im Rentenbereich von beispielsweise 2 oder 1 Prozent pro Jahr können Sie bei unterschiedlicher Gewichtung Ihres Renten- und Aktienanteils in verschiedenen Szenarien am Aktienmarkt mit den in **Abb. 9.4.1/9.4.2** aufgeführten Depotergebnissen rechnen.

Abb. 9.4.1/9.4.2: Depotergebnisse bei unterschiedlicher Gewichtung von Aktien- und Rentenanteilen bei 2 oder 1 Prozent Rentenrendite

Depotanteil		Gesamtergebnis bei Performance-Aktien von …				
Renten	Aktien	20 %	10 %	0 %	-10 %	-20 %
0 %	**100 %**	20,00 %	10,00 %	0,00 %	-10,00 %	-20,00 %
25 %	**75 %**	15,50 %	8,00 %	0,50 %	-7,00 %	-14,50 %
50 %	**50 %**	11,00 %	6,00 %	1,00 %	-4,00 %	-9,00 %
75 %	**25 %**	6,50 %	4,00 %	1,50 %	-1,00 %	-3,50 %
100 %	**0 %**	2,00 %	2,00 %	2,00 %	2,00 %	2,00 %
Grundannahme: Rentenperformance = 2 %						

Depotanteil		Gesamtergebnis bei Performance-Aktien von …				
Renten	Aktien	20 %	10 %	0 %	-10 %	-20 %
0 %	**100 %**	20,00 %	10,00 %	0,00 %	-10,00 %	-20,00 %
25 %	**75 %**	15,25 %	7,75 %	0,25 %	-7,25 %	-14,75 %
50 %	**50 %**	10,50 %	5,50 %	0,50 %	-4,50 %	-9,50 %
75 %	**25 %**	5,75 %	3,25 %	0,75 %	-1,75 %	-4,25 %
100 %	**0 %**	1,00 %	1,00 %	1,00 %	1,00 %	1,00 %
Grundannahme: Rentenperformance = 1 %						

Die beiden Übersichten zeigen, dass Sie unter Berücksichtigung unterschiedlicher Entwicklungen an den Aktienmärkten die Höhe Ihres maximal hinzunehmenden Risikos durch eine entsprechende Aufteilung Ihres Depots in Renten und Aktien selbst steuern können.

Würde die erzielbare Rendite im Rentenbereich bei 1 Prozent liegen, könnten Sie bei einem Aktienanteil von 25 Prozent mit einer Gesamtrendite zwischen +5,75 Prozent und -4,25 Prozent rechnen. Bei einer Rentenrendite von 2 Prozent läge diese Spanne zwischen +6,50 und -3,50 Prozent.

Die angenommenen Szenarien lassen aber auch erkennen, dass es für Sie als Anleger noch Erfolg versprechender ist, wenn Sie die Renten- beziehungsweise Aktienquote nicht statisch ein für alle Mal festlegen, sondern diese flexibel den an den beiden Märkten jeweils gegebenen Chancen und Risiken anpassen.

Die eigentliche Kunst eines erfolgreichen Depotmanagements besteht also darin, im Sinne einer dynamischen »Asset-Allokation« die Gewichtung zu finden, die in Anbetracht der sich möglicherweise schnell verändernden Lage an den Aktien- und Rentenmärkten die besten Ergebnisse verspricht. Dabei ist diese Aufgabe vor dem Hintergrund der sich seit 2008 rapide veränderten Marktlage, insbesondere was das Renditepotenzial für den ertragsorientierten Rentenanteil angeht, überaus herausfordernd (**Abb. 9.5**).

Wie Sie der folgenden Abbildung (**Abb. 9.6**) entnehmen, sollten Sie das Mischungsverhältnis zwischen aktienorientierten und rentenorientierten Depotanteilen (diagonale Linie) idealerweise den jeweils bestehenden Chancen und Risiken an den Finanzmärkten anpassen. Verspricht der Aktienmarkt größere Chancen als der Rentenmarkt, wird dessen Anteil entsprechend hochgefahren. Sind dessen Risiken dagegen größer, könnte der Aktienanteil im Extremfall bis auf 0 Prozent reduziert werden, sodass Ihr Depot dann bis zu 100 Prozent in rentenorientierten Anlagen investiert ist. Bei neutraler Markteinschätzung, bei der die Chancen und Risiken an beiden Märkten gleich groß sind, sollte sich Ihr Anlagenmix um den »Balanced Point« (= 50 Prozent Aktien + 50 Prozent Renten) herum bewegen.

Abb. 9.5: Renditeentwicklung nach der Weltfinanzkrise

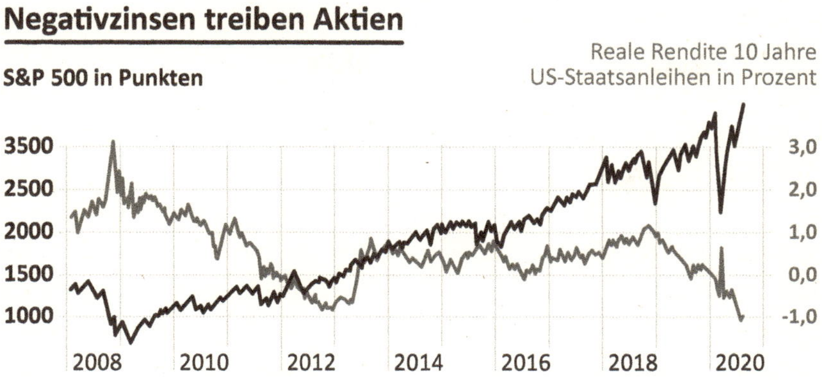

Abb. 9.6: Dynamische Anpassung der Aktien- und Rentenquote

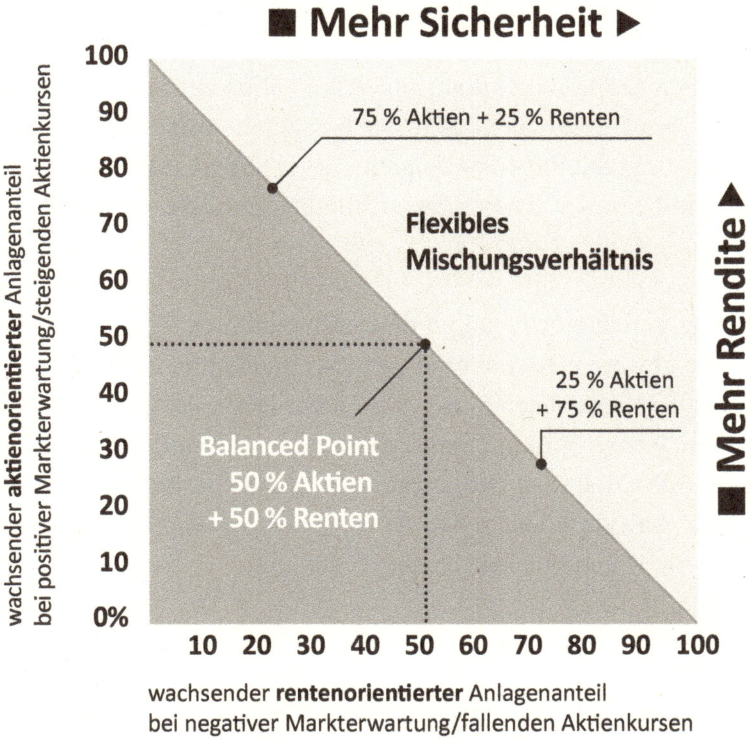

Grafik: Visual Communication H. Lang/Dr. Werner Kurzawa

Natürlich wissen Sie, dass eine solche dynamische, sich ständig an die Marktlage anpassende Strategie von Ihnen als Privatanleger nur mit einem erheblichen Aufwand an Zeit und Kosten umgesetzt werden könnte. Professionelle Portfoliomanager und Vermögensverwalter arbeiten bei der Umsetzung mit viel Manpower und computerunterstützten Analyse- und Handelsprogrammen, die Ihnen nicht zur Verfügung stehen.

Dennoch bleiben die Erkenntnisse aus der modernen Portfoliotheorie für Ihren Anlageerfolg höchst relevant. In vereinfachter Form können Sie diese leicht für den Aufbau eines eigenen idealtypisch eher sicherheitsorientiert, risikobewusst oder spekulativ ausgerichteten Depots nutzen.

Drei Basisdepots mit unterschiedlicher Chancen-Risiko-Struktur

Am besten gehen Sie beim Aufbau seines Portfolios zunächst von den verschiedenen Graden der Sicherheit der einzelnen Anlageformen aus und legen den ungefähren prozentualen Anteil dieser einzelnen Formen am Gesamtdepot fest. Lassen Sie sich dabei von zwei Grundsätzen leiten:

- Ein aufwärts gerichteter Trend an den Aktienmärkten lässt ein höheres, ein abwärts gerichteter ein geringeres Risiko zu – mit entsprechend höheren beziehungsweise niedrigeren Aktienanteilen.
- Je länger Ihr Anlagehorizont, desto risikoreicher kann Ihr Depot aufgebaut und mit aktienorientierten Investments bestückt sein.
- Risikoaverse Anleger können sich an der Faustformel orientieren: Aktienquote = 100 minus Lebensalter in Prozent.

Abb. 9.7: Altersabhängige Depotaufteilung zwischen Aktien und Renten

Alter	Anlagedauer	Aktien in %	Renten in %	gesamt
90	0 Jahre	0	100	100 %
80	10 Jahre	20	80	100 %
70	20 Jahre	30	70	100 %
60	30 Jahre	40	60	100 %
50	40 Jahre	50	50	100 %
40	50 Jahre	60	40	100 %
30	60 Jahre	70	30	100 %

Sicherheitsorientierter Depotaufbau

Wie Sie in früheren Kapiteln bereits erfahren haben, rangieren Rentenpapiere (Anleihen und andere zinsorientierte Finanzinstrumente) an oberster Stelle der Sicherheitsskala an der Börse. Unter den Anleihen haben dabei die mit längerer Restlaufzeit (über zehn Jahre) ein größeres Risiko als solche mit mittlerer (zwischen drei und unter zehn Jahren) oder kurzer Laufzeit (um ein bis unter zwei Jahre), wenn Sie mit steigenden Zinsen rechnen müssen und ein möglicher vorzeitiger Verkauf der Papiere einkalkuliert werden soll. Unter normalen Verhältnissen (normale Zinsstrukturkurve) bieten Langläufer Ihnen aber auch einen umso höheren Kupon.

Unabhängig von der Laufzeit sind auch Fremdwährungsanleihen im Vergleich zu Euroanleihen wegen möglicher Währungsverschiebungen zwischen dem Euro und der Anlagewährung als risikoreicher einzustufen. Dabei mildert ein hoher Renditeaufschlag gegenüber vergleichbaren Euroanleihen dieses Risiko bis zu einem gewissen Grad: Je höher der Zinsvorteil (Spread), desto besser.

Eine defensive Anlagestrategie, wie sie in unübersichtlichen Börsenzeiten oder in einem ungünstigen konjunkturellen Umfeld grundsätzlich vorteilhaft ist, wird unter diesen Gesichtspunkten den Rentenanteil am Depot deutlich übergewichten oder im Extremfall ganz auf Aktien verzichten.

Dasselbe gilt, wenn Sie zum Beispiel als Vorsorgesparer bis zur geplanten Nutzung eines Auszahlungsplans nur noch wenige Jahre Zeit haben. Dann ist es wichtig, dass die Wertschwankung Ihres Depots möglichst gering ist und Sie nicht Gefahr laufen, vor Beginn der Auszahlung einen größeren Teil Ihres Vermögens durch eine plötzliche Abwärtsbewegung am Aktienmarkt einzubüßen.

Es empfiehlt sich jedoch, diese Gewichtung in dem Maß zugunsten eines höheren Kassenbestandes abzubauen, wie sich das wirtschaftliche und politische Umfeld und die daraus resultierenden Ertragsaussichten der Unternehmen wieder zu bessern versprechen. In diesem Fall empfiehlt sich eine Umschichtung von renten- in renditestärkere aktienorientierte Anlagen.

Ein Abbau des Rentenanteils oder eine Umschichtung dieses Anteils auf Papiere mit kurzen Restlaufzeiten ist ebenfalls angesagt, wenn Sie von stärker steigenden Zinsen ausgehen und Sie vor diesem Hintergrund mit entsprechenden Kursverlusten vor allem bei langlaufenden Papieren rechnen müssen. Dies ist allerdings nur dann für Sie von Belang, wenn Sie Ihre Rentenpapiere unter Umständen vor Fälligkeit veräußern wollen oder müssen und sie nicht bis zur Tilgung halten wollen.

Auch in einem sehr defensiv geführten Depot sollten Sie nicht ganz auf eine Anlage in Aktien verzichten. So könnten Sie sich zum Beispiel an solchen Aktien orientieren, die eine besonders hohe Dividendenrendite aufweisen, die mögliche Kursverluste tendenziell abfedern können, und unter diesem Gesichtspunkt Ihrem Sicherheitsbedürfnis entgegenkommen.

Ihr **sicherheitsorientiert aufgebautes Depot** könnte folgendermaßen aufgeteilt sein:

Rentenorientierter Anteil 70 % + aktienorientierter Anteil 30 %

50 %	**Euro-Anleihen** von Schuldnern sehr guter bis mittlerer Bonität (AAA bis BBB)
20 %	höher verzinsliche **Anleihen** einschließlich ausgesuchter Fremdwährungsanleihen (mindestens BB)
15 %	**Aktien** Inland (DAX, MDAX)
15 %	**Aktien** Ausland (USA)

Spekulativer Depotaufbau

In einem spekulativ aufgestellten Portfolio können Rentenpapiere, wenn sie denn überhaupt vorkommen, auch unter spekulativen Gesichtspunkten eingesetzt werden: zur Erzielung von Kursgewinnen. Bei fallendem Zinstrend und einer womöglich zusätzlichen Aufwertungstendenz im Fremdwährungsland kann ein Anleger dabei auch verstärkt Fremdwährungsanleihen mit höherem Kupon und Anleihen mit langer Laufzeit einsetzen, um vom erwartbaren Kursanstieg zu profitieren.

Der Schwerpunkt eines solchen Portfolios liegt auf Aktien, denen Sie bei entsprechender Erfahrung je nach Risikobereitschaft Hebelprodukte etwa in Form von Optionsscheinen beimischen können. Entgegen landläufiger Meinung ist dabei eine Beschränkung der Aktien nur auf den inländischen Markt eher mit einem größeren als mit einem geringeren Risiko verbunden. Eine breitere internationale Streuung bietet Ihnen hier neben der Diversifizierung nach Aktien und Branchen eine größere Anlagesicherheit, aber auch höhere Renditechancen.

Wenn eindeutige Zeichen für einen allgemeinen Wirtschaftsaufschwung vorhanden sind oder man sich erst am Anfang einer zu erwartenden Aufwärtsbewegung befindet, können Sie bei längerem Anlagehorizont und einem entsprechenden finanziellen Polster noch intensiver agieren und den aktienorientierten Depotanteil zulasten des Rentenanteils weiter ausbauen.

Ihr spekulativ ausgerichtetes Depot könnte folgendermaßen aussehen:

Aktienorientierter Anteil 70 % + rentenorientierter Anteil 30 %

20 %	**Aktien** Inland und Europa
15 %	**Aktien** USA
15 %	**Aktien** China
10 %	**Aktien** Emerging Markets
5 %	**Hebelprodukte auf Aktien** (Optionsscheine)
5 %	**Gold** (als Schuldverschreibungen mit Auslieferungsanspruch)
15 %	**Euro-Anleihen** von Schuldnern sehr guter bis mittlerer Bonität (AAA bis BBB)
15 %	höher verzinsliche **Anleihen** einschließlich Fremdwährungsanleihen (mindestens BBB)

Risikobewusster Depotaufbau

Wenn Sie sich nicht zwischen diesen beiden »Extremen« entscheiden können, liegen Sie vielleicht mit einem risikobewusst aufgestellten Depot am besten. Das läge für Sie dann quasi in der goldenen Mitte. Bei einem langfristig intakten Aufwärtstrend an den Aktienmärkten dürften Sie mit einer solchen zwischen Chancen und Risiko ausgewogenen Depotstruktur langfristig am erfolgreichsten sein.

Ihr risikobewusst aufgestelltes Depot könnte so aussehen:

Aktienorientierter Anteil 50 % + rentenorientierter Anteil 50 %

15 %	**Aktien** Inland und Europa
15 %	**Aktien** USA
10 %	**Aktien** Emerging Markets einschließlich China
5 %	**Hebelprodukte auf Aktien** (Optionsscheine)
5 %	**Gold** (als Schuldverschreibungen mit Auslieferungsanspruch)
25 %	**Euro-Anleihen** von Schuldnern sehr guter bis mittlerer Bonität (AAA bis BBB)
25 %	höher verzinsliche **Anleihen** einschließlich Fremdwährungsanleihen (mindestens BBB)

Machen sich dabei klar, dass die oben aufgeführten drei idealtypisch nach ihrem Chancen-Risiko-Profil zusammengestellten Gewichtungen nur Beispiele sind. Sie lassen sich vielfach variieren.

Wenn Sie sich bei der Zusammensetzung Ihres Aktienanteils möglichst auf nicht mehr als zwölf Einzelpositionen und einen Anlagehorizont bis fünf Jahren konzentrieren, haben Sie gute Chancen, Ihr Vermögen auf diese Weise mittel- und langfristig verlässlich auf- und ausbauen zu können. Mehr als diese überschaubare Anzahl an Positionen sollten Sie nicht in Ihr Depot aufnehmen, damit Sie die einzelnen Titel auch in kritischen Marktphasen jederzeit gut im Blick behalten können.

Handeln Sie dabei immer sehr diszipliniert: Selbst im (scheinbar) noch so eindeutigen Fall sollten Sie an der Börse niemals alles auf eine Karte setzen: nie alles auf einen einzigen Aktienwert, nie alles auf eine einzige Branche, nie alles auf ein einziges Land, nie alles auf eine einzige

Anlageart und nie alles auf einen einzigen, scheinbar bombensicheren Börsentrend. Erst durch eine bewusste Diversifizierung Ihrer Anlagen erhalten Sie ein Depot, in dem die Risiken und Chancen in einer gewissen Balance stehen. Dabei ist die Vermeidung unkalkulierbarer Risiken der erste und beste Weg, erfolgreich zu sein.

Kapitel 10
Anlagealternative I: aktiv gemanagte Investmentfonds

Ihr Erfolg an der Börse hängt zwar nicht nur von der Arbeit ab, die Sie als Anleger auf die Auswahl und Überwachung Ihrer Investments verwenden. Doch mit einer Stunde im Monat hier, einer weiteren dort ist es kaum getan – ganz gleich, wie klein oder groß Ihr Wertpapierdepot auch immer ausfallen mag. Je weniger Zeit Sie haben oder aufbringen wollen, um das Auf und Ab an der Börse zu verfolgen und auf gravierende Veränderungen der fundamentalen, technischen und psychologischen Faktoren gegebenenfalls schnell reagieren zu können, desto eher stellt sich die Frage, ob Sie die Verwaltung Ihres Wertpapiervermögens nicht doch besser anderen überlassen sollten.

Die Banken übernehmen solche Depot- und Vermögensverwaltungen natürlich gern – wenn Sie über das nötige Kapital verfügen. 100 000 Euro und mehr werden Sie dabei schon mitbringen müssen. Reine Vermögensverwaltungen verlangen sogar ein Vielfaches davon. In den Anzeigenteilen von Finanzzeitschriften wimmelt es zeitweilig von Angeboten mehr oder weniger seriöser Vermögensverwaltungsgesellschaften, die mit wirklichen oder vermeintlichen Erfolgen ihres Depotmanagements leichtfüßig auf Kundenfang gehen. Alles das bekommen Sie natürlich nur gegen kräftige Gebühren, die Sie unter dem Strich je nach Depotvermögen schnell mehr als 2 Prozent jährlich kosten.

Die Beschränkung auf Mindestsummen in der Vermögensverwaltung hat freilich nicht nur kommerzielle Gründe. In der Tat ist es schwierig, ein sehr kleines Depot nach den Grundsätzen zu managen, die für ein vernünftiges, ausgewogenes und im Risiko gestreutes Börsenengagement geboten wären. Bei Mindestgrößen von 5000 bis 10000 Euro für einen Einzelauftrag, wie sie bei manchen Filialbanken heute erwartet werden, muss man schon von dem Vielfachen dieser Summe ausgehen, um eine einigermaßen ausgewogene Depotstruktur aus den hier empfohlenen rund zwölf Einzelinvestments hinzubekommen. Hier bieten Ihnen Direktbanken mit weit geringeren oder gar keinen Mindestauftragsgrößen sehr viel bessere Möglichkeiten.

Eine Alternative (und Ergänzung zu Ihren Direktanlagen) sind für Sie in einer solchen Konstellation offene Investmentfonds, über die Sie schon mit einem geringen Betrag rund um die Welt in Aktien, Anleihen, Rohstoffe wie Öl oder auch Edelmetalle investieren können.

Aktiv gemanagte Fonds

Solche offenen Investmentfonds (»open end funds«) werden von Kapitalanlagegesellschaften (KAG) wie der DWS, der Deka oder Union Investment aufgelegt und in deren von der Bundesanstalt für Finanzdienstleistungsaufsicht (Bafin) streng geprüften und zu genehmigenden Emissionsprospekten beschrieben. Darin sind die wesentlichen Anlagestrategien, die vom Fonds erwerbbaren Wertpapiere und Wertpapierarten, das auf sie entfallende mögliche Volumen sowie bestimmte Mindest- und Höchstgrenzen dafür genau festgelegt. Der Emissionsprospekt, der Ihnen vor Ihrem Kauf rechtlich zwingend zur Verfügung gestellt worden sein muss, bildet die Grundlage für alle Rechtsansprüche, die Sie gegenüber der KAG geltend machen können.

Wichtig für Sie: Solche Fonds gelten als sogenanntes Sondervermögen, das nicht bei der KAG selbst, sondern bei einer von ihr unabhängigen Depotbank wie der Deutschen Bank, der UBS oder auch bei kleineren

Banken wie Hauck & Aufhäuser verwahrt wird. Aus diesem Grund brauchen Sie sich als Anleger keinerlei Gedanken über die Sicherheit Ihrer Anlage in einem solchen Investmentfonds zu machen. Denn im Falle einer Insolvenz der KAG oder der Depotbank gehört dieses Vermögen nicht etwa zur Insolvenzmasse, auf das die Gläubiger Zugriff hätten - sondern in voller Höhe Ihnen als Anleger allein.

Die Kontrolle von Investmentfonds - allein in Deutschland sind aktuell rund 12 000 offene Publikumsfonds für den öffentlichen Vertrieb zugelassen - unterliegt einer äußerst strengen staatlichen Aufsicht. Deshalb hat es in diesem Bereich in der Vergangenheit auch noch niemals Veruntreuungen oder Ähnliches gegeben. Die obige Zahl berücksichtigt dabei keine Anteilscheinklassen, das heißt ein Fonds mit zum Beispiel zehn Anteilscheinklassen wird als ein und nicht als zehn Fonds gezählt. Anteilscheinklassen sind sozusagen verschiedene Tranchen ein- und desselben Fonds. Da gibt es häufig eine Tranche, die in Euro aufgelegt ist, eine in Schweizer Franken und eine in US-Dollar. Auch haben viele Fonds Anteilscheinklassen in der ausschüttenden wie in der thesaurierenden Variante - oder auch solche für das breite Publikum mit geringem Mindestanlagevolumen und für institutionelle Anleger mit Mindestbeträgen von 100 000 Euro und mehr.

Das Grundprinzip solcher Anlagevehikel ist dabei einfach zu verstehen. Kapitalanlagegesellschaften sammeln die Gelder der Anleger gewissermaßen in einem gemeinsamen Topf, um sie gemäß den für den jeweiligen Fonds festgelegten Richtlinien in Aktien, Anleihen, Immobilien, Rohstofftitel oder am Geldmarkt zu investieren. Es können dann reine in diese Anlageklassen investierende Fonds sein, aber auch mit festen oder variablen Grenzen darin investierende sogenannte Mischfonds. Sie können nur auf ein Anlageland oder eine Region ausgerichtet sein oder auch international anlegen. Der Vielfalt sind hierbei kaum Grenzen gesetzt, wie Sie auch den am Ende dieses Kapitels abgedruckten Performance-Übersichten entnehmen können. Je nach Publikumsinteresse und Leistung des Fondsmanagers kann das Fondsvermögen auf diese Weise ein Gesamtvolumen von zweistelligen Millionenbeträgen bis hin zu Milliarden Euro ausmachen.

Über dieses Sondervermögen geben die Gesellschaften dann Anteilscheine heraus, sogenannte Investmentzertifikate, deren Preis zumeist börsentäglich je nach dem Wert der im Fonds enthaltenen Wertpapiere einmal festgestellt wird. Der **Tagespreis** eines Investmentanteils errechnet sich bei solchen offenen Fonds aus den Kurswerten der vom Fonds erworbenen Aktien, Anleihen und sonstigen Vermögensbestandteile zuzüglich der nicht investierten Barmittel, Forderungen und Ähnliches, geteilt durch die Anzahl der jeweils ausgegebenen Anteilscheine.

Dass diese Fonds zu den »offenen Fonds« zählen, besagt, dass die Gesellschaften laufend neue Anteile herausgeben können, diese aber jederzeit auch zurücknehmen müssen. Das gibt Ihnen als Anleger eine besonders hohe Sicherheit, die in kritischen, nach unten gerichteten Börsenphasen besonders wichtig ist.

Entsprechend dem für den jeweiligen Fonds im Prospekt angegebenen und genehmigten maximalen **Ausgabeaufschlag** (Agio) – die Sätze liegen je nach Fondstyp und Anlagefokus zwischen 1 und rund 6 Prozent – wird dabei der Inventarwert des einzelnen Anteils beim Kauf um dieses Agio erhöht, sodass sich zwischen dem **Ausgabe- und Rücknahmepreis** der Investmentzertifikate eine entsprechende Spanne ergibt.

Das bedeutet für Sie aber auch, dass zum Beispiel bei einem Anlagebetrag von insgesamt 10 000 Euro und einem unterstellten Ausgabeaufschlag von 5 Prozent nur etwa 9500 Euro wirklich in die entsprechenden Wertpapiere fließen. Ihr Fonds muss also erst diese Differenz über die Zeit ausgleichen, damit Sie gegenüber einer Direktanlage nicht ins Minus geraten. Ein hoher Ausgabeaufschlag mindert also tendenziell die von Ihnen individuell mit dem Fonds erzielte Rendite. Viele aktiv verwaltete Investmentfonds können inzwischen aber auch über die Börse gekauft werden. Dann kostet Sie das über den dabei anfallenden Spread zwischen An- und Verkaufspreis wegen des wegfallenden Ausgabeaufschlags häufig nur wenig mehr als rund 1,2 Prozent für einen Aktienfonds.

Wie hoch Sie als Anleger allerdings mit einem solchen Ausgabeaufschlag belastet werden, ist von Bank zu Bank unterschiedlich. Ihre Bank oder Ihr Vermittler können in der Regel selbst darüber entscheiden, ob sie/er Ihnen einen Rabatt auf den Ausgabeaufschlag einräumen will. Direktbanken bieten Ihnen zumeist einen Rabatt von 50 Prozent auf den regulären Ausgabeaufschlag. Dieser steht traditionell demjenigen zu, der den Fonds an Sie vermittelt (also ein selbstständiger Fondsberater und/oder Ihre Bank), und soll dessen Beratungsaufwand abdecken. Zwischendurch gibt es auch immer mal wieder Verkaufsaktionen, bei denen Sie einen Fonds ohne Ausgabeaufschlag erwerben können. Ähnliches gilt häufig, wenn Sie ihn über einen Sparplan erwerben wollen.

Je nach der für die einzelnen Fonds gültigen Anlagerichtlinien gibt es Fonds mit unterschiedlicher Ausrichtung und unterschiedlichen Anlagestilen: zum Beispiel reine Aktienfonds, die nur Aktien, Rentenfonds, die nur festverzinsliche Wertpapiere, und gemischte Fonds, die sowohl Aktien als auch festverzinsliche Wertpapiere enthalten.

Sie können zwischen Fonds wählen, die nur inländische, nur ausländische oder sowohl die einen als auch die anderen Papiere enthalten. Es gibt regionale oder Länderfonds, Branchenfonds, Rohstofffonds, Themenfonds, Edelmetallfonds – der Phantasie der Anlagegesellschaften sind hier kaum Grenzen gesetzt. Und sie können bei entsprechendem Anlegerinteresse jederzeit auf neue Themen und Bereiche ausgeweitet werden.

Der neueste Trend: Wenn Sie etwa daran interessiert sind, vor dem Hintergrund der weltweiten Klimakrise in besonders nachhaltig wirtschaftende Firmen zu investieren, finden Sie dafür inzwischen eine Fülle von Angeboten. Auch im Anleihebereich können Sie auf sogenannte »Green Bonds« setzen. All dies erleichtert es Ihnen natürlich, bei Direktinvestments in diesem Bereich zwischen den Aktien solcher Unternehmen selbst entscheiden zu müssen.

Die richtige Auswahl entscheidet

Als Anleger haben Sie über den Erwerb von Investmentfonds jedenfalls eine äußerst breite Auswahl von Investmentmöglichkeiten, sodass viele inzwischen diese indirekte Anlageform den sehr viel arbeitsaufwendigeren Direktinvestments vorziehen. Der Qual der Wahl entgehen Sie dadurch aber nicht und auch nicht den damit einhergehenden Risiken an den jeweiligen Märkten, in denen der Fonds investiert.

Hinzu kommt beispielsweise das Risiko, dass Fonds mit zu geringem Anlagevolumen von unter 10 bis 20 Millionen Euro nicht selten nach einiger Zeit wiedereingestellt werden, wenn sie sich auf die Dauer für die herausgebende Kapitalanlagegesellschaft einfach nicht rechnen. So wurden zum Beispiel während der Weltfinanzkrise im ersten Quartal 2009 allein 103 Fonds geschlossen, davon 45 Aktienfonds, 31 Rentenfonds, 7 Mischfonds, 7 Geldmarktfonds und 13 Fonds aus anderen Fondskategorien.

Grundsätzlich können Sie häufig zwischen einer thesaurierenden und ausschüttenden Tranche desselben Fonds wählen. Erstere legen ihre Erträge etwa aus Zinsen, Dividenden der im Fonds enthaltenen Titel automatisch wieder an. Die anderen schütten diese in regelmäßigen Abständen, zumeist einmal im Jahr, an Sie als Anleger aus. Steuerlich werden beide Varianten inzwischen gleichbehandelt. Auch bei nichtausschüttenden, thesaurierenden Fonds werden die Ihnen zuzurechnenden Erträge im Rahmen der jeweils gültigen Abgeltungsteuer automatisch von Ihrer Bank an den Fiskus abgeführt. Wie hoch dieser Betrag ausfällt, können Sie der Ihnen von Ihrer Bank einmal im Frühjahr zugeschickten Aufstellung entnehmen.

Die Chancen, über den Erwerb von Investmentzertifikaten an der Entwicklung der Börse mehr oder weniger stark teilzuhaben, hängen natürlicherweise von der Entwicklung des speziellen Marktsegments (Aktien, Anleihen usw.) ab, in die der Fonds investiert. Doch ganz besonders kommt es auch auf die Kompetenz des jeweiligen Fondsmanagers an. Solche Manager sind dabei einem erheblichen Erfolgsdruck ausgesetzt. Schneidet ihr Fonds, gemessen an anderen vergleichbaren Fonds und im Verhältnis zum jeweiligen Länder- oder Branchenindex, an dem er gemessen wird, schlechter ab, haben sie schnell mit Mittelabflüssen und Einbußen in ihrem daran meistens direkt oder indirekt gekoppelten Vergütungen zu rechnen.

Auf die Dauer wird sich eine Investmentgesellschaft sehr schnell von einem erfolglosen Manager trennen, um nicht Gefahr zu laufen, angesichts der bestehenden vielfältigen Investmentalternativen gegenüber der Konkurrenz ins Hintertreffen zu geraten. Dieser Mechanismus muss kein Nachteil für Sie als Fondsanleger sein. Doch Sie sollten sich hüten, den Erfolg eines Fonds allein anhand kurzfristiger, möglicherweise völlig zufälliger Entwicklungen zu beurteilen. Erst im mittelfristigen bis langfristigen Vergleich kann sich seine Qualität wirklich erweisen.

Wie anspruchsvoll diese Aufgabe ist, zeigt Ihnen mein früher halbjährlich veröffentlichter *Großer FondsReport* (**Abb. 10.1**) mit Dutzenden analytischen Kennzahlen, Hitlisten und Musterdepots für in Deutschland zum Vertrieb zugelassene Fonds. Sie sollte meinen Lesern die Qual ihrer Wahl erleichtern.

Bei allen Vorteilen, die Ihnen die Kapitalanlage über aktiv gemanagte Investmentfonds gegenüber Direktinvestments bieten können, sollten Sie deren Nachteile nicht unterschätzen. Sie ergibt sich im Wesentlichen aus der Kostenstruktur aktiv gemanagter Fonds. Neben den oben genannten und oft durch einen Kauf über die Börse vermeidbaren Ausgabeaufschlägen müssen Sie dabei auch die Gebühren berücksichtigen, die von der Kapitalanlagegesellschaft regelmäßig dem Fonds entnommen werden und die den Wert Ihres Anteils automatisch mindern, ohne dass dies für Sie direkt ersichtlich ist. Das ist der Betrag, den die Fondsgesellschaft für das Management und den Vertrieb des Fonds vereinnahmt. Er ist damit indirekt also auch eine Entlohnung für die Leistung, die der Fondsmanager für Sie als Anleger erbringt.

Dessen Höhe können Sie der sogenannten TER (»Total Expense Ratio«) entnehmen, einer Kennzahl, die als Gesamtkostenquote pro Jahr des Fonds gilt und regelmäßig veröffentlicht werden muss. Sie liegt im Normalfall bei zwischen 1 und 3 Prozent je nach Anlagefokus und »Schwierigkeitsgrad« des zu managenden Fondsvermögens. Berechnet der Fonds bei besonders guter Wertentwicklung darüber hinaus noch eine sogenannte »Performancefee«, so können sich die Kosten im einen oder anderen Jahr auch schnell verdoppeln.

Abb. 10.1: Fondsanalyse-Handbuch

Quelle: VNR Verlag für die Deutsche Wirtschaft

So prüfen und vergleichen Sie Fonds und die Leistungen des Managements

Ob diese Vergütung für das Management wirklich gerechtfertigt ist, können Sie leicht feststellen. Schafft beispielsweise ein auf deutsche Aktien fokussierter Fonds eine Performance, die jährlich die Wertentwicklung des maßgeblichen Vergleichsindex (Benchmark) wie des DAX deutlich um 3 Prozent und mehr übertrifft, wird er das Geld wert sein, das Sie in ihn investiert haben. Liegt er über eine längere Anlageperiode dagegen deutlich darunter, sollten Sie ihn durch einen anderen, besser abschneidenden Fonds aus demselben Segment ersetzen.

Es kann aber auch sein, dass ein vorgeblich sehr aktiv gemanagter Fonds sich in seinen Investments so stark am für ihn maßgeblichen Index (Benchmark) ausrichtet, dass von einer eigenen Leistung des Managements kaum noch die Rede sein kann. Dann könnten Sie in einem auf die großen Standardwerte ausgerichteten Deutschlandfonds auch einfach die Titel finden, die im DAX notiert sind. Worin die von Ihnen über den hohen Ausgabeaufschlag und die internen Gebühren bezahlte besondere Managementleistung liegen soll, bleibt dann eigentlich unerfindlich.

Die Crux bei der Auswahl ist überhaupt: Ein Fonds kann in dem einen oder anderen Jahr gegenüber seiner Benchmark mehr oder weniger deutlich »outperformen« – langfristig und dauerhaft gelingt dies aber nur in Ausnahmefällen. Wie gut ein Fonds in der Vergangenheit performt hat, können Sie den regelmäßig veröffentlichten Hitlisten einschlägiger Finanzpublikationen wie der Zeitschrift *Euro* (siehe Abbildungen auf diesen Seiten) entnehmen.

Tatsache ist, dass im Durchschnitt nur etwa 20 Prozent aller aktiv gemanagten Fonds eines Jahres ihren maßgeblichen Index schlagen. Wer dabei in einem Jahr sogar an der Spitze steht, ist es vielleicht auch noch im Folgejahr. Dass ihm das auch in den weiteren Jahren kontinuierlich gelingen wird, ist nahezu ausgeschlossen.

Tipp: Berücksichtigen Sie, dass es sich bei den in solchen Übersichten zumeist ausgewiesenen Wertentwicklungen um **kumulierte** Renditen handelt, also um die Performance einer Einmalanlage seit Beginn des betrachteten Anlagezeitraums von zum Beispiel ein, drei, fünf oder zehn Jahren. Daher sollten Sie diese nach der weiter unten aufgeführten Formel oder über im Internet verfügbare Fondsrechner grundsätzlich in **jährliche Renditen** (Rendite p. a.) umrechnen, um Fonds und die Leistungen der Fondsmanager mit demselben Anlagefokus seriös miteinander vergleichen zu können.

Die Erklärung dafür dürfte Ihnen vor dem Hintergrund der obigen Ausführungen auch schnell einleuchten: Der Fonds muss ja immer erst die durch die TER ausgedrückten internen Kosten einspielen, eher er selbst auch nur die Wertentwicklung des Vergleichsindex erreicht. Der sich aus den laufenden internen Kosten eines aktiv gemanagten Fonds ergebende Nachteil führt daher zwangsläufig zu der Frage, warum Sie als Anleger dann nicht gleich in einen Fonds investieren sollten, der unter Vermeidung hoher Managementkosten für die jeweilige Titelauswahl und Anpassung an die Marktlage gleich in den jeweiligen Index investiert. Ein solcher Indexfonds könnte in einem quasi automatischen Verfahren immer nur auf die Titel und Zusammensetzung setzen, die für den Index maßgeblich sind.

Zwar würden Sie als Anleger damit tendenziell niemals besser abschneiden können als der Index – aber eben auch nicht viel schlechter. Wenn Sie sich damit zufriedengeben können – was eine sehr vernünftige Einstellung ist –, dürften die im folgenden Kapitel vorgestellten sogenannten passiv gemanagten »Exchange Traded Funds« (ETFs, übersetzt: »börsengehandelte Fonds«) zumindest als Beimischung für Ihr Depot genau das Richtige sein! Deren jährliche Gebühren liegen nur bei einem Bruchteil der Kosten, die Sie für aktiv gemanagte Fonds aufwenden müssen.

Ausgewählte Hitlisten und Vergangenheitsergebnisse aktiv gemanagter Investmentfonds

Auf den folgenden Seiten finden Sie eine beispielhafte Auswahl aus den *Euro*-Hitlisten für Aktienfonds Deutschland, Nordamerika und Schwellenländer, Aktienfonds mit dem Fokus auf Nachhaltigkeitskriterien, Umwelttechnologie und Infrastruktur sowie Anleihefonds auf Euro und ausländische Währungen. Die Kriterien für die Ermittlung des Listenplatzes eines Fonds und dessen Bewertung nach Schulnoten entnehmen Sie den vorangestellten Hinweisen.

Abb. 10.2: Fondsnoten

€uro FONDS NOTE €

Die FondsNote
Mit der FondsNote misst €uro die Wertentwicklung eines Fonds gegenüber seinem Vergleichsindex (45 %) und seiner Anlagekategorie (30 %) sowie das dabei eingegangene Risiko (25 %). Ausgewertet werden jeweils die vergangenen vier Jahre. In die FondsNote fließt zudem die qualitative Bewertung durch das Analysehaus FondsConsult ein. Dies betrifft zum Beispiel die Stabilität des Fondsmanagements und die Konsistenz des Anlagestils. Daraus resultieren die Noten 1 (sehr gut) bis 5 (ungenügend), die monatlich aktualisiert werden. Die Fondsdaten zur Berechnung werden bereitgestellt von der Mountain View Data GmbH.

Abb. 10.3: Wertentwicklung

Wertentwicklung
Stichtag für die aktuelle Wertentwicklung ist der 6. August 2020. Die kumulierte Performance ist jeweils aus Sicht eines Euroanlegers berechnet, sodass Wechselkursgewinne und -verluste einkalkuliert werden. Für die Berechnung der Wertentwicklung werden die Dividenden und Zinsen reinvestiert (BVI-Methode). In die Wertentwicklung fließt zudem die Jahresgebühr ein – nicht jedoch der Ausgabeaufschlag (Agio), da dieser für jeden Anleger unterschiedlich hoch ausfallen kann. Die Berechnung erfolgt durch die vwd Vereinigte Wirtschaftsdienste GmbH.

Abb. 10.4: Aktienfonds Deutschland und Nordamerika

Rang	Fonds *=unterjährig	ISIN	Rücknahmepreis 06.08.20	Wertentwicklung per 06.08.20 ab 01.01.20	1 Jahr	3 Jahre	5 Jahre	Agio in %	TER* in %	Euro FONDS NOTE*
	Aktienfonds Deutschland									
1	**Fondak A**	DE0008471012	187,27 €	**0,3 %**	14,1 %	6,3 %	17,4 %	5,00	1,69	**2**
2	**Concentra A €**	DE0008475005	123,54 €	**-0,1 %**	13,7 %	4,9 %	12,5 %	5,00	1,80	**3**
3	**Allianz Adifonds A €**	DE0008471038	128,67 €	**-1,6 %**	12,1 %	4,0 %	11,5 %	5,00	1,81	**3**
4	**Allianz Thesaurus AT €**	DE0008475013	992,37 €	**-1,6 %**	12,0 %	3,7 %	11,2 %	5,00	1,82	**3**
5	**UniFonds**	DE0008491002	54,69 €	**-2,1 %**	14,7 %	5,6 %	9,1 %	5,00	1,46	**3**
6	**AL Trust Aktien Deutschland**	DE0008471608	113,14 €	**-2,1 %**	8,7 %	-2,4 %	2,1 %	4,76	1,58	**3**
7	**UBAM-Dr. Ehrhardt German Eq.**	LU0087798301	1736,85 €	**-2,5 %**	6,5 %	-2,3 %	4,5 %	3,00	2,15	**2**
8	**DWS ESG Investa LD**	DE0008474008	167,96 €	**-3,6 %**	9,3 %	-2,0 %	2,8 %	5,00	1,40	**5**
9	**Fidelity Germany A €**	LU0048580004	57,75 €	**-3,8 %**	8,0 %	14,3 %	17,2 %	5,25	1,91	**1**
→	**DAX-Index**			**-4,4 %**	1,0 %	1,6 %	8,9 %	–	–	–
10	**Vanguard DAX ETF**	IE00BG143G97	23,72 €	**-4,8 %**	9,0 %	–	–	–	0,10	–
11	**iShares Core DAX (DE) ETF**	DE0005933931	107,95 €	**-4,9 %**	8,9 %	1,3 %	7,2 %	2,00	0,16	**3**
12	**Deka DAX**	DE000ETFL011	113,16 €	**-4,9 %**	8,9 %	1,3 %	7,3 %	–	0,15	**3**
13	**Amundi ETF DAX DR**	FR0010655712	230,38 €	**-4,9 %**	8,8 %	2,1 %	6,6 %	–	0,10	**2**
14	**MEAG ProInvest**	DE0009754119	179,78 €	**-4,9 %**	9,7 %	9,2 %	13,8 %	5,00	1,31	**2**
15	**LBBW Aktien Deutschland**	DE0008484650	163,72 €	**-5,2 %**	6,3 %	-5,0 %	-3,1 %	5,00	1,73	**3**
	Aktienfonds Nordamerika									
1	**MSt. US Growth A $**	LU0073232471	214,54 $	**65,6 %**	62,5 %	140,8 %	181,8 %	5,75	1,64	**1**
2	**MSt. US Advantage A $**	LU0225737302	147,82 $	**40,5 %**	41,7 %	106,3 %	130,0 %	5,75	1,64	**1**
3	**JPM US Growth A dist $**	LU0119063898	25,65 $	**27,3 %**	38,8 %	100,2 %	113,1 %	5,00	1,90	**1**
4	**Amundi ETF Nasdaq-100**	LU1681038243	104,66 €	**21,5 %**	41,0 %	91,4 %	135,1 %	3,00	0,23	–
5	**iShares Nasdaq-100 (DE) ETF**	DE000A0F5UF5	108,32 $	**20,9 %**	40,1 %	89,5 %	131,5 %	2,00	0,31	**1**
6	**ComStage Nasdaq-100**	LU0378449770	116,91 $	**20,8 %**	40,2 %	90,9 %	133,8 %	–	0,25	**1**
7	**Invesco NASDAQ-100 ETF**	IE0032077012	272,26 $	**20,7 %**	40,4 %	90,4 %	133,7 %	3,00	0,30	**1**
8	**Franklin US Opportunities**	LU0109391861	24,78 $	**19,7 %**	29,6 %	72,9 %	77,6 %	5,75	1,81	**2**
9	**GS US Focused Growth $ acc**	LU0234573342	34,23 $	**17,6 %**	32,2 %	67,4 %	70,2 %	5,50	1,90	**3**
10	**Alger Am. Asset Growth A**	LU0070176184	103,47 $	**15,8 %**	28,5 %	71,1 %	85,8 %	6,00	2,10	**1**
11	**BGF US Growth A2 $**	LU0097036916	31,28 $	**15,4 %**	26,4 %	72,4 %	85,7 %	5,00	1,82	**2**
12	**Allianz US Large Cap Growth**	DE0008475039	116,31 €	**15,1 %**	31,6 %	68,2 %	77,2 %	5,00	1,66	**3**
13	**TRP US Large Cap Growth**	LU0174119429	57,28 $	**14,2 %**	27,0 %	72,5 %	94,9 %	5,00	1,59	**1**
14	**TRP US Blue Chip Equity Fund**	LU0133085943	69,11 $	**14,1 %**	25,4 %	71,2 %	89,3 %	5,00	1,59	**1**
15	**AB American Growth A $**	LU0079474960	135,25 $	**13,2 %**	25,8 %	74,0 %	97,0 %	5,00	1,75	**1**
16	**DWS US Growth**	DE0008490897	278,04 €	**13,1 %**	27,0 %	63,8 %	70,8 %	5,00	1,45	**2**

Abb. 10.5: Aktienfonds weltweit anlegend und Schwellenländer weltweit

Rang	Fonds *=unterjährig	ISIN	Rücknahmepreis 06.08.20	Wertentwicklung per 06.08.20 ab 01.01.20	1 Jahr	3 Jahre	5 Jahre	Agio in %	TER* in %	Euro Fonds Note
	●●● Aktienfonds weltweit anlegend									
1	**MSt. Gl. Opportunity $ A**	LU0552385295	109,79 $	**20,1 %**	33,5 %	73,4 %	116,6 %	5,75	1,84	**1**
2	**DPAM NewGems Sustainable B**	BE0946564383	209,06 €	**19,6 %**	33,0 %	68,7 %	77,3 %	2,00	1,80	**1**
3	**The Digital Leaders Fund**	DE000A2H7N24	153,88 €	**18,0 %**	29,6 %	–	–	3,00	1,66	**–**
4	**MainFirst Global Equities A**	LU0864709349	273,05 €	**17,6 %**	33,0 %	39,4 %	82,2 %	5,00	2,07	**2**
5	**TRP Global Focused Growth**	LU0143551892	59,84 $	**15,4 %**	32,2 %	66,0 %	89,8 %	5,00	1,74	**1**
6	**UniDynamic: Global A**	LU0089558679	79,01 €	**13,1 %**	26,7 %	55,5 %	55,7 %	4,00	1,51	**1**
7	**FS Exponential Technologies P**	LU1575871881	1250,09 €	**12,5 %**	21,4 %	–	–	5,00	–	**–**
8	**TRP Global Growth Eq.**	LU0382932902	52,37 $	**12,2 %**	24,9 %	52,1 %	65,5 %	5,00	1,76	**1**
9	**Phaidros Schumpeter Aktien**	LU1877914132	141,25 €	**11,8 %***	25,3 %	–	–	4,00	1,93	**–**
10	**Carmignac Investissement A**	FR0010148981	1435,22 €	**11,1 %**	20,8 %	16,9 %	13,3 %	4,00	3,41	**4**
11	**Berenberg Global Focus Fund R**	LU1900076933	152,37 €	**11,1 %**	29,9 %	–	–	5,00	1,73	**–**
12	**AB Sustainable Gl. Thematic A**	LU0069063385	33,40 $	**10,5 %**	21,8 %	43,7 %	55,5 %	5,00	2,01	**1**
13	**Metzler Wachstum Int.**	DE0009752253	222,71 €	**7,2 %**	18,8 %	45,1 %	46,2 %	5,00	1,86	**2**
14	**iShares MSCI Momentum Fac. ETF**	IE00BP3QZ825	52,12 $	**7,0 %**	16,0 %	52,9 %	72,0 %	–	0,30	**–**
15	**Xtr. MSCI World Momentum ETF**	IE00BL25JP72	43,69 $	**7,0 %**	16,0 %	53,8 %	73,6 %	3,00	0,25	**–**
16	**Robeco Global Stars Equities**	NL0000289783	47,52 €	**6,1 %**	22,0 %	42,9 %	50,0 %	–	1,13	**1**
17	**Threadn. Gl. Focus AU €**	LU0757431068	70,93 €	**6,0 %**	18,4 %	53,0 %	69,2 %	5,00	–	**1**
18	**DWS Global Growth LD**	DE0005152441	148,66 €	**5,9 %**	19,8 %	44,6 %	50,9 %	5,00	1,47	**1**
	●●●● Aktienfonds Schwellenländer weltweit									
1	**Carmignac Emergents A €**	FR0010149302	1102,76 €	**14,3 %**	31,1 %	22,6 %	32,7 %	4,00	2,86	**3**
2	**OEkoWorld Growing Mkts. 2.0**	LU0800346016	192,95 €	**9,8 %**	24,6 %	25,2 %	28,5 %	5,00	2,46	**3**
3	**Alger Emerging Markets A $**	LU0242100229	18,14 $	**7,2 %**	23,0 %	11,8 %	25,1 %	6,00	2,63	**3**
4	**BNPP Emerging Equity $ acc**	LU0823413587	772,98 $	**6,2 %**	19,4 %	22,1 %	39,7 %	0,03	2,23	**2**
5	**Nordea Emerging Stars Equity**	LU0602539867	134,36 €	**5,1 %**	24,8 %	26,7 %	51,1 %	5,00	1,83	**1**
6	**Candriam Eq L Emerging Mkts C**	LU0056052961	929,73 €	**5,0 %**	20,7 %	13,1 %	32,5 %	3,50	2,00	**3**
7	**FvS Global EM Equities R**	LU1012015118	159,86 €	**3,8 %**	19,1 %	29,7 %	40,0 %	5,00	1,76	**1**
8	**Threadn. Global EM Eq.**	LU1868837565	1,78 $	**2,8 %**	20,3 %	19,9 %	27,9 %	5,00	–	**–**
9	**AB Emerging Mkts. Growth A $**	LU0040709171	48,40 $	**2,8 %**	16,5 %	7,6 %	24,3 %	5,00	2,00	**3**
10	**GS BRICs Equity PF E Acc**	LU0234683448	22,18 €	**1,9 %**	15,9 %	32,7 %	52,0 %	4,00	2,65	**–**
11	**GS EM Equity PF Base**	LU0083344555	44,87 $	**1,1 %**	16,9 %	17,9 %	39,9 %	5,50	2,25	**2**
12	**JPM Em. Mkt. Eq A (dis) $**	LU0053685615	44,62 $	**0,6 %**	14,5 %	27,5 %	53,0 %	5,00	1,90	**1**
13	**iShares BRIC 50 ETF**	IE00B1W57M07	35,24 $	**-0,2 %**	17,3 %	33,1 %	51,9 %	–	0,74	**1**
14	**Danske Gl. Emerging Markets A**	LU0085580271	91,29 $	**-1,9 %**	7,7 %	8,1 %	18,4 %	3,00	2,04	**3**
15	**AXA WF Fram. Em. Markets A**	LU0327690045	111,44 $	**-2,1 %**	11,2 %	11,3 %	26,0 %	5,50	1,83	**3**

Mit folgender Formel ermitteln Sie aus der prozentualen Wertentwicklung (Performance/kumulierte Rendite) eines Fonds dessen jährliche Rendite (Rendite p. a.) vor Steuern und Inflation:

Berechnungsformel: Anlagerendite pro Jahr

$$\sqrt[\text{Anlagedauer}]{\frac{\text{Endkapital}}{\text{Anfangskapital}}} = \text{Rendite p.a.}$$

Beispiel: Ein Fonds hat nach 5 Jahren um 40 Prozent zugelegt

Anfangskapital	=	100
Endkapital	=	140
Anlagedauer	=	5 Jahre
Rendite p.a.	=	7 Prozent

Kontrollrechnung: 1,07 × 1,07 × 1,07 × 1,07 × 1,07 = 1,40

Abb. 10.6: Aktienfonds nach Anlagethemen

Rang	Fonds *=unterjährig	ISIN	Rücknahmepreis 06.08.20	Wertentwicklung ab 01.01.20	Wertentwicklung p.06.08.20 3 Jahre	TER* in %	€uro FONDS NOTE
	Aktienfonds Ökologie/Nachhaltigkeit						
1	**ÖkoWorld Klima C**	LU0301152442	101,77 €	**23,0 %**	73,8 %	2,55	**1**
2	**ERSTE WWF Stock Environment T**	AT0000705678	204,74 €	**21,7 %**	69,9 %	1,76	**3**
3	**GreenEffects NAI-Wertefds**	IE0005895655	275,33 €	**15,6 %**	39,3 %	–	**3**
4	**NN (L) Glo Sustainable Equity**	LU0119216553	439,70 €	**11,7 %**	45,0 %	1,80	**2**
5	**JPM Glob. Socially Resp. A$**	LU0111753769	12,88 $	**9,9 %**	44,9 %	1,90	**2**
6	**LBBW Global Warming**	DE000A0KEYM4	61,64 €	**9,0 %**	45,5 %	1,74	**1**
7	**ÖkoWorld ÖkoVision Classic C**	LU0061928585	208,14 €	**5,2 %**	28,1 %	2,31	**3**
8	**HSBC GIF Gl. Climate Change A**	LU0323239441	11,62 $	**4,6 %**	30,8 %	1,86	**2**
9	**Pictet Gl. Environm. Opp. P €**	LU0503631714	241,71 €	**4,4 %**	35,5 %	2,01	**2**
10	**Swisscanto Equity Sustainable**	LU0136171559	189,38 €	**3,6 %**	30,2 %	2,04	**3**
11	**BMO Responsible Gl. Eq. A €**	LU0234759529	24,17 €	**3,1 %**	39,8 %	1,72	**1**
	Aktienfonds Umwelttechnologie						
1	**iShares S&P Gl. Clean Energy**	IE00B1XNHC34	8,96 $	**25,8 %**	78,4 %	0,65	**3**
2	**Lyxor ETF New Energy D €**	FR0010524777	32,53 €	**15,9 %**	65,3 %	0,60	**1**
3	**BGF New Energy A2 $**	LU0124384867	12,56 $	**11,0 %**	35,4 %	2,07	**3**
4	**Pictet Clean Energy P €**	LU0280435388	99,12 €	**10,1 %**	34,2 %	1,96	**3**
5	**Schro. Gl. Climate Change A**	LU0302445910	19,12 $	**10,0 %**	41,4 %	1,84	**2**
6	**SWC (LU) EF Global Climate In**	LU0275317336	96,90 €	**8,9 %**	31,3 %	1,85	**3**
7	**Deka-UmweltInvest CF**	DE000DK0ECS2	162,36 €	**8,4 %**	35,0 %	1,69	**3**
8	**RobecoSAM Smart Energy B**	LU0175571735	34,22 €	**8,0 %**	49,4 %	1,86	**2**
9	**DKB Nachhaltigk. Klimaschutz**	LU0117118124	13,02 €	**7,4 %**	47,1 %	2,48	**3**
10	**Templeton Gl. Climate Change**	LU0029873410	20,60 €	**-4,5 %**	6,7 %	1,83	**4**
	Aktienfonds Infrastruktur						
1	**Bantleon Select Infrastructur**	LU1989515793	93,90 €	**-7,0 %**	–	0,02	**–**
2	**DWS Global Infrastructure LC**	LU0329760770	154,54 €	**-9,6 %**	10,6 %	1,64	**2**
3	**Aberdeen EM Infrastruct. A2 $**	LU0523223757	8,03 $	**-10,4 %**	-6,5 %	–	**–**
4	**MSt. Gl. Infrastructure A $**	LU0384381660	60,50 $	**-12,4 %**	6,3 %	1,74	**2**
5	**iShares Gl Infrastructure ETF**	IE00B1FZS467	28,22 $	**-12,8 %**	14,6 %	0,65	**2**
6	**BNPP NMX 30 Infrastructure ET**	LU1291109293	56,77 €	**-12,8 %**	6,7 %	–	**–**
7	**PGLI Listed Infrastructure €**	LU0263855479	208,19 €	**-13,6 %**	4,1 %	2,19	**2**
8	**First State Gl. Listed Infra.**	GB00B24HJC53	2,72 £	**-14,3 %**	6,5 %	1,59	**–**
9	**Ve-RI Listed Infrastructure R**	DE0009763342	21,08 €	**-14,9 %**	-1,7 %	1,79	**2**
10	**Xtr. S&P Gl. Infrastructure**	LU0322253229	42,10 $	**-20,7 %**	-6,5 %	0,60	**3**

Abb. 10.7: Rentenfonds

Rang	Fonds *=unterjährig	ISIN	Rücknahmepreis 06.08.20	Wertentwicklung ab 01.01.20	Wertentwicklung p.06.08.20 3 Jahre	TER* in %	€uro FONDS NOTE*
	Rentenfonds Euro						
1	Xtr. Eurozone Gov. Bd. 25+	LU0290357846	463,64 €	11,4 %	41,8 %	0,15	1
2	iShares € Gov. Bd 20yr TD ETF	IE00BSKRJX20	6,44 €	10,1 %	31,9 %	0,15	1
3	Lyxor ETF € 15+Y IG	LU1287023268	280,66 €	9,4 %	32,6 %	0,17	1
4	iShares € Gov. Bond 15-30	IE00B1FZS913	280,60 €	8,3 %	28,6 %	0,20	1
5	AXA WF EURO 10+LT A Thes.	LU0251661087	274,57 €	7,7 %	25,3 %	0,83	2
6	Xtr. Eurozone Gov. 15-30	LU0290357507	411,67 €	7,6 %	29,0 %	0,15	1
7	iShares eb.rexx Ger 10.5+	DE000A0D8Q31	208,04 €	7,0 %	24,8 %	0,16	1
8	Deka EUROGOV Germany 10+	DE000ETFL219	176,37 €	6,9 %	24,5 %	0,15	1
9	PIMCO Total Return Bond €-hdg	IE00B11XZB05	20,85 €	6,2 %	5,7 %	1,40	–
	Rentenfonds Unternehmensanleihen/Euro						
1	FvS Bond Opportunities R	LU0399027613	143,94 €	7,0 %	16,5 %	1,05	1
2	iShares Gl Corp Bd €-hdg ETF	IE00B9M6SJ31	108,51 €	5,0 %	10,5 %	0,25	2
3	Robeco M. Factor Credit €-hdg	LU1235145304	118,28 €	4,9 %	10,3 %	0,47	2
4	Nordea European Covered Bond	LU0076315455	13,63 €	2,5 %	8,9 %	0,87	1
5	Xtr. € Covered Bond ETF	LU0820950128	167,14 €	2,4 %	8,1 %	0,20	2
6	PIMCO Covered Bond ETF	IE00BF8HV717	114,07 €	1,5 %	6,5 %	0,43	1
7	iShares Euro Covered Bond ETF	IE00B3B8Q275	159,04 €	1,5 %	4,6 %	0,20	3
8	iShares Pfandbriefe (DE) ETF	DE0002635265	107,41 €	1,3 %	4,3 %	0,10	3
9	Threadn. Europ. Corp. Bd.	LU1829337085	1,45 €	1,2 %	–	–	2
	Rentenfonds Internationale Währungen						
1	M&G Global Macro Bond A	LU1670719613	15,20 €	4,8 %	16,0 %	1,49	3
2	TRP Global Aggregate Bond	LU0133095157	20,01 $	4,5 %	13,9 %	0,92	2
3	Carmignac Unconstr. Gl. Bond	LU0336083497	1523,31 €	4,1 %	8,7 %	1,24	–
4	Threadn. Global Bond 1	GB0002771839	1,48 £	3,6 %	13,9 %	–	3
5	SEB Zinsglobal	DE0008474313	29,35 €	3,5 %	12,2 %	0,59	2
6	Hansainvest Lux Umbrella Inte	LU0012050133	107,41 €	3,4 %	13,9 %	1,37	3
7	Oddo BHF AccuZins	DE0008478082	318,65 €	3,4 %	13,8 %	1,07	3
8	Fidelity Intern. Bond A	LU0048582984	1,30 $	3,4 %	16,3 %	1,07	2
9	DJE Renten Global PA €	LU0159549574	145,69 €	3,4 %	5,3 %	1,50	3
10	W&W Int. Rentenfonds	DE0008484502	50,84 €	3,1 %	14,0 %	0,76	4
11	Xtr. Global Sovereign ETF	LU0908508731	259,62 €	3,0 %	13,7 %	0,20	–
12	GS Gl Fix Inc Base acc	LU0234570595	16,98 $	2,8 %	14,6 %	1,25	2
13	Baring International Bond $	IE0000829568	28,64 $	2,7 %	14,1 %	1,33	2
14	UniRenta	DE0008491028	20,27 €	2,4 %	9,3 %	1,06	4
15	Pictet World Gov. Bonds P $	LU0133805894	215,83 $	2,3 %	14,7 %	0,91	2
16	BNY Mellon Global Bond A €	IE0003921727	1,89 €	2,2 %	12,7 %	1,16	2
17	DWS Qi NonEuroQualitätsanl.	DE000A1JBZ77	49,94 €	2,0 %	3,8 %	0,95	4
18	BNY Mellon Int. Bond € acc	GB0006779762	1,85 €	2,0 %	12,0 %	–	3
19	iShares Global Gov. Bond	IE00B3F81K65	119,39 $	2,0 %	13,4 %	0,20	2
20	UBS ETF JPM Govt. ESG Bond $	LU1974693662	11,58 $	1,9 %	–	–	–
21	SEB Green Bond D €	LU0041441808	52,75 €	1,9 %	1,6 %	1,00	4

Kapitel 11
Anlagealternative II: passiv anlegende ETF-Indexfonds zur Altersvorsorge

Indexfonds sind in den vergangenen zehn Jahren immer stärker ins Blickfeld der Anleger gerückt. Es gibt sie sowohl in der Variante als traditionelle, aktiv gemanagte Fonds, die Sie wie andere Investmentfonds über Ihre Bank bei der herausgebenden Kapitalanlagegesellschaft erwerben. Die für Sie als Anleger viel bedeutendere Kategorie sind jedoch die passiv investierenden, börsengehandelten ETFs, die ebenfalls einen Index nachbilden. Bei der ersten Variante orientiert sich der Fondsmanager an der Wertentwicklung des maßgeblichen Index und versucht diese möglichst noch zu übertreffen. Er bildet das Portfolio des Index in seinem Fonds aber nicht 1:1 ab. Der Nutzen dieser sehr kostenträchtigen Variante bleibt für Sie als Anleger aber zweifelhaft und ist zudem mit dem Risiko verbunden, dass der Fondsmanager sein Ziel nicht erreicht und schlechter abschneidet als der Index.

ETF-Indexfonds wollen die Entwicklung des Index dagegen direkt nachbilden. Bei der am meisten gebräuchlichen vollständig physisch replizierenden Variante investiert der ETF 1:1 exakt in die Titel mit genau der Gewichtung, die dem jeweiligen Fonds zugrunde liegt. Das geschieht in einem computergesteuerten, quasi automatischen Anlageprozess.

Bei der weniger nachgefragten synthetisch replizierenden Form wird das Indexergebnis dagegen teilweise durch eine mit einer Partnerbank vorgenommene Austauschoperation umgesetzt. Dabei darf dieser Teil (Swap) maximal 10 Prozent des Fondsvolumens umfassen.

Daneben gibt es noch das sogenannte Sampling, das ähnlich funktioniert wie eine physische Replikation, sich aber im Wesentlichen auf den Kauf einiger weniger, die Indexentwicklung stark bestimmender Einzelwerte beschränkt, während der übrige Teil durch sich ähnlich entwickelnde, günstiger zu erwerbende Wertpapierkörbe unter Umständen auch aus ganz anderen Anlageregionen abgedeckt wird. Das soll nicht zuletzt die Kosten für die Replikation mindern.

Alle drei Vorgehensweisen sind mit niedrigen Managementkosten verbunden, die bei ETFs auf sehr liquide Aktienindizes wie den DAX 30, DOW JONES, MSCI World oder NIKKEI 225 zu jährlichen Gebühren von gerade mal 0,25 Prozent führen. Das ist ein Bruchteil von dem, was Sie für aktiv gemanagte Fonds ausgeben müssen.

Unter Kostengesichtspunkten sind ETFs für Sie als Anleger daher unschlagbar günstig. Und auch deren Handhabung ist recht pflegeleicht und mit wenig Aufwand verbunden. ETFs eignen sich daher hervorragend als Ergänzung zu Direktanlagen in Aktien und Anleihen oder aktiv gemanagten Fonds. Mit einer Einmalanlage in ETFs und mit ETF-Sparplänen haben Sie gerade auch als Vorsorgesparer gute Chancen, sich langfristig ein solides Vermögen aufzubauen – um damit auch eine möglicherweise zu erwartende Rentenlücke im Alter zu verkleinern oder sogar zu schließen.

Anders als ETFs bieten Ihnen ETCs (Exchange Traded Commodities) die Möglichkeit, unkompliziert in Edelmetalle und Rohstoffe zu investieren. Die Wertentwicklung eines ETC orientiert sich entweder am Kassapreis (Preis für die Sofortlieferung) oder dem Futures-Preis (Preis für die Lieferung in der Zukunft) eines einzelnen Rohstoffs oder gesamten Rohstoffkorbes. Wollen Sie nur in einen Rohstoff investieren, müssen Sie einen ETC kaufen. Es gibt ETCs auf Edelmetalle, Industriemetalle, Öl und Erdgas.

ETCs werden wie ETFs an der Börse gehandelt und bieten die gleichen Vorteile. Aber es gibt einen wichtigen Unterschied: Das in einen

ETC investierte Kapital ist kein Sondervermögen, das im Falle einer Insolvenz des Emittenten geschützt ist. Bei einem ETC handelt es sich um eine Schuldverschreibung des ETC-Anbieters. Im Vergleich zum ETF hat der Anleger beim ETC somit ein Emittentenrisiko. Zur Minimierung dieses Risikos setzen Emittenten dabei in der Regel auf unterschiedliche, teilweise sehr komplexe Methoden der Besicherung. Vor allem bei Gold-ETCs gibt es einige, bei denen das Gold physisch hinterlegt und über eine Art Treuhandkonstruktion abgesichert wird. Hier ist dann von einer recht hohen Sicherheit auszugehen.

Mit einem gemischten Depot aus Aktien- und Anleihen-ETFs zielgenau investieren

Das Risiko eines Aktieninvestments können Sie dabei nach den im vorangegangenen Kapitel ausgeführten Gesichtspunkten am ehesten dadurch reduzieren, dass Sie »nicht alle Eier in einen Korb« legen, sondern auf mehrere Titel verteilen. Wissenschaftliche Untersuchungen belegen, dass ein Depot aus etwa acht bis zwölf Einzelpositionen unter Chancen-Risiko-Gesichtspunkten bereits gut gemischt ist: Weniger sollten es nicht sein, da hohe Verluste oder gar der Totalverlust eines einzelnen Aktienwerts sich zu stark auf den Wert Ihres Depots auswirken würde. Mehr müssen es aber auch nicht sein, da jeder zusätzliche Titel Ihre Chancen auf eine bessere Gesamtentwicklung rein statistisch nur noch geringfügig erhöht. Ein ETF auf den MSCI-World-Index mit einem impliziten Aktienkorb aus rund 1600 Titeln ist für sich genommen also bereits breit diversifiziert. Berücksichtigt man aber, dass er eben überwiegend in US-Aktien und auf Dollarbasis investiert ist, ist es sinnvoll, diesem Korb weitere, auf andere Märkte ausgerichtete ETFs hinzuzufügen, um eine optimale Mischung zu erreichen.

In den vergangenen Jahrzehnten konnten Sie als Anleger mit Aktien, gemessen an den bedeutendsten Aktienindizes der entwickelten Märkte, immerhin eine Rendite von durchschnittlich rund 6 bis 8 Prozent pro Jahr vor Steuern und Inflation erzielen – ein im Vergleich zu allen anderen Kapitalanlagen hervorragender Wert. Dabei sind die Risiken von Aktieninvestments trotz der zwischenzeitlich immer wieder zu erwartenden hohen Kursrückschläge und Wertschwankungen weit geringer, als dies die meisten Menschen vermuten. Denn sie hängen entscheidend von der Dauer des Anlagezeitraums, der Streuung Ihres Anlagevermögens und vor allem einer möglichst geringen laufenden Kostenquote beim Investieren ab.

Bereits bei einer Anlagedauer von zehn Jahren und einer erwarteten Rendite von 7 Prozent bei einer Schwankungsbreite (Volatilität) von 16 Prozent sinkt nach statistischen Untersuchungen die Wahrscheinlichkeit, mit einem reinen, breit gestreuten Aktiendepot einen Verlust hinnehmen zu müssen, auf 12,5 Prozent – bei einer Dauer von 20 Jahren sogar auf 5,5 Prozent aller Fälle. Langfristig läuft die Verlustwahrscheinlichkeit sogar gegen null. All das können Sie als Anleger auch gut an dem vom Deutschen Aktieninstitut (DAI) veröffentlichen Renditedreieck nachvollziehen, das Ihnen über einen 50-Jahres-Zeitraum hinweg die Entwicklung des DAX (mit allen erdenklichen Ein- und Ausstiegszeitpunkten) zeigt. Sie finden es, jährlich aktualisiert, leicht über die Website des DAI (s. **ANHANG: DAX-Renditedreieck**).

Unter Chancen-Risiko-Gesichtspunkten noch vorteilhafter ist es, wenn Sie nicht nur in Aktien investieren, sondern eine zwar renditeschwächere, dafür aber auch schwankungsärmere Anlageklasse wie Anleihen hinzunehmen. Das können Sie zum Beispiel über ein gemischtes Wertpapierdepot aus Anleihen und einem je nach eigenem Chancen-Risiko-Profil deutlichen, international breit gestreuten Aktienanteil tun. Mit Ihrem Aktienanteil profitieren Sie dann nicht nur vom wirtschaftlichen Wachstum und den sich daraus ergebenden Kurssteigerungen, Dividendenausschüttungen und Kapitalmaßnahmen der entsprechenden Unternehmen, sondern Sie sind auch an Sachwerten beteiligt – der noch immer beste Schutz vor Inflation. Und mit dem Anleiheanteil verfügen Sie über regelmäßige, derzeit zwar nur kleinere, Zinseinkünfte, haben bei erstklassigen Schuldnern aber auch die Gewähr, Ihren Einsatz am Ende der Laufzeit zu 100 Prozent zurückzuerhalten.

Da die Auswahl und Zusammenstellung eines optimal aufgestellten gemischten Aktien- und Rentendepots, wie dies die vorangegangenen Kapitel gezeigt haben, mit entsprechendem Zeitaufwand und Analysearbeit verbunden ist, setzen viele Anleger, gerade wenn es um ihre Altersvorsorge geht, daher lieber auf entsprechende aktiv verwaltete Aktien- und Rentenfonds oder mischen diese ihren Direktinvestments bei. In solche Produkte können Sie dann in Form von Einmalzahlungen in der von Ihnen gewünschten Aufteilung, aber auch im Rahmen eines Sparplans mit regelmäßig wiederkehrenden Raten investieren.

Anleger greifen für ihre Altersvorsorge heute aber nicht mehr nur auf Direktinvestments und traditionelle, aktiv gemanagte Fonds zurück. Vielmehr nutzen sie immer stärker die eingangs erwähnten passiv gemanagten börsengehandelten ETF-Indexfonds.

ETF-Einmalanlagen und -Sparpläne als ideale Form der Alters- und Vermögensvorsorge

ETFs, ETF-Sparpläne und ETF-Sparplan-Portfolios bieten Ihnen als Anleger eine der besten Möglichkeiten, langfristig Vermögen aufzubauen, es wachsen zu lassen und mit überschaubaren Risiken für Ihre Alters- und Vermögensvorsorge zu erhalten!

Schon in den kommenden Jahren dürfte der Anteil von ETF-Sparplänen den der Sparpläne mit traditionellen, aktiv verwalteten Fonds weit übertreffen. Und ihr künftiges Wachstum ist vor dem Hintergrund einer zunehmend aufgeklärten Anlegerschaft, die ihre Geldanlagen zu Recht immer stärker selbst in die Hand nimmt, so gut wie programmiert.

Dabei können Sie mit ETFs und ETF-Sparplänen auf so gut wie alle Anlageklassen und Strategien setzen, die der Kapitalmarkt für Anleger bereithält:

- auf Aktien- und Renten- beziehungsweise Anleihenindizes als Basisinvestments jeder nachhaltigen Vermögensanlage

- auf Immobilienindizes
- auf Rohstoffindizes
- auf Gold als tatsächliche oder vermeintliche Absicherung gegen Inflation oder weltweite Krisen

Schließlich können Sie als erfahrener, risikobewusster Anleger bestimmte Formen sogenannter Short-ETFs auch nutzen, um damit Ihr Wertpapierdepot kurzfristig vorübergehend gegen Verluste abzusichern.

Abb. 11.1: Wie Ihr Vermögen bei regelmäßigen Einzahlungen von 100 Euro im Monat vor Steuern, Kosten und Inflation langfristig wächst

Verzinsung	5 Jahre	10 Jahre	15 Jahre	20 Jahre	25 Jahre	30 Jahre
2 %	6313	13282	20977	29473	38853	49209
3 %	6474	13980	22681	32768	44462	58018
4 %	6640	14719	24590	36508	51058	68760
5 %	6810	15502	26596	40754	58824	81886
6 %	6984	16331	28839	45577	67977	97953
7 %	7163	17208	31298	51060	78777	117651
8 %	7345	18137	33994	57293	91529	141831
9 %	7532	19120	36951	64385	106596	171543
10 %	7723	20161	40192	72453	124409	208085
11 %	7919	21262	43746	81634	145477	253055

ETF-Sparpläne stehen Ihnen bereits ab monatlichen Sparraten von 25 bis 50 Euro zur Verfügung. Und das heißt: Bereits mit vier bis sechs solcher klug gemischten Sparpläne im Portfolio steht Ihnen das ganze Universum von Kapitalanlagen zur Verfügung. Je früher Sie damit anfangen und je konsequenter Sie solche Sparpläne auch und gerade in Phasen nachgebender, gar vorübergehend einbrechender Kurse durchhalten, desto sicherer und nachhaltiger wird auch das Ergebnis Ihrer mit ETF umsetzbaren Sparbemühungen sein.

Ich hatte bereits Mitte der Neunzigerjahre in der in Deutschland wohl ersten umfassenden Analyse von Indexinvestments auf deren Vorteile für Anleger hingewiesen und sie meinen Lesern empfohlen. Seinerzeit ging es um die Vorläufer der ETFs in Form der sogenannen Citi-Traks, über die sich Anleger schon für kaum 50 Mark ein ganzes »Weltportfolio« zusammenstellen konnten. Später habe ich in diesem Sinne viele Beiträge über ETFs auch für institutionelle Anleger (mit-)verfasst und die Entwicklung des in Europa inzwischen weitverbreiteten, sehr anlegerorientierten Finanzportals *just. ETF* aktiv begleitet. Ein Teil der in diesem Kapitel verarbeiteten Ergebnisse entstammen einer vom Inhaber des Portals, Dominique Riedl, und mir verfassten Studie über ETF-Sparpläne. Deren Ergebnisse finden Sie, ständig aktualisiert, auch auf deren Internetseite *www.justetf.com.*

Die wichtigsten Kennzeichen von ETFs

Ihr Vorteil: Als Anleger investieren Sie automatisch regelbasiert in den entsprechenden Index. Und da zum Beispiel der DAX der Maßstab (die Benchmark) für alle aktiv gemanagten Fonds ist, die am Aktienmarkt in deutsche Standardwerte investieren, werden Sie – anders als die meisten aktiven Fondsmanager – mit dem entsprechenden ETF diese Benchmark auch erreichen.

Wie Sie aus dem vorangegangenen Kapitel bereits wissen, ist ein Investmentfonds dabei nichts anderes als eine Sammelstelle für Gelder von Anlegern. Das gilt auch für ETFs. Je nach Ausrichtung des Fonds und gesetzlichen Vorgaben können diese Gelder in bestimmte Wertpapiere beziehungsweise Anlageklassen investiert werden, aber auch in die Entwicklung ganzer Börsenindizes wie des DAX oder REX. Wie traditionelle Investmentfonds unterliegen ETFs in Deutschland den schärfsten aufsichtsrechtlichen Bestimmungen, die es für Kapitalanlagen gibt.

ETFs gehören wie traditionelle Fonds zum sogenannten Sondervermögen der Depotbank, bei der die ausgegebenen Fondsanteile laut

Gesetz lagern müssen. Auf diese Weise sind sie vor jeglichem Zugriff durch Dritte selbst im Falle der Insolvenz der Depotbank oder der für das Management der Gelder zuständigen Kapitalanlage- beziehungsweise Fondsgesellschaft geschützt. Das heißt: Ihre ETF-Fondsanteile und die dadurch verbrieften Vermögenswerte bleiben immer Ihr persönliches Eigentum und sind von dem übrigen Eigentum der Depotbank und Fondsgesellschaft völlig getrennt.

Ziel eines jeden Investmentfonds ist es, das eingesammelte Kapital nach festen, im Fondsprospekt ausführlich beschriebenen Anlagegrundsätzen für Sie als Anteilseigner zu investieren. Auf diese Weise sind auch Kleinanleger in der Lage, sich schon mit geringen Beträgen an vielen Unternehmen über deren Aktien, aber auch über von Unternehmen oder von Staaten herausgegebene Anleihen gleichzeitig zu beteiligen. Eine der wichtigsten Voraussetzungen für den erfolgreichen Einsatz von Wertpapieren zum Vermögensaufbau wird damit von Investmentfonds quasi automatisch erfüllt: die Streuung Ihrer Gelder auf verschiedene Unternehmen und im Falle eines Rentenfonds auf unterschiedliche Anleiheschuldner. Selbst wenn Sie sich als Anleger noch so sicher sind, mit einem einzelnen Direktinvestment die »Gewinnchance Ihres Lebens« in der Tasche zu haben: Alle Untersuchungen belegen, dass ein Wertpapierdepot aus mehreren Positionen bestehen muss, wenn es langfristig erfolgreich sein soll. Geht ein einzelnes Unternehmen oder ein einzelner Schuldner dann bankrott, kann das niemals zum Totalverlust Ihres Investments führen.

Warum aktiv gemanagte Fonds gegenüber Indexfonds *langfristig* im Nachteil sind

Bei traditionellen, aktiv gemanagten Fonds versuchen die jeweiligen Fondsmanager mit einem Heer von Analysten mit ausgeklügelten Anlagestrategien einen möglichst hohen Wertzuwachs der Anlagegelder zu erzielen. Das verschlingt viel Geld für das Management, und häufige

Umschichtungen führen zu hohen Handelskosten. Bereits bei einer Umschichtungshäufigkeit von drei- oder viermal in fünf Jahren – in der Realität wird diese eher beim Doppelten liegen – verlieren Sie als Anleger auf diese Weise allein durch die Transaktionskosten mindestens 1 Prozent an Rendite. Nehmen Sie die innerhalb von Aktienfonds anfallenden Verwaltungsgebühren für das Management und den Vertrieb von wenigstens 1,5 Prozent pro Jahr hinzu, liegt dieser aus den Kosten erwachsene Verlust aus dem aktiven Fondsmanagement in fünf Jahren schon bei rund 10 Prozent. Kommen noch zusätzlich Erfolgsprämien in Form der sogenannten Performance-Fees hinzu, wird es in guten Jahren sogar noch teurer.

Das Ergebnis aus allem: Bei einer Anlagedauer von 10 oder 20 Jahren geht Ihnen durch die Kostenstruktur aktiv gemanagter Fonds bis zu einem Drittel Ihres ursprünglich eingesetzten Kapitals verloren! Dieser Betrag muss vom Manager immer erst »eingespielt« werden, bevor er Ihnen auch nur einen Cent an Wertzuwachs bescheren kann. Vor diesem Hintergrund wird der Anspruch der Manager, Ihnen mit einer Wertentwicklung ihres Fonds ein Anlageergebnis liefern zu können, das dauerhaft (!) deutlich über der Entwicklung des maßgeblichen Börsenindex liegt, zum Vabanquespiel. Denn eine Outperformance gegenüber dem Index gelingt in einem Jahr durchschnittlich höchstens einem Viertel der Fondsmanager. Über drei Jahre sind es schon sehr viel weniger, und bei Anlagezeiträumen von 10, 20 oder sogar 30 Jahren schafft es so gut wie keiner mehr.

Dabei täuscht selbst diese Bilanz der aktiven Fonds noch über die Wirklichkeit hinweg. Denn die im ersten Jahr besonders erfolgreichen Fondsmanager sind keineswegs dieselben, die auch im zweiten oder dritten Jahr hintereinander die erfolgreichsten waren. Deshalb ist es einer der folgenreichsten Trugschlüsse vieler Anleger, zu glauben, mit einem klugen »Fondspicking« den Markt langfristig nachhaltig schlagen zu können.

Warum ETF-Indexfonds die meisten aktiv gemanagten Fonds nach Kosten langfristig schlagen

Bei einem ETF-Indexfonds wird dagegen bewusst auf ein aktives Fondsmanagement verzichtet: weil die Entwicklung der Märkte, gemessen an den für sie maßgeblichen Indizes, durch ein noch so intelligentes Analyse- und Entscheidungsverfahren oder ein besonderes Händchen vermeintlicher Börsenstars langfristig mit hoher Wahrscheinlichkeit nicht übertroffen werden kann. Im Gegenteil ist aus den oben aufgeführten systembedingten Gründen sogar eher eine deutliche Underperformance wahrscheinlich. Das Fondsmanagement eines ETF fokussiert sich daher im Wesentlichen darauf, einen Marktindex exakt nachzubilden. Dies geschieht entweder, wie eingangs erwähnt, über ein direktes Investment in die in einem Index enthaltenen Aktien, Anleihen oder anderen Titel (= voll replizierende ETFs), über ein repräsentatives Investment in die wichtigsten, den Index beeinflussenden Titel (via Sampling replizierende ETFs) oder mittels einer vollständigen oder teilweisen Nachbildung über Tauschoperationen (swapbasierte, synthetische ETFs).

Für diese Leistung erhält das Fondsmanagement zwar auch eine Gebühr, die jährlich dem ETF-Vermögen belastet wird. Diese liegt aber in aller Regel nur bei einem Bruchteil dessen, was bei aktiv gemanagten Fonds anfällt. So kosten Sie ETF-Indexfonds auf die bekanntesten Indizes wie den Deutschen Aktienindex DAX oder den amerikanischen S&P 500 lediglich eine Verwaltungsgebühr von unter 0,10 Prozent pro Jahr. Bei breiter anlegenden Indizes oder gar auf exotische Börsen ausgerichteten ETFs kann diese Gebühr auch bis zu 0,8 Prozent betragen. Für die Indizes, die für eine langfristige Anlage sinnvoll sind, liegen die Kosten meist zwischen 0,05 und 0,35 Prozent – ein Kostenvorteil gegenüber traditionellen Fonds von weit über 1 Prozent Jahr für Jahr.

Klar ist: Mit einem ETF-Indexfonds auf den DAX werden Sie diesen auf die 30 Bluechips des deutschen Aktienmarktes ausgerichteten Index niemals schlagen können. Sie werden damit in aller Regel aber auch nicht viel schlechter abschneiden. Dies ist bereits ein großer Vorteil, wenn Sie bedenken, dass Sie auf diese Weise langfristig aus Kursgewinnen und Dividenden einen durchschnittlichen Wertzuwachs vor Steuern von mehr als 6 Prozent pro Jahr erzielen konnten. In den letzten 20 Jahren hat sich der DAX sogar fast verfünffacht, was einer Verzinsung Ihres Kapitals von rund 8 Prozent pro Jahr vor Steuern und Inflation entsprach. Ähnliche Ergebnisse konnten Sie im langfristigen Durchschnitt auch mit Indexanlagen auf den breiten US-Aktienmarkt S&P 500 oder den Weltaktienindex MSCI World erzielen.

Als besonderes Ärgernis werden von Anlegern immer wieder die hohen Kosten traditioneller Fonds empfunden. Hierbei sind die sogenannten Bestandsprovisionen von Fonds ein wichtiges Thema. Dies sind die Jahr für Jahr anfallenden Vertriebsprovisionen eines Fonds, die in dessen Verwaltungsgebühren versteckt sind. Solche Provisionen gibt es bei ETFs nicht!

Beispiel*:* Ein klassischer Aktienfonds hat eine Verwaltungsgebühr von rund 1,5 Prozent, die dem Fonds jedes Jahr belastet werden. Davon wird ein Drittel bis zur Hälfte als Provision an den Vertrieb gezahlt. Dies sind 0,5 Prozent pro Jahr. Bei einem ETF liegt die gesamte Verwaltungsgebühr dagegen bei durchschnittlich 0,3 Prozent.

Die wichtigsten Merkmale von ETFs auf einen Blick

- **Effiziente Computermodelle und regelbasiertes Investieren statt Abhängigkeit von den wechselhaften Erfolgen eines Fondsmanagers** – Die Verwaltungskosten eines ETFs sind gering, da man sich Fondsmanager und Analysten spart, die versuchen, besser als der Markt zu sein. Studien zeigen, dass dies über mittlere Anlagezeiträume nur wenigen Managern gelingt, über sehr lange Zeiträume so gut wie keinem. Dabei sind die erfolgreichen Manager eines Jahres keineswegs die des folgenden, darauffolgenden oder der darauffolgenden Jahre. Den zukünftigen Erfolg eines Fonds aus dessen vergangenen Anlageergebnissen herleiten zu wollen und daran sein Investitionsverhalten auszurichten, ist ein Irrweg und reine Illusion.

- **Transparenz und jederzeit nachvollziehbare Anlagestrategie** – Als Anleger können Sie jederzeit verfolgen, wie Ihr Geld in einem ETF investiert ist und sich aktuell entwickelt – dank der Nachbildung des jeweiligen Index. So veröffentlichen ETF-Anbieter täglich die Zusammensetzung ihrer ETFs. Aktive gemanagte Investmentfonds veröffentlichen ihr Portfolio häufig nur einmal im Quartal, und dann meistens auch noch mit zeitlicher Verzögerung. Deshalb wissen Sie nie genau, wie gut oder schlecht der Fonds jeweils aktuell investiert ist, und Sie können darauf auch nur schwer reagieren.

- **Breite Streuung schon für kleine Anlagebeträge** – Schon mit wenigen Euro können Sie in Hunderten von Einzeltiteln rund um die Welt investieren. Bei einem ETF auf den Weltaktienindex MSCI World ist es ein breit gestreutes Portfolio von rund 1600 Unternehmen mit dem Schwergewicht aus US-Aktien – eine Streuung, die das Risiko Ihrer Aktienanlage deutlich reduziert.

- **Jederzeitige Handelbarkeit an der Börse** – Die Preise Ihrer ETFs können Sie während des laufenden Börsenhandels ständig über das Internet verfolgen und Sie können Ihre ETF-Anteile jederzeit ähnlich wie Aktien im fortlaufenden variablen Handel zum Kauf oder Verkauf stellen. Bei einigen aktiv gemanagten Fonds ist dies häufig nicht möglich. Dort ordern Sie einen Fondsanteil zum sogenannten Nettoinventarwert, ohne den Preis genau zu kennen. Dieser steht Ihnen nämlich immer erst frühestens am Folgetag zur Verfügung, weil der innere Wert eines solchen Fonds erst aus den Kursen des Vortags ermittelt und veröffentlicht werden kann.

- **Faire Transaktionskosten** – Anstatt dass alle Anleger wie bei aktiven Fonds für die Kosten von Portfolioanpassungen im Rahmen von

Zu- und Abflüssen zur Kasse gebeten werden, zahlen Sie diese als ETF-Anleger über die Geld-Brief-Spanne ihres ETFs beim Kauf und Verkauf allein.

- **Hohe Renditevorteile aufgrund günstiger Kostenstruktur** – Anstatt hoher jährlich anfallender Verwaltungs-, Vertriebs-, Vertriebsfolge- und möglicher performanceabhängiger Kosten selbst bei negativen Anlageergebnissen der aktiv gemanagten Fonds fällt für passiv gemanagte ETFs nur ein Bruchteil der Kosten als Verwaltungsgebühr an. Daher haben passive gegenüber den aktiven Fonds praktisch automatisch einen Renditevorteil. Und je länger Ihr Anlagezeitraum, desto weniger sind die Manager aktiver Fonds in der Lage, diese Kostennachteile durch eine entsprechende Outperformance auszugleichen.

Abb. 11.2: Alle drei Anlageformen im Vergleich

Kriterium	Selbstverwaltetes Portfolio	aktiv gemanagter Investmentfonds	börsengehandelter ETF-Indexfonds
Transparenz	hoch	gering	hoch
Einzeltitelrisiko	hoch	gering	gering
Börsenhandel	ja	nicht immer möglich	ja
Anlageerfahrung	höher	mittel	gering
Management	laufende Überwachung	Anpassung an Marktlage	regelbasiert
Kosten	mittel	hoch	sehr gering

So nutzen Sie ETF-Sparpläne zum Vermögensaufbau und für Ihre Altersvorsorge

ETF-Sparpläne ermöglichen Ihnen das regelmäßige Sparen in ETFs. Sie sind eine Alternative und Ergänzung zu den Sparplänen auf traditionelle, aktiv gemanagte Fonds. Daher sind die Unterschiede von ETF-Sparplänen zu denen auf traditionelle Fonds im Wesentlichen dieselben, wie wir sie oben beim Vergleich zwischen den passiven ETFs und aktiven Fonds herausgestellt haben.

Laut einer Studie des Onlineportals *www.justetf.com* legten Privatinvestoren in ihren Sparplänen seinerzeit vor allem in folgenden Indizes an, für die es am Markt jeweils mehrere Varianten von ETFs gibt. Aktuelle Daten, Vergleichstools, Hit-Listen und Musterdepots für verschiedene Anlegerprofile können Sie über die Website einfach abrufen. Das Portal bietet Ihnen umfänglichste Informationen rund um ETFs und gehört zum Besten, was es auf diesem Gebiet in Europa gibt.

Für diese Marktindizes stehen Ihnen jeweils mehrere ausschüttende oder thesaurierende ETFs zur Verfügung, die Sie über die oben erwähnte Plattform mit allen aktuellen Eckdaten leicht ausfindig machen können. Das gilt auch für entsprechende Anleihen-ETFs.

Abb. 11.3: Die gefragtesten Indizes für ETF-Sparpläne

Rang	Index	Anlagefokus
1	**DAX®**	30 größte deutsche Unternehmen (ab September 2021: 40 größte deutsche Unternehmen)
2	**Dow Jones Asia/Pacific Select Dividend 30**	30 dividendenstärkste Titel aus Asien-/Pazifik-Region
3	**Euro Stoxx® 50**	50 größte Unternehmen der Eurozone
4	**Euro Stoxx® Select Dividend 30**	30 dividendenstärkste Titel aus der Eurozone
5	**MDAX®**	50 deutsche Unternehmen mit mittlerer Marktkapitalisierung (ab September 2021: 40 Unternehmen mit mittlerer Marktkapitalisierung)
6	**MSCI Emerging Markets**	zirka 800 Unternehmen aus 23 Schwellenländern
7	**MSCI USA**	zirka 600 große Unternehmen der USA
8	**MSCI World**	zirka 1600 Unternehmen aus 23 Industrieländern

Rang	Index	Anlagefokus
9	**Nikkei 225®**	225 meistgehandelte Aktien von Unternehmen aus Japan
10	**S&P 500®**	500 größte Unternehmen der USA
11	**STOXX Europe 600**	600 größte Unternehmen aus Europa
12	**Thomson Reuters/ CoreCommodity CRB**	breiter Rohstoffindex für 19 Rohstoffe

Beachten Sie beim MDAX die Auswirkungen der im September 2021anstehenden Änderungen für die Ausgabe von ETFs auf diesen Index. Weil dann rund ein Drittel der Marktkapitalisierung in den DAX abwandert, könnte es MDAX-ETFs womöglich dann kaum oder gar nicht mehr geben.

Drei idealtypische Sparplandepot-Varianten

Die Aufteilung und Gewichtung Ihrer Sparpläne auf Aktien- und Anleihen-ETFs sollte dabei auf ähnliche Weise erfolgen, wie im **Kapitel 9** ausführlich beschrieben. Sie hängen von Ihren Anlagezielen wie Ihrer Bereitschaft ab, kurzfristige Wertschwankungen Ihres Sparplandepots zugunsten einer langfristig erwartbaren höheren Rendite in Kauf zu nehmen.

Vor diesem Hintergrund bieten sich drei idealtypische Varianten mit unterschiedlicher Chancen-Risiko-Struktur an:

Eine **sicherheitsorientierte** (defensive) Ausrichtung könnte im Verhältnis **75:25** Prozent auf Renten- und Aktien-ETFs setzen.

Eine **risikobewusster** (ausgewogene) Ausrichtung könnte im Verhältnis **50:50** Prozent in Renten- und Aktien-ETFs investieren.

Ein **spekulativer** (offensiver) Aufbau würde im Verhältnis **25:75** Prozent Renten- und Aktien-ETFs verwenden.

Für jede der drei Varianten reicht der Einsatz von vier bis sechs Index-ETFs aus. Deren Zusammenstellung sollten Sie je nach zwischenzeitlich stattgefundener unterschiedlicher Wertentwicklung der beiden Anlagekomponenten Aktien und Anleihen am Anfang eines neuen Jahres auf Ihre ursprüngliche Gewichtung zurückführen (**Rebalancing**), um die ursprünglich gewählte Chancen-Risiko-Ausrichtung beizubehalten.

Mit diesen drei Gewichtungen ließen sich nach Modellrechnungen der Zeitschrift *Finanztest* per Mai 2020 durchschnittliche Sparplanrenditen im zurückliegenden Zehn-Jahres-Zeitraum von 2,8 (defensive Ausrichtung), 4,9 (ausgewogen) und 7,2 Prozent (offensiv) nach Kosten erreichen. Im 20-Jahres-Zeitraum waren es 2,8, 4,6 und 5,8 Prozent jährlich. Dabei handelt es sich um die Renditen *vor* Steuern und Inflation.

Wie Sie ETF-Strategien einfach umsetzen

- Nutzen Sie leistungsstarke, bankenunabhängige ETF-Onlineportale zur Analyse, Auswahl und einfachen Umsetzung von Anlagestrategien mit ETFs beziehungsweise ETF-Sparplänen und zu deren Controlling.

- Bevorzugen Sie marktbreite ETFs als Basisinvestments Ihres ETF- oder ETF-Sparplan-Portfolios.

- Setzen Sie auf die beiden Hauptklassen der auf *Aktien* und der auf *Anleihen* (Renten) basierenden Indizes.

- Gewichten Sie die risikoreicheren und risikoärmeren ETFs so, wie es am besten zu Ihrem Profil als Anleger oder Anlegerin und zu Ihren Sparzielen passt.

- Ersetzen oder ergänzen Sie Teile Ihres auf Renten ausgerichteten ETF-Portfolios durch ertragreichere ETFs zum Beispiel aus dem Bereich Immobilien, wenn und solange Rentenanlagen auf absehbare Zeit kaum noch Erträge abwerfen. Deren Verlauf richtet sich nach der Entwicklung maßgeblicher Immobilienaktien-Indizes.

- Beachten Sie, dass es für den Erfolg Ihres Investments nicht so sehr darauf ankommt, ob Sie den sich am besten entwickelnden Aktien- oder Renten-ETF ausgewählt haben, sondern auf das Mischungsverhältnis zwischen den unterschiedlichen Anlageklassen.

- Nutzen Sie Onlinebroker mit günstiger Kostenstruktur und möglichst kostenfreiem Depot.

- Bevorzugen Sie unter sonst gleichen Bedingungen Aktionsangebote mit niedrigen oder wegfallenden Gebühren für eine möglichst lange Laufzeit.

- Bündeln Sie regelmäßige Sparbeträge über die Wahl längerer Intervalle (zum Beispiel statt monatlichen vierteljährliche Einzahlungen), wenn Sie auf diese Weise Kosten deutlich reduzieren oder nur so eine komplexe Anlagestrategie umsetzen können.

- Die oben aufgeführten Ratschläge gelten sinngemäß auch für die zuvor erwähnten ETCs.

Kapitel 12
Zertifikate, CFDs, Robos & Co – Innovationen mit begrenztem Nutzen

Kein anderes Finanzprodukt hat seit der Jahrtausendwende so stark an Bedeutung gewonnen wie das der Anlagezertifikate - gerade in Deutschland. Es gibt kaum eine Woche, in der nicht ein neues Zertifikat auf den Markt gebracht wird. Die Möglichkeiten, mit solchen Zertifikaten bestimmte Anlagestrategien, Anlagethemen, Absicherungsmodelle und komplexe Investmentideen in einem einzigen Produkt relativ einfach bündeln zu können, sind nahezu unbegrenzt. Doch die Fülle der inzwischen angebotenen Produkte ist für Sie als Privatanleger kaum noch zu übersehen. Welche davon für Sie wirklich vorteilhaft sind und welche hingegen nur die Provisionsinteressen der Emittenten bedienen, gerät dabei leicht aus dem Blickfeld. Hinzu kommt: Die wenigsten sind transparent, sodass selbst Profis deren Chancen und Risiken kaum angemessen beurteilen können. Die in der Weltfinanzkrise unrühmlich ins Rampenlicht der Kritik geratenen Lehman-Zertifikate werden vielen Anlegern auch heute noch in Erinnerung sein.

Grundsätzlich gilt: Anlagezertifikate sind Wertpapiere, deren Risiko-Chancen-Profil häufig dem einer Aktie oder eines Börsenindex gleicht. Bei Hebelzertifikaten liegen Ihre Gewinnchancen und Verlustrisiken noch weit darüber.

Bunter Strauß von Angeboten

Die Emittenten solcher meistens mit einer bestimmten Laufzeit versehenen Zertifikate sind Kreditinstitute, die für den Ankauf und Verkauf der Papiere börsentäglich laufend entsprechende Kurse stellen. Die meisten Zertifikate können Sie wie Wertpapiere über Ihre Bank an der Börse kaufen und verkaufen.

Zertifikate sind sogenannte derivative Finanzinstrumente. Sie werden auf eine Vielzahl von Basiswerten wie Aktien, Aktienindizes, Rohstoffen einschließlich Edelmetallen wie Gold begeben und orientieren sich hinsichtlich ihres Preises an der Kursentwicklung dieser zugrundeliegenden Werte. Darüber hinaus gibt es einen großen Bereich von Basket-, Themen- oder Strategiezertifikaten, bei denen gleichzeitig in mehrere Basiswerte oder eine Kombination aus Direktinvestments und Optionen investiert wird.

Formalrechtlich sind Zertifikate Schuldverschreibungen, die vom jeweiligen Emittenten (in der Regel also von Banken) verbrieft werden. Sie garantieren deshalb zum Beispiel keine Eigentums- und Aktionärsrechte an den Unternehmen, in deren Aktien das Zertifikat investiert. Als Käufer eines Zertifikats sind Sie vielmehr Gläubiger des Emissionshauses (wie beispielsweise der Deutschen Bank) und nicht – wie bei einem Direktinvestment in Aktien – Teilhaber an einem Unternehmen.

Das unterscheidet Zertifikate auch wesentlich von Investmentfonds, die als Sondervermögen in Wertpapieren angelegt sind und daher bei einer Pleite der Kapitalanlagegesellschaft nicht zu deren Insolvenzmasse gehören. Besonders bei langlaufenden Zertifikaten sollten Sie daher die Bonität Ihres Schuldners genau im Auge behalten. Die Subprimekrise hat uns vor nicht allzu langer Zeit ja gerade gezeigt, dass selbst große Banken, die als Emittenten solcher Zertifikate auftreten, pleitegehen können: der Zusammenbruch von Lehman Brothers brachte darüber seinerzeit sogar das Weltfinanzsystem ins Wanken.

Welche Anlageziele Sie mit Zertifikaten im Einzelnen verwirklichen können, zeigen die folgenden Beispiele.

Unübersichtliche Vielfalt bei Zertifikaten

Wenn Sie beispielsweise daran interessiert sind, Ihrem Depot Aktien eines bestimmten Landes beizumischen, der dafür aufzuwendende Betrag wegen der notwendigen Risikostreuung auf mehrere Einzelwerte aber zu gering ist, könnten Sie stattdessen und statt ETF-Indexfonds auch ein Index-Zertifikat erwerben. Mit einer einzigen Transaktion und einem geringen Kapitaleinsatz von beispielsweise 10 Euro für ein Stück kaufen Sie damit einen ganzen Aktienmarkt. Auf diese Weise könnten Sie sich bereits mit einem geringen Anlagevolumen ein international breit diversifiziertes Depot aufbauen, dessen Gewichtung Sie je nach den gesehenen Chancen und Risiken an den jeweiligen Märkten schnell Ihren Vorstellungen anpassen können.

Grundsätzlich entwickeln sich Index-Zertifikate im Gleichschritt mit dem jeweiligen Index und sind daher genauso chancen- und risikoreich wie der entsprechende Markt. Auf ähnliche Weise wirken sogenannte Basket-Zertifikate, die sich thematisch auf einen bestimmten Korb von Aktien beispielsweise aus dem Bereich der Solarenergie, der Nanotechnologie, auf Wasserstoffaktien, auf die stärksten Dividendentitel einer Börse und Ähnliches beziehen.

Mit einer anderen Kategorie, den sogenannten Discount-Zertifikaten, setzen Sie auf eine Kombination aus einem Aktieninvestment und einer darauf gerichteten Option. Discount-Zertifikate ermöglichen Ihnen den Einstieg in einen Basiswert - etwa eine Aktie oder einen Index - gewissermaßen mit Rabatt. Für diesen Preisabschlag, den Sie beim Einstieg erhalten, sind Sie im Gegenzug in Ihrer Beteiligung an der Wertentwicklung des Basiswerts nach oben gebremst. Das Discount-Zertifikat ist somit nur bis zu einer fest definierten Kursobergrenze - auch Cap genannt - an der Wertentwicklung des Basiswerts beteiligt. Notiert der Basiswert am Laufzeitende des Zertifikats oberhalb des Caps, erhalten Sie als Anleger nur den Gegenwert des Caps ausgezahlt. Notiert der Basiswert dagegen am oder unter dem Cap, bekommen Sie den aktuellen Kurswert des Basiswerts gutgeschrieben oder den jeweiligen Basiswert ins Depot gebucht. Der Quasi-

Rabatt auf den aktuellen Kurs (der sogenannte Discount) fungiert auf diese Weise für Sie als eine Art Risikopuffer, falls der Kurs des Basiswerts sinkt.

Technisch gesehen verbindet ein Discount-Zertifikate zwei Wertpapiergeschäfte miteinander: den Kauf einer Aktie oder eines Index (Basiswert) und den gleichzeitigen Verkauf einer Kaufoption auf den Basiswert. Der Discount (Abschlag) ergibt sich somit aus der Einnahme durch den Verkauf (= Optionsprämie) der Kaufoption und ist umso größer, je höher diese Einnahme ist.

Legen Sie als Anleger auf eine noch größere Sicherheit Ihres Investments Wert, können Sie auf Garantie-Zertifikate zurückgreifen. Hierbei garantiert der Emittent am Laufzeitende (!) des Zertifikats mindestens die Rückzahlung des Emissionspreises, unabhängig davon, wie weit der Kurs des jeweiligen Basiswerts bis dahin gefallen ist. Diese »Vollkasko-Versicherung« für Ihr Investment hat allerdings auch ihren Preis: In den meisten Fällen sind Sie als Anleger an der positiven Kursentwicklung des Basiswerts nämlich nur unterdurchschnittlich beteiligt – beispielsweise mit einer in den Emissionsbedingungen angegebenen Partizipationsrate von 70 Prozent. Oder Sie partizipieren nur bis zu einer bestimmten Kursobergrenze, sodass Ihnen alle darüber hinausgehenden Kursgewinne nicht mehr zugutekommen. Auch dieser Zertifikate-Typ wird – wie fast alle Zertifikate – durch eine Kombination aus verschiedenen Grund-, Termin- und/oder Optionsgeschäften hergestellt.

Sie sehen also, dass Sie als Anleger mit bestimmten Typen von Zertifikaten grundsätzlich durchaus interessante Anlageziele verfolgen können, wenn Sie bereit sind, deren Emittenten- und Marktrisiken zu tragen. Für spezielle Zwecke können diese daher als Beimischung zu Ihrem Wertpapierdepot vorübergehend lohnenswert sein.

Die acht wichtigsten Typen von Anlagezertifikaten auf einen Blick

- Themen- und Strategie-Zertifikate
- Index- und Partizipations-Zertifikate

- Bonus- und Teilschutz-Zertifikate
- Sprint- und Outperformance-Zertifikate
- Discount-Zertifikate
- Rolling-Discount-Zertifikate
- 100-Prozent-Garantie-Zertifikate
- Hebel- und Knock-out-Zertifikate

Wenn Sie beispielsweise ein Zertifikat auf den japanischen Aktienmarkt in Form eines Nikkei-Index-Zertifikats erwerben, kann das Ergebnis Ihres Investments grundsätzlich nie besser ausfallen als die Entwicklung des durch den Index repräsentierten Markts. Deshalb sollten Sie prüfen, ob Sie stattdessen mit einem gut gemanagten Japan-Fonds, der in ausgesuchte japanische Aktien investiert und sich den sich ständig verändernden Chancen und Risiken schnell anpassen kann, mittelfristig nicht besser fahren.

Auch mit Basket-Zertifikaten sind für Sie als Investor bestimmte Nachteile im Vergleich zum Direktinvestment verbunden. So verzichten Sie bei Kurs-Zertifikaten beispielsweise völlig auf die ausgeschütteten Dividenden, die der Emittent dann in der Regel allein für sich vereinnahmt.

Bei Garantie-Zertifikaten wird häufig übersehen, dass die gegebenen Garantien nur zum – möglicherweise noch viele Jahre entfernt liegenden – Laufzeitende gültig sind und sich daher zwischenzeitlich auch erst dann im Preis des Zertifikats widerspiegeln. Zwischenzeitlich kann ein solches Zertifikat also sehr wohl auch deutlich unter dem Garantiepreis notieren!

Häufig wird behauptet, dass Zertifikate gegenüber Investmentfonds wegen der zu zahlenden Ausgabeaufschläge erhebliche Kostenvorteile mit sich brächten. Auch das ist eine recht ungenaue Betrachtung. Dabei wird übersehen, dass zwischen dem am Markt gestellten höheren Verkaufs- und niedrigeren Rücknahmepreis eines Zertifikats (Geld- und Briefkurs) immer eine Differenz besteht, die je nach Typ des Zertifikats auch durchaus mehrere Prozent betragen kann.

Kapitalschutz-Zertifikate und Absolute-Return-Fonds – mehr Schein als Sein

Deutsche Anleger gelten von jeher als besonders risikoscheu. Während man in den angelsächsischen Ländern überwiegend in Aktien und Aktienfonds spart, bevorzugen deutsche Anleger eher festverzinsliche Wertpapiere und Rentenfonds. Das beginnt sich erst allmählich zu verändern. Auch Rentenfonds verzeichneten zuweilen erhebliche Mittelabflüsse. Auch Anteile an Rentenfonds wurden massiv verkauft. Schuld daran dürften in erster Linie die mageren Ergebnisse sein, die den Rentenanlegern vor dem Hintergrund der anhaltenden Niedrigzinsphase und des tendenziell aufwärts gerichteten Zinstrends negative Ergebnisse bescheren. Nur ganz wenigen Rentenfonds gelang es, das Geld ihrer Anleger deutlich über die Nulllinie zu hieven. Aber Not macht bekanntlich erfinderisch.

So boomt in Deutschland der Markt für sogenannte Protect-Zertifikate, Absolute- oder Total-Return-Fonds und Anlagen mit Voll- oder Teilschutz-Garantie. Sie sollen Ihnen als Anleger endlich das bieten, was bislang eher als Quadratur des Kreises erschien: Chancen auf hohe Renditen, ohne dafür größere – bestenfalls gar keine – Risiken eingehen zu müssen.

Doch die Wirklichkeit solcher »alternativen Investments« spricht, wie Sie den folgenden Beispielen entnehmen können, eine etwas andere Sprache.

Sogenannte Absolute-Return-Fonds versprechen Ihnen als Anleger unabhängig von den Bewegungen der Aktien- und Rentenmärkte positive Renditen. Ein bei seiner Auflage seinerzeit stark in den Medien herausgestellter und mit dem Konterfei von Günter Netzer und einem Millionen-Werbe-Etat stark beworbener Fonds war der »dit-Absolute Return« (ISIN: LU0167688042), den es heute schon gar nicht mehr gibt. Er investierte in geldmarktnahe Anlagen sowie in die nach Ansicht des Fondsmanagements aussichtsreichsten Marktsegmente aus den Bereichen Aktien, Renten und Währungen, Edelmetalle und Rohstoffe.

Viele Anleger waren seinerzeit von dem augenscheinlich besonders sicherheitsorientierten Konzept überzeugt – mussten sich später allerdings eines Besseren belehren lassen. Denn die erzielten Ergebnisse des Fonds spotteten jeder Beschreibung:

Während Anleger mit einem sicherheitsorientierten, weltweit anlegenden Depot aus 30 Prozent Aktien und 70 Prozent Renten, das von FERI/vwd als Benchmark für diesen Fonds verwendet wurde, in den vorangegangenen drei Jahren immerhin noch eine Rendite von 4,53 Prozent pro Jahr erwirtschaften konnten, lag diese beim dit-Fonds lediglich bei 0,98 Prozent! Und beim ähnlich konzipierten, aber etwas risikoreicher anlegenden Schwesterfonds, dem dit-Absolute Return Plus (ISIN: LU0167687580), der aufgrund seines höheren Aktienanteils noch bessere Ergebnisse versprach, lag die Wertentwicklung pro Jahr sogar nur bei 0,47 Prozent. Die Benchmark aus 50 Prozent Aktien- und 50 Prozent Rentenanteil kam im selben Zeitraum immerhin auf 7,02 Prozent pro Jahr.

Zwar haben einzelne Fonds dieser Kategorie in den vergangenen Jahren bessere Ergebnisse erzielt. Unter dem Strich haben sich diese Fondskonzepte aber bislang überwiegend nicht bewährt und erscheinen im Rückblick eher als Werbegag der provisionshungrigen Finanzindustrie denn als wirklicher Fortschritt.

Als Alternative zu diesen Produkten sind seit geraumer Zeit sogenannte Protect-Zertifikate auf dem Markt, die Ihnen bei vollständigem oder teilweisem Schutz des eingesetzten Kapitals eine Partizipation an der Wertentwicklung der Aktienmärkte »mit Sicherheitsnetz« verheißen. So garantierte Ihnen das vor drei Jahren von der Deutschen Bank emittierte und danach ausgelaufene Europa Protect-Zertifikat (WKN DB3ABJ) einerseits die Rückzahlung Ihres Kapitals am Ende der Laufzeit. Andererseits bot es Ihnen eine Teilhabe am Wertzuwachs des Euro Stoxx 50, die sich am Stand des Index an sechs halbjährlich ermittelten Stichtagen orientierte.

Solche Zertifikate sind dabei überwiegend nach demselben Muster gestrickt: Mit dem Großteil des Anlagebetrags wird eine Anleihe gekauft, die mit Rückzahlung und Erträgen den Kapitalerhalt am Ende (!) der zumeist drei-, fünf- oder siebenjährigen Laufzeit garantiert. Der übrige Teil der Anlagesumme fließt in Hebelprodukte (in der Regel Call-Optionen), die überdurchschnittlich auf Kursveränderungen der zugrunde liegenden Aktienindizes reagieren.

Da die europäischen Aktienmärkte seit Emission des Zertifikats seinerzeit kräftig haussierten, bescherte das Europa Protect-Zertifikat seinen Anlegern bei Fälligkeit einen Wertzuwachs nach Gebühren von immerhin 15 Prozent. Der Nachteil für Anleger: Da es sich bei einem solchen Garantieprodukt um eine sogenannte Finanzinnovation handelte, musste er den Wertzuwachs vollständig mit seinem persönlichen Steuersatz versteuern. Bei einem Steuersatz von beispielsweise 40 Prozent reduzierte sich der Ertrag aus dem Zertifikat daher auf 9 Prozent. Dies entspricht bei einer Anlagedauer von drei Jahren einer durchschnittlichen Wertentwicklung von gerade mal 3 Prozent. Angesichts eines Wertzuwachses des für das Basisinvestment maßgeblichen Euro Stoxx 50 von seinerzeit 37 Prozent, an dessen Entwicklung der Anleger ja gerade teilhaben sollte, war das ein recht mageres Ergebnis.

Bei genauer Betrachtung war zudem auch die Werbung mit einer »Vollgarantie« für das eingesetzte Kapital äußerst fragwürdig. Denn wenn die Aktienmärkte seitwärts oder nach unten laufen, stehen Ihnen als Anleger in ein solches Zertifikat zwar 100 Prozent Ihres Einsatzes zu. Sie geben aber gleichzeitig Zinserträge verloren, die Sie mit einer risikolosen Anlage Ihres Geldes auf jeden Fall erzielt hätten. Es kommt hinzu, dass die »Kapitalgarantie« erst am Ende der Laufzeit wirksam wird, sodass Sie als Anleger – wenn Sie denn Ihr Geld vor dem Fälligkeitstermin wieder benötigen und das Zertifikat über die Börse verkaufen – unter Umständen sogar kräftige Verluste einfahren.

Sie sehen daher: Nichts gibt es im Leben wirklich umsonst. Schon gar nicht, wenn es um Gelddinge geht. Je geringer das Risiko, das Sie eingehen wollen, desto niedriger normalerweise auch die Renditen – und umgekehrt: Das ist eine der immer wieder betonten Kernaussagen dieses Buches. An dieser Wahrheit führen auch keine noch so ausgeklügelt erscheinenden Anlagekonzepte und Zertifikate-Konstruktionen vorbei, die überwiegend weit weniger halten, als sie versprechen.

CFDs für Hasardeure

Unter »CFDs« sind sogenannte Differenzkontrakte (Contracts for Difference) zu verstehen. Hierbei vereinbaren zwei Parteien den Austausch von Wertentwicklung und Erträgen eines Basiswerts während der jeweiligen Laufzeit. Damit wird gewissermaßen die Wertdifferenz zwischen Ein- und Ausstiegszeitpunkt gehandelt.

Da CFDs in der Regel auf gehebelten Geschäften beruhen, können Ihnen als Anleger hohe Verluste entstehen, die weit über Ihren ursprünglichen Einsatz hinausgehen können. Selbst wenn ein Broker, über den Sie diese Geschäfte abwickeln müssen, Positionen, bei denen Ihre einzuzahlende Sicherheitsleistung (»Margin«) verbraucht ist, automatisch schließt, kann dies bei ungünstiger Marktlage dennoch zu erheblichen Verlusten führen. Dann waren Sie in der Vergangenheit gezwungen, über Ihr bei ihm hinterlegtes Kapital hinaus noch den fehlenden Betrag nachzuschießen, und zwar unverzüglich. Der Gesetzgeber hat Produkte mit einer im Prinzip unbegrenzten Nachschusspflicht für Privatanleger aber inzwischen stark reguliert oder sogar ganz verboten.

Da Ihre Risiken mit CFDs als Anleger kaum abschätzbar sind, sollten Sie um diese allenfalls den Broker, aber nicht Sie reich machendenden »Finanzinnovationen« im eigenen Interesse besser einen weiten Bogen machen.

Robo-Advisor als neuer Clou?

»Modern, unkompliziert, digital« – so oder ähnlich lauten die Werbeversprechen der seit wenigen Jahren auf den Markt drängenden sogenannten Robo-Advisor. Damit wollen sie den auf persönliche Beratung setzenden, in der Regel teuren klassischen Vermögensverwaltern Kunden abjagen.

Ziel ist es, für Sie als Privatanleger über digitale Auswahl- und Anlageprozesse die langfristige Geldanlage zu übernehmen. Dafür verlangen Robo-Advisor im Vergleich zu den traditionellen Verwaltern vergleichsweise geringe Gebühren zwischen 1 und 2 Prozent von Ihrem Anlagebetrag als Provisionen pro Jahr.

Bevor Sie mit einem Anbieter wie Scalable, Cominvest, Solinvest, Quirion oder Growney einen Vertrag abschließen, wird über einen Katalog von Fragen zu Ihrem finanziellen Hintergrund, Ihren Anlagezielen und Ihrer Risikobereitschaft ein persönliches Anlageprofil erstellt. In einem automatischen Prozess schlägt Ihnen der Advisor dann ein Wertpapier-Portfolio vor, in das Sie über ihn investieren können. Dabei werden überwiegend ETF-Indexfonds eingesetzt.

Zum Angebot gehört zumeist auch die Anpassung Ihres Depots in regelmäßigen Abständen, das sogenannte Rebalancing. Damit soll nach einer unterschiedlichen Wertentwicklung der in Ihrem Depot befindlichen Positionen und Anlageklassen Ihre ursprünglich gewählte Chancen-Risiko-Gewichtung wiederhergestellt werden.

Das alles klingt gut. Und kann sinnvoll sein, falls Sie Ihre Vermögensanlage und finanzielle Altersvorsorge je nicht selbst in die Hand nehmen wollen. In diesem Buch plädiere ich jedoch nachhaltig dafür, diese Aufgabe nicht an irgendwelche Robo-Advisor zu delegieren. Das ist immer noch der sehr viel bessere, kostengünstigere und langfristig auch erfolgversprechendere Weg.

Ohnehin lässt sich vor dem Hintergrund der noch sehr kurzen Leistungsbilanz der Anbieter bislang kaum sagen, ob und wie sich das Konzept auch langfristig trägt und Ihnen als Anleger wirklich die Vorteile bietet, die es verheißt. Die bisherigen Zahlen lassen erhebliche Zweifel daran aufkommen, ob das gelingt.

Leistungsvergleiche über Robo-Advisor werden Sie künftig in vielen Finanzpublikationen, nicht zuletzt in der Zeitschrift *Finanztest* finden. Wahrscheinlich ist, dass nur ein Bruchteil der sich heute am Markt tummelnden jungen Unternehmen langfristig überlebt. Die Konkurrenz wächst, daher auch die um immer niedrigere Gebühren. Ohne ein Anlagevolumen von dauerhaft über 1 bis 2 Milliarden Euro werden Robo-Advisor bei schnell steigenden Ansprüchen ihrer Kunden ihr Geschäft kaum aufrechterhalten können.

Die jüngste Entwicklung zeigt denn auch, dass manche Anbieter ihrem digitalen Angebot bereits Bausteine zur persönlichen Beratung hinzuzufügen versuchen. Diese geht aber wiederum stärker ins Geld - für die Anbieter wie für die Kunden.

Kapitel 13
Kleine Tricks zur Geldvermehrung

Eigentlich ist es ein Widerspruch in sich selbst: an der Börse gewinnen zu wollen, ohne für die auf diese Weise eröffneten Chancen auch Risiken einzugehen. Gerade im Börsengeschäft gilt doch allenthalben der Grundsatz, dass höhere Gewinnmöglichkeiten auf der einen Seite größere Verlustrisiken auf der anderen Seite bedingen. Dies wurde in den bisherigen Kapiteln dieses Buches immer wieder hervorgehoben.

Indessen haben die internationalen Kapital- und Finanzmärkte gerade in den letzten Jahren nichts unversucht gelassen, um Techniken und Instrumente zu entwickeln, mit deren Hilfe man Kurs- und Währungsrisiken bis zu einem gewissen Grad wenn nicht ganz ausschalten, so doch erheblich verringern kann. Auf diesem Gebiet war Deutschland nach Auffassung internationaler Investoren lange Zeit eher ein Entwicklungsland. Doch die jahrelange emsig geführte Diskussion um die mangelnde Attraktivität des Finanzplatzes Deutschland ist nach der Gründung einer der weltweit größten Terminbörsen, Eurex, die gleichzeitig auch das führende Clearinghaus Europas ist, längst vom Tisch.

Heute nutzen vor allem institutionelle Anleger ein ganzes Bündel von Instrumenten, um mittels Optionen, Futures und Optionen auf Futures ihre Risiken zu diversifizieren oder besondere Chancen zu nutzen. Nicht alle diese Instrumente sind auch für Sie als Anleger mit vergleichsweise kleinerem Budget sinnvoll und nutzbar. Grundsätzlich stehen aber auch Privatanlegern solche Möglichkeiten zur Verfügung, vor allem dann, wenn es darum geht, aufgelaufene Gewinne oder einen Wertpapierbestand vorübergehend gegen Verluste abzusichern.

Absicherungsstrategien

Natürlich ist auch die Absicherung eines spekulativen Vermögens mit einem verbleibenden Restrisiko verbunden: Die Absicherung selbst kostet ja Geld. Letztlich bleibt es daher immer auch ein Rechenexempel, ob es sich wirklich lohnt, dieses Geld für Absicherungskonzeptionen einzusetzen, oder ob man die einzusparende »Versicherungsprämie« für ein solches Geschäft nicht doch lieber gleich als zusätzlichen Puffer zur Abfederung möglicher Verluste betrachten sollte.

Genau weiß man es an der Börse ja nie: Besitzt die Aktie, die Sie kaufen wollen oder bereits (womöglich mit Gewinn) im Depot haben, auch für die übrigen Marktteilnehmer jenes Aufwärtspotenzial, das Sie sich allenthalben erhoffen, oder muss vorerst mit einer Korrektur nach unten hin und also mit einem (bestenfalls vorübergehenden) Kursverlust gerechnet werden?

Grundsätzlich haben Sie als Einsteiger zwei einfache Möglichkeiten, sich gegen solche Eventualitäten abzusichern: durch den Kauf einer Verkaufsoption oder aber durch den Verkauf einer Kaufoption auf den entsprechenden Wert oder auf einen Index wie den DAX, dem Ihre Aktien oder der überwiegende Teil Ihres Aktiendepots vielleicht zugeordnet werden kann. Im **Kapitel 7** wurden die Möglichkeiten, dies über den Einsatz von Hebelprodukten umzusetzen, bereits angesprochen. Je nach angenommenem Kursrisiko ist die eine oder andere Variante die günstigere Alternative. Am besten können Sie sich das an einigen Rechenexempeln verdeutlichen. Dabei lassen wir der Einfachheit halber die jeweils anfallenden, bei einer exakten Berechnung auf jeden Fall einzukalkulierenden Kauf- und Verkaufsgebühren unberücksichtigt.

Kauf einer Verkaufsoption

Nehmen wir an, Sie wären auf einem angenommenen Kursniveau von 250 Euro am Kauf von A-Aktien interessiert, trauen der Aktie aber ein kurzfristiges Korrekturpotenzial von 20 Prozent zu. Für 200 Aktien müssten Sie in diesem Fall 50 000 Euro bezahlen. Tritt die mögliche, aber keineswegs zwangsläufige Korrektur nun tatsächlich ein, hätten Sie bei einem Kurs von 200 Euro rein rechnerisch 10 000 Euro verloren. Dieser mögliche Verlust kann nun als Grundlage für das Absicherungsgeschäft angesehen werden.

Als gewitzter Börsianer könnten Sie in diesem Fall dann gleich beim Erwerb der A-Aktien eine entsprechende Anzahl von Verkaufsoptionen auf diese Aktie erwerben. Wie Sie aus Kapitel 9 bereits wissen, haben Sie in diesem Fall das Recht (nicht aber die Verpflichtung) erworben, Ihre Aktien bis zu einem bestimmten Zeitpunkt zu einem festgelegten Preis (Basispreis) zu veräußern. Dafür müssen Sie Ihrem Kontrahenten (an der Terminbörse ist dies immer die Terminbörse als eintretende Partei selbst) eine Prämie zahlen. 200 Stück Verkaufsoptionen auf A-Aktien mit einer Basis von 250 Euro würden dabei pro Stück 13 Euro auf den nächsten Fälligkeitstermin kosten. Folgende drei idealtypische Fälle wären nun denkbar.

Fall 1: Der A-Kurs rutscht auf das Niveau von 200 Euro ab

Dadurch entstünde Ihnen ein rein rechnerischer Buchverlust von 10 000 Euro (Kaufpreis abzüglich aktuellem Kurswert). Dieser Verlust würde zu einem erheblichen Teil, wenn nicht gar völlig, durch die Gewinne ausgeglichen werden können, die Sie durch die Weiterveräußerung Ihres Optionsrechts im Normalfall erzielen dürften. Der »innere Wert« dieser Option läge im angenommenen Fall ja bei 50 Euro, weil der Optionsrechtsinhaber die mit nur 200 Euro notierte Aktie immer noch zu 250 Euro verkaufen kann. Je nach Restlaufzeit bis zum Verfalltermin dürfte die erzielbare Prämie aber wohl eher bei 60 Euro liegen. Daraus würde sich nun ein Gewinn von knapp 10 000 Euro errechnen (Wiederverkaufspreis für die Optionen abzüglich Kaufpreis = 12 000 abzüglich

2600), sodass Sie quasi mit einer Versicherungsprämie von zirka 5 Prozent Ihres Aktienbestandes (Kaufpreis für die Verkaufsoptionen versus Kaufpreis für die Aktien selbst in Prozent) Ihr Risiko abgedeckt hätten.

Fall 2: Der A-Kurs steigt auf 300 Euro

In diesem Fall wäre Ihre Option je nach Restlaufzeit bis zum Verfalltermin wenig oder gar nichts mehr wert, sodass Sie Ihre Prämie von 2600 Euro als verloren betrachten müssen. Demgegenüber können Sie einen rechnerischen Gewinn auf Ihrem Depotkonto in Höhe von 10000 Euro verbuchen, sodass Sie am Ende unter Einrechnung der bezahlten »Versicherungsprämie« immer noch mit 7400 Euro im Gewinn liegen.

Fall 3: Der A-Kurs verändert sich nicht

Je näher der Verfalltermin rückt, desto geringer ist auch die bei einer Weiterveräußerung der Option noch erzielbare Prämie. In diesem Fall müssten Sie also schlechtestenfalls die Prämie endgültig verlorengeben.

Fazit: Eine vorübergehende Absicherung Ihrer Aktienbestände über Verkaufsoptionen lohnt sich dann, wenn Sie von der Möglichkeit eines größeren Kursrutschs ausgehen. Sie brauchen dann nicht Ihre Aktien selbst zu veräußern, sondern hätten über die wiederverkaufte Verkaufsoption gewissermaßen nur Ihren Einstand von ursprünglich 250 auf 200 Euro verbilligt. Sind Sie auf dem zugrunde gelegten Kursniveau aber bereits im Gewinn, könnten Sie diesen Gewinn mit der entsprechenden Optionsstrategie absichern. Erwarten Sie dagegen nur geringe Kursschwankungen, empfiehlt sich eher die folgende, zweite Variante: der Verkauf einer Kaufoption.

Verkauf einer Kaufoption

Wie Sie wissen, verpflichten Sie sich beim Eingehen dieser Option, die sich in Ihrem Besitz befindlichen Aktien bis zum Verfalltermin zum angegebenen Basispreis an Ihren Kontrahenten zu liefern, wenn er dies verlangt.

Entsprechend der obigen Modellrechnung notiert eine solche Option für die A-Stammaktie bei einer Basis von 250 Euro auf den folgenden

Verfalltermin 13 Euro. Für die eingegangene Verpflichtung vereinnahmen Sie also in diesem Fall insgesamt 2600 Euro (200 x 13) als Prämie, das sind gut 5 Prozent Ihres Depotwerts in A-Aktien.

Auch hier sind grundsätzlich drei idealtypische Fälle denkbar:

Fall 1: Der A-Kurs rutscht auf 200

Der rechnerische Buchverlust auf Ihre Aktien läge dann bei 10 000 Euro. Dem steht die erhaltene Prämie in Höhe von 2600 Euro entgegen, verbleiben 7400 Euro Verlust.

Fall 2: Der A-Kurs steigt auf 300

Sie werden die Aktien zum Preis von 250 Euro liefern müssen, wodurch Ihnen rein rechnerisch ein Gewinn von 10 000 Euro entgeht. Andererseits verbleibt Ihnen aber die ursprünglich vereinnahmte Prämie von 2600 Euro, sodass Sie einen Gewinn von zirka 5 Prozent auf Ihren Aktienbestand erzielt hätten.

Fall 3: Der A-Kurs bewegt sich nicht

Ihr Kontrahent wird gegen Ende der Laufzeit kaum noch auf Lieferung der Stücke bestehen, weil die Prämie sich bis dahin weitestgehend abgebaut haben dürfte beziehungsweise die Aktie zum selben Preis ebenso gut direkt erworben werden könnte. Auch in diesem Fall hätten Sie – ohne jegliche Bewegung des Kurses – immerhin knapp 5 Prozent an Prämie vereinnahmt, also als Gewinn erzielt.

Alternativabsicherung mit Short-Aktienindex-ETFs

Mit den oben beschriebenen Strategien könnten Sie sich als Anleger auch über den **Kauf oder Verkauf von Optionen** auf den Deutschen Aktienindex (DAX-Optionen) gegen mögliche Kursverluste am Gesamtmarkt absichern. Das ist dann sinnvoll, wenn Ihr Depot überwiegend aus inländischen Werten besteht, deren Kursentwicklung ähnlich verläuft wie der deutsche Gesamtmarkt. Diese Strategie kann sich sogar noch als sehr viel effizienter erweisen als die Aktion in einzelnen Werten, weil dieser Markt in der Regel sehr liquide ist, sodass Sie als Anleger sicher sein können, jederzeit faire Preise für Ihre gekauften oder verkauften Kontrakte zu bekommen. Schließlich finden Sie an der Eurex ohnehin nur Optionen auf die großen Standardwerte, sodass eine Einzelabsicherung in anderen Aktien überhaupt nicht möglich wäre. Gerechnet werden diese Index-Optionen nach demselben Verfahren wie in unserem Beispiel.

Eine dritte Möglichkeit für eine (vorübergehende) Absicherung eines beispielsweise auf deutsche Standartwerte ausgerichteten Aktiendepots wäre der **Kauf eines auf den DAX ausgerichteten Short-DAX-ETF.** Er gewinnt in dem Maß an Wert, in dem der DAX fällt. Ein Minus von 3 Prozent im Index würde sich also in ein entsprechendes Plus von 3 Prozent bei Ihrem ETF auswirken.

Abb. 13.1: Kursabsicherung des DAX (unten) durch einen Short-DAX-ETF

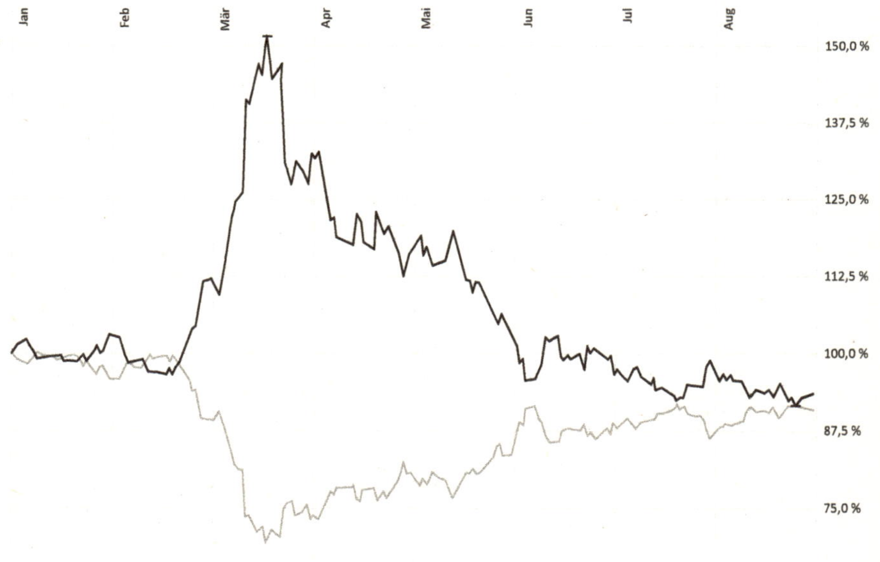

Quelle: Comdirect

Beachten Sie dabei, dass ein Short-ETF jeden Tag auf Grundlage des neuen DAX berechnet wird. Daher wird er Ihnen bei einer längeren Anlagedauer von Wochen oder gar Monaten auch niemals exakt den Gewinn bescheren, der den beim DAX im selben Zeitraum entstandenen Verlust ausgleichen würde.

> **Tipp:** Short-Index-ETFs sollten Sie immer nur vorübergehend einsetzen – es sei denn, Sie wollen diese nicht zur Absicherung Ihres Depots, sondern für eine Spekulation auf fallende Kurse verwenden.

Währungsverlustrisiken sind schwer begrenzbar

Nach ähnlichem Muster wie oben dargestellt verlaufen auch die wichtigsten übrigen Absicherungsmöglichkeiten. Wer etwa zum gegenwärtigen Zeitpunkt US-Anleihen kauft, um von der bestehenden Zinsspanne zwischen diesen und Euro-Anleihen zu profitieren, sollte dies nicht ohne Rücksicht auf die mögliche Entwicklung der Devisenkurse tun.

Will sich der Betreffende gegen einen fallenden Dollar absichern, könnte er sich über den Kauf einer Verkaufsoption auf den Dollar nach dem obigen Muster die Möglichkeit eröffnen, bis zum Verfalltermin jederzeit seinen eigenen Währungsbestand aus seinem Anleihevermögen zu einem bestimmten Preis veräußern zu können. Das kostet im Normalfall je nach Restlaufzeit mehrere Prozent vom angenommenen Kurs. Würde er also seine gesamten Beträge sogar über eine Laufzeit von einem oder zwei Jahren absichern wollen, könnte ihm auf diese Weise sogar mehr verloren gehen, als er durch die Ausnutzung der Zinsspanne gewinnen würde.

Hinzu kommt noch die Gefahr eventueller Wechselkursanpassungen, die über Nacht die schönen Träume, mit hochverzinslichen Auslandsanleihen das sichere Geschäft zu machen, schnell platzen lassen können.

Das müssen beispielsweise Besitzer südafrikanischer Rand-Anleihen immer wieder erfahren, die gegenüber Euro-Anleihen durchaus um mehr als 5 Prozentpunkte höher rentieren. Bis die Kapitalverluste, die über eine plötzliche oder vom Markt erzwungene Abwertung des Rands entstehen, über den höheren Zins wieder eingespielt sind, müssen sie möglicherweise sehr lange warten.

Hier wie in allen anderen Fällen ist die Absicherung immer wieder eine Frage solider Kalkulation mit allerdings recht vielen Unbekannten. Im letzten Beispiel etwa könnte es sein, dass ein weiterer Kursverfall des Rands von einem deutlichen Zinsrückgang begleitet wird. So könnte der Verlust, der im Vermögensbestand an südafrikanischen Anleihen über den Kursverlust des Rands entstünde, möglicherweise durch den aufgrund fallender Zinsen entstehenden Kursgewinn der Anleihen wieder ausgeglichen werden – ohne dass es dazu irgendeiner Absicherung bedurft hätte.

Trading: schnelle Geschäfte für Nervenstarke

Dass der, der den Cent nicht ehrt, eigentlich auch des Euros nicht wert sei, gilt als eine bewährte Lebensweisheit. Einige Anleger erheben diese Erkenntnis geradezu zum Prinzip: Statt in ein Unternehmen beziehungsweise dessen Aktien über einen möglichst langen Zeitraum, vielleicht gar über Jahre oder ein ganzes Jahrzehnt zu investieren, halten sie ihre Papiere nur für einen Zeitraum von Wochen oder Tagen. Sie steigen aus dem Wert gleich wieder aus, wenn er die größten Kursavancen hinter sich und ihnen einen auch nur minimalen Gewinn eingebracht hat, um bei nächster Gelegenheit für einen ebenso kurzen Zeitraum in einen anderen Wert umzusteigen, der ihnen vielversprechender erscheint.

Mancher hat mit dieser Strategie, die eine hohe Flexibilität und einen ebenso hohen Informationsgrad des Anlegers erforderlich macht, schon beachtliche Erfolge erzielt. Es soll sogar Börsianer geben, die ein solches »Trading« genanntes Verhalten mit bestimmten, standardisierten Gewinnmargen (etwa 5, 10 oder 20 Prozent) koppeln und ihre Werte bei

Erreichen dieser Fixpunkte nach Art eines Programmhändlers automatisch veräußern, um dann ein ähnliches Spiel erneut zu beginnen.

Dass diese Rechnung in einem insgesamt nach unten, aber auch in einem seitwärts gerichteten Börsentrend erhebliche Aktivitäten seitens des Anlegers voraussetzt, liegt nahe. Sie eignet sich nur in den seltensten Fällen als nachhaltige Strategie. Sie sollten ein solches Trading als Privatanleger daher nur in absoluten Ausnahmesituationen und, wenn überhaupt, auch nur mit kleinstem Kapitaleinsatz verfolgen.

Wer den Cent nicht ehrt: Tradingstrategien

Die Grundüberlegung des Traders geht von der Erfahrung aus, dass unter normalen Bedingungen eine Aktie, der man eigentlich ein hohes Kurspotenzial zubilligt, zumindest einen kleinen Teil des erwarteten Anstiegs mit großer Wahrscheinlichkeit zeigen müsste. Nicht die maximale, im Laufe eines fortgesetzten Kursanstiegs mit immer höheren Risiken erkaufte Gewinnchance steht dabei im Vordergrund dieser Strategie, sondern der scheinbar sichere, wenn auch kleinere, schnelle Gewinn. Viele Cent ergeben zusammengenommen eben auch einen Euro.

Ein Vorteil dieser Strategie ergibt sich aus der relativen Unabhängigkeit vom großen Gesamttrend. Denn Tradingmöglichkeiten gibt es sowohl in der Hausse als auch in der Baisse als auch in einem insgesamt seitwärts gerichteten Markt immer wieder. »Schaukelbörsen«, die überhaupt keinen klaren Trend erkennen lassen, gehören daher eher zum Lebenselixier des eingefleischten Traders. Entscheidender als die stetige Aufwärtsentwicklung einer Aktie ist für den Trader nämlich die Schwankungsbreite der Kurse, die sogenannte Volatilität. Je häufiger, regelmäßiger und stärker diese Kursausschläge innerhalb eines erkennbar werdenden Trendkanals ausfallen, desto größere Chancen hat er, daran zu verdienen: Er steigt im unteren Bereich des Trendkanals ein, im oberen wieder aus – ganz gleich im Prinzip, ob der Gesamttrend langfristig nach oben oder unten verläuft. Das ist in der Praxis allerdings schwerer, als es die Theorie verspricht.

Typische Möglichkeiten

Um eine günstige Tradingmöglichkeit zu erkennen, bedarf es eines erheblichen Gespürs für die natürliche Bewegung des Marktes. Im Prinzip geht es fast immer darum, Informationen, über die man verfügt, mit einem gewissen, wenn auch nur kleinen zeitlichen Vorsprung vor den anderen Marktteilnehmern in ihren Auswirkungen auf Wirtschaft und Börse richtig einzuschätzen und in eine schnelle Kauf- oder Verkaufsentscheidung umzumünzen. Dabei lassen sich Situationen, die eher von fundamentalen Daten bestimmt sind, von anderen, eher technisch bedingten Konstellationen unterscheiden.

Wenn beispielsweise jemand erfährt, dass bei einer Aktiengesellschaft aufgrund günstiger Geschäftsentwicklungen mit einer (vielleicht gar massiven) Erhöhung der Dividende zu rechnen ist, kann er unter normalen Umständen damit rechnen, dass die Börse darauf positiv reagiert. Gelingt es ihm, auch nur einen Tag früher als viele andere in den entsprechenden Wert einzusteigen, kann er womöglich schon nach zwei, drei Tagen die ersten soliden Gewinne einfahren. Und während andere womöglich schon wieder darüber grübeln, ob angesichts der erwarteten Dividendenerhöhung der inzwischen erreichte Kursanstieg überhaupt noch einen weiteren Einstieg rechtfertigt, hat der Trader schon längst wieder seine Papiere veräußert und sitzt bereits in den Startlöchern für die nächste kurzfristige Operation.

Ähnliche Konstellationen für schnelle Geschäfte ergeben sich etwa bei zur Veröffentlichung anstehenden Nachrichten über unerwartet günstige Ertragsaussichten eines Unternehmens, über den Abschluss eines großen, die Produktion über Monate hinaus sichernden Auftrags, über die gelungene Entwicklung neuer, zukunftsweisender Verfahrenstechniken, über den Aufkauf der eigenen Aktien durch fremde Großaktionäre oder über die Übernahme eines anderen, vielversprechenden Unternehmens. Wenn auch nur ein größerer Teil der Börsianer auf solche oder ähnliche positive Meldungen über wenige Tage mit Kaufaufträgen reagiert, rechtfertigt dies mitunter ein Trading selbst dann, wenn es sich bei den verbreiteten Informationen möglicherweise erst nur um noch unbestätigte Nachrichten handelt.

Als kritischer Börsianer sollten Sie allerdings sehr genau darauf achten, von wem Sie dieses vermeintliche Insiderwissen tatsächlich bekommen und ob nicht der, der es verbreitet, ein besonderes Interesse an dieser Verbreitung und an Ihrem Einstieg in die Aktie hat. Steht er vielleicht schon auf der Verkäuferseite und hofft, über die von ihm ausgelöste erhöhte Nachfrage gute Ausstiegskurse zu erhalten?

Andere Tradingchancen lassen sich aus der allgemeinen Markttechnik gewinnen. Kommt es beispielsweise aufgrund eines guten Geschäftsberichts zu einem anhaltenden Kursaufschwung einer Aktie, kann man erwarten, dass über kurz oder lang auch andere Aktien derselben Branche davon profitieren. Die Analysten sprechen in einem solchen Fall vom »Nachholbedarf« der übrigen Werte. Er resultiert aus der Annahme eines ungefähren Gleichschritts in der Geschäftsentwicklung derselben Branche, die wiederum eine relativ gleiche Entwicklung der Aktienkurse rechtfertigen würde. Ein Trader würde also nach wenigen Tagen bereits aus den »gelaufenen« Werten der jeweiligen Branche aussteigen, um in die Werte mit dem noch bestehenden und womöglich bald ausgeglichenen Nachholbedarf zu wechseln.

Auf ähnliche Weise wird in regelmäßigen Abständen immer wieder versucht, einen Nachholbedarf zwischen den Standardwerten und den Nebenwerten einer Börse auszumachen, zwischen dem internationalen Börsentrend und der hinterherhinkenden Entwicklung eines nationalen zurückgebliebenen Marktes. Wer hier rechtzeitig auf die neuen Favoriten umschwenkt, ehe die großen Investoren solche Ungleichgewichte tatsächlich entdecken und ihre eigene Strategie danach ausrichten, kann als Trader davon profitieren.

Ein anderes, für Tradings nutzbar zu machendes Phänomen ist die sogenannte Gruppenrotation. Das eine Mal sind Aktien der Chemiebranche besonders gefragt, das andere Mal diejenigen der Elektroindustrie. Eine Zeitlang kauft die ganze Welt Konsumwerte, ein anderes Mal Aktien der exportintensiven Automobilindustrie. Stößt man in dem einen

Sektor an eine vorläufige Grenze der Kursentwicklung, werden schnell die Favoriten gewechselt. Ein Anleger, der ein Gespür dafür hat, welche Branche als nächste dran ist, wird hier agieren, bevor andere reagieren, und mit dieser Strategie den anderen immer um eine Nasenlänge voraus sein können.

Denken um mehrere Ecken

Für den eingefleischten Trader ist auch das Denken um mehrere Ecken ein lohnendes Unterfangen. Wenn man nur einige wenige Sachverhalte in ihren wirtschaftlichen und politischen Auswirkungen richtig einzuschätzen versteht, kommt man zu einer Vielzahl immer wiederkehrender, beliebig vermehrbarer Muster etwa der folgenden Art:

- Ist Gold gefragt, laufen auch Minenaktien.
- Ist Öl gefragt, laufen auch Ölwerte.
- Ist die Autoindustrie gefragt, laufen auch die Zulieferbetriebe.
- Steigt der Dollar gegenüber dem Euro, hat die europäische Exportindustrie und haben insbesondere die deutschen Autobauer gute Chancen.
- Fallen die Zinsen, kommt dies der Konjunktur zugute.

Häufig dauert es erst eine Weile, bis sich im Markt solche Zusammenhänge im Bewusstsein der Börsianer durchsetzen und der Markt auf Veränderungen des einen oder anderen Datums reagiert. Das ist dann wiederum eine gute Gelegenheit für ein Trading, denn auf die Dauer wird der Markt Veränderungen in den fundamentalen Daten nicht ignorieren, wenn sie denn für die Ergebnisentwicklung eines Industriezweiges oder die Gesamtentwicklung der Konjunktur entscheidend sind.

Freilich sind solche »kurzen Schlüsse« nicht zwangsläufig gültig. Der Trader muss wissen, dass es auch hier keine Regel ohne Ausnahme gibt und dass ein insgesamt vorherrschender Trend von einer einzigen guten oder schlechten Nachricht nur dann umgekehrt wird, wenn auch die übrige Börsenpsychologie danach ist.

Gebühren und Steuern einkalkulieren

Zweierlei sollte ein Trader ohnehin nie aus den Augen verlieren. Erstens muss er seine realisierten Gewinne über die Abgeltungsteuer mit 25 Prozent gegebenenfalls zzgl. Soli und Kirchensteuer versteuern. Spekulationsfristen gibt es schon lange nicht mehr, die ein steuerfreies Einstreichen der Gewinne ermöglichen, wenn die betreffenden Wertpapiere nur lange genug gehalten worden sind.

Sodann können bei häufigem Trading auch die Abwicklungsgebühren die Gewinne erheblich dezimieren. Bei einem mit insgesamt 1,5 bis 2 Prozent zu Buche schlagenden Gebührenanteil für die Abwicklung eines abgeschlossenen Trades (Kauf und Verkauf) muss der Kurs schon wenigstens um 8 bis 10 Prozent steigen, damit überhaupt ein akzeptabler Überschuss nach Steuern und Gebühren verbleibt. Bei Auslandsgeschäften und Notierungen, bei denen zwischen dem An- und Verkauf eines Wertpapiers ein hoher Spread (Differenz zwischen gestelltem An- und Verkaufskurs) entsteht, hätte man mit 10 Prozent Kursanstieg vielleicht sogar gerade erst die Gewinnzone erreicht. Auf ein Trading unter solchen Bedingungen sollten Sie als Anleger daher besser gleich verzichten.

Neuemissionen: So stechen Sie selbst Profis aus

Neuemissionen von Aktien sind ausgesprochen süße Früchte für einen besonders strategisch agierenden Anleger. Die Mechanismen und Zwänge, die mit der Heranführung eines neuen Unternehmens an die Börse verbunden sind, bescheren ihm manchmal Spekulationsmöglichkeiten, wie sie der normale Durchschnittsanleger nicht einmal erahnt.

Hier bewahrheitet sich, was im Verlauf dieses Buches immer wieder herausgestellt wurde: Erfolgreich ist der an der Börse, der die Marktmechanismen *durchschaut* und gelernt hat, um mehrere Ecken zu denken. Im Zusammenhang mit Neuemissionen kann dies so weit gehen, dass dem Anleger schon Geld in der Kasse klingelt, bevor er auch nur einen Euro auf den Tisch gelegt hat. Gewinnen, noch bevor man überhaupt für seinen Einsatz bezahlt – das klingt gerade angesichts der ansonsten im Börsengeschäft vorherrschenden eher strengen Abrechnungsregeln für die meisten vielleicht nach einer Chimäre.

Bei einer Aktienneuemission erhält der Anleger die Möglichkeit, sich zu einem festgelegten Preis – dem Ausgabepreis beziehungsweise Emissionskurs – an einem bis dahin nicht an der Börse notierten Unternehmen zu beteiligen. Das Konsortium – das ist die Bank oder Bankengruppe, die die Neuemission durchführt – legt diesen Ausgabepreis auf der Basis der bisherigen und der für die Zukunft erwarteten Ertragssituation des Unternehmens fest. Dabei sind die Konsortialbanken bestrebt, den Preis so zu bemessen, dass er den Interessen des neuen Unternehmens an einer reibungslosen Unterbringung (Platzierung) der Aktien und einem angemessenen, nicht zu niedrigen Preis und den Interessen des Anlegers am Erwerb von Aktien mit gutem Kurs- und Gewinnpotenzial entgegenkommt.

Abb. 13.2: Performance ausgewählter Aktienneuemissionen 2019/20

Neuemission	WKN	Erstnotiz	Ausgabe	Kurs*	Performance
BioNTech SE	A2P2R2	10.10.2019	15,00 €	85,69 €	**471,27 %**
CureVac	A2P71U	14.08.2020	16,00 €	84,96 €	**431,00 %**
Palaton Interactive	A2PROM	27.09.2019	29,00 €	125,20 €	**331,72 %**
Exasol	A0LR9G	14.08.2020	9,50 €	24,96 €	**162,74 %**
SoftwareONE	A2PTSZ	25.10.2019	18,00 €	26,57 €	**47,61 %**

*20.01.2020, Xetra

Während der Emissionsphase können Sie als Anleger eine bestimmte Stückzahl dieser Aktien über Ihre Bank **zeichnen**. Manche Neuemissionen sind aber so begehrt, dass die zur Verfügung stehenden Stücke nicht ausreichen, um alle Interessenten zu bedienen. Häufig wird die Zeichnungsfrist daher schon nach wenigen Stunden oder Tagen vorzeitig abgebrochen, und nur jene Anleger, die ein Konto bei der emissionsführenden Bank haben oder anderweitige besondere Beziehungen dorthin unterhalten, kommen in den Genuss der Zuteilung. Aber auch dann müssen Sie sich nicht selten mit einem Bruchteil der von Ihnen gezeichneten Stücke zufriedengeben – ohne dass Sie von Ihrer Bank erfahren würden, nach welchen Kriterien denn nun eigentlich die Zuteilung auf die verschiedenen Anleger erfolgt ist. Es dürfte einige Herren auf der höheren Ebene des Bankmanagements geben, die sich in den goldenen Jahren ausgeprägter Emissionstätigkeit eine ebenso goldene Nase mit einer bevorzugten Behandlung bei der Zuteilung verdient haben – und zwar ohne jegliches Risiko.

Besonders gewitzte Anleger, die über genügend Kapital verfügen, halten aus den zuletzt genannten Gründen bei den verschiedenen federführenden Großbanken oder deren selbstständigen regionalen Zweigstellen zumindest kleinere Depotkonten, um im Fall des Falles auf eine insgesamt höhere Zuteilungsquote zu kommen.

Einige Tage nach der erfolgten Zuteilung beginnt dann der eigentliche Börsenhandel mit der »neuen Aktie«. Je attraktiver das Unternehmen und der Emissionskurs erscheinen, desto eher sind jene Anleger, die bei der Zeichnung nicht zum Zuge gekommen sind, bereit, auch noch in den ersten Handelstagen zu höheren Kursen einzusteigen. Das kann den Kurs so in die Höhe treiben, dass es sich für den Erstzeichner bereits lohnt, seine Papiere gleich wieder zu veräußern. Da andererseits auch die Konsortialbanken – nicht zuletzt aus Gründen ihres eigenen Renommees – daran interessiert sind, den Aktienkurs mindestens eine Zeitlang über dem Ausgabepreis zu halten und also bei Bedarf diesen Kurs pflegen werden, ist ein kurzfristiges Investment, wenn denn der Ausgabepreis stimmt, häufig ein recht lohnendes Geschäft.

Handel per Erscheinen: Verdienen ohne Geldeinsatz

Ein besonderes Bonbon ergibt sich in manchen Fällen aus der Möglichkeit, Neuemissionen auch schon vor der ersten Börsennotiz »per Erscheinen« handeln zu können. Dieser Handel findet außerbörslich am sogenannten Grauen Kapitalmarkt statt und unterliegt daher nicht den sonst strengen Bestimmungen der Börsenaufsicht.

Wenn die Einschätzung des Kurspotenzials der neuen Aktien es geraten erscheinen lässt, spricht für den erfahrenen Börsianer nichts dagegen, sich gelegentlich an solchen bis zur endgültigen Abrechnung quasi kostenlosen Spekulationen zu beteiligen. Meistens muss der Anleger aber bei der Bank eine Erklärung des Inhalts unterschreiben, die aufgegebenen Stücke nicht vor der erfolgten Abrechnung wieder zum Verkauf stellen »zu wollen«. Sie sollten sich von einer solchen Unterschrift aber nicht davon abhalten lassen, die per Erscheinen erworbenen Papiere dennoch zu verkaufen, wenn Ihnen ein Verkauf vor der Rechnungslegung günstig erscheint. Auch in diesem Fall verletzen Sie ja keineswegs die durch die Unterschrift eingegangene »Verpflichtung«, insofern Sie keineswegs zugesagt hatten, dass die Stücke nicht verkauft »werden«, sondern nur, dass Sie zum Zeitpunkt der Unterschriftsleistung nicht die Absicht hatten, sie vorzeitig veräußern »zu wollen«. Es dürfte ohnehin kaum eine Bank geben, die unter Hinweis auf eine solche Erklärung dem Kunden das Verkaufsrecht wirklich streitig machen würde. Solange Sie mit Ihrer Aktion keinem anderen schaden, wird man Ihnen eine solche Schlitzohrigkeit kaum verübeln.

Arbitragegeschäfte – Gewinnen ohne Risiko

Welcher Anleger hat nicht schon einmal davon geträumt, eine Strategie zu entwickeln, mit deren Hilfe sich jedes Spekulationsrisiko ausschalten und ein Gewinn sicher vorhersagen ließe? Die gängigen Computerprogramme zur Analyse von Aktien und Trends haben denn auch dieses eine Ziel durchweg gemeinsam: die wahrscheinlichste Kursentwicklung unter Zugrundelegung gegenwärtiger und vergangener Daten so präzise wie möglich vorauszubestimmen und dem Anleger verlässliche Kauf- und Verkaufssignale zu geben. Wie wir wissen, stoßen solche Programme indessen am Ende immer wieder auf dasselbe Problem: dass nämlich die Kurse von gestern und heute nie Aufschluss darüber geben, wohin sie sich morgen oder übermorgen bewegen. Dennoch gibt es im Börsengeschäft durchaus auch sicherere als rein spekulative Strategien,

Abb. 13.3: Arbitrage

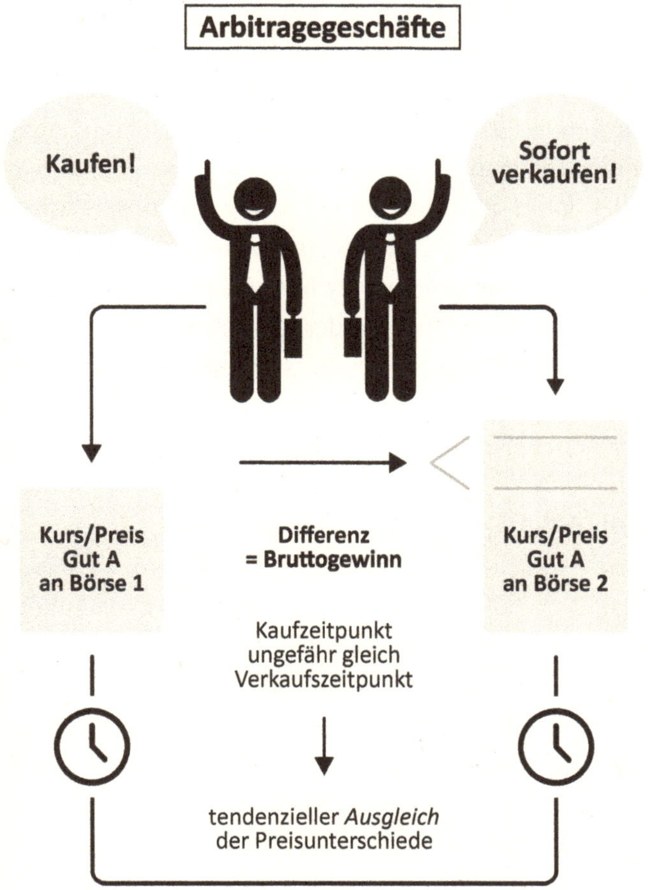

um Geld zu verdienen. In den Vereinigten Staaten, in denen computerunterstützte Kauf- und Verkaufs-Programme den Börsenhandel stark bestimmen, werden solche Geschäfte täglich mit Millionensummen betrieben.

Auch der Devisenhandel hierzulande arbeitet zu einem erheblichen Teil nach diesem Prinzip: aus Preisunterschieden für dieselbe Ware (Devisen, Aktien, Edelmetalle usw.) durch Käufe und möglichst zeitgleiche Verkäufe Gewinn zu erzielen. Im Fachjargon sind dies sogenannte Arbitragegeschäfte.

Auch wenn solche Geschäfte zugegebenermaßen für den Privatanleger nur sehr bedingt in Betracht kommen, weil er in der Regel weder über die Zeit noch über die dafür zwangsläufig notwendigen schnellen Informationsmittel verfügt, bieten ihm Arbitragegeschäfte in bestimmten, eingeschränkten Bereichen doch durchaus ernstzunehmende, quasi kalkulierbare Gewinnmöglichkeiten.

Wer schnell rechnen kann oder sich gar ein wenig mit einschlägigen Kalkulationsprogrammen auf dem Computer auskennt, kann sich hier ohne größere Anstrengung seine eigene Gewinnstrategie zurechtschneidern, um mit ein wenig Glück und Geduld der arg strapazierten Kulisse aus Maklern und Bankenvertretern an der Börse das eine oder andere Mal ein Schnippchen zu schlagen.

Devisenarbitrage – nur für die ganz Großen

Schon an den Größenordnungen wird deutlich, dass im Devisenhandel, in dem tagtäglich viele zig Milliarden Euro bewegt werden, kein Platz ist für Arbitragegeschäfte des kleinen Mannes. Wer 1 Million Euro zum Preis von 1,18 Dollar je Euro kauft und in der Lage ist, sie wenige Minuten später für 1,19 Dollar, also nur einen Cent mehr, an einen anderen weiterveräußern zu können, der hat an diesem Geschäft bereits 10 000 Dollar beziehungsweise 8400 Euro (ohne Berücksichtigung eventueller Gebühren) verdient. Dies einige Male am Tag erfolgreich durchexerziert, brächte allein schon mehr in die Kassen, als selbst der erfolgreichste Kleinanleger im Verlauf von Jahren an der Börse verdient.

Wo andere an der dritten oder vierten Stelle hinter dem Komma schon kräftig verdienen, geht der Durchschnittsanleger – auch wegen der bei ihm zuletzt immer noch stark ins Gewicht fallenden hohen Transaktionsgebühren – in aller Regel leer aus.

Der Handel läuft hier, unabhängig von Tages- und Nachtzeiten, rund um den Erdball. Und offenbar scheint das Geschäft für die Kulisse ganz prächtig zu blühen. Nicht umsonst sind die bei Reuters und Bloomberg gegen viel Geld von Banken und berufsmäßigen Händlern angemieteten Seiten, über die sie ihr Angebot an Devisen und ihre Nachfrage weltweit verbreiten, die unschlagbaren Renner dieser Agenturen.

Kapitel 14
Lehrstücke frei Haus

Viele von Ihnen dürften dieser Einschätzung wahrscheinlich zustimmen: Ein erfahrener Anleger, der mit Sachverstand und einer gesunden Portion Skepsis seine Börsengeschäfte betreibt, ist nicht nur an Strategien interessiert, die ihm einen möglichst großen Gewinn versprechen. Mindestens ebenso sehr wird er sich darum bemühen, aus den eigenen Erfahrungen und Fehlern zu lernen, um Verluste in Grenzen zu halten. Gelingt es ihm, auch nur einen wesentlichen Teil der sich daraus ergebenden Vermeidungsstrategien bei seinen Entscheidungen konsequent zu befolgen, hat er auf diese Weise womöglich mehr verdient, als es auf den ersten Blick scheint. Denn die Vermeidung von Verlusten zählt am Ende in seiner Bilanz immer auch als Gewinn.

Um welche typischen Fehler es dabei gehen kann, lässt sich am ehesten an einigen praktischen Fällen aus dem Börsenalltag illustrieren. Sie beruhen allesamt auf wirklichen Beobachtungen, Ereignissen und langjährigen praktischen Erfahrungen je an den internationalen Finanzmärkten. Herr Meier, Hänschen Müller und Luise Schulze sind dabei Namen, die durch die Namen wirklicher Personen beliebig austauschbar sind. So wie ihnen ergeht es am Anfang ihrer Börsenkarriere leider sehr vielen frisch gebackenen Anlegern noch heute. Es kommt für Sie in der heutigen Zeit also darauf an, aus ihrem Fehlverhalten Rückschlüsse für das eigene Handeln zu ziehen, ohne für entsprechende Fehler selbst Lehrgeld zahlen zu müssen.

Wie Herr Meier seinen Kopf verlor

Nehmen wir also zunächst den Fall von Hans Meier. Bis Ende 1985 hatte er noch nichts mit der Börse im Sinn. Er sparte und sparte und brachte sein mühsam im Laufe der Jahre zusammengetragenes Kapital dorthin, wo es die meisten Menschen hierzulande im Alter von 50, 60 Jahren auch heute trotz Null- oder gar Negativzinsen noch immer bringen: aufs Sparkonto.

Immerhin hatte er es auf diese Weise zu einem Geldvermögen von 20000 Mark (bis zur Einführung des Euro sollten noch Jahre verstreichen) mit Zins und Zinseszinsen gebracht – eine ganz schöne Summe für ihn, mit der er und seine Frau sich ein wenig unabhängiger fühlen konnten von den normalen finanziellen Sorgen des Alltags. Wenn jemand von ihnen krank war oder das Haus, das sie besaßen, repariert werden musste – das eine wie das andere war in den letzten Jahren tatsächlich leider schon fast die Regel geworden –, hatten sie neben ihrem kleinen Einkommen immer noch die »eiserne Reserve« im Rücken. Das machte sie froh.

Natürlich las Herr Meier auch Zeitung. Immer wieder erfuhr er da von Leuten, die im Zuge des seinerzeit schon drei Jahre anhaltenden Wirtschaftsaufschwungs ihr Geld an die Börse gebracht hatten und dabei offenbar fast über Nacht reich geworden waren. Von horrenden Gewinnen war da die Rede, von einer Verdoppelung, ja einer Verdreifachung des eingesetzten Kapitals. Meier rechnete und fand schließlich heraus, dass auch er eigentlich mehr für sein Geld bekommen müsse als diese Minizinsen auf seinem Sparkonto. Also ging er zu seiner Bank, um sich beraten zu lassen, wie auch er von der weltweiten Aktienhausse »vielleicht nur für zwei, drei Monate« profitieren könnte.

Der junge Anlageberater war natürlich sehr angetan von Herrn Meier. Jetzt konnte er seinem Abteilungsleiter endlich einmal beweisen, was in ihm steckte. 20000 Mark standen also fürs Erste zur Disposition. »Das ist doch schon ein Betrag, mit dem man arbeiten kann!« Meier verstand diese Bemerkung als Lob.

In was aber sollte er nun investieren? Herr Meier dachte an irgendwelche Werte aus der deutschen Chemie, der Automobilindustrie, an den

Industriekonzern Siemens und Ähnliche. Immer wieder hatte er davon gelesen. Sein Anlageberater winkte nur ab: Die waren ihm alle schon zu sehr »gekommen«; 5 oder 10 Prozent Kursgewinn – mehr wollte er diesen Aktien auf ein halbes Jahr gar nicht mehr zubilligen. Das war denn Herrn Meier in der Tat viel zu wenig – für das Risiko, das er bei dieser »Spekulation« eingehen würde.

Doch der Anlageberater war um eine Alternative gar nicht verlegen. Also zog er aus seiner Schublade eine »Analyse« hervor. »Finnland«, hieß es da in großen Lettern, »die Börse mit dem größten Nachholbedarf in Europa«. Herr Meier wurde überhäuft mit Daten, Kennzahlen, Kursprognosen und Gewinnaussichten, die ihm – soweit er sie so schnell richtig einzuschätzen verstand – die Sprache verschlugen. »Ich selbst«, sagte der Mann, »investiere derzeit nur noch dort. Denn sehen Sie doch, was kann Ihnen bei diesem geringen Kurs-Gewinn-Verhältnis – hier zum Beispiel diese Versicherungsperle Pohjola – eigentlich schon groß passieren?« Klar, dass Herr Meier nun kaum noch nein sagen konnte.

Also orderte er – wenn schon, denn schon – für 20 000 Mark Aktien von Pohjola, »billigst, ultimo gültig« – dass ihm diese einmalige Chance auch ja nicht entginge. 110 Finnmark kostete die Aktie noch in jenen Tagen, da könnte er schnell mit einer Verdoppelung rechnen. Nach drei Tagen war der Kurs bereits auf 125 geklettert, und er kletterte weiter – ohne dass Meier die Ausführung seines Auftrags schriftlich bestätigt bekam. Dann endlich, nach knapp vierzehn Tagen, traf die Bestätigung doch noch ein: Abrechnungskurs 130. Der erste Schock bei Herrn Meier ging vorüber, als er sah, wie die Aktie von Woche zu Woche tatsächlich immer neue Höhen erklomm. Inzwischen nämlich hatten auch andere Börsenjournale Finnland entdeckt. Und schwarz auf weiß war da allenthalben über »seine« Aktie zu lesen: erstes Kursziel: 260! Meier rechnete und rechnete – er ärgerte sich nur, dass er nicht über mehr Geld verfügte. Sein Berater muss ihm seinen Wunsch von den Augen abgelesen haben. Jedenfalls bot er ihm bald darauf an, einen »Effektenkredit« einzurichten mit der Möglichkeit, nochmals bis zum Doppelten des selbst eingebrachten Betrages anlegen zu können. Also kaufte Hans Meier für weitere 20 000 Mark Pohjola – diesmal allerdings schon für 160 Finnmark das Stück.

Doch wie entsetzt waren sie alle, als sie sahen, dass die Aktie in den folgenden Tagen und Wochen nun gar nicht mehr richtig vom Fleck kommen wollte. Das sei eine Konsolidierung, beteuerte der Anlageberater. Zunächst sah es auch danach aus. Aber ein paar Wochen später kam der Kurs dann doch noch unter die Räder: 150, 140, 130, 110 - Meier bekam schlaflose Nächte und sah sein Ende gekommen.

Und wieder war es der junge Anlageberater, der ihn zu beruhigen versuchte. »Verbilligen!«, lautete jetzt seine Devise - und Meier tat, wie ihm geraten, orderte das dritte Mal für denselben Betrag (»billigst, ultimo« - wie gehabt) und bekam seine Papiere schließlich noch einmal für 130 Finnmark das Stück. Unter Einrechnung aller Kosten hatte er schließlich für 60 000 Mark Pohjola-Aktien gekauft zum Durchschnittspreis von 145 Finnmark. Jetzt wartete er nur noch aufs Glück. »Bei 150 geb ich alles heraus!«, schwor er sich - da half nur noch Beten.

Doch es kam, wie es kommen musste. Die Aktie erreichte in den folgenden Wochen nicht mehr ihr Hoch, sondern fiel - mit dem übrigen finnischen Aktienmarkt - dorthin zurück, von wo sie noch vor kurzer Zeit hergekommen war. Als sie dann einen Tag lang tatsächlich unter 100 notierte, wurde es Meier zu viel: Er bekam Angst und stieg aus - von seinen 20 000 Mark Kapitaleinsatz war am Ende nach Rückzahlung des Kredits kaum mehr etwas übrig geblieben. »Hebeleffekt«, hatte sein Anlageberater doch immer gesagt, »durch den Hebeleffekt der eingebrachten Effektenkredite vergrößern Sie Ihre Gewinnchancen erheblich!« Nur diesmal hatte der Hebel in der falschen Richtung gewirkt.

Fazit: Hochmut kommt vor dem Fall

Herr Meier hätte nie so hoch setzen dürfen. 20 000 Mark als einziges Barvermögen wären besser zur Hälfte aufs Sparkonto gegangen; die andere Hälfte hätte er dann immer noch in höher verzinslichen Anleihen oder

Ähnliches investieren können. Um wenigstens mit einem Bein an der Börse zu sein, hätte er bestenfalls 5000 Mark in Aktien anlegen dürfen.

Der zweite gravierende Fehler bestand darin, dass sich Herr Meier von seiner Bank ohne Not zu einem Effektenkredit überreden ließ. Der Hebeleffekt solcher Kredite nach oben hin ist zwar sehr verführerisch, der Hebel kann aber, wie man sieht, auch nach unten ausschlagen.

Der dritte Fehler betrifft das ausgewählte Börsenengagement. Sowohl die Börse Helsinki selbst als auch der ausgesuchte Einzelwert sind für größere Transaktionen viel zu wenig liquide. Der Fachmann sagt auch, sie seien zu »markteng«, und er misst dies an den durchschnittlichen Tagesumsätzen, die mit einem Einzelwert an der Börse erreicht werden. Die »Enge« des Marktes führt dann dazu, dass in Phasen, in denen alle einen bestimmten Wert haben wollen, die Kurse nach oben katapultiert werden. In entgegengesetzten Phasen aber, wenn alle ihre Gewinne mitnehmen wollen, kommen die Anleger aus dem Wert kaum noch oder nur mit erheblichen Kursverlusten heraus. Der spanische und der portugiesische Aktienmarkt erlebten solche Ausverkaufssituationen in den Wochen nach dem Crash vom 19. Oktober 1987 auf ähnliche Weise wie die meisten kleineren Börsen in jenen Tagen auch. Im Jahr 2007 war es die Börse von Vietnam, die ebenfalls aus Liquiditätsgründen innerhalb weniger Wochen um 60 Prozent einbrach – nachdem nicht zuletzt deutsche Investoren über von einem großen Emittenten herausgegebenes Indexzertifikat die Kurse monatelang über Gebühr nach oben getrieben hatten. Wer dann in einem so engen Markt unlimitierte Aufträge (»bestens«, »billigst«) erteilt – dies war ein weiterer Fehler von Herrn Meier und seinem unerfahrenen Anlageberater –, schaufelt sich ohne Not sein eigenes Grab.

Schließlich hätte Herr Meier sein Engagement selbst bei seinem vergleichsweise geringen Anfangskapital auf verschiedene Einzelwerte verteilen müssen, um unerwarteten Risiken aus dem Weg zu gehen: Nie alles in einen einzigen Wert stecken, nie alles an einer einzigen Börse kaufen, nie alles verfügbare Kapital auf einmal investieren, lautet die Devise! Hätte er diese obersten Grundsätze an der Börse nicht missachtet, wäre es ihm sicher besser ergangen.

Was Hänschen nicht lernt ...

Selbstkontrolle und -kritik ist auch für den Börsianer der erste Weg zur Besserung. Konnten wir in der vorangegangenen Geschichte Hans Meier beobachten, wie er sich Schritt für Schritt durch den einseitigen Aufbau seines Depots, durch die Aufnahme überhöhter Kredite und durch eine unbedachte Konzentration auf einen einzelnen, noch dazu sehr marktengen Wert sein eigenes Börsengrab schaufelte, geht es diesmal um andere, nicht weniger grundlegende Fehler der Spekulation: um das Verhalten des typischen Spielers. Nennen wir ihn hier der Anschaulichkeit halber Hänschen Müller, um seine jugendliche Unbedarftheit zur vollen Geltung zu bringen.

Hänschen war eigentlich jemand, dem es von Anfang an schwerfiel, sich eine eigene Meinung zur Börse zu bilden. Stattdessen verließ er sich lieber auf die zahlreichen Empfehlungen, Tipps und Prognosen, wie sie ihm Woche für Woche aus der Feder vieler wirklicher oder nur vermeintlicher Börsenexperten auf den Tisch flatterten. Denn Hänschen las viel. Es gab kaum eine Börsenzeitschrift, kaum Börsenbriefe und Anlagedienste, die er nicht abonniert hatte – da kamen im Lauf des Monats schon einige hundert Mark an Gebühren zusammen. Hänschen war mithin alles in allem mit Informationen reichlich versorgt.

Und zu Beginn seines jungen Börsianerlebens Anfang 1987 lag er damit auch ganz gut im Rennen. Da hatte er schon im Januar auf Anraten seiner Bank und der einen oder anderen besorgten Stimme aus der Finanzwelt auf Goldminenaktien gesetzt und daran bis zu seinem glücklichen Ausstieg Mitte April ganz kräftig verdient. Ganz stolz war er darauf – und sein Anlageberater stand ihm darin um nichts nach –, sein erstes Engagement so bravourös gemanagt zu haben. Beide führten sie diesen Erfolg auf ihre fachkundige Analyse und das richtige Gespür für den Trend an der Börse zurück. Doch seit jenen Tagen wollte ihnen nichts mehr so recht gelingen. Regelmäßig um neun telefonierten sie miteinander und besprachen die Strategie des Tages.

Hänschen versorgte seinen Berater mit den neuesten Tipps und Gerüchten aus seinen Anlagediensten, jener fügte die morgendlich eingeholte Einschätzung seiner zentralen Anlageberatungsstelle aus Frankfurt und die neuesten Nachrichten von Reuters hinzu. So war an einem Tag die spanische Börse ihr Favorit, an einem anderen Tag waren es kanadische und australische Rohstoffwerte, am dritten Tag sorgten sie sich um das möglicherweise bevorstehende »Sommerloch«, gaben die einen oder anderen unsicheren Kantonisten in Hänschens Depot vorsichtshalber heraus, um tags darauf angesichts eindeutiger »Chartsignale« wieder andere Aktien zu ordern. Sichtlich fiel es Hänschen schwer, eine Zeitlang einmal nicht voll investiert zu sein. Die erste Frage an seinen Anlageberater war immer wieder, was man denn heute »unbedingt« machen müsse. Der war natürlich um eine Antwort selten verlegen – schließlich wuchs die Anerkennung seiner Vorgesetzten für ihn nicht zuletzt mit der Höhe der durch ihn veranlassten Umsätze seiner Kunden. So kam es, dass Hänschens Depot durchschnittlich eher mehr als zwanzig Einzelwerte umfasste. Denn Hänschen hatte Angst, irgendeine günstige Gelegenheit zu verpassen.

Natürlich stellte Hänschen Müller zwischendurch sein Depot auch das eine oder andere Mal völlig glatt. Sein Anlageberater half ihm dabei. Wenn die Sorgen um den weiteren Verlauf der Weltkonjunktur, der Zinsen oder des Dollars wieder einmal überhandnahmen, schickte der seine Kunden regelmäßig aus allen Werten hinaus, um sie eine Woche später, nachdem sich die Ängste gelegt hatten, wieder zu neuen Engagements zu ermuntern. Dabei meinte es sein Berater nicht einmal schlecht. Er hatte einen heißen Draht zu allen möglichen Analysten, Händlern und selbsternannten Auguren, telefonierte stundenlang täglich für seine Kunden in der Weltgeschichte herum – was ihm fehlte, war nur eine eigene, nicht an bloßen Tagesereignissen orientierte Meinung zum Börsengeschehen und natürlich eine Menge Erfahrung. Darin glich er Hänschen Müller leider sehr.

Es versteht sich von selbst, dass Hänschen es schwer hatte, seine vielfältigen Dispositionen, Neu- und Umorientierungen mit den Anforderungen an eine vernünftige Depotüberwachung in Einklang zu bringen. Die Kauf- und Verkaufsaufträge kamen bisweilen schneller, als es seine persönlichen Kapazitäten zuließen. Auf diese Weise verlor er bald den

Überblick über den Stand seines Engagements. Er wusste zwar, dass er einiges von den Frühjahrsgewinnen wohl wieder losgeworden war – doch einen genauen Überblick hatte er nicht. Als er dann schließlich kurz vor den Ferien endlich Zwischenbilanz zog, staunte er doch, wie weit seine Gewinne inzwischen aufgezehrt waren.

»Was tun?«, fragte Hänschen entsetzt seinen Anlageberater. Jetzt wollte er nur noch auf Werte setzen, die er für längere Zeit halten konnte und die jeder Gefährdung des Aktienmarktes von vornherein widerstanden. So kamen sie beide sehr schnell auf ihre erste Glückssträhne zurück: die Goldminenaktien. Die hatten nach einer monatelangen Konsolidierungsphase Anfang August tatsächlich schon wieder ihre Topkurse erreicht – was lag da eigentlich näher, als anzunehmen, dass sie nunmehr ihren stürmischen Aufschwung aus dem Frühjahr fortsetzen würden?

»Wenn etwas sicher ist gegen mögliche Gefährdungen des Marktes«, so stand es schwarz auf weiß in den Anlageempfehlungen seiner Bank, »dann alles, was mit Edelmetallen, Edelsteinen und anderen ›konjunkturresistenten‹ Anlagen zu tun hat!« Und sein Anlageberater unterstrich diese Einschätzung noch mit seinen jüngsten Informationen direkt vom Börsenparkett: »Auch die Japaner setzen seit einigen Monaten massiv aufs Gold – was meinen Sie, wo am Ende des Jahres dann erst der Goldpreis und unsere Minenaktien stehen?« Schließlich gestand er ihm, was Hänschen nun in der Tat sehr überraschte, sich in dieser Frage (auch im eigenen Interesse) schon einmal bei einem bekannten »Börsen-Guru« erkundigt zu haben. Der schwöre seit einigen Wochen angesichts der gegebenen Konstellationen von Mars und Jupitermonden nur noch auf Gold. Für Hänschen war das der letzte, entscheidende Anstoß, sein Portfolio endgültig wieder auf Goldminenwerte umzustellen. Nun konnte er in aller Ruhe seinen Urlaub antreten.

Als er aus den Ferien zurückkam, war in der Tat auch noch nichts geschehen. Seine Minenaktien hatten zwar um 10 bis 15 Prozent an Boden verloren, doch das schien eine der üblichen Konsolidierungsphasen zu sein – zu seiner Beruhigung hatte die Bank auch die übrigen Kunden inzwischen weitgehend auf Gold »umgepolt«.

Am 19. Oktober hätte Hänschen dann beinahe seinen Berater umarmt; stand nun ein Crash an den Börsen offensichtlich unmittelbar vor der Tür. Jetzt musste das Gold ja aufgrund der an den Weltbörsen allenthalben zu beobachtenden Panik kräftig an Boden gewinnen und die bei 500 Dollar je Unze gesichtete Widerstandszone flugs nach oben durchbrechen. Wie würden dann erst seine Minenaktien aussehen? Die Anlageberater in seiner Bank klopften sich bei diesem Gedanken schon kräftig gegenseitig auf die Schulter. Doch das Glücksgefühl war nur von sehr kurzer Dauer. Der Goldpreis schnellte nicht – wie allgemein angenommen – angesichts der aufkommenden Ängste und der zwischendurch immer wieder mit dem Börsenkrach 1929 verglichenen Entwicklung massiv nach oben, sondern machte nur einen kleinen Hüpfer, um gleich wieder in die Knie zu gehen. Zugleich purzelten die seit fast einem Jahr schon arg hochgerechneten Goldminenwerte schneller als die übrigen Aktien. Ja einige – von den Goldexperten seiner Bank gerade kurz zuvor hoch favorisierten – »Junior-Minen« verloren innerhalb weniger Wochen beinahe zwei Drittel ihres ursprünglichen Werts. Im Durchschnitt jedenfalls hatten sich die Kurse der Goldminenaktien bis Anfang November, gemessen am Londoner Goldminenindex, beinahe halbiert. Das war ein Erwachen für Hänschen. Er hatte mit seinem Goldinvestment auf Sicherheit und dessen allenthalben beschworene Funktion als »Safe Haven« in Krisenzeiten gesetzt und fühlte sich am Ende betrogen.

Fazit: Wer wagt, muss nicht gewinnen

Hänschen hat seine ersten, für ihn offenbar zu schnell gekommenen Gewinne leichtfertig verspielt. Von den Anfangserfolgen verwöhnt, sah er die Börse schnell nur noch als Einbahnstraße. Er musste einfach gewinnen und verlor dort, wo sich nicht innerhalb kürzester Zeit ein Erfolg einstellen mochte, schnell die Geduld. Dabei übersah er, dass diese Rastlosigkeit mit jeder neuerlichen Umschichtung seines Depots über die anfallenden Gebühren nicht ihn, sondern nur seine Bank reicher machte.

Der zweite gravierende Fehler bestand darin, dass Hänschen und sein Berater über kein wirklich zu Ende gedachtes Anlagekonzept verfügten. Weil er nie aufgrund eigener gründlicher Analysen zu Entscheidungen gekommen war, stand er immer nur halbherzig hinter seinen Dispositionen und ließ sich schnell zu neuen, ebenso unbedachten Engagements überreden.

Die Vielzahl von Informationen, über die Hänschen Müller tatsächlich über die umfängliche Lektüre aller möglichen Finanzpublikationen verfügte, konnte er zuletzt gar nicht mehr bewältigen. Eine kritische Distanz zu dem, was er da tagtäglich an Daten, Einschätzungen, Prognosen, Empfehlungen, Tipps und Gerüchten zu verarbeiten suchte, ging ihm dabei völlig ab.

Vor allem verwechselte er bald das eine leicht mit dem anderen – ohne sich etwa jemals die kritische Frage zu stellen, wer eigentlich was, wann und warum mit welchem möglichen Eigeninteresse empfahl. Dies war vielleicht sein entscheidender Fehler.

Luise Schulzes Zitterpartie

Wenden wir uns am Ende unserer kleinen Geschichten um gravierende Anleger- und Anlagefehler einem Fall zu, der das spekulative Verhalten eines oberflächlich an Charts orientierten, aber dennoch eher nach Gefühl handelnden Börsianers innerhalb eines idealtypischen Anlagezyklus demonstriert. Weil unter den Spekulanten natürlich nicht nur die Männer immer die Dummen sind, nehmen wir hier gendergerecht zur Abwechslung mal den Fall der erfolgreichen Kauffrau Luise.

Luise Schulze spielte schon seit einiger Zeit mit dem Gedanken, einen Teil ihres Geldes an die Börse zu bringen. Ihre kleine Boutique war längst aus den roten Zahlen heraus, sodass sie es wagen konnte, sich mit einem Teil ihrer Rücklagen in einem anderen Metier zu versuchen. Eigentlich durfte dabei ja auch nicht allzu viel schiefgehen. Die Börsenentwicklung der letzten Jahre war, gemessen am stetigen Anstieg der repräsentativen

Marktindizes, ja offenbar für den Anleger ein einziges Zuckerschlecken gewesen. Schade nur, dass sie erst jetzt dazukam.

Luise war für den Einstieg ins Börsenleben gar nicht so schlecht präpariert. Ihr Gesprächspartner bei der Sparkasse hatte ihr seit Wochen verschiedenstes Informationsmaterial mitgegeben. Sie hatte von fundamentalen und technischen Analysen gehört, war aus der regelmäßigen Lektüre von Wirtschaftsnachrichten über den Verlauf der Konjunktur, den Dollarkurs und die Entwicklung der Zinsen gut informiert, konnte den einen oder anderen Chart in den wesentlichen Zügen verstehen und beobachtete schon eine Zeitlang den Verlauf einer Autoaktie, die seit Jahr und Tag kontinuierlich an Boden gewonnen hatte – ohne dass sie sich bislang zum Einstieg entschließen konnte. Endlich, in den Börsenjournalen und Unternehmensprospekten waren soeben wieder die erheblichen Wachstumsperspektiven der Automobilindustrie herausgestellt worden, war es so weit: Luise wagte den Sprung ins Wasser – und prompt begann eine Zitterpartie.

Folgen wir also dem Gedankengang einer frisch gebackenen Börsianerin, wie er auf diese oder ähnliche Weise beim Einstieg ins Börsenleben auch heute noch eher der Normalfall als die Ausnahme sein dürfte:

► 1 Kurs 770: Tatsächlich, erstklassige Zahlen, solide Wachstumsaussichten. Bei dem niedrigen KGV müsste ein Kursgewinn von 30 Prozent schnell drin sein. Der Anlageberater sagt, die Japaner hielten bei dem Wert schon die Hand auf. Kann man sich vorstellen: deutsche Spitzentechnologie. Also, jetzt muss ich's versuchen: »Bitte, sofort 300 Stück ordern!«

► 2 Kurs 800: Hab ich ja gesagt. Wunderschön, An- und Verkaufsgebühren schon nach drei Tagen verdient. Mensch, wenn der Wert die 800 erst einmal überspringt – kein Widerstand mehr bis 1100. Nur gut, dass ich noch reingekommen bin. Ist ja richtig spannend.

► 3 Kurs 770: Muss denn das sein – gleich beim ersten Versuch? Aha, wahrscheinlich eine typische Konsolidierung.

- 4 Kurs 730: Nein, das gibt's doch nicht, der Titel fällt ja noch weiter, schon 7 Prozent inklusive Gebühren verloren. Wohin soll das nur führen? Hätte ich das nur gewusst! Bei der nächsten Erholung steig ich wieder aus.

- 5 Kurs 760: Gott sei Dank, was bin ich erleichtert. Dieses Auf und Ab an der Börse ist wohl doch nichts für mich. Steck ich doch lieber das Geld in mein Geschäft. Aber bis zum Einstiegsniveau warte ich noch mit dem Verkauf.

- 6 Kurs 700: Um Himmels willen, die »fünf Weisen« prognostizieren ein geringeres Wachstum, und jetzt fällt auch noch der Dollar (Greenspan soll schon von 1,40 Mark für den Dollar in naher Zukunft geredet haben), dann rauschen ja die Autoaktien mit Sicherheit in den Keller – bei der starken Exportabhängigkeit. Was soll ich nur tun? Bald komm ich gar nicht mehr raus!

- 7 Kurs 670: Ich versteh das Ganze nicht mehr: diese Aktie, ein KGV von nicht einmal 8. Ist denn das Ausland blind? In den USA müsste der Kurs gut doppelt so hoch notieren, und erst in Japan ... Nein. Jetzt nur die Ruhe bewahren, da hilft nur eine vernünftige Strategie. Wenn ich noch mal dieselbe Anzahl zu diesem Kurs nachkaufen würde, brauch ich gerade noch 5 Prozent Kursanstieg bis zum durchschnittlichen Einstand. Eigentlich wollte ich das Geld ja für die neue Ladeneinrichtung verwenden. Doch da hilft alles nichts: »Kaufen Sie noch einmal für mich 300 Stück nach!«

- 8 Kurs 630: Ich kann's nicht mehr sehen, wieder um 5 Prozent abgesackt. Wenn's so weitergeht, kann ich nicht mehr. Wo bleiben denn nur die Japaner?

- ▶ 9 Kurs 600: Was sagt der Berater – »Die Engländer geben«? Die Zinsen steigen, und der Dollar sackt noch weiter ab? Oh nein, jetzt will ich nicht mehr – »Alles ›bestens‹ verkaufen!«

- ▶ 10 Kurs 630: Ist doch nicht möglich, hätte ich doch nur nicht auf diesen jungen Burschen gehört. Jetzt ist es zu spät!

- ▶ 11 Kurs 660: Mensch, die springt doch tatsächlich wieder an, die erste Widerstandslinie schon wieder gebrochen. Hab ich ja gleich gesagt: Wachstumswert! Und der Dollar erholt sich ebenfalls wieder. Soll ich's noch mal versuchen? Jetzt oder nie: »Kaufen Sie vom restlichen Geld alles wieder zurück!«

- ▶ 12 Kurs 600: Ich halt's nicht mehr aus, Gerüchte um Devisenskandal im Vorstand des Unternehmens? Ist wohl doch nur ein Wert wie jeder andere. Wenigstens hat die Unterstützungslinie gehalten – jetzt hilft nur noch eines: Zähne zusammenbeißen und durch!

- ▶ 13 Kurs 590: Die 600er-Linie durchbrochen, das Ausland verkauft, der Dollar marschiert in den Keller. Ich hab einfach kein Glück, es hat keinen Zweck: »Hilfe! Rausgeben, alles bestens, nur raus! Nie wieder Börse!« Was für eine schlechte Anlageberatung, hätten doch wissen müssen, wie es um dieses Unternehmen in Wirklichkeit steht. Ja, ja, haben wohl doch nur ihre Provisionen im Kopf …

- ▶ 14 Kurs 660: Das schafft die Aktie doch nie, bei den miesen Aussichten. Sollen ja mächtige Schwierigkeiten im USA-Geschäft auf sie zukommen. Gut, dass ich nicht investiert bin. Doch wie war das noch mit den Optionen?! Da könnt ich ja auch auf einen Kursverfall spekulieren. Vielleicht ein paar kleine Beträge als Verkaufsoption – das wär doch was …

- 15 Kurs 720: Hab ich ja gleich gewusst, mächtige Widerstandszone, die 730 packt die doch nie. Wenn ich jetzt ein paar hundert Stück Verkaufsoptionen erwerbe und die Aktie nur um 10 Prozent absackt, da bekomme ich ja fast meine Verluste wieder heraus: »Bitte, kaufen Sie für mich 1000 Stück Verkaufsoptionen zum nächsten Termin, Basis 700, 10 Mark das Stück. Jetzt weiß ich, wie man's macht! Und legen Sie gleich einen Verkaufsauftrag für diese Option, ultimo gültig, für 10 Mark in den Markt – wenn der Aktienkurs bei 650 steht, ist mein Geld ja mindestens das Vierfache wert ...«

- 16 Kurs 760: Oh nein, warum steigt denn die Aktie jetzt wieder? Gerade hat es doch noch geheißen, die Automobilindustrie stünde vor dem sicheren Abschwung. Mein Gott: Die Option ist ja nach einer Woche kaum noch die Hälfte wert. Und wenn der Kurs nun doch weiter steigt: Wohin soll das noch führen? Nein, diese Aufregung: »Bloß verkaufen, verkaufen! Mit der Börse hab ich nichts mehr im Sinn! Und übrigens – mein Geschäftskonto bei Ihnen, das lösen Sie gleich auch mit auf. Schließlich wäre es Ihre Pflicht gewesen, mich vor dem entstandenen Schaden zu schützen. Rein rechtlich ist das mit Forderungen aus Optionsgeschäften an Privatanleger ja anscheinend ohnehin so eine Sache ... Hätten Sie die überhaupt je mit mir abschließen dürfen?«

Fazit: Ein Schritt vorwärts, zwei zurück

Luise Schulze hat übersehen, dass die Börse nie eine Einbahnstraße sein kann. Einem Kursanstieg folgt nach längeren oder kürzeren Perioden immer wieder eine Zeit der Konsolidierung mit einer entsprechenden Seitwärtsbewegung der Kurse oder auch eine ausgeprägte technische Gegenreaktion. Wichtig ist, dass der mittelfristige Gesamttrend stimmt – dann könnte ein Anleger respektive eine Anlegerin grundsätzlich auch größere Schwächephasen einer Aktie ohne Nervosität überstehen. Charttechnisch betrachtet dürfte Luise auf einem Niveau eingestiegen sein, das angesichts der Entfernung zur 200-Tage-Linie von über 30 Prozent über dem Einstiegskurs ohnehin als eher zu hoch angesehen werden musste. Der zuvor eingetretene schnelle Kursanstieg musste erst einmal »verdaut« werden und ließ eine bevorstehende Konsolidierung erwarten.

Die Verbilligung des Einstands nach über 15 Prozent Verlust war eine durchaus sinnvolle Entscheidung; eine Alternative wäre die Auflösung des Engagements auf etwa diesem Niveau gewesen (durch einen harten »Stop-Loss«). Das Nachkaufen kann aber nur dann richtig sein, wenn man sich über die damit verbundenen Gefahren im Klaren ist und das Engagement gleichwohl weiter tragen will.

Als Chartistin hätte Luise mit dem ersten Verkauf warten müssen, ob die bei 600 verlaufende 200-Tage-Linie hält. Von einem »nachhaltigen Durchbruch« (= mindestens 3 Prozent über mehr als drei Tage) konnte selbst beim Kurs von 590 noch nicht die Rede sein. Ihr kurzfristiger Wiedereinstieg mit dem nachfolgenden Wiederverkauf waren eher Panikreaktionen.

Der Umstieg der Börsianerin nach der erfolgten Neuorientierung und die Spekulation auf einen nunmehr fallenden Aktienkurs waren von der Sache und vom Timing her ebenfalls wenig durchdacht: Angesichts der zur Verfügung stehenden Mittel muss ein Investment von 10 000 Mark für Optionen als viel zu hoch eingeschätzt werden. Überhaupt war nach dem inzwischen wieder erreichten Kursniveau von 720 und der auf dieser Höhe offenbar nur geringen Widerstände die Richtung, die der Aktienkurs nehmen würde, keineswegs so klar, wie sie bei einem Engagement im risikoreichsten Bereich der Spekulation, den Optionen, sein sollte.

Kapitel 15
So vermeiden Sie typische Anlagefehler

Das in den kleinen Geschichten des vorangegangenen Kapitels karikierte Fehlverhalten noch unerfahrener Börsianer lässt sich, systematisch ergänzt und geordnet, als ganzes Bündel vermeidbarer Anleger- und Anlagefehler schildern.

Am normalen Ablauf eines Börsenengagements orientiert, erhält man auf diese Weise sechs Fehlerbereiche, die man sich nicht nur als Einsteiger, sondern auch als »gestandener Börsianer« gelegentlich immer wieder vor Augen führen sollte. Denn nichts ist so schädlich im Börsenalltag wie die Gewöhnung an eingefahrene, möglicherweise gar nicht mehr als Gefahrenquelle erkannte Verhaltensweisen.

Allgemeine Fehler

Schädliche Verhaltensweisen ergeben sich im Wesentlichen aus der persönlichen Disposition, gewissen Charakterzügen und dem gewöhnlichen Alltagsverhalten des noch unerfahrenen Börsianers. Sie sind mitunter nur in einem längeren Prozess der kritischen Selbstbetrachtung und -kontrolle korrigierbar:

- Anlegen und Investieren nach Gefühl statt nach Vernunft
- Ungeduld
- Starrsinn

- Euphorie
- Leichtgläubigkeit
- Vertrauensseligkeit
- übertriebener Pessimismus
- übertriebener Optimismus
- Verluste ...
  - nicht hinnehmen können
  - nicht wahrhaben wollen
  - durch immer höhere Engagements auf Kredit und durch ungezügeltes Nachkaufen (»Verbilligen«) ungeschehen machen wollen
  - auf jemand anderen schieben statt auf das eigene Fehlverhalten
  - allein der eigenen Unfähigkeit zuschreiben
- Gewinne allein dem eigenen Können zuschreiben
- Übermut nach Gewinnen
- Selbstmitleid nach Verlusten
- Uninformiertheit
- Überinformiertheit
- mangelnde Urteilsfähigkeit in wirtschaftlichen, politischen und börsenpsychologischen Fragen
- Missachtung der zyklischen Bewegungen von Kursverläufen (Trends) des Einzelwerts sowie des Gesamtmarkts
- Anlage immer nur mit dem Trend (zyklisch)
- Anlage zu früh gegen den Trend (antizyklisch)
- Verständnis der Börse als »Einbahnstraße«
- Drang, an jeder Spekulation teilzuhaben
- Drang, immer investiert zu sein
- Drang, immer voll investiert zu sein
- Spekulation auf Kredit in der Endphase einer Hausse
- Spekulation nur aus Eigenmitteln am Beginn einer Hausse
- Auffassung, der beste aller Börsianer zu sein
- Auffassung, der schlechteste aller Börsianer zu sein

- fehlende Gabe, aus eigenen und den Fehlern anderer zu lernen
- zu früher Verzicht gegenüber der Bank auf eigene Rechte, insbesondere auf Auskunftsrechte und Schadenersatzansprüche

Fehler bei der richtigen Auswahl

Hier geht es um Fehler, die bei der Analyse eines Aktienwerts beziehungsweise des jeweiligen Unternehmens und der nachfolgenden Entscheidungsfindung vorkommen:

- zu große Eilfertigkeit
- ungenaue Analyse der mittel- bis längerfristigen Wachstumsperspektiven des Unternehmens unter Berücksichtigung des gesamtwirtschaftlichen Umfelds
- übergenaue »Expertenanalyse« der fundamentalen Daten eines Unternehmens ohne Rücksicht auf deren mögliche Relativierung bei gegenläufigem Börsentrend
- Überschätzung des Kurs-Gewinn-Verhältnisses und anderer Kennzahlen eines Aktienwerts oder des Gesamtmarkts beim Schluss auf eine mögliche Unterbewertung beziehungsweise auf einen bald ausgeglichenen »Nachholbedarf«
- Vertrauen auf ungesicherte Daten
- Handeln aufgrund von Gerüchten und bloßen »Insiderinformationen«
- ungeprüfte Übernahme von Empfehlungen anderer, ohne zu fragen, wer was, wann, warum mit welchem möglicherweise vorhandenen Eigeninteresse empfiehlt
- fehlende Berücksichtigung der möglichen Marktenge eines Wertes, gemessen am durchschnittlichen Umsatzvolumen, der Marktkapitalisierung und dem aktuellen Streubesitz

Fehler beim richtigen Timing

Nach der Entscheidung für einen bestimmten Wert muss es darum gehen, den optimalen Einstiegszeitpunkt zu finden, der sich aus der jeweiligen Gesamtsituation der Börse und ihrer kurz- bis mittelfristigen Perspektive wie aus der technischen Verfassung des Einzelwerts ergibt. Entsprechendes sind Fehler bei der Wahl des optimalen Ausstiegszeitpunkts:

- zu früher Einstieg/Ausstieg
- zu später Einstieg/Ausstieg
- zu schneller Kauf/Verkauf aufgrund von Reaktionen auf vorübergehende, tagesaktuelle Ereignisse
- Missachtung der charttechnischen Gesamtsituation
- Missachtung der charttechnischen Situation des Einzelwerts
- fehlerhafte charttechnische Analyse
- Unterschätzung der charttechnischen Analyse
- Überschätzung der charttechnischen Analyse
- Hineintappen in eine »Bullenfalle« oder »Bärenfalle«
- fehlende Geduld, auf den optimalen Zeitpunkt zu warten
- andauernde, kurzfristige Reaktionen auf Kursveränderungen
- durch ständige Erhöhung der Limits im Kauf
- durch ständige Herabsetzung der Limits im Verkauf
- Neigung, auch noch die letzten möglichen 10 Prozent Kursanstieg auszureizen
- Neigung, Gewinne bei problematisch gewordener Marktlage nicht mitzunehmen
- Aufbau/Abbau einer größeren Gesamtposition auf einen Schlag, insbesondere in engen Märkten

Fehler bei der Auftragsvergabe

Fehler in dieser Kategorie lassen sich leicht beheben, wenn Sie sich als Anleger an bestimmte, schnell einübbare Verfahren halten:

- mangelhafte Diversifizierung (Streuung) hinsichtlich ...
  - der Auftragshöhe (alles auf einmal oder sukzessiv)
  - der Art des angegebenen Kurslimits (Order mit oder ohne Limit, Staffellimits, gezielte Aufträge zur Ausführung zum Eröffnungs-, Kassa- oder Schlusskurs)
  - der Höhe des angegebenen Kurslimits (zu hoch/zu niedrig), des ausgewählten Börsenplatzes (Börse mit regelmäßig hohen oder regelmäßig geringen Umsätzen im jeweiligen Wert, bevorzugte Auslandsbörsen Frankfurt und Düsseldorf oder andere Regionalbörsen)
  - der ausgewählten Ausführungsart (vorbörslich, nachbörslich, hauptbörslich, auf dem normalen Handelsweg oder telefonisch, im amtlichen Handel, dem geregelten Markt oder dem Freiverkehr)
- Billigst-/Bestens-Order in zu engen Märkten
- mangelnde Berücksichtigung der aktuellen, möglicherweise veränderten Tagessituation
- Zurückschrecken vor gegebenenfalls auch mehrfachen Änderungen einmal aufgegebener Limits
- Verzicht auf ausdrückliche Kontrollwiederholung der aufgegebenen Order durch den annehmenden Sachbearbeiter bei telefonischer Auftragsvergabe
- keine eigene Buchführung über die aufgegebenen Orders mit den einschlägigen Angaben wie
  - eindeutig identifizierbarer Wertpapiertitel
  - Stückzahl
  - Limits
  - Gültigkeitsdauer
  - Börsenplatz

- Name des annehmenden Sachbearbeiters
- genauer Annahmezeitpunkt

Fehler beim Aufbau des Depots

In einem gut strukturierten Depot sollten die Einzelpositionen nach Risikograden und Kurschancen gewichtet sein. Als Anleger sollten Sie als oberstes Prinzip immer dem Grundsatz folgen: Kapitalerhalt geht vor Rendite! Die Fehler in diesem Bereich sind vor allem folgende:

- zu geringe Zahl von Einzelpositionen im Depot (weniger als fünf Positionen)
- zu hohe Zahl von Einzelpositionen im Depot (mehr als 15 Positionen)
- fehlende Risikostreuung/einseitige Zusammensetzung
  - nach Branchen
  - nach Ländern
  - nach Währungen
  - nach Risikograden, gemessen an der unterschiedlichen natürlichen Schwankungsbreite der Kurse: bei festverzinslichen Wertpapieren je nach Restlaufzeit und garantiertem Zinssatz, bei Aktien je nach Dividendenrendite, bei Optionsscheinen und Optionen je nach Restlaufzeit beziehungsweise Fälligkeitstermin, rechnerischem Hebel und vorhandenem Aufgeld
- mangelnde Liquidität wegen hundertprozentiger Ausschöpfung aller verfügbaren Mittel
- zu hoher Kreditanteil (bei Depotverpfändung als einziger Sicherheit besteht die Gefahr, bei eintretenden Kursverlusten »nachschießen« zu müssen oder »liquidiert« zu werden)

Fehler bei der Depotüberwachung

Die Fehler, die sich hier einschleichen, haben häufig damit zu tun, dass sich der Normalanleger nicht die Zeit nimmt oder nehmen kann, seine Transaktionen sorgfältig zu begleiten. Je größer das mit dem Engagement an der Börse verbundene Risiko ist, desto gewissenhafter muss sich der Spekulant seiner Buchhaltung annehmen, um nicht den Überblick zu verlieren und bei Bedarf schnell reagieren zu können:

- Fehlen einer übersichtlichen Buchführung mit differenzierten Dispositionsangaben über
  - Stückzahl
  - Kaufzeitpunkt
  - durchschnittlichen Kaufkurs
  - bezahlten Gesamtbetrag
  - angenommenes und den Marktgegebenheiten angepasstes Kursziel
  - prozentuale Entfernung bis zum Kursziel
  - angenommenes und den Marktgegebenheiten angepasstes Stop-Loss-Limit
  - aktuellen Börsenkurs
  - aktuellen Gesamtwert der Einzelposition
  - aktuellen prozentualen Gewinn-Verlust-Stand der Einzelposition und des Gesamtdepots
- fehlende regelmäßige Aktualisierung der Zahlen
- keine Berücksichtigung der Spekulationsfristen
- Verzicht auf eventuell gebotene Absicherungsmöglichkeiten gegen
  - Kursverluste oder
  - Währungsverschiebungen

Wenn Sie sich diese Übersicht von Zeit zu Zeit immer wieder vergegenwärtigen und sie bei fortgeschrittenen Erfahrungen durch Ihre eigenen Beobachtungen und persönlichen Anlagefehler ergänzen, erhalten Sie im Umkehrschluss eine Art Checkliste für angemessenes Börsenverhalten. Es ist auch durchaus sinnvoll, im Laufe der Zeit einmal eine Art Rangliste aufzustellen mit jenen Fehlern, für die Sie offenbar besonders anfällig sind.

Gleichwohl sei vor einer allzu schematischen Handhabung einer solchen Negativliste gewarnt. Denn natürlich kommt es gelegentlich vor, dass sich ein ursprünglicher Anlegerfehler plötzlich ins Gegenteil verkehrt. Wer etwa trotz eingegangener schlechter Nachrichten über ein Unternehmen einfach auf stur schaltet, weil er von seinem Gefühl her an eine mittelfristige positive Wende glaubt, vergeht sich zwar an den Grundprinzipien einer vernünftig motivierten Spekulation, kann aber durch überraschend eintretende Veränderungen im Nachhinein nicht selten recht bekommen.

Das Handeln nach Gefühlen stellt sich in der Regel allerdings als sehr wetterwendisch heraus, weil das, was uns unser Bauch heute sagt, morgen schon wieder passé sein kann. In kritischen Börsenphasen führt eine Orientierung an Emotionen dazu, dass ein Börsianer schnell äußerst kalte Füße bekommt, weil nun kein rationaler Grund sichtbar ist, an den eigenen Entscheidungen weiterhin festzuhalten. Daraus ergibt sich am Ende häufig nur noch ein einziges Chaos, aus dem im normalen Leben manchmal zwar auch gute Dinge erwachsen, im Leben eines Börsianers aber überwiegend Verluste.

Kapitel 16
Sichere Wege zum Erfolg

Die alten Hasen unter den Börsianern wissen darum nur zu gut: Es ist eine Sache, eine möglichst erfolgversprechende Anlagestrategie, ein differenziertes Analyseverfahren, ein komplexes Bewertungsmodell zu entwickeln und es bis in die kleinsten Feinheiten am grünen Tisch auszuarbeiten – eine ganz andere Sache ist es aber, sich bei den tatsächlich zu treffenden Entscheidungen konsequent danach zu richten.

Das Abweichen von den eigentlich als richtig erkannten allgemeinen Regeln hat offenbar häufig durchaus gewichtige Gründe. Denn in der Tat gilt an der Börse, was im übrigen Leben schon immer gegolten hat: dass das zukünftige Verhalten von Menschen aufgrund der in der Vergangenheit gemachten Erfahrungen zwar nach ähnlichen Mustern verläuft und daher im Allgemeinen verlässlich vorausgesagt werden kann, aber im Einzelfall immer wieder neue, bislang unbeachtet gebliebene Momente hinzukommen können, die uns Menschen zu völlig anderen Verhaltensweisen veranlassen. Theorien über den optimalen Börsenerfolg sind insofern nichts anderes als Denkmodelle, die, wenn sie erfolgreich sein sollen, ständig neu an der Wirklichkeit überprüft werden müssen; es sind idealtypische Konstruktionen, mit denen Sie Ihrem Handeln als Anleger eine Richtung geben.

Flussdiagramm für die konkrete Entscheidung

Einen in ähnlicher Weise idealtypischen Charakter wie Strategien haben auch die in früheren Kapiteln ausführlicher dargestellten Analysemethoden bei der konkreten Anlageentscheidung. Die Untersuchung eines Aktienwertes nach fundamentalen, charttechnischen, börsenpsychologischen und anderen Faktoren wurden als Voraussetzung angesehen für eine vernünftige Wahl. Und genauso, wie es unvernünftig wäre, ohne jegliche Strategie einfach an der Börse draufloszuspekulieren, wäre es ebenso unvernünftig, bei der Auswahl der einzelnen Werte die entwickelten Gesichtspunkte völlig beiseitezulassen.

Vor diesem Hintergrund ist das abgebildete Flussdiagramm für eine konkrete Anlageentscheidung als eher schematisches Hilfsmittel zu verstehen. Es ruft in Erinnerung, welchen unterschiedlichen Einflüssen die Kursentwicklung an der Börse im Normalfall ausgesetzt ist und wie Ihr Entscheidungsfindungsprozess als Anleger im Einzelfall aussehen könnte. Wenn Sie das Diagramm als idealtypisches (!) Schema betrachten, ergeben sich daraus Hinweise für eine vernünftige Auswahl.

Ausgangspunkt ist die Erfahrung, dass die Börse in den Kursen die zukünftige Entwicklung vorwegzunehmen versucht. Wer diese Entwicklung für den Zeitraum von ein bis eineinhalb Jahren einigermaßen richtig einschätzen kann, hat damit den halben Gewinn bereits in der Tasche.

Das Diagramm selbst ist hierarchisch geordnet: Der Prozess der Entscheidungsfindung verläuft von oben nach unten und durchläuft dabei verschiedene Sequenzen, an deren Ende immer wieder die Frage steht, ob angesichts der gewonnenen Ergebnisse gekauft oder besser nicht gekauft werden sollte. Entsprechend abgewandelt, könnten Sie das Modell auch ohne Schwierigkeiten auf Verkaufsentscheidungen anwenden. Kommen Sie zum Beispiel bei Ihrer Globalanalyse des wirtschaftlichen, politischen und psychologischen Umfelds jeweils zu einer klar negativen Einschätzung, könnten Sie im Normalfall auf eine weitere Analyse des ins Auge gefassten Einzelwerts verzichten, bis sich die in der Globalanalyse festgestellte Situation grundlegend ändert. Der Fall, dass sich ein einzelner Wert gegen einen starken negativen Gesamttrend auf die Dauer durchsetzt, bleibt an der Börse eher eine seltene Ausnahme. Von einem Engagement in dieser Phase wäre unter Sicherheitsgesichtspunkten auf jeden Fall vorerst abzusehen.

Innerhalb der angenommenen Hierarchie sind die auf den verschiedenen Ebenen ausgeführten Entscheidungskriterien alternativ zu bewerten. Negative Einzelergebnisse (–) sind solche, die, grundsätzlich und isoliert betrachtet, auch einen eher negativen Einfluss auf die Kursentwicklung an der Börse mit sich bringen würden. Das Umgekehrte gilt entsprechend für positive Ergebnisse. Überwiegt am Ende einer Sequenz die eine oder andere Seite ganz deutlich, müsste dies auf eine ebenso deutliche Beantwortung der Entscheidungsfrage hinauslaufen.

Gleichbleibende Ergebnisse (=) sind solche, die im Normalfall eher keinen Einfluss auf die Kursentwicklung ausüben sollten. Allerdings sollten Sie die ermittelten Zahlen nicht mit der Bewertung selbst verwechseln. Eine erwartete gleichbleibend hohe Dividendenrendite wäre also zum Beispiel in dem entsprechenden Feld II.1 nicht unter »=«, sondern eher unter »+« einzutragen, während eine erwartete gleichbleibende niedrige Dividendenrendite entsprechend eher unter »–« einzutragen wäre.

Die Sequenz III wird der noch wenig erfahrene Börsianer in der ersten Zeit am besten zusammen mit seinem Anlageberater erarbeiten können, da ihm manche der dort angeführten Indikatoren nur schwer zugänglich sein dürften. Doch nach einiger Übung mit diesem Schema werden Sie auch als Einsteiger in der Lage sein, wenigstens die ersten vier Gesichtspunkte anhand eines Ihnen vorliegenden Chartverlaufs angemessen einzuschätzen und für Ihre konkrete Anlageentscheidung nutzen zu können. »Nur Mut!«, heißt die Devise – auch an der Börse ist noch kein Meister vom Himmel gefallen.

Abb. 16.1: Flussdiagramm zur Kaufentscheidung am Aktienmarkt

Kaufen?

I. Globalanalyse: Das wirtschaftliche, politische und psychologische Umfeld

a) Wirtschaftsaussichten

international	-	=	+
Wirtschaftswachstum			
Inflationsrate			
Zinsentwicklung			
Währungssituation			
Konjunkturelle Phase			

national	-	=	+
Wirtschaftswachstum			
Inflationsrate			
Zinsentwicklung			
Währungssituation			
Konjunkturelle Phase			

Die Wirtschaftsaussichten in den kommenden 12 bis 18 Monaten sind:

international ○ **negativ** ○ **gleichbleibend** ○ **positiv**

national ○ **negativ** ○ **gleichbleibend** ○ **positiv**

Ja/Nein

b) Entwicklung des politischen Umfelds

	-	=	+
Ost-West-Beziehungen			
Verschuldungsprobleme			
Internationale Krisenherde			
Politische Stabilität im Anlageland			
Ungelöste Konflikte im Anlageland			
Allgemeines politisches Klima im Anlageland			

Das politische Umfeld in den kommenden 12 bis 18 Monaten ist:

international ○ **negativ** ○ **gleichbleibend** ○ **positiv**

national ○ **negativ** ○ **gleichbleibend** ○ **positiv**

Ja/Nein

c) Entwicklung des allgemeinen psychologischen Umfelds im Anlageland

	-	=	+
Stimmung in der Wirtschaft			
Konsumklima			
Stimmung an der Börse			
Auslandsinteresse			

Das allgemeine psychologische Umfeld im Anlageland ist gegenwärtig:

○ **negativ** ○ **gleichbleibend** ○ **positiv**

Ja/Nein

II. 1 Fundamentalanalyse

Branchen

Ausgewählte vs. andere	-	=	+
Wachstumsaussichten			
Exportabhängigkeit			
Ergebnis je Aktie			
Dividendenrendite			

Die Aussichten der ausgewählten im Vergleich zu anderen Branchen sind:

○ **schlechter** ○ **gleich** ○ **besser**

Ja/Nein

II. 2 Fundamentalanalyse

Einzelwert vs. Branchen-ø	-	=	+
Wachstumsaussichten			
Exportabhängigkeit			
Ergebnis je Aktie			
Dividendenrendite			

Die Aussichten des ausgewählten Einzelwerts im Vergleich zur Branche sind:

○ **schlechter** ○ **gleich** ○ **besser**

Ja/Nein

III. Technische/charttechnische Analyse des Einzelwerts

	-	=	+
Allgemeiner Börsentrend			
Primärtrend des Einzelwerts			
Sekundärtrend des Einzelwerts			
Entfernung von wichtigen Durchschnittslinien			
Übrige Indikatoren (Momentum, rel. Stärke, Übergekauft/Überverkauft-Oszillator usw.)			

Die technische/charttechnische Situation ist gegenwärtig:

○ **ungünstig** ○ **neutral** ○ **günstig**

Ja/Nein

Gegenwärtiges Gesamturteil: ____________________

Selbsterkenntnis als Erfolgsrezept

Für ein erfolgreiches Agieren an der Börse ist eines aber noch wichtiger als die bewusste Planung eines Engagements, wie man sie in grober Orientierung mithilfe des obigen Schemas vornehmen könnte: Sie sollten einige im Laufe dieses Buches immer wieder angesprochene Erfahrungstatsachen beachten. Doch auch wenn Sie dies als Leser von einer Einführung in die Börsenspekulation möglicherweise erwarten: Ein goldenes, allgemeingültiges Regelsystem für den sicheren Erfolg an der Börse kann es schon aus Gründen der Sache nicht geben.

»Spekulieren« heißt, in die Zukunft schauen, das zu Erwartende richtig einschätzen und angesichts dieser Erwartungen die eigene Entscheidung angemessen treffen. Nicht ein hehrer Kanon von penibel einzuhaltenden Regeln, goldenen Tipps oder unerschütterlichen Börsenweisheiten bestimmt über den Erfolg oder Misserfolg Ihrer Geldanlage, sondern eher das Gegenteil davon: die systematische Vermeidung gravierender Fehler!

Lassen Sie sich nicht irritieren von den Börsen-Gurus, die angeblich die einzig wahren Erfolgsrezepte besitzen und Sie gerne – freilich gegen Entrichtung eines mitunter sehr ansehnlichen Obolus – an ihren verschlungenen Eingebungen teilhaben lassen: Was die (zumeist selbsternannten) »Börsenstars« und angeblichen Auguren in diesem Metier den Einsteigern oft ohne jedes Stirnrunzeln als exklusive Methode verkaufen, gleicht häufig genug einer mit großem psychologischen Einfühlungsvermögen erstellten Mogelpackung, zuweilen grenzt es sogar an Betrug. Ich kenne manche dieser häufig ganz netten Leute persönlich. Wenn ich mit solchen Leuten spätabends nach einem Seminar, einer Vortragsveranstaltung oder einem Auftritt im Fernsehen das eine oder andere Glas Wein trinke, steht ihnen nicht selten ein spitzbübisches Lächeln im Gesicht. Bei solchen Gelegenheiten wird dann auch schon mal Tacheles geredet, wenn das Gegenüber merkt, dass es mir in diesen Dingen nichts vormachen kann. Sie glauben nicht, wie schnell diese Menschen dann auch bereit sind, vom hohen Ross herunterzusteigen.

Was ich indessen einem noch jungen Börsianer neben einer Reihe von einfachsten, konkreten Verhaltensgeboten mit auf den Weg geben kann, liegt auf einem ganz anderen Gebiet. Es betrifft ihn selbst, seinen Charakter, seine Beobachtungsgabe, seine typischen, sich in Börsendingen manchmal verheerend auswirkenden Neigungen und Schwächen. Nur wer sich selbst in seinen Reaktionen, seinen Gefühlen, seinem Denken und Handeln kritisch durchschaut, ist auch in der Lage, bewusst zu agieren und begangene Fehler auf Dauer zu korrigieren. Auf diesem Hintergrund lassen sich mindestens vier aus eigener Erfahrung gewonnene Grundsätze ableiten, die zusammengenommen tragfähige Verhaltensmuster ergeben für einen dauerhaften Erfolg an der Börse.

Skepsis statt Leichtgläubigkeit

An der Börse gibt es fast keine Informationen, die nicht durch den Filter des Informanten oder seiner Helfershelfer in irgendeiner Weise subjektiv eingefärbt wären. Ob die Empfehlungen Ihres Börsendienstes oder Ihres Anlageberaters, die Unternehmensanalysen oder Marktstudien renommierter Analysten oder Fondshäuser, die Insiderinformationen direkt vom Börsenparkett oder aus den Vorstandsetagen der Unternehmen, ja selbst die Nachrichten auf den Monitoren der Agenturen oder die gerade frisch aufbereiteten Zahlen aus einer Bilanzpressekonferenz – sie alle sprechen ihre eigene Sprache. Und diese ist mehr oder weniger bewusst immer auch mitbestimmt von den offensichtlichen oder verborgenen Eigeninteressen des jeweiligen Informanten. Studieren Sie daraufhin einfach mal eine Zeitlang die Kommentare und Einschätzungen der dort regelmäßig auftauchenden »Experten« im n-tv-Börsenfernsehen!

Eine Bank, die eine bestimmte Aktie massiv empfiehlt, hat mit Sicherheit schon einen erheblichen Teil ihrer Eigendepots mit dem ach so hervorragenden Wert ausgestattet. Vielleicht aber auch ist sie gerade dabei, diesen Titel insgeheim abzustoßen, und betreibt ihre Kurspflege nur mit Blick auf eine möglicherweise noch reichere Ernte. Oder ist sie – bei Neuemissionen – Mitglied, gar Führer des Konsortiums, das die neuen Aktien des Unternehmens an der Börse zu einem möglichst hohen Kurs einführen will und je nach Erfolg daran über die vereinbarten Provisionen ganz erheblich verdient?!

Beispiele für solche am wohlverstandenen Eigeninteresse orientierten öffentlichen Anlageempfehlungen ließen sich auch mit Blick auf die anderen zentralen Vermittler von Börseninformationen massenhaft nennen. Man schaue sich nur einmal die Empfehlungen eines in Düsseldorf erscheinenden Tippdienstes an, der gern von sich behauptet, zu den erfolgreichsten Börsenjournalen Europas zu zählen. Wenn er früher donnerstags auf den Markt kam, hatten manche der von ihm empfohlenen Titel tags zuvor bereits schon kräftig zugelegt, vor allem wenn die Empfehlungen sich auf marktenge, auf Kauf- und Verkaufsentscheidungen häufig sehr schnell reagierende Titel bezogen, wie dies etwa bei Optionsscheinen häufig der Fall ist. Wer da wohl mit Wissen auf die bevorstehenden Empfehlungen bereits vorgekauft haben mag, kann man nur raten: vielleicht die Tante des Onkels vom Neffen des Freundes. Ein kritischer Börsianer macht sich auf solche vermeintlichen Zufälligkeiten jedenfalls seinen eigenen Reim.

Da der kritische Finanzjournalismus hierzulande noch wenig Fuß gefasst hat, nimmt die Öffentlichkeit solche sich manchmal schon jenseits der Legalität bewegenden Zusammenhänge kaum wahr. Umso mehr sind Sie als Anleger selbst aufgefordert, alle Informationen, die Sie erhalten, immer auch danach zu hinterfragen, wem sie gegebenenfalls besonders nützlich sein könnten, und skeptisch zu bleiben.

Kontrolle statt Vertrauen

Wie Sie Informationen und Empfehlungen grundsätzlich immer auf ihren Wahrheitsgehalt hin überprüfen sollten, bevor Sie sich in der einen oder anderen Weise entscheiden, so sollten Sie auch Ihre unmittelbaren Auftragnehmer, die zuständigen Mitarbeiter Ihrer Bank oder Ihres Brokers, kontrollieren. Einem anderen Vertrauen entgegenbringen zu können gerade in Dingen, die manche zu den sensibelsten Bereichen zwischenmenschlicher Beziehungen zählen, dem Geld, ist eine schöne Sache. Mit Ihrem Anlageberater sollten Sie allerdings keinen allzu vertrauten Umgang pflegen. Unfehlbar ist niemand, am wenigsten noch derjenige, der im mühsamen Geschäft um Umsatz und Provisionen tagtäglich Millionenbeträge bewegt.

Überprüfen Sie alles, was Sie im Zusammenhang mit Ihrem Börsenengagement kontrollieren können. Lassen Sie sich, wenn Sie Zweifel an der Ordnungsmäßigkeit einer Orderabwicklung haben, Nachweise erbringen. Setzen Sie sich, wenn viel auf dem Spiel steht, mitunter auch mit den Händlern, der Maklerkammer, der Handelsüberwachungsstelle einer Börse, der Korrespondenzbank Ihres Geldinstituts oder einem kritischen Fachjournalisten in Verbindung, um die Auskünfte, die man Ihnen erteilt, auf ihre Stichhaltigkeit hin abzuklopfen. Wenn jemand Fehler macht, gar einen finanziellen Schaden anrichtet, ist er nur allzu gern bereit, die Schuld auf andere zu schieben. Lassen Sie sich hier nicht mit windigen Pauschalerklärungen abspeisen und zum schnellen Verzicht auf möglichen Schadenersatz oder eine Wiedergutmachung in anderer Form bewegen, sondern bleiben Sie bis zur Klärung Ihrer berechtigten Zweifel am Ball.

Zurückhaltung statt Euphorie

Eine verheerende Wirkung auf noch unerfahrene Anleger haben häufig allzu schnelle spekulative Erfolge gleich zu Beginn ihrer Börsenkarriere. Geld verdirbt den Charakter, heißt es im Volksmund. Hier gilt: Schnell erzielte Gewinne führen häufig zur Leichtfertigkeit.

Wie Verluste verarbeitet werden müssen, damit ein Anleger die Lehren, die daraus folgen, auch nachhaltig zieht, so sollte er auch seine großen Gewinne in Ruhe verdauen, ehe das damit erwirtschaftete Geld für erneute Transaktionen vorschnell wieder eingesetzt wird. Sie müssen nicht immer voll investiert sein.

Der Gegner des Börsianers ist hier im schlechtesten Fall einfach nur die Gier, sprich das Bestreben, immer noch (und sehr schnell!) mehr haben zu müssen als das, was man glücklicherweise schon hat. Im besseren

Fall ist es einfach nur jener Übermut, jene Euphorie, die sich angesichts plötzlich erzielter Erfolge fast zwangsläufig einstellt. Dabei werden die folgenden Engagements häufig nicht mehr so gründlich vorbereitet wie die bisherigen, der Betreffende wird waghalsiger, übersieht selbst eindeutige Warnzeichen, ist bereit, größere Risiken einzugehen mit dem (scheinbar) leichthändig gewonnenen Polster.

Wer das Risiko liebt, ist nach meinem Verständnis nicht - wie viele Ratgeber erstaunlicherweise immer wieder behaupten - der geborene Börsianer: Er ist ein Scharlatan, der in diesem Verhalten an der Börse umkommen wird, weil er den Wert des Geldes nicht angemessen einschätzen kann. Überlassen Sie also die Freude am Risiko jenen, die über Mangel an Geld nicht zu klagen brauchen: den Snobs und Dandys einer überkommenen, im Luxus badenden Randgruppe der Gesellschaft. Dem ernsthaften Börsianer ist das Gehabe dieser Leute und ihre lockere Beziehung zum Geld eher ein Gräuel. Deshalb hat die Kapitalanlage in Aktien nach meinem Verständnis auch nichts mit irgendwelcher Risikofreude zu tun, sondern zuerst und zuletzt mit Vernunft. Wer rechnen kann und an einem mittel- bis langfristigen Vermögensaufbau interessiert ist, kommt um Aktien gerade in Zeiten von Mini- oder Negativzinsen gar nicht herum.

Der Gefahr, nach einer Glückssträhne nicht übermütig zu werden, entgehen Sie leichter, wenn Sie versuchen, sich in solchen Situationen eine Weile völlig von der Börse zurückzuziehen. Aus der Distanz werden Sie am ehesten jene Zurückhaltung und Sorgfalt wiedergewinnen, die den erfolgreichen Anleger auszeichnen: In der Ruhe und Besonnenheit liegt die Kraft!

Langmut statt Aktionismus

Der letzte Grundsatz betrifft Ihre Geduld im Umgang mit einmal gewonnenen Einsichten und getroffenen Entscheidungen. »Langmut statt Aktionismus« heißt hier die Devise. Doch dies ist nicht zu verwechseln mit jener Art Sturheit, mit der auf eine Entwicklung gehofft wird, die sich bei kritischer Betrachtung längst als unrealistisch herausgestellt hat. Geduld, Gelassenheit im Börsengeschäft bedeutet, dass Sie sich davor hüten müssen, Ihre nach kritischen Studien gewonnenen Auffassungen schon deshalb über Bord zu werfen, weil die augenblickliche Stimmung einmal gegen Sie ist.

Die ewig Zittrigen, die bei jeder kleinsten unerwarteten Bewegung des Marktes gleich umdisponieren und schlaflose Nächte bekommen, werden es an der Börse nicht lange aushalten. Je beweglicher nämlich der Markt, je größer ist bei ihnen dann auch die Gefahr, auf dem falschen Fuß erwischt zu werden.

Erst wenn Sie wirkliche Fehler in Ihrer Strategie erkennen, ist es Zeit, den liebgewordenen Vorstellungen und Zielvorgaben den Rücken zu kehren. Aktionismus dagegen hilft nur denjenigen, die an den kurzfristigen Transaktionen am meisten verdienen: den Banken, den Brokern, denen, die kassieren, ganz gleich, wie sich der Markt auch immer bewegt.

Zehn Gebote für den kritischen Börsianer

Freilich wäre eine bloß allgemeine Orientierung an den oben vorgestellten zentralen Verhaltensgrundsätzen allein wenig erfolgreich, wenn sie nicht in ebenso kritisch orientierte Verhaltensweisen in der Praxis des Börsenalltags münden würde. Die sich daraus ergebenden wichtigsten Gebote lassen sich, etwas schematisiert, in zehn Punkten zusammenfassen:

1. Informieren Sie sich gründlich und aus verschiedenen Quellen, bevor Sie sich eine eigene Meinung bilden, aber unterscheiden Sie zwischen wichtigeren (kursrelevanten) und unwichtigeren (kursneutralen) Informationen! Die Schwierigkeit des Börsianers besteht heute – von Investments an einigen, vor allem kleineren ausländischen Märkten abgesehen – weniger darin, überhaupt an Informationen zu gelangen, als vielmehr darin, aus der Fülle der angebotenen Informationen zwischen verlässlichen und unzuverlässigen wie zwischen relevanten und irrelevanten Nachrichten zu unterscheiden. Wie Uninformiertheit auf die Dauer gesehen den sicheren Tod des Spekulanten an der Börse

bedeutet, wird Überinformiertheit dann zum Problem, wenn sie den Börsianer vor lauter Bedenken davon abhält, überhaupt noch zu einer auch über Durststrecken hinweg tragfähigen Entscheidung zu kommen. Problematisch ist der übermäßige Konsum von Informationen auch dann, wenn er ihn im Gegenteil zum ständigen Wechsel der Positionen je nach augenblicklicher Stimmungslage an der Börse veranlasst. Nicht umsonst heißt es im Börsengeschäft, dass die professionellen Börsianer, die Händler auf dem Parkett, die Anlageberater und die mit Insiderwissen umfänglich ausgestatteten Spekulanten häufig genug gerade zu den Erfolglosesten unter den Börsianern gehören.

2. Analysieren Sie Ihr mögliches Investment in Ruhe und nach allen Regeln der Kunst, ehe Sie den ersten Auftrag erteilen, aber werden Sie darüber nicht zum blinden Anhänger eines einzigen Analyseverfahrens! – Es ist ein Märchen zu glauben, dass die Börse nur jenen Erfolge beschert, die mit einem ganzen Stab von Experten die Märkte, Meinungen und Gewinnchancen zu analysieren vermögen. Jedermann kann im Prinzip an der Börse gewinnen, wenn er die Sache mit Vernunft, Verstand und einer gewissen Portion analytischer Begabung betreibt. Darauf beruhen gerade der besondere Reiz und die Chancen der Börsenspekulation für den mittleren und kleinen Anleger. Welche Gesichtspunkte bei der Analyse zu berücksichtigen wären, haben wir am Anfang dieses Kapitels im abgedruckten Flussdiagramm noch einmal zusammengetragen. Wer denken kann, kann all diese Verfahren mit ein wenig Mühe und gutem Willen erlernen.

3. Machen Sie sich einen Plan, aber seien Sie flexibel genug, ihn bei Bedarf auch zu verwerfen! – Wer über keinerlei Strategien verfügt, wie er in welcher Situation handeln würde, kann von den manchmal sehr schnell wechselnden Trends an der Börse überrollt und zu bedenkenlosen Aktionen hingerissen werden. Ein guter Börsianer denkt deshalb nicht nur das Wahrscheinlichste und das Mögliche vorweg, sondern kalkuliert selbst mit dem eigentlich Unmöglichen. Solche

Strategien erfüllen den Zweck, die eigenen Börsenaktivitäten auf ein vernünftiges Gedankenkonzept hin zu ordnen und das eigene Handeln einem kritischen Maßstab zu unterwerfen. Wer in einem solchen Konzept auch den schlimmsten Fall als mögliche Entwicklung vorausgedacht hat, hat mit entsprechenden Strategien zudem eine herrliche Medizin gegen schlaflose Nächte.

4. Schauen Sie weniger auf die Erzielung möglicher großer Gewinne als auf die Vermeidung größerer Verluste, aber passen Sie Ihre Zielprojektionen veränderten Gegebenheiten rechtzeitig an! – Dieses Gebot erfordert von den meisten ein Umdenken. Denn strenggenommen verlangt es vom Börsianer weniger die Entwicklung und Beachtung von Gewinnstrategien als die von Verlustvermeidungsmethoden. Die auf diese Weise im wahrsten Sinne des Wortes verkehrte Perspektive lenkt die Aufmerksamkeit des Börsianers zwangsläufig in die richtige Richtung. Sie macht ihn vorsichtiger bei der Auswahl seiner Engagements und unempfindlicher gegen die Ad-hoc-Mentalität vieler Möchtegern-Spekulanten.

5. Streuen Sie Ihr Risiko, selbst wenn ein bestimmtes Investment über Nacht goldene Berge verheißt, und gewichten Sie Ihr Portfolio nach dem Grad der Ihnen größer erscheinenden Chancen! – Dies ist eine logische Folgerung aus dem letzten Gebot. Auf kurze Sicht mag eine konsequente Streuung des Risikos nach den in den früheren Kapiteln dargestellten Gesichtspunkten zwar aktuelle Gewinnmöglichkeiten mindern; auf Dauer ist ein solches Verfahren aber wegen der weitaus geringeren Anfälligkeit des eigenen Portfolios für unvorhergesehene negative Entwicklungen der eindeutig erfolgreichere Weg.

6. Achten Sie auf eine ausreichende Barreserve als Risikokapital, aber setzen Sie diese auch im Notfall ein, um die ins Wanken geratene Struktur Ihres Depots zu verbessern! – Es hat wenig Sinn, auf einem soliden Kassenbestand zu bestehen, wenn er nicht auch eingesetzt wird für den Zweck, für den er angelegt ist. Allerdings sollten Sie

mit einer solchen Verausgabung nicht zu leichthändig umgehen. Wer den Notgroschen nicht nur zum Nachkaufen, also zum Verbilligen bestimmter Positionen, sondern auch für kurzfristige Tradings benutzt, muss zusehen, die Kasse nach einer gewissen Zeit auch tatsächlich wieder aufzufüllen. Ansonsten ginge der Effekt eines solchen Sicherungsinstruments verloren. Je größer das zu verwaltende Depot insgesamt ist, desto nachhaltiger sollte sein Inhaber auch die Einhaltung dieses Grundsatzes beachten.

7. Bauen Sie im Zuge einer eindeutigen Hausse Ihr kreditfinanziertes Spekulationskapital kontinuierlich ab, aber stocken Sie es gegen Ende einer Baisse auch in kleinen Schritten vorsichtig wieder auf! – Von seiner auf Sicherheit bedachten Mentalität her ist der traditionelle deutsche Anleger bekanntlich weniger geneigt, sein Geld an die Börse zu bringen. Entsprechend wenig kann er sich mit dem Gedanken anfreunden, gar mit geliehenem Geld an der Börse zu agieren. Was in anderen Ländern an der Tagesordnung ist, ist dem Deutschen eher suspekt. Es ist aber nur eine Frage der Klugheit, in bestimmten (eindeutigen) Situationen Geld aufzunehmen, um mit diesem Geld wiederum Geld zu verdienen. Im unternehmerischen Lebensalltag ist dies eine übliche, vernünftige Methode, um Gewinnmöglichkeiten zu optimieren. An der Börse ist diese Methode in bestimmten Situationen grundsätzlich aber nicht weniger vernünftig. Dann nämlich, wenn die Chancen für steigende Kurse gegenüber den Risiken einer Abwärtsbewegung nach ausgiebiger, kritischer Prüfung um ein Vielfaches größer erscheinen. Das ist im normalen Verlauf eines Börsenzyklus gegen Ende einer längeren, einschneidenden Abwärtsbewegung in der Regel der Fall. Schwierig bleibt allerdings auch hier immer wieder das richtige Timing, die Einschätzung des Zeitpunkts, an dem sich der vielleicht über Jahre hinweg vorhandene Trend tatsächlich nachhaltig dreht.

8. Üben Sie Selbstdisziplin, und setzen Sie dabei mehr auf Skepsis, Kontrolle, Zurückhaltung und Langmut statt auf Leichtgläubigkeit, Ver-

trauen, Euphorie und Aktionismus! – Diese Gesichtspunkte wurden im vergangenen Abschnitt ausgiebig erläutert. Sie verlangen vom Börsianer, dass er sein eigenes Anlageverhalten kritisch begleitet und aus den begangenen Fehlern nachhaltige Schlüsse für sein zukünftiges Handeln zieht.

9. Verlieben Sie sich in eine schöne Frau, einen schönen Mann, aber seien Sie niemals verliebt in das Risiko an der Börse! – Natürlich kann auch ein Spieler, den das Risiko von der Natur der Sache her reizt, gelegentlich Glück haben an der Börse. Und ein wenig Spielleidenschaft steckt womöglich in jedem eingefleischten Spekulanten. Doch Geld ist ein zu kostbares Gut, um es auf dem Börsenparkett zu verschleudern. Diejenigen, die es (offenbar) übrig haben, sollten sich konsequenterweise gleich ins Kasino begeben. Dort können sie ihre Liebe zum Risiko dann voll und ganz auskosten: Gewinn oder Verlust werden ihnen nach jedem Einsatz sofort präsentiert.

10. Bedenken Sie diese Gebote von Zeit zu Zeit immer wieder, aber denken Sie daran, dass es auch noch andere vernünftige Grundsätze gibt, die man zwar lehren kann, am besten aber immer noch aus eigener kritischer Beobachtung und Erfahrung der Sache gewinnt!

Ihre Chance, an der Börse erfolgreich zu sein

Nichts ist so falsch wie die Vorstellung, wonach in erster Linie das Glück für den Erfolg an der Börse verantwortlich sei. Wer lernfähig ist, kann es an der Börse zu großer Meisterschaft bringen. Wenn Sie als Anleger vernünftig agieren und Ihre Entscheidungen statt mit Bauchgefühl mit Verstand und Umsicht umsetzen und dabei ein hohes Maß an Flexibilität, Sicherheitsbewusstsein und kritischer Selbstbeobachtung mitbringen, werden auch Sie an der Börse zu den Gewinnern gehören.

ANHANG 1
Die neuen Risiken – Lehren aus dem Crash '87

Nachwort in Dr. Werner Kurzawa: Spekulieren mit System, *EDITION BÖRSE ONLINE, 1989*

Lernen kann man an der Börse nicht nur aus den kleineren, individuellen Fehlern, wie ich sie in dieser Einführung für Anleger immer wieder aufgezeigt habe. Auch die großen, bislang erfreulicherweise selten gebliebenen Börsencrashs wie der von 1929 oder 1987 geben Anlass, die eigenen Strategien auf dem Hintergrund möglicherweise veränderter Rahmenbedingungen immer wieder kritisch unter die Lupe zu nehmen.

Offenbar gibt es an der Börse gelegentlich Konstellationen, da spielen alle Marktteilnehmer verrückt, ohne dass sich der einzelne diesem Verhalten - trotz weiser Voraussicht, guter Vorsätze und vernünftiger Anlagestrategien - wirklich entziehen könnte. Dieser Herdentrieb zeigt sich dann durch eine massive Übertreibung der bislang beobachteten Kursentwicklung nach oben (Kursexplosion) oder nach unten (Ausverkauf). In einem haussierenden Markt verweist eine solche Entwicklung auf ein nahendes Ende des Trends und eine mitunter kräftige Korrektur. In einer Baisse gilt der allgemeine »Sell out« zu Schleuderpreisen als Zeichen für einen bevorstehenden Aufschwung.

Es ist keine Frage, dass die seit Mitte 1986 an der amerikanischen Leitbörse zu beobachten gewesene steile Aufwärtsbewegung durch eine solche Übertreibung gekennzeichnet war. Erstaunlich wirkt dabei die im

Nachhinein festgestellte Parallelität zwischen der Hausse-Bewegung von 1982 bis 1987 und der von 1924 bis 1929, die, relativ gesehen, einen nahezu deckungsgleichen Verlauf der Indexkurven erkennen lassen.

Der Dow Jones Industrial Index, in dem die 30 umsatzstärksten, an der New York Stock Exchange gehandelten Aktien gemessen werden, schnellte jedenfalls seit Mitte 1986 von 1850 Punkten innerhalb von zwölf Monaten auf über 2700 Punkte hoch: also um gut 50 Prozent.

Damit war das durchschnittliche Kurs-Gewinn-Verhältnis an der amerikanischen Börse, das Mitte 1986 noch bei 17,1 gelegen hatte, im September 1987 bis auf 20,3 angewachsen, was, an amerikanischen Maßstäben gemessen, schon als reichlich überhöht gelten musste. Und während die aus den Aktiendividenden durchschnittlich erzielbare Rendite zuletzt lediglich noch 2,7 Prozent betrug, konnte man mit US-Anleihen inzwischen bereits wieder 10 Prozent (!) Zinsen kassieren.

Dies war ein weiteres Argument für viele vorsichtig gewordenen Fondsmanager, dem überhitzten Aktienmarkt den Rücken zu kehren und das seit Beginn der Hausse prächtig angewachsene Kapitalvermögen ins sicherere Fahrwasser der Anleihemärkte zu schleusen.

Nimmt man die übrigen Unwägbarkeiten und ungelöst gebliebenen Fragen in jenen Tagen hinzu – die Dollarschwäche angesichts des überbordenden US-Haushaltsdefizits, die Sorge um eine infolge des weltweit beobachteten Zinsanstiegs wieder aufkeimende Inflation und die schnell um sich greifende Angst vor einer nach dem erreichten Wirtschaftsaufschwung längst überfällig scheinenden Rezession –, dann allerdings verliert der tatsächlich eingetretene Crash im Nachhinein einiges von seiner Rätselhaftigkeit.

Über die eigentlichen Auslöser des überraschenden Kurseinbruchs jener Tage haben sich inzwischen viele Finanzanalysten, Notenbankgouverneure und selbsternannte Experten die Köpfe zerbrochen, ohne dass es bislang auch nur zu einer einigermaßen übereinstimmenden Beurteilung in der Sache gekommen wäre. Was da inzwischen an vorbeugenden Maßnahmen gegen die Wiederholung eines solchen Debakels vorgeschlagen worden ist, wirkt denn auch eher wie eine schlechte Beruhigungspille für das verstörte Heer der Börsianer denn als eine wirkliche Lösung möglicher Fehlentwicklungen.

Wir haben uns wohl an den Gedanken zu gewöhnen, dass eine Börsenentwicklung wie die vom 19. Oktober 1987 in Zukunft nicht erst nach einer vergleichsweise langen Zeitspanne von fünfzig Jahren wiederkehrt, sondern bereits sehr viel früher. Denn zu den normalen, oben angedeuteten und mit einer Veränderung des wirtschaftlichen Umfelds einhergehenden Risiken der Spekulation ist ein Risikopotenzial ganz anderer Art hinzugekommen, das erst jetzt allmählich ins Bewusstsein gerät. Es lässt sich an verschiedenen, zum Teil erst in den letzten Jahren wirksam gewordenen Veränderungen festmachen, die in Anlehnung an ähnliche Überlegungen des Schweizer Finanzjournalisten Franz Schneider in fünf Thesen zusammengefasst werden können:

1. Das explosionsartige Wachstum der Finanzmärkte (hier: der Börsen) seit den späten Siebzigerjahren hat ein Ausmaß erreicht, das mit den herkömmlichen Mitteln und Strukturen allein (zum Beispiel der Präsenzbörse, der Auftragsabwicklung per Hand, der hauptsächlich individuell bestimmten Entscheidungsfindung) nicht mehr zu bewältigen ist. Dem Aufschwung der Finanzindustrie selbst ist nicht im gleichen Umfang qualifiziertes Personal nachgewachsen – wie jeder Börsianer am eigenen Leibe erfährt, wenn er einmal das Alter, den Ausbildungsgang und die Erfahrung der ihn bei seiner Bank heute betreuenden Anlageberater kritisch bedenkt.

2. Der notwendig gewordene Einsatz der Computertechnologie bei der Abwicklung der Börsengeschäfte sowie bei der Erkennung von Chancen und Risiken der Spekulation ermöglicht ein sekundenschnelles gleichzeitiges Reagieren auf mögliche gewichtige Veränderungen des Marktes und führt zu einer Erhöhung der natürlichen Schwankungsbreite und -häufigkeit (Volatilität) der Aktienkursbewegungen selbst.

3. Die neuen, in den letzten Jahren geradezu wie Pilze aus dem Boden geschossenen Finanzinstrumente, vor allem die an den Terminmärkten gehandelten, ursprünglich als Risikovorsorgemöglichkeit gedachten Options- und Futures-Kontrakte, haben sich im Zusammenspiel mit den Computeranalyseprogrammen und im Zusammenhang mit den ihnen je zugrundeliegenden Bewegungen des eigentlich primären Kassamarktes zu Hauptinstrumenten der Spekulation entwickelt. Zusätzlich werden Arbitragemöglichkeiten zwischen den Terminmärkten und dem Kassamarkt in sekundenschnell übermittelte Kauf- oder Verkaufsprogramme umgesetzt und führen in bestimmten Situationen zu einer Reihe von sich selbst verstärkenden, kaum durch Menschenhand oder »fundamentale Veränderungen« kontrollierten Entwicklungen. Schließlich haben die stark gesunkenen Transaktionskosten an den Terminmärkten zu einer Erhöhung der Umsätze geführt, weil schon kleinste Kursveränderungen profitabel erscheinen.

4. Die neuen elektronischen Kommunikationsmöglichkeiten haben zu einer verstärkten Diversifizierung (Aufteilung) der Wertpapierportefeuilles auf verschiedene Länder beigetragen und damit auch zu einer größeren internationalen Verflechtung der Finanzmärkte selbst. Keine Börse der westlichen Welt kann sich von nun an der Entwicklung am immer noch größten Finanzplatz der Erde, der New York Stock Exchange, entziehen – selbst wenn die für die inländische Börse eigentlich ausschlaggebenden fundamentalen und politischen Faktoren von denen der Vereinigten Staaten im Einzelfall deutlich abweichen sollten. Verkauft wird im Krisenfall, wo überhaupt noch Liquidität sicher zu sein scheint, um die anderswo erlittenen Verluste in der Gesamtrechnung zu mildern: Die deutschen Börsen haben dieses Verhalten nach dem Crash ja auf das Schmerzlichste zu spüren bekommen. »Die Engländer kommen!«, war in jenen Tagen ein gängiger wie gefürchteter Schlachtruf auf dem Parkett.

5. Das neue »Performance-Denken« in den oberen Etagen der Wertpapierfundgesellschaften und bei den großen institutionellen Anlegern führt über den ständigen Zwang, besser abschneiden zu müssen als die Konkurrenz, zu einem Handlungsdruck auch schon bei geringen Bewegungen des Marktes und zu einer dem spekulativen Anlagegedanken eigentlich fremden Ausnutzung jeder sich bietenden Tradingmöglichkeit.

Gewinnen können Sie als »junger« Börsianer vor allem aus einer Einsicht, dass Sie Ihre individuellen Kauf- und Verkaufsentscheidungen immer auch im Lichte der Entwicklungen an den übrigen Finanzmärkten treffen sollten. Die wichtigste Regel für einen dauerhaften Erfolg an der Börse besteht darin, sich bei unklaren oder unklar werdenden Verhältnissen an den wichtigsten Finanzplätzen der Welt (New York, Tokio, London) eher einmal mehr vom Marktgeschehen zurückzuziehen, bis sich ein eindeutigerer Trend wieder durchgesetzt hat. Die einzige Alternative wäre, sich dem neuen Denken konsequent anzuschließen, auf mittel- oder gar langfristig ausgerichtete Spekulationen zu verzichten und als Trader jede kurzfristige Veränderung des Marktes aktiv zu nutzen. In allen Fällen sollte Ihr Motto aber nicht mehr lauten: Gewinn geht im Zweifelsfall *vor* Risiko, sondern immer nur: Risikobegrenzung geht *vor* Gewinn!

ANHANG 2
Wie die Krise am US-Immobilienmarkt 2007 zum Kurseinbruch an den internationalen Finanzmärkten führte

Erstmals veröffentlicht im September 2007
im Global Investor, *aktualisiert Mitte 2008*

Dass die Globalisierung der Wirtschaft sich nicht nur auf realwirtschaftliche Prozesse bezieht, sondern auch und gerade auf die zunehmende finanzielle Verflechtung der Welt, haben Ihnen die Mitte 2007 einsetzenden weltweiten Börsenturbulenzen drastisch vor Augen geführt: Innerhalb kurzer Zeit brachen die Kurse an den internationalen Finanzmärkten unisono um bis zu 15 Prozent und bis Mitte 2008 um weitere 20 Prozent ein. Chinesische und indische Aktienwerte verloren allein im ersten Halbjahr 2008 durchschnittlich 30 bis 40 Prozent, vietnamesische sogar um 60 Prozent. Und das auf den ersten Blick scheinbar »nur«, weil der US-Immobilienmarkt im Zusammenhang mit vielen schlecht besicherten Hypothekenkrediten in arge Schieflage gekommen war. Das ist aber nur die halbe Wahrheit.

In Wirklichkeit war die Situation an den Finanzmärkten Ausdruck einer sehr viel tiefer gehenden Liquiditäts- und Vertrauenskrise. Diese hatte auch und gerade mit dem seit Jahren zu beobachtenden Versuch der Banken zu tun, eigentlich nicht handelbare Zahlungs- und Kreditansprüche weiterzugeben, aus der Bilanz zu bekommen und über die Begebung von strukturierten Schuldverschreibungen diese wie normale Wertpapiere handelbar zu machen.

Die Auswirkungen der Krise hatten dann schnell erste, in solche Produkte stark investierende Hedgefonds zur Aufgabe gezwungen und sogar die bislang immer als besonders risikoscheu angesehenen deutschen Banken in Liquiditätsschwierigkeiten und im Falle der IKB und der Sachsen LB an den Rand der Insolvenz gebracht. Doch wie konnte es zu diesen weltweit zu spürenden Verwerfungen überhaupt kommen?

Bereits seit Langem waren die konjunkturellen Risiken, die von den Besonderheiten des bis 2005 boomenden US-Immobilienmarkts ausgingen, den sachkundigen Insidern bekannt. Denn ihren Konsum finanzierten US-Bürger in den vergangenen Jahren überwiegend nicht aus ihren Ersparnissen, sondern über Kredite. Niedrige Zinsen und ständig steigende Immobilienpreise machten es möglich, dass sie auch ohne ausreichende finanzielle Basis Häuser erwarben und aufgrund des Preisanstiegs jedes Jahr mit höheren Krediten belasten konnten.

Immobiliendarlehen werden dabei in den USA in der Regel nicht über feste, sondern über variabel verzinsliche Hypotheken vergeben. Als die kurzfristigen Zinsen vor zwei Jahren noch bei 1 Prozent lagen, wurden diese Darlehen im ersten Jahr zu besonders niedrigen Zinsen um die 2 Prozent angeboten. Für die Restlaufzeit von 10 oder 20 Jahren wurden deren Zinssätze dann aber kontinuierlich an die am Markt üblichen Zinsen sogar noch darüber angepasst. Die liegen zurzeit aufgrund der in den vergangenen Jahren stattgefundenen Zinsanhebungen der US-Notenbank (FED) aber bereits bei wenigstens 6 Prozent – womit sich die Zinslast der Darlehensnehmer verdreifachte. Da die Immobilienpreise nach dem Boom der vergangenen Jahre aber nicht mehr gestiegen, sondern bis Mitte 2008 drastisch gefallen sind, kamen immer mehr Immobilienbesitzer – man spricht von rund zwei Millionen – stark in Bedrängnis. Damit stiegen die Befürchtungen, dass diese ihre Kredite nicht mehr bedienen könnten, und in der Folge verstärkten dann Zwangsverkäufe die Preisspirale nach unten, sodass auch die Kreditfinanzierer erhebliche Ausfälle verzeichneten. Einige haben inzwischen bereits Konkurs anmelden müssen. Dieses Auf und Ab ist gerade für den US-Markt, der von jeher besonders zyklisch ist, nichts Neues. Neu und damit gänzlich anders an der sogenannten Subprime-Krise ist jedoch, dass sich auch die Geschäfte der Banken in den letzten Jahren radikal verändert haben – weg von der Vergabe von Krediten und hin zum Gestalten und dem Verkauf ganzer Kreditportfolios über dafür konstruierte Schuldverschreibungen.

Wie diese Verbriefungen genauer funktionieren, können Sie sich an folgendem vereinfachten Beispiel klarmachen. Eine Bank gibt einem Kunden einen Kredit zum Erwerb einer Immobilie mit einem festen oder variablen Zinssatz und einer festgelegten Laufzeit. Dafür muss sie in ihrer Bilanz nicht nur Eigenkapital vorweisen, sie trägt auch das von der Bonität des Schuldners abhängige Ausfallrisiko. Die Höhe der insgesamt auf diese Weise vergebenen Kredite hängt daher direkt von der Höhe des Eigenkapitals der Bank ab, was natürlich die Kreditgeschäfte und Verdienstmöglichkeiten der Bank automatisch begrenzt.

Um nun Eigenkapital wieder »frei« zu bekommen für weitere Geschäfte, haben zahlreiche (auch deutsche) Banken Zweckgesellschaften in Form sogenannter Conduits gegründet. An diese Gesellschaften verkaufen die Banken nun ihre Kreditforderungen und bekommen sie damit aus ihren Bilanzen. Die Conduits bündeln dann solche Kredite in einen »Basket«. Dabei kommen Hunderte von verschiedenen Kreditverträgen ganz unterschiedlicher Kreditnehmer zusammen, die selbstverständlich auch eine unterschiedliche Bonität besitzen. So befinden sich dann aus »Diversifizierungs-Gründen« auch Schuldner aus der gesamten Welt in einem solchen Korb. Theoretisch können dies Kreditverträge mit einem Autobauer aus Japan, einem Krankenhaus aus England, einer Privatperson aus Spanien, einer halbstaatlichen Autobahnbetreiberin aus Italien oder einer Supermarktkette in den USA sein.

Sodann wird eine Ratingagentur beauftragt, zum Zeitpunkt der Zusammenstellung des Korbs die bestehende Bonität der Schuldner zu bewerten. Wenn man beispielsweise rein theoretisch annimmt, dass in einem solchen Korb sich zu je 25 Prozent schlechte, mittlere, gute und sehr gute Schuldner befinden, ergibt sich daraus eine »durchschnittliche« Bonität von »mittel bis gut« – im Rating ausgedrückt: AA-. Ausgestattet mit diesem ansehnlichen Rating ergibt sich natürlich eine höhere Verzinsung als bei einem »normalen« AA-Schuldner, womit sich dieser Korb, die sogenannten Asset Backed Securities (ABS), am Kapitalmarkt leicht verkaufen lässt.

Fast niemand von den Marktteilnehmern kann in diesen Sack mit vielen unterschiedlichen Schuldnern hineinschauen; vielmehr ist dieser zugebunden und für die Mehrheit der Marktteilnehmer ein schwarzes Loch, bei dem man sich in der Vergangenheit auf die Bewertung mit dem Durchschnittsrating verlassen musste. Steigt beispielsweise jedoch das Ausfallrisiko von Krediten – aus welchem Grund auch immer –, verändert sich natürlich auch die Bonität des ABS-Korbs. Was gestern noch AA war, kann heute schon ein BBB und übermorgen ein Non-Investment-Grade sein, sodass viele institutionelle Investoren diese Papiere aufgrund von satzungsrechtlichen Beschränkungen sofort veräußern müssen und es dadurch zu einer weiteren Abwärtsspirale kommt.

Kommt es – wie derzeit in den USA – zu Zahlungsausfällen bei vergebenen Immobilienkrediten, will nicht nur niemand mehr solche ABS-Körbe kaufen, sondern viele versuchen, sie kurzfristig loszuwerden. Das bringt dann die Zweckgesellschaften in Bedrängnis, da die darin verbrieften Darlehensforderungen ja keine liquiden Wertpapiere sind, sondere fest vereinbarte Kredite mit zum Teil sehr langer Laufzeit, die man nicht einfach von heute auf morgen kündigen kann. Diese sind ähnlich wie Immobilien höchst illiquide.

Um die Auszahlungsforderungen der Anleihegläubiger bedienen zu können, ist die Zweckgesellschaft gezwungen, gegen den aktuellen Bestand im Korb kurzfristiges Geld zu leihen. Dabei werden die mit ihnen verbundenen Banken in die Pflicht genommen, da diese Garantien und Liquiditätslinien eingeräumt hatten. Genau das wurde der Sachsen LB und der IKB zum Verhängnis. Ihre außerhalb der Bilanz angesiedelten Engagements in diesem Bereich lagen bei der Hälfte ihrer Bilanzsumme, sodass auf die Schnelle das notwendige Eigenkapital nicht zu beschaffen war.

Für die Sachsen LB bedeutete dies - nach vielen anderen, auch politisch bedingten Schieflagen - das Aus. Bei der IKB hatte die staateigene KfW (sie hielt 38 Prozent an der IKB) in einer Nacht- und Nebelaktion schnell mal eben 3,5 Milliarden Euro bereitgestellt, um das Schlimmste zu verhindern. Zusätzlich bürgte sie für weitere 8 Milliarden Euro für deren Zweckgesellschaft. Aber auch eine Deutsche Bank, bei der die Haftungssumme gerade mal rund 3 Prozent der Bilanzsumme ausmachen soll (niemand weiß es so genau), kann sich Geld nur von anderen Banken oder aber von der Notenbank leihen.

Die Situation musste in der Folge zu einer Vertrauenskrise führen, bei der sich die Banken untereinander kaum noch Kredite gewährten, weil niemand wusste, welche Risiken bei wem noch in den Bilanzen schlummerten. Für die Banken, die sich im Interbankenhandel kurzfristiges Geld leihen mussten, verteuerte sich dieses erheblich. Diejenigen Banken, die ihr Geld verleihen mussten, kauften dafür lieber Staatsanleihen, wodurch sich diese verteuerten und in der Rendite nachgaben. In der Folge stieg der 3-Monats-Interbank-Zins auf 4,75 Prozent, während der für 3-Monats-Schatzwechsel sich auf 3,92 Prozent verbilligte. So groß war der Spread lange nicht mehr gewesen.

Um den für die kurzfristige Zahlungsfähigkeit der Kreditinstitute wichtigen Interbankenhandel aufrechtzuerhalten, mussten daher die Notenbanken mehrfach mit Liquiditätsspritzen in Milliardenhöhe einspringen. Gleichzeitig signalisierten sie zunächst, einer Verschärfung der Krise durch Zinssenkungen (USA) oder dem Aussetzen eigentlich geplanter Zinserhöhungen (Europa) entgegenwirken zu wollen. Die Maßnahmen hatten dann kurzfristig erst einmal dazu beigetragen, dass es zu keinem Kollaps kam.

Seit Mitte 2008 wurde dann aber klar, dass die Notenbanken diese »Beschwichtigungspolitik« angesichts rapide steigender Preise vor allem für Öl und Gas, aber auch für den ganzen Bereich der Rohstoffe nicht durchhalten konnten, ohne weitere Inflationsschübe in Kauf zu nehmen.

Die Vertrauenskrise betraf zuletzt fast alle Finanz- und Kreditinstitute, egal ob sie nun gute oder schlechte Schuldner in ihren Büchern hatten. Und das musste gravierende Folgen für den Wertpapiermarkt haben. So wollte kein Rentenhändler mehr Bankenpapiere über Nacht in seine eigenen Bücher aufnehmen. Es könnte ja morgen eine Hiobsbotschaft von dort eintreffen, wodurch er seinen Bestand nur noch mit großem Verlust verkaufen könnte. Von daher waren die Geld- und Briefkurse für Industrieanleihen und Bankenpapiere so groß wie nie zuvor. Selbst bei AA-Papieren waren Spreads von 5 Prozent keine Seltenheit mehr, und manche Papiere waren auch gar nicht verkäuflich, weil der Bankenhandel de facto zum Erliegen gekommen war.

Und hier lag das nächste Problem. Unter den professionellen Marktteilnehmern stellte man sich zunehmend die Frage, was passieren würde, wenn die Hedgefonds, die »hochverzinsliche« Papiere auf Kredit gekauft hatten, gezwungen wären, diese zu verkaufen und es dann dafür keinen Markt geben würde. Hinzu kamen die Wettgeschäfte auf Termin in Form der Derivate. Inzwischen beträgt das in Kreditderivaten gehandelte Volumen rund 100 Billionen (!) Dollar weltweit. Das ist ungefähr das Doppelte der Börsenwerte sämtlicher Aktien oder der jährlichen Wirtschaftsleistung der ganzen Welt. Klar war, dass es dann zwar bei einigen Hedgefonds aufgrund des kreditfinanzierten Hebels zu einem Totalverlust des Eigenkapitals kommen würde. Aber auch das Kreditinstitut, das die Kredite vergeben hatte, würde gezwungen sein, Abschreibungen hinzunehmen.

Vor dem Hintergrund der Tatsache, dass in den letzten Jahren der Zins so niedrig war, dass mit den klassischen Qualitäts-Renten- und Geldmarktpapieren nicht mehr der vorgeschriebene Rechnungszins erreicht werden konnte, hatten Pensionskassen und Versicherungen solche »alternativen« Investments wie Hedgefonds beigemischt, um damit auf spekulativer Grundlage die Rendite aufzubessern. Dabei wurde gerne auf die besondere Intelligenz der Harvard Universität verwiesen, die mit diesen spekulativen Investments besonders hohe Erträge erwirtschaftet habe. Der Sowood Capital Fonds, der mit seinem prominenten Investor mehr als die Hälfte seines Vermögens von ursprünglich 3 Milliarden Dollar innerhalb kürzester Zeit verloren hatte, wurde im Sommer 2007 geschlossen. Der verbleibende Rest wurde dem Hedgefonds Citadel übertragen.

Während die Notenbanken Mitte 2008 angesichts der bis dahin deutlich gestiegenen Preise eigentlich die Zinsen erhöhen mussten, bestand gleichzeitig die Gefahr, damit die stagnierende Wirtschaftsentwicklung sowohl in den USA als auch in Europa abzuwürgen. Stagnation plus Inflation = Stagflation – das war das Damoklesschwert, das ab Mitte 2008 die Befürchtungen der Anleger an den Finanzmärkten immer stärker bestimmte. Vor diesem Hintergrund war der Weg für eine weitere deutliche Abwärtsbewegung an den Finanzmärkten vorgezeichnet und es kam zum Crash, der internationalen Finanzkrise.

ANHANG 3
DAX-Renditedreieck

Deutsches Aktieninstitut
Kapital. Markt. Kompetenz.

Das DAX-Rendite-Dreieck des Deutschen Aktieninstituts bildet die Rendite des Deutschen Aktienindex DAX in der Vergangenheit ab. Berechnungsgrundlage sind die Jahresschlussstände der jeweiligen Jahre. **Bitte beachten Sie: Vergangenheitsbezogene Daten sind kein verlässlicher Indikator für die zukünftige Wertentwicklung.** Auch berücksichtigt die Darstellung keine Kosten, die beim Kauf oder Verkauf von Aktien entstehen. Näheres zur Methodik entnehmen Sie bitte der Rückseite. Das Deutsche Aktieninstitut spricht keine direkte oder indirekte Empfehlung für bestimmte Aktien oder andere Finanzinstrumente aus. Das Deutsche Aktieninstitut haftet nicht für Schäden, die durch den Erwerb oder die Veräußerung einer Aktie oder eines Finanzinstruments auf Grundlage dieses Dokuments entstanden sind. Soweit ein Wertpapierdienstleistungsunternehmen im Sinne des WpHG das DAX-Rendite-Dreieck für seine Zwecke verwendet bzw. Kunden zugänglich macht, ist es für die Einhaltung der geltenden Vorschriften in vollem Umfang selbst verantwortlich.

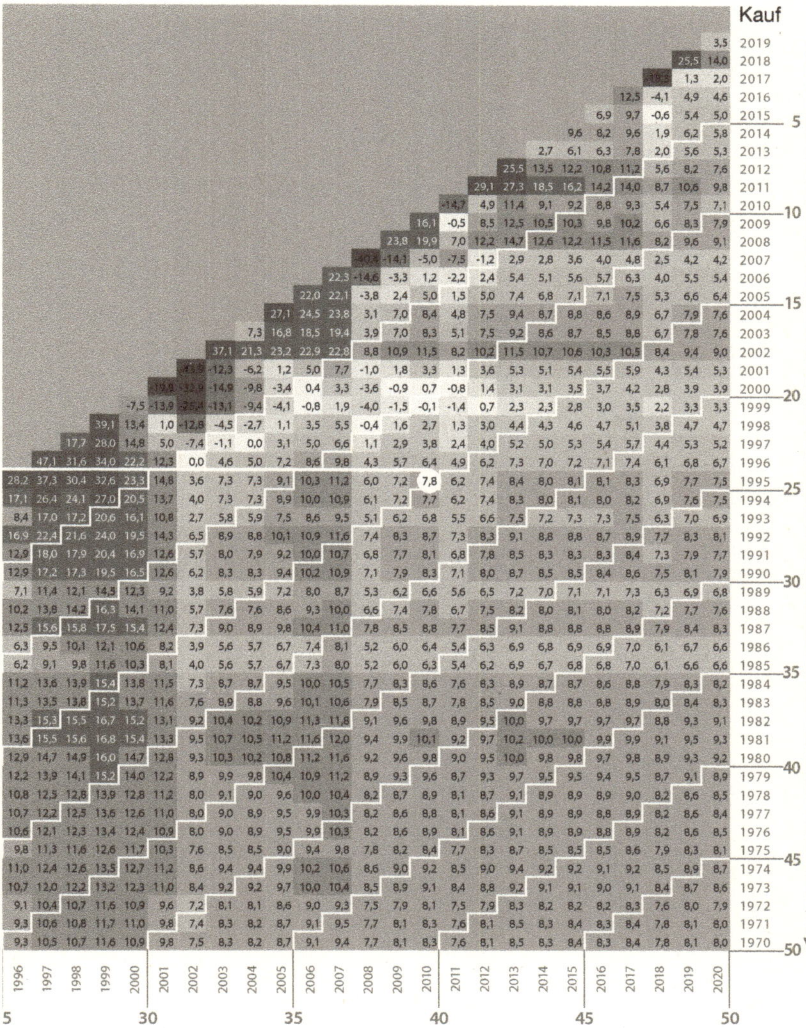
Kauf
Anlagezeitraum in Jahren
Stand: 31. Dezember 2020

ANHANG 4

Kopiervorlagen: Mein Börsentagebuch

MEIN BÖRSENTAGEBUCH **(1) PRO-CONTRA-MATRIX** 06.10.2020 – 18:24 – Seite 1

Wertpapierart	ISIN/WKN	Name				
Aktie	906866	**Amazon (USA)**				
Kauf am:	20.03.2020	Betrag inkl. Kosten:	**19.470**	11 Aktien (XETRA), 1.770 Euro		
Verkauf am:	05.10.2020	Betrag exkl. Kosten:	**29.216**	11 Aktien (XETRA), 2.656 Euro		
Depotkonto	Comdirect	Gewinn/Verlust v. St.	**9.746**	=	**50,06**	%
Verrechn.-Kto	Sparkasse	Gewinn/Verlust n. St.	**7.175**	=	**36,85**	**% nach 26,38 % Abgeltungsteuer**

Kauf

PRO	CONTRA
++ intaktes Geschäftsmodell trotz extrem hohem KGV nahe 100	-- Gewinnmargen auf niedrigem Niveau
++ Kursrückschlag seit Mitte Februar von 20 % übertrieben	– hohes KGV weist auf fundamentale Überbewertung hin
++ als Beimischung im Bereich US-IT-Unternehmen geeignet	– Blasenbildung möglich
++ hohes Wachstum in Online-Handel	

Fazit

Kaufen, mit Kursziel um 50 Prozent (mentales Stop-Loss-Limit um 2.650 Euro)

Verkauf

PRO	CONTRA
++ Kursziel erreicht	-- weitere langfristige Aufwärtsbewegung möglich
+ US-Wahlen und Corona-Pandemie könnten belasten	--- "Politische Börsen haben kurze Beine!"
++ Trump-Strategie bis und nach US-Wahl sorgen für Unsicherheit	– **kurzfristig** wenig neue Anlagemöglichkeiten
+ hervorragender kurzfristiger Anlageerfolg	
+ "An Gewinnmitnahmen ist noch niemand arm geworden!"	

Fazit

Verkaufen, da Argumente dafür vor allem nach den hohen kurzfristigen Gewinnen stark überwiegen!

Ergebnis insgesamt: Kursgewinn nach nur sechs Monaten **nach** Steuern rund **37** Prozent!

Beispiel

Wertpapierart	ISIN/WKN	Name				
Kauf am:		Betrag inkl. :				
Verkauf am:		Betrag exkl. K.:				
Depotkonto:		**Gewinn/Verlust:**		=		**% vor Steuern**
Verrechn.-Kto:		**Gewinn/Verlust:**		=		**% nach Steuern**

PRO	**Kauf** CONTRA

FAZIT: Kaufen, weil

PRO	**Verkauf** CONTRA

FAZIT: Verkaufen, weil

Ergebnis insgesamt:

Wertpapierauftrag				
O telefonisch	O Fax	O E-Mail	O Internet	
Institut			Kontonummer	
Ansprechpartner			Depotnummer	
Datum		Uhrzeit Anfang – Ende	–	

Wertpapiername 1			O Kauf	O Verkauf
WKN-ISIN		Börsenplatz	Ausführung am	Kurslimit
Stück				
Stück				
Stück				
Handelsart	O Kassakurs	O fortlaufende Notierung	O andere	
Stopp-Loss		gültig bis		
Kurs aktuell		kalk. Gesamtbetrag zirka		
Sonstige Notizen / Ausführungskontrolle / Reklamation				

Wertpapiername 2			O Kauf	O Verkauf
WKN-ISIN		Börsenplatz	Ausführung am	Kurslimit
Stück				
Stück				
Stück				
Handelsart	O Kassakurs	O fortlaufende Notierung	O andere	
Stopp-Loss		gültig bis		
Kurs aktuell		kalk. Gesamtbetrag zirka		
Sonstige Notizen / Ausführungskontrolle / Reklamation				
Auftraggeber			Telefon	
Adresse				

Kopiervorlage DIN-A5 auf DIN-A4

Depot: ....

Einzelpositionen							
Nr.	Wertpapier	Stck	Kaufpreis	... insges.	akt. Kurs	... insges.	Gew/Verl %
Aktualisierung am:							

Bestandsdepots				
Depot	Depotbestand	Buchgewinn/-verlust	... in %	Bemerkungen
I. Quartal				
gesamt				
II. Quartal				
gesamt				
III. Quartal				
gesamt				
IV. Quartal				
gesamt				

Fazit:

Bemerkungen:

Wertpapier			
Name	WKN/ISIN	aktueller Kurs	mögl. Betrag in Euro

analytische Gesichtspunkte – Chancen – Risiken:

Überlegungen zur Disposition:

Name	WKN/ISIN	aktueller Kurs	mögl. Betrag in Euro

analytische Gesichtspunkte – Chancen – Risiken:

Überlegungen zur Disposition:

Name	WKN/ISIN	aktueller Kurs	mögl. Betrag in Euro

analytische Gesichtspunkte – Chancen – Risiken:

Überlegungen zur Disposition:

<table>
<tr><th colspan="5">Gespräch</th></tr>
<tr><td colspan="4">O persönlich O telefonisch O selbst initiiert</td><td>....................................</td></tr>
<tr><td>Ort</td><td colspan="3"></td><td></td></tr>
<tr><td>Datum</td><td></td><td>Uhrzeit von ...</td><td>... bis</td><td></td></tr>
<tr><td>Teilnehmer 1</td><td></td><td></td><td></td><td></td></tr>
<tr><td>Teilnehmer 2</td><td></td><td></td><td></td><td></td></tr>
<tr><td>Teilnehmer 3</td><td></td><td></td><td></td><td></td></tr>
<tr><td>Teilnehmer 4</td><td></td><td></td><td></td><td></td></tr>
<tr><td>Thema 1:</td><td colspan="4"></td></tr>
<tr><td colspan="5">Wesentliche Punkte:</td></tr>
<tr><td colspan="5">Ergebnis:</td></tr>
<tr><td>Thema 2:</td><td colspan="4"></td></tr>
<tr><td colspan="5">Wesentliche Punkte:</td></tr>
<tr><td colspan="5">Ergebnis:</td></tr>
<tr><td>Thema 3:</td><td colspan="4"></td></tr>
<tr><td colspan="5">Wesentliche Punkte:</td></tr>
<tr><td colspan="5">Ergebnis:</td></tr>
</table>

ANHANG 5
Kleines Börsenlexikon für Einsteiger

A

Abgeld – 1. Bei der Ausgabe neuer festverzinslicher Wertpapiere sich eventuell ergebender Abschlag, meistens in Prozent ausgedrückt, um den der Ausgabekurs unter dem entsprechenden Normpreis, in der Regel dem Nennwert, liegt (Disagio), Gegenteil: Aufgeld/Agio. 2. Beim Handel mit Optionsscheinen der zumeist in Prozent angegebene Betrag, um den der Bezug der Aktie über den gekauften Optionsschein billiger ist als der direkte Kauf der betreffenden Aktie. Gegenteil: Aufgeld.

Abfindung – Rechtsanspruch der bei Eingliederung durch Mehrheitsbeschluss ausgeschiedenen Aktionäre auf eine angemessene Entschädigung in bar oder in Aktien der Hauptgesellschaft. Wenn eine AG mindestens 95 Prozent einer anderen AG besitzt, kann sie die Letztere eingliedern, um auf 100 Prozent zu kommen.

Abgeltungssteuer – Die in Deutschland seit 2009 anfallende Kapitalertragsteuer auf Wertpapiererträge (Zinsen, Dividenden und Kursgewinne) in Höhe von 25 Prozent zuzüglich Solidaritätszuschlag (= zusammen 26,375 Prozent) und gegebenenfalls Kirchensteuern, die automatisch und anonym von den Banken an den Fiskus abgeführt wird. Sie löste die bis dahin gültige Kapitalertragsteuer auf Zinserträge ab sowie die Spekulationssteuer auf Kursgewinne, die vom Anleger zu zahlen war, wenn zwischen dem An- und Verkauf der Wertpapiere nicht wenigstens ein Jahr verstrichen war (Spekulationsfrist). Die entsprechenden Erträge musste der Anleger bis dahin über seine Einkommensteuererklärung offenlegen, wobei sich der Steuersatz nach der Höhe seines Einkommens richtete.

Abschlag – 1. Bei Börsenkursen der rein rechnerische Kursrückgang aufgrund einer vorgenommenen Ausschüttung (Dividendenabschlag) am Tag der Auszahlung oder nach Fortfall des Bezugsrechts (Bezugsrechtsabschlag). Die Kurse werden an diesem Tag »ex Div(idende)« beziehungsweise »ex B(ezugsrecht)/ex BR« notiert. Gegenteil: Aufschlag. 2. Bei ETFs: Ein Fonds, der auf dem Sekundärmarkt zu einem Kurs unterhalb seines Nettoinventarwerts (NAV) gehandelt wird, wird zu einem

Abschlag auf seinen NAV gehandelt. ETFs können zeitweilig unter oder über ihrem NAV notieren, nähern sich diesem über längere Perioden aber kontinuierlich an.

Abzinsungspapiere – Wertpapiere (zum Beispiel bestimmte Formen von Sparbriefen, aber auch sogenannte Zerobonds), bei denen der Anleger den für die gesamte Laufzeit vereinbarten Zins von vornherein vom Erwerbspreis abziehen kann.

ADL – *siehe* Advanced/Decline-Line.

Adjustierung – Die Zurückrechnung oder Berichtigung eines Aktienkurses vor einer oder mehreren Kapitalerhöhungen, der Auszahlung einer Dividende oder Ähnlichem, um einen angemessenen Vergleich der neuen Kurse mit den früheren zu ermöglichen.

Adresse – In der Finanzwelt Ausdruck für Geldnehmer.

Advanced/Decline-Line (ADL) – Trendindikator. Die ADL umfasst alle an einem Tag steigenden Einzelwerte einer Börse im Verhältnis zu den fallenden Werten des jeweiligen Marktes. Je nach Berechnungsmethode wird sie entweder als Verhältniszahl ausgedrückt (zum Beispiel 4:3) oder als Nettowert (Anzahl der gestiegenen minus Anzahl der gefallenen Aktien), gekoppelt mit einer Durchschnittsberechnung für eine bestimmte Anzahl von Tagen. Alternativ kann sie auch ermittelt werden als fortlaufende Addition des sich ergebenden Nettowerts.

AG – *siehe* Aktiengesellschaft.

Agio – 1. Aufgeld, meistens in Prozent ausgedrückt, um das zum Beispiel der Ausgabekurs eines festverzinslichen Wertpapiers über einem bestimmten Normpreis, in der Regel dem Nennwert, liegt. Die Erhebung eines solchen Aufgelds dient der »Feineinstellung« der tatsächlichen Verzinsung zum Zeitpunkt der Ausgabe der Wertpapiere und führt tendenziell zu einem niedrigeren als dem nominell vereinbarten Zinssatz. Gegenteil: Abgeld/Disagio. 2. Beim Handel mit Optionsscheinen der zumeist in Prozent angegebene Betrag, um den der Bezug der Aktie über den gekauften Optionsschein teurer ist als der direkte Kauf dieser Aktie. Gegenteil: Disagio.

Aktie – Wertpapier, das ein Anteilsrecht an einer Aktiengesellschaft verbrieft (zum Beispiel Stimmrecht auf der Hauptversammlung, Recht auf Dividende, Recht auf Bezug junger Aktien bei Kapitalerhöhungen). Den verbrieften Rechten nach unterscheidet man die am häufigsten vorkommenden Stammaktien von den Vorzugsaktien, die gegenüber den »Stämmen« gesonderte Bedingungen beim Stimmrecht, bei der Höhe der Dividendenzahlungen oder bei der Auflösung, der Aktiengesellschaft verbriefen und daher bei der Kursnotierung je nach garantiertem Recht von der Höhe der Notierung für die Stammaktien abweichen können. Hinsichtlich der Übertragbarkeit der verbrieften Rechte auf andere werden die am einfachsten übertragbaren Inhaberaktien von Namensaktien unterschieden, die nur nach den von der Aktiengesellschaft gegebenenfalls festgelegten Bedingungen – bei vinkulierten Aktien nur nach vorheriger Genehmigung – weiterveräußert werden können. Schließlich stehen die jungen, noch nicht voll dividendenberechtigten Aktien den alten Aktien gegenüber.

Aktienanalyse – Das nach verschiedenen Methoden und Gesichtspunkten durchgeführte Verfahren zur Bewertung der Kurschancen einer Aktie beziehungsweise der Ertragskraft des entsprechenden Unternehmens. Dabei werden bestimmte Kennzahlen erarbeitet, denen je nach Anlageschule ein unterschiedliches Gewicht beigemessen wird. So legen die sogenannten Fundamentalisten ihr Hauptaugenmerk auf den Verlauf der Konjunktur, den Auftragseingang, die Höhe der Zinsen, die Preisstabilität, die Auslastung der Unternehmenskapazitäten, das Kurs-Gewinn-Verhältnis, den Cashflow und die Rendite einer Aktie. Die Monetaristen interessieren sich vor allem für Fragen nach der Höhe der Geldmenge, der Inflation, des Zinsniveaus (Zinskurve, Realzinsen, Zinsdifferenzen usw.). Die technischen Analysten dagegen versuchen anhand von Kursverläufen und Daten über die Höhe der zustande gekommenen Umsätze typische Formationen und Ähnliches zu erkennen, die sie als Signale für den Kauf oder Verkauf einer Aktie interpretieren. Die Psychologen schließlich untersuchen insbesondere das gegebene Konsumverhalten, die Entwicklung des Geschäftsklimas sowie die allgemeine Stimmung unter den professionellen wie den nichtprofessionellen Börsianern.

Aktienanleihe – Englisch *reverse convertible bond* oder *equity linked bond.* Ein strukturiertes (derivatives) Finanzprodukt. Ihr wichtigstes Ausstattungsmerkmal ist, dass der Emittent am Ende der Laufzeit das Recht hat, entweder den Nominalbetrag zu 100 Prozent zurückzuzahlen oder eine bestimmte Anzahl an (vorher festgelegten) Aktien zu liefern. Zusätzlich erhält der Anleger während der Laufzeit eine oder mehrere vergleichsweise hohe Kuponzahlungen. Der Kupon ist in der Regel deutlich höher als bei einer herkömmlichen Anleihe. Ist der Basiswert eine Aktie, spricht man von einer Aktienanleihe. Ist die Rückzahlung abhängig von der Entwicklung eines Index (zum Beispiel des DAX), handelt es sich um eine Indexanleihe. Aktienanleihen sind aus Sicht des Emittenten Instrumente zur Kapitalbeschaffung und gleichzeitig zur Kurssicherung, für den Anleger sind sie Kapitalanlagen mit hohem Zinssatz und mit hohem Verlustrisiko.

Aktienfonds – Von einer Kapitalanlagegesellschaft (Investmentgesellschaft) verwaltetes Sondervermögen, das ausschließlich oder überwiegend in Aktien angelegt ist.

Aktiengesellschaft (AG) – Unternehmen, dessen Gesellschafter (Aktionäre) über den Kauf von Aktien an dessen Grundkapital beteiligt sind. Für Verbindlichkeiten des Unternehmens haften die Gesellschafter bis zur Höhe ihrer Beteiligung, nicht aber mit ihrem übrigen Vermögen. Ziel und Zweck einer Aktiengesellschaft ist es, über die Ausgabe von Aktien erhebliche Kapitalsummen für Investitionen oder Ähnliches zu besorgen und das Unternehmensrisiko auf viele Schultern zu verteilen. Die Mitwirkungsrechte an Entscheidungen des Unternehmens beschränken sich für den Aktionär im Wesentlichen auf seine (mögliche) Stimmabgabe auf der Hauptversammlung, wo über die Mitglieder des Aufsichtsrates, die Verwendung des Bilanzgewinns und die Entlastung von Vorstand und Aufsichtsrat entschieden wird.

Aktienindex – Kennzahl, die die Kursentwicklung eines Aktienmarktes oder eines bestimmten Teilmarktes (Branchen, Regionen oder Ähnliches) repräsentativ widerspiegeln soll. Je nach Berechnungsmethode und Umfang der einbezogenen Werte ist der eine Index aussagekräftiger als ein anderer. Wichtige Aktienindizes in der Bundesrepublik Deutschland: der während der Xetra-Öffnungszeiten laufend ermittelte DAX (Deutscher Aktienindex), MDAX und TecDAX und der Aktienindex der *Frankfurter Allgemeine Zeitung / F.A.Z.* Für Börsianer, die auf einen Index mithilfe von Optionsscheinen oder Optionen spekulieren, ist es gegebenenfalls von entscheidender Bedeutung, ob der entsprechende Index bei anfallenden Dividendenzahlungen um entsprechende Beträge »bereinigt« (arrondiert) wird oder nicht. So ist der FAZ-Index ein reiner Kursindex, der bei vorgenommenen Dividendenzahlungen diesen Dividendenabschlag auch als Kursrückgang registriert; demgegenüber sind die Indizes der DAX-Familie sogenannte Performance-Indizes, in denen die Bardividenden so berücksichtigt werden, als ob sie im entsprechenden Wert wiederangelegt worden wären.

Aktienkapital – Das Grundkapital einer Aktiengesellschaft (auch: Nenn- oder Nominalkapital), an dem ein Aktionär im Verhältnis des Nennbetrags seiner Aktien zu diesem Kapital beteiligt ist. *Vgl.* genehmigtes/gezeichnetes Kapital.

Aktienmarkt – Der Markt, an dem der gesamte Handel mit Aktien in und außerhalb der eigentlichen Börse stattfindet. Er bildet neben dem umsatzstärkeren Anleihemarkt (Rentenmarkt) den zweiten wichtigen Teil des Wertpapierhandels. Man unterscheidet dabei den börslichen vom außerbörslichen Handel sowie zwischen den Marktsegmenten des amtlichen Handels, des geregelten Markts und des Freiverkehrs (Open Market); hinzu kommt der Markt für Optionen an der europäischen Terminbörse Eurex.

Aktiensplit – Die Teilung (Splitting) einer Aktie oder eines Investmentanteils in zwei oder mehrere Aktien beziehungsweise Anteile soll die optische Attraktivität der jeweiligen Werte nach einem möglicherweise erheblichen Kursanstieg erhöhen.

Aktionär – Eigentümer von Aktien.

Aktiv gemanagte Fonds – Fonds, die versuchen, die Wertentwicklung ihrer Benchmark (eines Vergleichsindex) zu überbieten. Dazu wählen die Fondsmanager einzelne Titel des Index aus und/oder gewichten diese höher, als dies im Index der Fall ist, wenn diese sich ihrer Auffassung nach besser als der Index entwickeln werden. Oder sie schließen Titel aus und/oder gewichten sie niedriger, wenn sie annehmen, dass diese sich schlechter entwickeln als der Index. Gegensatz: passiv gemanagte Fonds (Indexfonds, vor allem ETFs).

Aktiva – Die auf der linken Seite der Bilanz, der Aktivseite, ausgewiesenen Vermögenswerte eines Unternehmens, im Wesentlichen das Anlagevermögen (Grundstücke, Gebäude, Maschinen, Beteiligungen usw.) und das Umlaufvermögen (Bankguthaben, Kassenbestände, ausstehende Forderungen usw.).

Alpha – Maß für eine Mehrrendite/Überrendite/Extrarendite (positives Alpha) oder eine Minderrendite (negatives Alpha), gemessen an der Rendite der Benchmark, etwa eines Index.

alte Aktien – Im Gegensatz zu den jungen, neu herausgegebenen Aktien voll dividendenberechtigte Aktien eines Unternehmens. Aus diesem Grund notieren alte Aktien in der Regel über dem Kurs der jungen Aktien, die ihrerseits nur so lange separat an der Börse gehandelt werden, wie dieser Unterschied besteht.

Amerikanische Option – Eine Option, die der Inhaber dieser Option während der gesamten Laufzeit ausüben kann. *Vgl.* Europäische Option.

Amortisationsanleihen – Anleihen, deren Rückzahlung (Tilgung) nicht einmalig am Ende der Laufzeit, sondern – möglicherweise nach einer bestimmten rückzahlungsfreien Zeit – in gleichbleibenden Raten erfolgt.

Anlagevermögen – Das auf der Aktivseite der Bilanz ausgewiesene und in der Regel längerfristig gebundene Vermögen eines Unternehmens, das zumeist aus Grundstücken, Gebäuden, Maschinen, Beteiligungen usw. besteht.

Anleihe – Sammelbegriff für festverzinsliche Schuldverschreibungen mit vertraglich fixierter Tilgung, die den Schuldnern langfristige Finanzierungsmittel bereitstellen. Man unterscheidet öffentliche Anleihen (emittiert etwa von einem Staat, dem Bund, den Bundesländern oder Kommunen) von Unternehmensanleihen und besicherten Anleihen von Hypothekenbanken (Pfandbriefe). Je nach Güte (Bonität) des Schuldners und allgemeinem Zinsniveau schwanken die Kursnotierungen für solche Anleihen.

Annuitätsanleihen – Anleihen, deren Rückzahlung (Tilgung) nicht einmalig am Ende der Laufzeit, sondern – möglicherweise nach einer bestimmten rückzahlungsfreien Zeit – in gleichbleibenden Raten erfolgt, wobei diese Raten einen im Laufe der Rückzahlung abnehmenden Zinsanteil und den im Laufe der Zeit zunehmenden Tilgungsanteil umfassen.

Anteilschein – Wertpapier, das einen Anteil an einem Fonds einer Kapitalanlagegesellschaft (Investmentgesellschaft) verbrieft. Der Wert dieses Anteilscheins bemisst sich aus dem Kurswert des jeweiligen Fondsvermögens zuzüglich irgendwelcher noch ausstehenden Forderungen, Bezugsrechte oder Ähnlichem geteilt durch die Summe der Anteilscheine. *Vgl.* Investmentfonds.

Arbitrage – Die Ausnutzung unterschiedlicher Preise für denselben Gegenstand zum selben Zeitpunkt an verschiedenen Finanzplätzen. So kann der über schnellste Informationsmittel verfügende Börsianer gelegentlich dieselbe Aktie an der Börse X etwas günstiger erwerben, als er sie zum selben Zeitpunkt an der Börse Y verkaufen kann. Gelingt ihm der Kauf/Verkauf nahezu zeitgleich, streicht er dadurch einen entsprechenden quasi risikolosen Gewinn ein. Tendenziell führen solche Geschäfte zur Angleichung der Kurse an verschiedenen Plätzen und haben daher an der Börse eine wichtige Funktion.

Asset Allocation – Art der Aufteilung (Diversifikation) eines Investmentvermögens auf unterschiedliche Anlageklassen wie Aktien, Anleihen, Währungen, Immobilien, Rohstoffe, Edelmetalle usw. mit dem Ziel der Risikostreuung.

Aufgeld – *siehe* Agio.

Aufsichtsrat – Der Aufsichtsrat ist das für die Überwachung des Vorstands einer Kapitalgesellschaft zuständige, bei Aktiengesellschaften von der Hauptversammlung und – je nach Beschäftigtenzahl der Unternehmung – von der Belegschaft gewählte Organ.

Ausführungsanzeige – Die Mitteilung der Bank an ihren Kunden über die erfolgte Ausführung seines Börsenauftrags.

Ausgabekurs – *siehe* Emissionskurs.

Ausgabeaufschlag – Ein vom Anleger beim Kauf eines Fonds an die emittierende Kapitalanlagegesellschaft zu zahlender Einmalbetrag, in der Regel ein Prozentsatz bezogen auf das investierte Volumen.

Ausgabepreis – Der Preis, zu dem ein Anteil an einem Investmentfonds erworben werden kann. Die Höhe dieses täglich von der Kapitalanlagegesellschaft ermittelten Preises ergibt sich aus dem jeweiligen Börsenwert des Fondsvermögens geteilt durch die Summe der umlaufenden Anteile zuzüglich einer Verkaufsprovision. Gegensatz: Rücknahmepreis.

Auslandsanleihen – Festverzinsliche Wertpapiere, die entweder im Ausland herausgebracht (emittiert) werden und auf eine ausländische Währung lauten oder von ausländischen Schuldnern in Deutschland emittierte festverzinsliche Wertpapiere, die auf Euro lauten.

Ausschüttung – Alle an die Teilhaber eines Unternehmens oder eines Fonds vorgenommenen Auszahlungen in Form von Barmitteln. Im Falle von ausschüttenden Fonds/Indexfonds sind dies die im Laufe einer Anlageperiode angesammelten Zinsen und Dividenden.

außerbörslicher Handel – Der außerhalb der eigentlichen Börsensitzung und nicht öffentlich-rechtlich überwachte Handel mit Wertpapieren (zum Beispiel in der Vor- oder Nachbörse, im außerbörslichen Telefonverkehr oder über außerbörsliche Handelsplätze wie Lang & Schwarz). Die englische Bezeichnung für den außerbörslichen Handel lautet »OTC« (Over the Counter).

Aussetzen der Kursnotierung – In besonderen Fällen, zum Beispiel kurz vor der Bekanntgabe wichtiger Unternehmensinformationen, kann der Börsenvorstand beschließen, den Handel mit einem Wertpapier für einen gewissen Zeitraum auszusetzen, um allen Börsenteilnehmern die gleiche Chance einzuräumen, ihre Dispositionen den möglicherweise entstandenen gravierenden Veränderungen anzupassen.

Ausstattung – Die im Zuge der Ausgabe (Emission) einer neuen Anleihe festgelegten Bedingungen über die Höhe der Verzinsung, die Laufzeit, die Tilgung, die Kündigungsbedingungen und die Stellung der Anleihegläubiger im Insolvenzfalle usw.

B

B – »Brief« als Kurszusatz besagt, dass zum angegebenen Kurs nur Verkaufsangebote im entsprechenden Wertpapier vorliegen, ein Umsatz mangels Nachfrage aber nicht zustande kam. Gegensatz: Geld.

b – »bezahlt« als Kurszusatz (Abkürzung: b, bz, bez) besagt, dass zum angegebenen Kurs alle vorliegenden Aufträge abgewickelt werden konnten.

Bärenfalle – Eine Falle, in die der mit fallenden Kursen rechnende Anleger aufgrund seiner technischen Chartanalysen beziehungsweise der dabei ermittelten Verkaufssignale hineintappt, weil sich diese nachträglich als Fehleinschätzung erweisen. Gegensatz: Bullenfalle.

Baisse – Anhaltend fallende Wertpapierkurse einzelner Marktbereiche oder des Gesamtmarktes über einen mittleren bis längeren Zeitraum. Gegenteil: Hausse.

Bankenkonsortium – Eine zu einem bestimmten Zweck, meistens der Herausgabe neuer Wertpapiere (Emission) gegründete Gesellschaft von Banken.

Bardividende – Ausschüttungsbetrag nach Abzug der durch die Körperschaftsteuer anfallenden Belastung.

Basispreis – Der bei Abschluss eines Optionsgeschäftes vereinbarte Preis, zu dem der Käufer beziehungsweise Verkäufer einer Option den optierten Gegenstand (Wertpapier, Devise) bis zum Optionstermin von seinem Kontrahenten kaufen beziehungsweise an ihn verkaufen kann. *Vgl.* Option, Call, Put.

Basiswert – Der Gegenstand, auf den sich im Optionshandel die abgeschlossenen Verträge beziehungsweise Kontrakte beziehen, zum Beispiel eine bestimmte Aktie, eine Unze Gold, ein Aktienindex.

Basket-Optionsschein – Eine spezielle Art von Optionsscheinen, die nicht zum Bezug eines bestimmten Wertes (einer Aktie, einer Devise usw.), sondern eines Korbs solcher Werte berechtigen.

Basket-Zertifikat – Eine spezielle Art von Zertifikaten, deren Wert von der Kursentwicklung eines Korbs von Finanzinstrumenten (Aktien, Rohstoffen usw.) abhängig ist.

bB – *Vgl.* bezahlt, Brief.

bear trap – *siehe* Bärenfalle.

behauptet – Börsentendenz, bei der es zu keinen größeren Kursveränderungen kommt. *Vgl.* Börsentendenzen.

Belegschaftsaktien – Aktien, die den Angehörigen einer Aktiengesellschaft überlassen werden, um deren Teilhabe am Unternehmen über vermögensbildende Maßnahmen zu fördern.

Beleihungswert – Der rein rechnerische Betrag, der sich unter Zugrundelegung bestimmter, meist in Prozent der jeweiligen Wertpapierkurse angegebener Beleihungsgrenzen ergibt und bis zu dessen Höhe ein etwa aufgenommener Kredit des Anlegers gedeckt ist.

Benchmark – Vergleichsmaß oder Bewertungsmethode für die Messung des Anlageerfolgs eines Fonds. Liegt dessen Wertentwicklung beispielsweise über der des Index, der seinem Anlageuniversum entspricht, hat der Fonds diesen outperformt und eine besonders gute Leistung erbracht.

Berichtigungsaktien – Ohne Zuzahlung in einem bestimmten Verhältnis zu den alten Aktien an den Altaktionär ausgegebene neue Aktien.

Berufshandel – Zum Berufshandel gehören jene Personen beziehungsweise Institutionen, die mit dem Handel an der Börse berufsmäßig zu tun haben, also Makler, Händler, Bankenvertreter usw. *Vgl.* Kulisse.

bestens – Ausdrücklicher Zusatz bei der (unlimitierten) Aufgabe, einer Verkaufsorder, wenn der Anleger bereit ist, jeden sich am Markt zum gegebenen Zeitpunkt herausbildenden (»bestmöglichen«) Kurs zu akzeptieren, um auf jeden Fall zu einem Verkaufsabschluss zu kommen. An den deutschen Börsen gehen diese Aufträge den limitierten Aufträgen vor.

Beta (Betafaktor) – Kennzahl, die die Beziehung zwischen der Kursentwicklung einer Aktie und eines Index widerspiegelt. Bei einem Wert von 1,0 schwankt die Aktie ebenso stark wie der Durchschnitt. Liegt er unter 1,0, schwankt sie weniger als der Durchschnitt, liegt er über 1,0, schwankt sie stärker als dieser Durchschnitt.

bezahlt – Der Kurszusatz, abgekürzt b, bz, bez, besagt, dass zum angegebenen Kurs alle vorliegenden Aufträge abgewickelt werden konnten.

bezahlt Brief – Der Kurszusatz, abgekürzt bB, bzB, bezB, besagt, dass zum angegebenen Kurs alle unlimitierten Verkaufsaufträge und jene Verkaufsaufträge, deren Limit darunter lag, vollständig, die zum festgestellten Kurs limitierten Verkaufsaufträge aber nur teilweise ausgeführt werden konnten, weil weiteres Angebot vorlag.

bezahlt Geld – Der Kurszusatz, abgekürzt bG, bzG, bezG, besagt, dass zum angegebenen Kurs alle unlimitierten Kaufaufträge und jene Kaufaufträge, deren Limit darunter lag, vollständig, die zum festgestellten Kurs limitierten Kaufaufträge aber nur teilweise ausgeführt werden konnten, weil weitere Nachfrage bestand.

Bezugsangebot – Das im Zuge der Ausgabe neuer (junger) Aktien öffentlich verbreitete Angebot zum Erwerb dieser Aktien einschließlich der festgelegten Bedingungen.

Bezugsbedingungen – Die genauen Umstände, unter denen eine Kapitalerhöhung und das damit verbundene Bezugsangebot stattfindet.

Bezugsfrist – Der Zeitraum, innerhalb dessen das Bezugsrecht ausgeübt oder über die Börse verkauft werden kann.

Bezugskurs – Der zum Bezug der neuen (jungen) Aktien festgelegte Kurs.

Bezugsrecht – Das einem Aktionär zustehende Recht, bei einer Kapitalerhöhung eines Unternehmens mit neuen Aktien bedacht zu werden, und zwar im Verhältnis seines bisherigen Anteils am Grundkapital zur vorgenommenen Erhöhung. Wird zum Beispiel ein Kapital von 10 Millionen Euro auf 12 Millionen Euro heraufgesetzt, kann der Altaktionär auf zehn »alte« zwei »neue« oder »junge« Aktien zu einem von der Gesellschaft festgelegten Kurs beziehen; das Bezugsverhältnis beträgt in diesem Fall 10 zu 2. Macht er von dem Angebot dagegen nicht Gebrauch, kann er die ihm zustehenden Bezugsrechte über die Börse veräußern. Der Veräußerungsgewinn ist dann die Entschädigung für den Kursverlust, den er auf seinen Aktienbesitz nach Bezugsrechtsabschlag hinnehmen muss und der dadurch entsteht, dass sich der Kurswert aller bisher ausgegebenen Aktien zusammengenommen aufgrund der vorgenommenen Kapitalerhöhung auf eine höhere Anzahl von Aktien verteilt.

Bezugsverhältnis – 1. Beim Bezug junger Aktien das Verhältnis zwischen bisherigem Grundkapital und Kapitalerhöhung. *Vgl.* Bezugsrecht. 2. Bei Optionsanleihen die Anzahl der Bezugswerte (Aktien oder Ähnliches), die mit den entsprechenden Optionsscheinen bezogen werden können. *Vgl.* Optionsscheine, Optionsanleihe.

bG – *siehe* bezahlt Geld.

Bid – Der vom Käufer nachgefragte Preis (Kurs), zu dem dieser bereit ist, die entsprechenden Wertpapiere oder Ähnliches zu erwerben. *Vgl.* Geld, Geldkurs.

billigst – Ausdrücklicher Zusatz bei der (unlimitierten) Aufgabe einer Kauforder, wenn der Anleger bereit ist, jeden sich am Markt zum gegebenen Zeitpunkt herausbildenden (»günstigsten«) Kurs zu akzeptieren, um auf jeden Fall zu einem Kaufabschluss zu kommen. An den deutschen Börsen haben diese Aufträge Vorrang vor den limitierten Aufträgen.

Blue Chips – Gebräuchliche Bezeichnung für Aktien von großen, international bekannten und weltweit bedeutenden Unternehmen.

Bodenbildung – Kursniveau, das nach einer längeren Abwärtsbewegung einer Aktie oder eines Marktes einen tragfähigen Boden für eine Erholung oder einen Aufschwung verspricht.

Börsenaufsicht – Die Überwachung der Börsensitzung durch den Vorstand der Börse beziehungsweise durch die staatlich bestellten, im Auftrag der obersten Aufsichtsbehörde (Landesregierung) tätig werdenden Aufsichtspersonen (Handelsüberwachung). Bei gravierenden Verstößen oder aus besonderem Anlass kann die Landesregierung die Börse schließen, bei zu erwartenden schwerwiegenden Gefahren für die Gesamtwirtschaft kann eine solche Weisung auch die Bundesregierung erteilen.

Börsenbericht – Der laufende oder nach Abschluss der Sitzung von den Nachrichtenagenturen, den Kursmaklerkammern oder anderen verbreitete Bericht über die Tagesereignisse und vorherrschenden Tendenzen an der Börse.

Börsengesetz (BörsG) – Dieses Gesetz regelt den Tätigkeitsbereich und die Organisationsformen der deutschen Börsen und enthält allgemeine Bestimmungen über die deutschen Börsen und ihre Organe, über die Feststellung des Börsenkurses, des Maklerwesens, die Zulassung von Wertpapieren zum Handel usw.

Börsenhändler – Die im Namen und auf Rechnung von Banken an der Börse mit Wertpapieren, Devisen und sonstigen Werten handelnden Personen.

Börsenindex – Kennzahl, die die Kursentwicklung eines Wertpapiermarktes oder bestimmter Teilmärkte (Branchen, Regionen usw.) repräsentativ widerspiegeln soll. *Vgl.* Aktienindex, DAX, REX, F.A.Z-Index.

börsengehandelter Fonds – Fonds, der ähnlich wie Aktien laufend an der Börse gehandelt werden kann. Das ist das typische Merkmal von Exchange Traded Funds (ETFs), aber auch aktiv gemanagte Fonds werden heutzutage großteils an der Börse gehandelt. Beim Kauf entfällt der Ausgabeaufschlag und es sind üblicherweise deutlich geringere Transaktionsgebühren an den Broker beziehungsweise die Bank zu entrichten. Allerdings kann es je nach Fondsvolumen und Marktlage zwischen dem Brief-, also Angebotskurs, und dem Geld-, also Nachfragekurs, eine (zumeist geringfügige) Differenz geben, den sogenannten Spread.

Börsenkrach – Dramatischer Verfall der Börsenkurse innerhalb kurzer Zeit als Vorbote oder Ausdruck einer sich abzeichnenden Angst um eine weltweite Wirtschaftskrise, meistens in Zusammenhang mit entsprechenden Entwicklungen am Anleihemarkt (Zinsanstieg). Der erste Börsenkrach dieser Art fand 1929 an der New Yorker Börse statt, er riss alle übrigen Finanzplätze mit sich und läutete die Depression der 1930er-Jahren ein. 1962 und am 19. Oktober 1987 kam es ebenfalls zu einem dramatischen Kurseinbruch an der New Yorker, in der Folge auch an den übrigen Börsen, der einen Rückgang der Kurse in einzelnen Werten von bis zu 30 Prozent an einem einzigen Tag bewirkte. Im Jahr 2000 und in den Folgejahren kam es zu einem weiteren Kursabsturz - nach dem Platzen der sogenannten Dotcom-Blase und vor dem Hintergrund der Terroranschläge in New York vom September 2001; 2008 kam es zu einem weiteren Crash, ausgehend vom heiß gelaufenen US-Immobilienmarkt und von der Pleite des amerikanischen Bankhauses Lehman Brothers (Internationale Finanz- und Verschuldungskrise). 2020 kam es im Zuge der Corona-Pandemie zu einem Kurseinbruch, der aber schon in wenigen Monaten wieder ausgeglichen wurde. Im Gegensatz zum Börsenkrach 1929 erholten sich die Kurse nach allen Crashs in der Folgezeit relativ schnell, sodass einige Märkte kaum ein Jahr nach dem jeweiligen Kurstief die erlittenen Verluste sogar wieder wettmachen konnten. Ähnliches gilt für den »Mini-Crash« vom 16. Oktober 1989.

Börsenmakler – Die an der Börse entweder amtlich bestellten, vereidigten Kursmakler oder als freie Makler tätigen Personen, die Börsengeschäfte vermitteln. Die Kursmakler sind ausschließlich für die Kursfeststellung der im regulierten Markt zugelassenen Wertpapiere zuständig und dürfen Eigengeschäfte nur in sehr begrenztem Umfang durchführen. Freie, nicht vereidigte Makler hingegen dürfen in allen Wertpapieren, gegebenenfalls sogar an mehreren Börsen gleichzeitig, vermitteln.

Börsenordnung – Sie bildet als die von der jeweiligen Landesregierung genehmigte Satzung die Geschäftsgrundlage der einzelnen Börsen.

Börsenprospekt, Börsenzulassungsprospekt – Publikation eines Wertpapieremittenten, in der er alle wesentlichen Verkaufs- und Unternehmensinformationen veröffentlicht. Einen solchen Börsenprospekt zu veröffentlichen ist Pflicht bei jedem Wertpapier, das erstmals im Inland öffentlich angeboten werden soll. Geprüft wird dieser Börsenprospekt von der Zulassungsstelle der jeweiligen Börse.

Börsentendenz – Die allgemeine Richtung, die ein Wertpapiermarkt zum gegebenen Zeitpunkt aufweist und die in standardisierten Formeln ausgedrückt werden kann.

Börsenumsatz – Der in der entsprechenden Währungseinheit sich zu einem bestimmten Zeitpunkt oder innerhalb eines bestimmten Zeitraums ergebende Gesamtbetrag (Anzahl der Wertpapiere mal jeweiligem Kurs) der abgeschlossenen Geschäfte in einem Wertpapier oder am Gesamtmarkt. Je nach Berechnungsverfahren werden dabei die Transaktionen einfach oder doppelt gerechnet.

Börsenumsatzsteuer – Die bis Ende 1990 auf den Kauf und Verkauf von Wertpapieren angefallene Kapitalverkehrssteuer.

Börsenusancen – Jene zum Teil aus Gewohnheitsrecht, aber gegebenenfalls auch ausdrücklich festgelegten Bedingungen, nach denen Börsengeschäfte abgewickelt werden.

Börsenrat – Das oberste Gesetzgebungsorgan einer Börse, das die Kunden der Börse repräsentiert, also die Fondsgesellschaften, Banken und sonstigen Investoren, die dort Handel treiben, sowie die Emittenten, deren Papiere dort gehandelt werden. Der Börsenrat bestimmt über die Börsenordnung, legt deren Konditionen fest, erlässt die Prüfungsordnung für Börsenhändler, er bestellt die Geschäftsführung der Börse und, nach deren Vorschlag, auch die Leitung der Handelsüberwachungsstelle. Auch die Wahl der Mitglieder der Zulassungsstelle und des Zulassungsausschusses fällt in seinen Zuständigkeitsbereich.

Börsenzulassung – Die je nach Börsensegment notwendige Genehmigung zur Zulassung eines Unternehmens beziehungsweise eines Wertpapiers zum Börsenhandel. *Vgl.* Börsenprospekt, Börsenzulassungsprospekt.

Börsenzwang – Die Verpflichtung der am Wertpapiergeschäft Beteiligten, alle Aufträge über die Börse zu leiten. Die deutschen Banken leiten sämtliche Kundenaufträge in amtlich notierten Werten über die Börse, falls der Kunde nichts anderes bestimmt. Auf diese Weise soll ein möglichst breiter Markt gesichert und eine angemessene Kursfindung ermöglicht werden.

Bonds – Englischer Ausdruck für festverzinsliche Wertpapiere beziehungsweise Anleihen.

bond warrants – Englische Bezeichnung für Optionsscheine, die zum Bezug bestimmter festverzinslicher Wertpapiere berechtigen. *Vgl.* Optionsscheine.

Bonität – Die Kreditwürdigkeit eines Schuldners.

Bonus – Eine neben der ausgeschütteten Dividende aus besonderem Anlass (zum Beispiel Jubiläum, besondere Geschäftsentwicklung) den Aktionären gewährte Vergütung.

Bonus-Zertifikate – Schuldverschreibungen eines Kreditinstituts, durch die der Inhaber eines Bonus-Zertifikats in vollem Umfang von steigenden Kursen des zugrunde liegenden Basiswerts (Aktie, Index oder Ähnliches) profitiert. Gleichzeitig erhält er aber auch bei seitwärts tendierenden und leicht fallenden Kursen eine positive Rendite. Damit eignen sich Bonus-Zertifikate besonders für Anleger, die eine positive Grundeinstellung zum Basiswert haben, gleichzeitig aber die Gefahr von kurzfristigen Rückschlägen einschränken möchten. Bonus-Zertifikate gibt es auf beinahe alle Anlageklassen: Währungen, Aktien und Rohstoffe und die entsprechenden Indizes. Sie sind flexibel einsetzbar und bieten somit eine Alternative zu einem Direktinvestment in den Basiswert. Im Gegensatz zum Direktinvestment verzichtet der Käufer eines Bonus-Zertifikats allerdings auf den Dividendenbezug. Die Dividenden, die während der Laufzeit anfallen, werden verwendet, um den Bonus zu finanzieren. Somit nimmt der Anleger zwar zu 100 Prozent an der Kursentwicklung des Basiswerts teil, verzichtet allerdings auf eventuelle Dividendenzahlungen, die während der Laufzeit des Bonus-Zertifikats anfallen können.

Branchenfonds – Ein Investmentfonds, der die Geldeinlagen seiner Kunden in Wertpapiere bestimmter, spezifischer Branchen investiert.

Branchenindex – Aktienindex, der die Entwicklung eines Teilmarkts der Börse widerspiegeln soll, zum Beispiel die Entwicklung der Aktien der Autoindustrie, der Konsumgüterindustrie, der Banken und Versicherungen usw.

Branchenrotation – Eine in bestimmten Börsenphasen beobachtbare Bewegung, bei der die Börsianer die Werte einer Branche gegen die Werte einer anderen Branche tauschen.

Brief – Der Kurszusatz, abgekürzt »B«, besagt, dass zum angegebenen Kurs nur Verkaufsangebote im entsprechenden Wertpapier vorlagen, ein Umsatz mangels Nachfrage aber nicht zustande kam. Gegenteil: Geld.

Briefkurs – Kurs, zu dem ein Marktteilnehmer bereit ist, ein Wertpapier zu verkaufen. Gegensatz: Geldkurs. Der Briefkurs liegt unter Normalverhältnissen immer über dem Geldkurs. Die Differenz zwischen Brief- und Geldkurs heißt Spread.

Broker – 1. In den USA als Börsenhändler tätige Unternehmen. 2. Moderne Bezeichnung für Direkt-Banken.

Bruttodividende – Die Gewinnausschüttung, die sich ohne Abzug der Kapitalertragsteuer und zuzüglich etwaiger Körperschaftsteuerguthaben ergibt. Gegensatz: Nettodividende.

Bullenfalle – Eine Falle, in die der mit steigenden Kursen rechnende Anleger aufgrund seiner technischen (Chart-)Analysen beziehungsweise der dabei ermittelten Kaufsignale hineintappt, weil sich diese nachträglich als Fehleinschätzung erweisen. Gegensatz: Bärenfalle.

bull trap – *siehe* Bullenfalle.

Bundesanleihen – Anleihen, die von der Bundesrepublik Deutschland ausgegeben werden. *Vgl.* Anleihen.

Bundesbank – *siehe* Deutsche Bundesbank.

Bundesobligationen – Mittelfristige, mündelsichere Daueremissionen des Bundes mit einem festen Nominalzins, aber variablen Ausgabekursen, sowie einer festen Laufzeit von fünf Jahren.

Buy-and-hold-Strategie – Anlagestrategie, die darauf beruht, ein Investment nach gründlicher Analyse zu kaufen und möglichst über einen langen Zeitraum, gar über viele Jahre, zu halten. Dabei werden zwischenzeitliche Kursrückschläge in Kauf genommen.

C

Call – Kaufoption, durch die der Käufer gegen Zahlung eines Optionspreises (Prämie) das Recht, aber nicht die Verpflichtung erwirbt, eine bestimmte Menge eines bestimmten Basiswerts (zum Beispiel eine Aktie, eine Unze Feingold) innerhalb eines festgelegten Zeitraums (Laufzeit bis zum Verfalltermin) zum vereinbarten Preis (Basispreis) zu kaufen. Gegenteil: Put.

Cash – Barmittelbestand.

cash drag – Phänomen, das bei ausschüttenden Investments dadurch entsteht, dass im Fonds vereinnahmte Zinsen und Dividenden als Barmittel dem Anleger nicht sofort, sondern erst im normalen Ausschüttungsrhythmus des Fonds zufließen.

Cashflow – Der Cashflow ist eine vor allem in den angelsächsischen Ländern gebräuchliche Kennziffer zur Aktien- beziehungsweise Unternehmensanalyse. Er umfasst den Zugang an flüssigen Mitteln (finanzwirtschaftlicher Überschuss) innerhalb einer bestimmten Abrechnungsperiode und ergibt sich im Wesentlichen aus der Addition von Jahresüberschuss, Abschreibungen, Veränderungen der langfristigen Rückstellungen, Steuern vom Ertrag und Einkommen. Aus der Höhe des Cashflows und seiner im Laufe der Jahre erkennbaren Entwicklung lassen sich Rückschlüsse ziehen auf das Finanzierungspotenzial eines Unternehmens.

CFD – Abkürzung für »Contract for Difference«. CFDs sind Derivate, mit denen Sie schon mit geringsten Einsätzen als Anleger an Kursdifferenzen beim Basiswert (Aktien, Rohstoffe, Devisen) wetten können. Bei einem Währungs-CFD etwa reicht die Hinterlegung von 100 Euro, um an der Wertentwicklung von mehr als 15 000 Dollar beteiligt zu sein. Hohen Gewinnmöglichkeiten stehen extreme Verlustrisiken gegenüber, die – ähnlich wie bei Future-Kontrakten – eine über den Totalverlust hinausgehende Nachschusspflicht auslösen können.

Chart – Abbildung der Kursentwicklung eines Wertpapiers in grafischer Darstellung, gegebenenfalls mit den entsprechenden Entwicklungen von Umsatz, gleitenden Durchschnittslinien usw. *Vgl.* Chartanalyse.

Chartanalyse – Die Analyse von Kurvenverläufen und Verlaufsformationen – in der Regel unter Berücksichtigung der jeweils gegebenen Umsätze, jedoch ohne Beachtung fundamentaler Daten oder Entwicklungen – zur Optimierung des eigenen Börsenerfolgs. Anhand von auszumachenden Trends (Primär-, Sekundär-, Tertiärtrend), angenommenen Widerstands- und Unterstützungszonen, Durchschnittslinien, typischen Kursformationen usw. versucht der Chartanalytiker, den günstigsten Zeitpunkt zum Kauf oder Verkauf eines Wertpapiers oder sonstigen Vermögenswertes ausfindig zu machen.

Chartist – Anhänger der Chartanalyse.

Charttechnik – Das bei der Chartanalyse speziell verwendete Verfahren, zum Beispiel die sogenannte Point-&-Figure-Methode.

Churning – Die in den USA strafbare Praxis eines Brokers, durch häufige Transaktion die eigenen Provisionseinnahmen zulasten des Kundenkontos zu maximieren.

Clearing – Aufrechnung von Forderungen und Verpflichtungen der am Clearingverkehr Beteiligten (zum Beispiel Banken).

Closed-end-Fund – Auch »geschlossener Fonds« genannt. Besonders in den angelsächsischen Ländern vorkommender, hierzulande untersagter Fonds einer Investmentgesellschaft, dessen Mittel durch eine von vornherein begrenzte Anzahl von Anteilen aufgebracht wird. Der Kurswert eines Anteils richtet sich nicht nach dem tatsächlichen, anteiligen Wert am Fondsvermögen (Inventarwert), der sich aus dem Barvermögen und dem jeweiligen Kurswert der vom Fonds erworbenen Wertpapiere ergibt. Vielmehr unterliegt er der freien Preisbildung am Markt, sodass er, gemessen am Inventarwert, je nach Angebot und Nachfrage häufig mit einem nicht unerheblichen Aufgeld gehandelt wird. Einen Anspruch auf Rücknahme des Anteils hat der Anleger bei einem Closed-end-Fund nicht. Gegensatz: Open-end Fund.

Contract for Difference – *siehe* CFD.

Core-Investment – Breit diversifiziertes Kerninvestment (Core), das eine Basisrendite mit ausreichender Sicherheit gewährleisten soll. Gegensatz: Satellite-Investment.

Core-Satellite-Strategie – Aufteilung eines Portfolios auf ein Kerninvestment (Core) und verschiedene kleinere Einzelinvestments (Satellites) mit höherem Risiko und Renditepotenzial, die zur Renditesteigerung hinzugefügt werden.

Coupon – *siehe* Kupon.

Courtage – Die Vermittlerprovision der Börse bei Durchführung einer Transaktion. Sie wird in der Regel in Promille des Kurswerts (bei festverzinslichen Wertpapieren vom Nennwert) berechnet. *Vgl.* Spesen.

covered warrants – Optionsscheine, durch die der Käufer das Recht erhält, bis zum Verfalltermin den zugrunde gelegten Basiswert (zum Beispiel eine Aktie) zu einem bestimmten, in den Optionsbedingungen festgelegten Preis zu erwerben. Der Emittent solcher Scheine ist im Unterschied zu den Optionsscheinen üblicher Art (*vgl.* Optionsscheine) nicht das Unternehmen selbst, auf den sich das Optionsrecht bezieht, sondern in der Regel eine Bank, die die entsprechenden Stücke des Basiswerts, also etwa die Aktien, in ihrem Depot hält.

Crash – *siehe* Börsenkrach.

D

DAX – *siehe* Deutscher Aktienindex.

Depot – Im weiteren Sinn der Ort, an dem Wertgegenstände aufbewahrt werden. Im Wertpapiergeschäft eine Art Konto, auf dem die gekauften Wertpapiere verbucht und für den Kunden der betreffenden Bank verwaltet werden.

Depotstimmrecht – Das im Einzelfall nach genau spezifizierten Weisungen oder mittels einer Pauschalerklärung des Aktionärs der depotführenden Bank eingeräumte Recht zur Stimmabgabe im Rahmen der Hauptversammlung einer Aktiengesellschaft.

Depotverwaltung – Die Aufbewahrung und ordnungsgemäße Verwaltung von Wertgegenständen, im engeren Sinn von Wertpapieren, mit allen dazugehörigen, im Depotvertrag nach dem Depotgesetz festgelegten Verpflichtungen der Verwaltungsstelle.

Designated Sponsor – Händler, der auf der elektronischen Börse Xetra in deren Auftrag für ein bestimmtes Wertpapier, beispielsweise einen ETF, jederzeit bis zu einem bestimmten Volumen Kauf- und Verkaufskurse stellen muss, um die Liquidität des Wertpapiers sicherzustellen.

Deutsche Bundesbank – Die 1957 errichtete Notenbank der Bundesrepublik Deutschland mit Sitz in Frankfurt und ihren Hauptverwaltungen (Landeszentralbanken) in den einzelnen Bundesländern.

Deutscher Aktienindex (DAX) – Der am 1. Juli 1988 eingeführte DAX wird während der Xetra-Öffnungszeiten aufgrund der aktuell gehandelten Preise sekündlich ermittelt.

Deutsche Terminbörse (DTB) – Die DTB war die von 1990 bis 1998 in Deutschland betriebene Börse für Options- und Termingeschäfte auf deutsche Aktien, Indizes usw. mit Sitz in Frankfurt am Main. Sie löste den bis dahin an den deutschen Börsen betriebenen Aktienoptionshandel ab, der den Anforderungen eines modernen Marktes nicht mehr entsprach. Später ging die DTB in der Eurex, der europäischen Terminbörse, auf.

Deutsche Vereinigung für Finanzanalyse und Anlageberatung (DVFA) – Die DVFA ist ein Zusammenschluss von Wirtschafts- und Bankfachleuten, die sich zum Ziel gesetzt haben, einheitliche Methoden zur Analyse und Bewertung von Aktiengesellschaften zu entwickeln. *Vgl.* DVFA-Ergebnis.

Devisen – Alle ausländischen Währungen, die als Guthaben oder Wertpapiere (zum Beispiel auch Schecks und Wechsel) Forderungen gegenüber dem Ausland darstellen. Dazu zählt nicht ausländisches Bargeld, das als »Sorten« bezeichnet wird.

Devisenhandel – Der Kauf oder Verkauf von Devisen (hier im Wesentlichen Bankanweisungen) per Termin oder zur Kasse, der meist nicht an einem zentralen Handelsplatz, sondern im außerbörslichen Verkehr unter den Banken abgewickelt wird.

Devisenkurs – Der im Devisenhandel ermittelte Preis für eine ausländische Währung, der in der Regel als Brief- und Geldkurs gestellt wird. Er bildet sich für die amtlich notierten Währungen im amtlichen Handel als Ergebnis von Angebot und Nachfrage und unter Mitwirkung der Bundesbank.

Devisentermingeschäft – Das Devisentermingeschäft ist ein Handelsgeschäft zwischen zwei Kontrahenten mit der Maßgabe, einen festgelegten Betrag in ausländischer Währung bis zu einem bestimmten Zeitpunkt und zu einem vorher festgelegten Kurs abzunehmen beziehungsweise zu liefern.

Disagio – *vgl.* Abgeld, meistens in Prozent ausgedrückt, um das zum Beispiel der Ausgabekurs eines Wertpapiers unter einem bestimmten Normpreis, in der Regel dem Nennwert, liegt. Gegenteil: Agio.

Discount-Zertifikate – Schuldverschreibungen, durch die der Käufer eine Einzelaktie oder einen Aktienindex mit einem Abschlag (Discount) gegenüber dem aktuellen Preis erwirbt. Diesen kann er als Risikopuffer verwenden, der ihn tendenziell gegenüber (in der Regel leichten) Kursrückschlägen schützt. Im Gegenzug verzichtet der Anleger allerdings auf einen Teil der Wertentwicklung des Basiswerts, wenn dieser ansteigt und dabei eine bestimmte Hürde (Cap) überschreitet. *Vgl.* Zertifikate.

Diskontpolitik – Die im Zusammenhang mit der Herauf- und Herabsetzung des Diskontsatzes verfolgte Politik der Bundesbank, im Wesentlichen zur Steuerung des Zinsniveaus und des Kreditvolumens.

Diskontsatz – Der Zinssatz, zu dem die Deutsche Bundesbank beziehungsweise Landeszentralbanken Wechsel ankaufen, die ihnen von den Banken angeboten werden. Die Banken können sich auf diese Weise kurzfristig Liquidität verschaffen, indem sie die von ihren Kunden entgegengenommenen und mit einem höheren Zinssatz diskontierten Wechsel mit einem niedrigeren Zinssatz an die Bundesbank abgeben.

Diversifikation – Streuung von Anlagemitteln auf verschiedene Anlageklassen wie Aktien, Anleihen, Währungen usw.

Dividende – Der ausgezahlte Anteil am Gewinn einer Aktiengesellschaft, zumeist in Euro pro Stück oder in Prozent vom Nominalwert angegeben. Je nach Gewinnentwicklung kann diese Dividende einmal höher, ein anderes Mal niedriger ausfallen oder gar bei besonders ungünstiger Geschäftsentwicklung ganz wegfallen.

Dividendenabschlag – Bei Börsenkursen der rein rechnerische Kursrückgang aufgrund der vorgenommenen Gewinnausschüttung am Tag der Auszahlung. Die Kurse werden an diesem Tag »ex Div(idende)« notiert.

Dividendengarantie – Die häufig bei Vorzugsaktien ohne Stimmrecht eingegangene Verpflichtung einer Aktiengesellschaft zur Zahlung einer bestimmten Dividende.

Dividendenrendite – Diese Kennzahl gibt an, wie sich ein angelegtes Kapital unter Zugrundelegung des jeweils gültigen Börsenkurses einer Aktie und einer bestimmten Dividende verzinst.

Dollar-Anleihen – Festverzinsliche Wertpapiere von amerikanischen oder international agierenden Emittenten (Staat, Banken, Wirtschaft), die auf den US-Dollar lauten.

Doppelplus-, Doppelminusankündigung (++,--) – Kurszusätze im vorbörslichen oder börslichen Handel, die eine Veränderung des Wertpapierkurses nach oben (Plus) oder unten (Minus) um mindestens 10 Prozent bei Aktien, Wandelanleihen, Optionsanleihen und Optionsscheinen signalisieren. *Vgl.* Kurszusätze.

Doppelwährungsanleihen – Anleihen, bei denen in der Regel Ausgabe- und Zinszahlungswährung einerseits, Tilgungswährung andererseits verschieden sind.

Dow Jones Industrial Average (kurz: Dow Jones) – Bedeutendster Aktienindex der USA, in dem die Kursentwicklung der 30 wichtigsten amerikanischen Börsenwerte zum Ausdruck kommt. *Vgl.* Aktienindex.

DTB/Deutsche Terminbörse – Sie war von 1990 bis 1998 eine Börse für den ausschließlichen Handel von standardisierten Finanzderivaten wie Optionen (Calls/Puts usw.). 1998 fusionierte die DTB mit der schweizerischen SOFFEX zur heutigen Eurex. Letztere ist heute eine der weltweitgrößten Terminbörsen für Finanzderivate wie Futures und Optionen auf die führenden internationalen Blue-Chip-Indizes, europäische Midcap-Segmente sowie verschiedene Branchenindizes.

Duration – Kennzahl, die die durchschnittliche Kapitalbindungsdauer einer Geldanlage in einem festverzinslichen Wertpapier beziehungsweise einem entsprechenden Rentenfonds ausweist.

DVFA-Ergebnis – Ergebnisberechnung nach der Formel der Deutschen Vereinigung für Finanzanalyse und Anlageberatung, die einen exakten Vergleich zwischen verschiedenen Aktiengesellschaften ermöglichen soll und den Jahresgewinn eines Unternehmens, korrigiert um etwaige Sondereinflüsse, widerspiegelt.

E

Effekten – Ältere Sammelbezeichnung für Wertpapiere.

Effektenlombardkredit – Kredit, bei dem der Inhaber der Effekten seinen Wertpapierbestand als Sicherheit der Bank verpfändet.

Effektivverzinsung – Die tatsächliche Verzinsung, die ein Wertpapier unter Berücksichtigung aller Ankaufs- und Verkaufsgebühren, des Erwerbs- und Rückzahlungskurses, eventueller Ab- oder Aufschläge (Agio, Disagio), der Laufzeit und der Form der Tilgung usw. erbringt. Gegensatz: Nominalverzinsung. *Vgl.* dagegen: Rendite.

Effektivrendite – Im Unterschied zur Nominalverzinsung beispielsweise einer Anleihe die tatsächliche Rendite dieser Anleihe unter Berücksichtigung der jeweiligen Kaufkurse.

Effektivverzinsung – Tatsächlicher Ertrag in Prozent des eingesetzten Kapitals unter Berücksichtigung der Laufzeit und aller anfallenden Kosten.

Eigenhandel – Der auf Rechnung und Konto der Kreditinstitute vorgenommene Handel mit Wertpapieren.

Eigenkapital – Gesamtbetrag investierter Mittel eines Unternehmens, die den Eigentümern gehören im Gegensatz zu in Anspruch genommenen und noch nicht getilgten Krediten, dem Fremdkapital.

Eigenmittel – Eigenkapital einer Aktiengesellschaft, bestehend aus dem gezeichneten Kapital (Aktienkapital), den Rücklagen und dem Gewinnvortrag. *Vgl.* Eigenkapital. Gegensatz: Fremdmittel.

eindecken – Hat ein Börsianer zum Beispiel Aktien, die noch gar nicht in seinem Besitz sind, in der Hoffnung verkauft, sie bei einem erwarteten Kursabschwung billiger erwerben zu können (Leerverkauf), wird er diese Leerposition bei einem entgegen seinen Erwartungen laufenden Trend baldmöglichst wieder aufheben wollen, indem er die eigentlich bereits verkauften Aktien nun wirklich besorgt, um sie dem Inhaber der Option, der in diesem Fall im Gewinn ist, auch wirklich liefern zu können.

Einheitskurs – Kassakurs. Im Gegensatz zur fortlaufenden Notierung nur einmal während der Börsensitzung amtlich ermittelter Kurs. Bei Wertpapieren, die auch zum variablen Handel zugelassen sind, erfolgt die Kursfeststellung zeitgleich etwa in der Mitte der Börsensitzung. Der Einheits- oder Kassakurs ist für alle Börsenaufträge maßgebend, die eine bestimmte Stückzahl (in der Regel 50 Stück oder ein Vielfaches davon) nicht erreichen, die auf Kundenwunsch ausdrücklich zum Kassakurs abgerechnet werden sollen oder Wertpapiere betreffen, die gar nicht zum variablen Handel zugelassen sind.

Emission – Ausgabe neuer Wertpapiere (Aktien, Anleihen usw.), die unter Einschaltung von Kreditinstituten erfolgt, welche sich zu diesem Zweck mit anderen Instituten zu einem Konsortium zusammenschließen.

Emissionskurs – Der Kurs des neu an die Börse kommenden Wertpapiers, zu dem die Zeichner – soweit sie in der möglichen Zuteilung bedacht worden sind – das Papier vor Feststellung der ersten offiziellen Börsennotierung erwerben können.

Emittenten – Unternehmen, öffentlich-rechtliche Körperschaften oder ähnliche Institutionen, die Wertpapiere ausgeben und für die darin verbrieften Rechte haften, also im Fall der Einführung von Aktien einer Gesellschaft an der Börse diese Gesellschaft selbst emittieren – Wertpapiere ausgeben, an die Börse bringen.

Emittentenrisiko – Risiko, dass der Schuldner zum Beispiel einer Anleihe oder eines Zertifikats zum vereinbarten Zeitpunkt der Rückzahlung nicht in der Lage ist, seine Schuld zu begleichen.

enger Markt – Ein für den Käufer und Verkäufer von Wertpapieren mitunter besonders schwieriger Markt, insofern als die durchschnittlichen Tagesumsätze in einem bestimmten Wert relativ niedrig sind, sodass größere Aufträge häufig nicht an einem einzigen Börsentag untergebracht werden können. Die Ursache dafür kann darin liegen, dass sich der überwiegende Anteil der überhaupt verfügbaren Wertpapiere in wenigen festen Händen befindet; sie kann aber auch einfach damit zu tun haben, dass die ausgegebene Anzahl der Wertpapiere vergleichsweise gering ist.

Eröffnungskurs – Der bei Beginn der Börse im variablen Handel festgestellte erste Kurs eines Wertpapiers.

ETCs / Exchange Traded Commodities – Eine Art Wertpapiere, die die Möglichkeit bieten, unkompliziert in Edelmetalle und Rohstoffe zu investieren. Die Wertentwicklung eines ETCs orientiert sich entweder am Kassapreis (Preis für die Sofortlieferung) oder dem Futures-Preis (Preis für die Lieferung in der Zukunft) eines einzelnen Rohstoffes oder gesamten Rohstoffkorbes. Wollen Sie nur in einen Rohstoff investieren, müssen Sie einen ETC kaufen. Es gibt ETCs auf Edelmetalle, Industriemetalle, Öl und Erdgas. ETCs werden wie ETFs an der Börse gehandelt, sind aber kein Sondervermögen, das im Falle einer Insolvenz des Emittenten geschützt ist. Bei einem ETC handelt es sich um eine Schuldverschreibung des ETC-Anbieters. Im Vergleich zum ETF besteht beim ETC somit ein Emittentenrisiko. Es gibt jedoch, vor allem bei Gold-ETCs, bestimmte Formen einer Besicherung.

ETFs / Exchange Traded Funds – Passiv gemanagte, an der Börse ähnlich wie Aktien laufend gehandelte Fonds, die in einen Index, zum Beispiel den DAX oder MSCI World, investieren. Auf diese Weise sichert sich der Anleger die Wertentwicklung des jeweiligen Index. Da bei ETFs der hohe Kostenaufwand für ein aktives Management entfällt und auch keine Ausgabeaufschläge erhoben werden, sind sie für Anleger sehr viel günstiger als aktiv gemanagte Fonds.

Eurex – Eine der weltweitgrößten Terminbörsen für Finanzderivate wie Futures und Optionen auf die führenden internationalen Blue-Chip-Indizes, europäische Midcap-Segmente sowie verschiedene Branchenindizes. Sie ging 1998 aus der Fusion der Deutschen Terminbörse (DTB) mit der schweizerischen Terminbörse SOFFEX hervor.

Euro-Anleihen – Die in Euro aufgelegten Anleihen internationaler Schuldner.

Euro-Markt – Der unter Banken und Großunternehmen im Wesentlichen im europäischen Raum beheimatete, nicht ortsgebundene Markt für den Handel mit fest und variabel verzinslichen Anleihen (Euro-Kapitalmarkt), Krediten (Euro-Kreditmarkt) und ungesicherten Krediten mit Laufzeiten bis zu einem Jahr (Euro-Geldmarkt).

Europäische Option – Eine Option, die der Inhaber dieser Option nur am Ende der Laufzeit ausüben kann. *Vgl.* Amerikanische Option.

Europäische Zentralbank (EZB) – Die Europäische Zentralbank (EZB) mit Sitz in Frankfurt am Main ist für die Währungspolitik im Euroraum verantwortlich. Hauptziel der Bank ist es, die Preisstabilität in Europa zu gewährleisten. Die Bank kann zu diesem Zwecke die umlaufende Geldmenge reduzieren oder erhöhen. Dies geschieht in der Regel durch Änderungen der Zinssätze. Die Zentralbank hat durch die Steuerung der Geldmenge und das Setzen der Zinssätze einen erheblichen Einfluss auf die Wirtschaft. Sie ist aber völlig unabhängig und darf auch von der Politik nicht beeinflusst werden. Die drei Organe der EZB sind

- der EZB-Rat: Ihm gehören alle Präsidenten der nationalen Zentralbanken der Euro-Länder sowie die Mitglieder des EZB-Direktoriums an.
- das Direktorium: Es besteht aus einem Präsidenten und einem Vizepräsidenten der EZB sowie vier weiteren Mitgliedern, die von den Regierungen der Mitgliedstaaten nach Anhörung des Parlaments und des EZB-Rates ernannt werden.
- der Erweiterte Rat: Er umfasst Präsident und Vizepräsident der EZB sowie die Präsidenten der Zentralbanken aller EU-Mitgliedstaaten, unabhängig von der Einführung des Euro.

Europäisches Währungssystem (EWS) – Der am 13. März 1979 in Kraft getretene Verbund, in dem über die europäische Währungseinheit ECU als Bezugspunkt die Währungen der EG-Staaten aneinandergekoppelt sind.

Europäische Währungseinheit – *Vgl.* ECU, später Euro.

EUWAX – Betreiber der Stuttgarter Börse. Obwohl Zertifikate über den jeweiligen Emittenten und an den meisten deutschen Aktienbörsen gehandelt werden können, hat sich die Stuttgarter Börse unter diesem Namen neben dem Segment »Börse Frankfurt Zertifikate« der Frankfurter Wertpapierbörse zu einem der besten, umsatzstärksten und für Privatanleger besonders attraktiven Handelsplatz für Zertifikate und Optionsscheine entwickelt.

ewige Anleihen – Anleihen, für die eine Verzinsung des geliehenen Kapitals, nicht aber eine Tilgung vorgesehen ist.

EWS – Abkürzung für Europäisches Währungssystem.

exB, ex BR – »ex Bezugsrecht« als Kurszusatz besagt, dass eine Aktie an diesem Tag erstmals ohne das aufgrund der vorgenommenen Kapitalerhöhung dem Altaktionär zustehende Bezugsrecht notiert wurde.

ex BA – »ex Berichtigungsaktie« als Kurszusatz besagt, dass eine Aktie an diesem Tag erstmals ohne das aufgrund der vorgenommenen Kapitalerhöhung aus eigenen Mitteln dem Altaktionär zustehende Recht auf Berichtigungsaktien notiert wurde.

exD, exDiv – »ex Dividende« als Kurszusatz besagt, dass eine Aktie an diesem Tag erstmals ohne die dem Altaktionär zustehende Dividende notiert wurde.

Exchange Traded Funds – *siehe* ETFs.

Exotenbörse – Kapitalmarkt, der keine verlässlichen Abwicklungsregeln kennt, aufgrund der niedrigen Marktkapitalisierung sehr illiquide ist und in unsicheren Börsenphasen oder bei weltweiten Unsicherheiten zum Zusammenbruch neigt.

EZB – *siehe* Europäische Zentralbank.

EZB-Rat – *vgl.* Europäische Zentralbank.

Euronext – Im Jahr 2000 gegründete Mehrländerbörse, ein Zusammenschluss der Börsen Paris, Lissabon, Dublin, Brüssel und Amsterdam.

F

Fälligkeitstermin – Zeitpunkt, an dem oder bis zu dem ein bestimmtes, zum Beispiel aus Optionskontrakten gewonnenes Recht ausgeübt werden kann.

fairer Preis – Der mithilfe komplexer Analyseverfahren ermittelte Preis für eine Option, der sich je nach den gegebenen Einflussfaktoren (Kurs des Basiswerts, Basispreis, Verfalltermin, Zinsen, Volatilität des Basiswerts, Delta-Faktor usw.) ändern kann.

feste Wechselkurse – Wechselkurse, die aufgrund von Vereinbarungen in einem festgelegten, nur in relativ engen Bandbreiten schwankenden Verhältnis zueinander stehen und gegebenenfalls durch Eingriffe der Notenbanken der beteiligten Länder auf den Devisenmärkten innerhalb dieser Bandbreite gehalten werden sollen.

festverzinsliche Wertpapiere – Im Gegensatz zu Aktien Wertpapiere mit einem garantierten Ertrag. *Vgl.* Anleihe.

Financial Futures – Angelsächsischer Ausdruck für Finanzterminkontrakte in Währungen, Zinsen, Indizes usw., wie sie an der ICE Futures Europe gehandelt werden. Ziel dieser Geschäfte ist ursprünglich eine Absicherung des finanziellen Risikos von Preis- und Zinsschwankungen zugrunde liegender Basiswerte, in letzter Zeit treten allerdings auch immer mehr rein spekulative Motive in den Vordergrund. *Vgl.* Termingeschäft.

finanzielle Repression – Die durch staatliche Beeinflussung insbesondere über die Notenbanken betriebene Politik, Zinsen insbesondere für Staatsanleihen auf niedrigem Niveau zu halten oder weiter nach unten zu treiben – mit der Folge, dass Sparer und Geldanleger durch Niedrig- oder Negativzinsen bei gleichzeitig anhaltender Inflation einen schleichenden Verlust ihres Vermögens erleiden. Kritiker sprechen von einer Enteignung von Sparern und Geldanlegern als Gläubigern zugunsten der kreditnachfragenden und sich immer stärker verschuldenden Staaten.

Finanzierungsinstrumente – Sammelbezeichnung für alle auf den Kapitalmärkten angebotenen Anlageformen.

flexible Wechselkurse – Wechselkurse, die gegeneinander nicht in einem festen Verhältnis zueinander stehen, sondern sich frei am Devisenmarkt nach Angebot und Nachfrage bestimmen.

Floating – Das Treibenlassen der Wechselkurse ohne irgendwelche Eingriffe, um den tatsächlichen Marktpreis für die einzelnen Währungen ausfindig zu machen.

floating rate notes – Anleihen mit keinem festen, sondern einem variablen Zinssatz. Je nach gewählter Bezugsgröße wird der Zinssatz, zumeist in Abständen von einem halben Jahr, den neuen Gegebenheiten am Kapitalmarkt angepasst, sodass die Kurse solcher Anleihen vergleichsweise geringen Schwankungen unterworfen sind.

Fonds – Die von einer Kapitalanlagegesellschaft (Investmentgesellschaft) verwalteten Sondervermögen, die in Immobilien, Wertpapieren oder anderen Vermögenswerten angelegt sind. Man unterscheidet zwischen offenen Fonds und geschlossenen Fonds. Bei Letzteren hat der Anleger keinen Anspruch auf Rücknahme seiner Anteile. Sie sind vor allem in den angelsächsischen Ländern geläufig, werden aber auch in der Bundesrepublik vertrieben.

fortlaufende Notierung – Die im variablen Wertpapierhandel stattfindende Form der Notierung, bei der es zu einer laufenden, sich je nach den eingehenden Aufträgen richtenden Kursbildung kommt. Soweit nichts anderes vom Kunden bestimmt, werden alle Aufträge mit einem vorgeschriebenen Mindestvolumen von 50 Stück und dem Vielfachen davon zum nächstmöglichen Zeitpunkt am variablen Markt abgewickelt. *Vgl.* Kassa-Notierung, Einheitskurs.

Free Float – Anteil der sich im Streubesitz befindlichen Aktien eines Unternehmens. Nach Definition der Deutschen Börse AG gehören dazu Aktienpakete, die weniger als 5 Prozent der Marktkapitalisierung des jeweiligen Unternehmens ausmachen.

freie Wechselkurse – Andere Bezeichnung für flexible Wechselkurse.

Freistellungsauftrag – Ein Auftrag, den der Anleger seiner Depot- oder sonstigen Bank erteilt, um damit zu bewirken, dass auf den freigestellten Betrag (maximal in Höhe des Sparerpauschbetrags) keine Abgeltungsteuer ans Finanzamt abgeführt wird. Der Sparerpauschbetrag beläuft sich auf 801 Euro, bei zusammen veranlagten Ehepaaren 1602 Euro.

Freiverkehr – 1. Privatrechtliches Segment der Frankfurter Wertpapierbörse, bei dem ein Börsenhandel ohne öffentlich-rechtliche Handelsüberwachung stattfindet. Weitere Bezeichnung: Open Market. 2. Unregulierter, außerbörslicher Wertpapierhandel.

Fremdwährungsanleihen – Anleihen, die in einer anderen als der Landeswährung des Emittenten aufgelegt werden; zum Beispiel Emission einer Dollar-Anleihe am deutschen Kapitalmarkt.

Fundamentalanalyse – Methode der Aktienanalyse, bei der man den gegebenen fundamentalen Daten eines Unternehmens (Gewinn, Cashflow, Kostenstruktur, Ertragskraft, Zukunftsaussichten usw.) besondere Bedeutung beimisst und auf dieser Ebene die ermittelten Kennzahlen verschiedener Unternehmen derselben Branche miteinander vergleicht, um zwischen gegebenen Anlagealternativen entscheiden zu können.

Fundamentalist – Anhänger der Fundamentalanalyse.

Futures – Allgemeine Bezeichnung für spezifische Terminkontrakte, zum Beispiel Aktienindexterminkontrakte, Zinsterminkontrakte, Devisenterminkontrakte (Financial Futures), aber auch Warenterminkontrakte (auf Edelmetalle, landwirtschaftliche Produkte, Rohstoffe usw.). Im Gegensatz zu den Optionen beinhalten Futures die verbindliche Vereinbarung, zu einem bestimmten Zeitpunkt den entsprechenden Basiswert tatsächlich abzunehmen beziehungsweise zu liefern oder einen entsprechenden Barausgleich vorzunehmen. *Vgl.* Option, Financial Futures.

G

G – Der Kurszusatz »Geld«, abgekürzt G, besagt, dass zum angegebenen Kurs nur Kaufaufträge im entsprechenden Wertpapier vorlagen, ein Umsatz mangels Angebot aber nicht zustande kam.

Galerie – Die Tribüne im Börsensaal oberhalb des Parketts, von der aus private Börsenbesucher den Wertpapierhandel mitverfolgen können. *Vgl.* Parkett.

GDL – *siehe* gleitende Durchschnittslinie.

Gearing-Factor – Kennzahl, die zur Bewertung von Optionsscheinen verwendet wird. Der Gearing-Factor gibt die prozentuale Veränderung des Optionsscheinkurses bei einprozentiger Veränderung des Aktienkurses wieder, wobei angenommen wird, dass sich das bestehende prozentuale Aufgeld des Optionsscheins nicht verändert. *Vgl.* Optionsscheine, Aufgeld.

Geld – *siehe* G.

Geld-Brief-Spanne – Differenz (Spread) zwischen Ankaufskurs (Geldkurs) und Verkaufskurs (Brief) eines Wertpapiers als Entlohnung und Risikopuffer der Designated Sponsors und Market Makers für ihre Tätigkeit.

Geldkurs – Der Preis/Kurs, zu dem Käufer bereit sind, die nachgefragten Wertpapiere oder sonstigen Vermögenswerte abzunehmen. Er liegt in der Regel unter dem Briefkurs, zu dem das Wertpapier angeboten wird.

Geldmarkt – Im Gegensatz zum Kapitalmarkt der Markt für kurzfristige Kredite und Guthaben, im Wesentlichen unter Banken.

Geldmarktfonds – Spezialform von Rentenfonds, bei denen Sondervermögen in Rentenpapiere mit kurzer Restlaufzeit investiert werden, um eine Performance möglichst dicht an den Marktzinsen zu erzielen.

Geldmarktpapiere – Die am Geldmarkt gehandelten kurzfristigen Schuldtitel, insbesondere die der öffentlichen Hand (Staatsanleihen, Schatzanweisungen usw.).

Geldmenge – Von der Europäischen Zentralbank nach unterschiedlichen Gesichtspunkten definiertes und im Zuge ihrer Geld(mengen)politik angestrebtes Geldvolumen.

Geldmengenpolitik – Die Europäische Zentralbank ist in ihrer Geld(mengen)politik daran interessiert, die Liquidität der Wirtschaft zu sichern, ohne die Geldwertstabilität aus dem Auge zu verlieren. Um diese Ziele zu erreichen, definiert sie in periodischen Abständen bestimmte Zielkorridore, innerhalb deren sich das Wachstum der verschiedenen Geldmengen bewegen soll.

Geldmengenziel – Das von der Europäischen Zentralbank angestrebte Zielvolumen der Geldmenge.

Geldumlauf – Die sich tatsächlich im Markt befindliche Geldmenge.

genehmigtes Kapital – Der Betrag, für den die Hauptversammlung dem Vorstand einer Aktiengesellschaft die Ermächtigung erteilt hat, zur Aufstockung des Grundkapitals junge Aktien auszugeben. Die Wahl des Zeitpunkts für eine solche Kapitalerhöhung bestimmt der Vorstand selbst je nach Marktlage, wobei der Beschluss der Hauptversammlung nur innerhalb von fünf Jahren eingelöst werden kann.

Genussscheine – Sie stehen als Anlageform zwischen Aktie und festverzinslichen Wertpapieren. Sie verbriefen Rechte verschiedener Art, zum Beispiel das Recht, am Reingewinn oder am Liquiditätserlös einer Gesellschaft teilzuhaben. Nur das Stimmrecht wird dem Genussscheininhaber vorenthalten; dafür übersteigt die Erfolgsbeteiligung in der Regel die Rendite festverzinslicher Wertpapiere.

Geschäftsbericht – Der Bericht zur Bilanz und zur Gewinn- und Verlustrechnung einer Abrechnungsperiode.

geschlossener Fonds – *siehe* Closed-end-Fund.

gestrichen – Kurszusatz (-), der besagen kann, dass weder Kauf- noch Verkaufsaufträge oder nur solche mit nicht vertretbarer Limitierung vorgelegen haben; dass eine Streichung auf Veranlassung, der Zulassungsstelle erfolgt ist, weil der Emittent die vorgeschriebenen Publikationspflichten nicht erfüllt hat; dass ein anderer wichtiger Grund für die Streichung vorlag. Wenn der Kurs wegen überwiegender Nachfrage gestrichen worden ist, erfolgt die Notierung als »-G«, bei überwiegendem Angebot heißt sie »-B«.

Gewinnmitnahmen – Börsentendenz, die aufgrund vorangegangener Kurssteigerungen die Anleger veranlasst, die aufgelaufenen Gewinne durch Verkauf ihrer Wertpapiere sicherzustellen.

Gewinnschuldverschreibung – Schuldverschreibung einer Aktiengesellschaft, deren Verzinsung je nach festgestelltem Unternehmensgewinn zusätzlich aufgestockt werden kann.

gezeichnetes Kapital – Bei Aktiengesellschaften das Grundkapital, bis zu dessen Höhe die Haftung der Gesellschaft gegenüber ihren Gläubigern beschränkt ist.

Glattstellung – Die Auflösung eines eingegangenen Börsengeschäfts durch Verkauf der Position.

Girosammelverwahrung – Im Gegensatz zur individuellen Form der Verwahrung von Wertpapieren in Streifbanddepots, die eine eindeutige Zuordnung bestimmter Wertpapiere für bestimmte Eigentümer zulässt, bleibt diese Zuordnung in der Girosammelverwahrung rein formal.

gleitende Durchschnittslinie (GDL) – Trend- und Einzelwertindikator, Chartlinie, die sich ergibt unter Zugrundelegung des Index- oder Einzelwertstands des Durchschnitts einer bestimmten Anzahl vorausgegangener Tage (zum Beispiel 200, 100, 50 Tage). Dadurch erfolgt eine mehr oder weniger starke Glättung einer Kurszeitreihe: Je länger der gewählte Zeitraum, desto träger reagiert die GDL.

Goldstandard – Andere Bezeichnung für Goldwährung.

Gratisaktien – Irreführende Bezeichnung für Berichtigungsaktien, die dem Aktionär nicht »gratis« gegeben werden, sondern aus Gesellschaftsmitteln stammen, an denen er ohnehin schon beteiligt war.

Grauer Kapitalmarkt – Wenn Anbieter keine Erlaubnis der Bundesanstalt für Finanzdienstleistungsaufsicht (Bafin) benötigen und nur wenige gesetzliche Vorgaben erfüllen müssen, spricht man vom Grauen Kapitalmarkt. Bei Produkten, die dort angeboten werden, müssen Anleger besonders vorsichtig sein. Die Angebote zeichnen sich häufig dadurch aus, dass ...

- Anbieter mit Zinsen oder Renditen deutlich über dem allgemeinen Marktniveau locken,
- mit der vermeintlichen Sicherheit der Kapitalanlage geworben wird,
- Anbieter vorgeben, schnell und dauerhaft zweistellige Renditen erzielen zu können,
- Anlageentscheidungen durch positiv besetzte oder ethisch korrekte Investitionsobjekte beeinflusst werden sollen oder
- Anleger ihre bisherigen Anlagen auflösen und aus vermeintlichen Sicherheits- oder Renditegründen neu investieren sollen.

Grundkapital – *siehe* Aktienkapital.

H

Handelsbilanz – Die den Warenverkehr zwischen dem In- und Ausland (Exporte, Importe) betreffende Teilbilanz der Zahlungsbilanz. Zusammen mit der Dienstleistungs- und Übertragungsbilanz bildet sie die Leistungsbilanz.

Handelszeiten – Zeiten, in denen Wertpapiere an der Börse gehandelt werden können, im Xetra-System der Deutschen Börse zum Beispiel zwischen 9:00 und 17:30 Uhr.

Handelsüberwachungsstelle – Öffentlich-rechtliches, eigenständiges Börsenorgan, das die Marktaufsicht wahrnimmt, Unregelmäßigkeiten überprüft und gegebenenfalls bei entsprechenden Vorkommnissen die Finanzaufsicht einschaltet.

Hauptversammlung (HV) – Versammlung der Teilhaber einer Aktiengesellschaft und deren oberstes Beschlussorgan. Entsprechend seinem Aktienbesitz ist jeder Aktionär zur Stimmabgabe in der HV berechtigt; soweit er diese nicht selbst wahrnehmen kann, kann er seine depotführende Bank beauftragen, ihn zu vertreten. Zu den wichtigsten Befugnissen der HV gehört die Bestellung des Aufsichtsrats, der seinerseits den Vorstand des Unternehmens bestimmt. Darüber hinaus entscheidet die HV über die Verwendung des Gewinns, die Entlastung von Aufsichtsrat und Vorstand sowie über Kapitalmaßnahmen. Im Allgemeinen werden Beschlüsse mit einfacher Mehrheit der abgegebenen Stimmen gefasst, soweit es nicht um Entscheidungen von besonderer Tragweite geht; diese schreiben eine Zustimmung von 75 Prozent des bei der Beschlussfassung anwesenden Kapitals vor.

Hausse – Nachhaltiger Anstieg der Wertpapierkurse oder des Gesamtmarktes über einen mittleren bis längeren Zeitraum. Gegensatz: Baisse.

Hebel – Vor allem im Zusammenhang mit der Bewertung von Optionsscheinen und Optionen gebräuchliche Kenngröße. So würde ein dreifacher Hebel bei einem Optionsschein besagen, dass für diesen nur ein Drittel dessen investiert werden muss, was der entsprechende Bezugswert (also etwa eine bestimmte Aktie) kostet. Je größer der Hebel, desto größer auch der damit verbundene Hebeleffekt.

Hedge(geschäft) – Sicherungsgeschäft mit dem Ziel, Kursverluste aus Preisschwankungen eines zugrundeliegenden Basiswerts, zum Beispiel einer Aktie oder eines Aktienmarktes, zu vermeiden oder einzugrenzen. Auf ähnliche Weise können Risiken, die sich aus Zinsänderungen an den Rentenmärkten ergeben, durch entsprechende Terminkontrakte »gehedged« werden.

historische Volatilität – Die sich aus den zurückliegenden Kursen eines Wertpapiers ergebende tatsächliche Schwankungsbreite der Kurse innerhalb eines bestimmten Zeitraums, berechnet in Prozent des Durchschnittskurses des Basiswerts innerhalb eines bestimmten Zeitraums. *Vgl.* implizite Volatilität.

Holding – Gesellschaft ohne eigenen Produktionsbetrieb, die an zahlreichen Unternehmen finanziell beteiligt und etwa für die effiziente Führung eines Konzerns zuständig ist.

HV – *siehe* Hauptversammlung.

I

Ifo Geschäftsklima – Die in regelmäßigen Abständen vom Institut für Wirtschaftsforschung Ifo nach Umfragen unter bundesdeutschen Unternehmern ermittelte Einschätzung der wirtschaftlichen Gesamtsituation, die, auf einem entsprechenden Graphen abgetragen, zwischen Unterkühlungszone und Überhitzungszone schwanken kann.

im Geld – Im Geld befindet sich der Inhaber einer Option, wenn er die Option mit Gewinn weiterveräußern oder ausüben kann.

Immobilienfonds – Die von einer Kapitalanlagegesellschaft (Investmentgesellschaft) verwalteten Vermögen, die ausschließlich in Immobilien (Grundstücke, Gebäude usw.) angelegt werden.

implizite Volatilität – Das Maß für die erwartete Schwankungsbreite eines Wertpapiers, das anhand der auf dem Markt bezahlten Optionspreise berechnet wird, im Gegensatz zur vergangenen, historischen Volatilität. *Vgl.* historische Volatilität.

iNAV – Der im Xetra-Handel der Deutschen Börse während der Handelszeiten mindestens einmal pro Minute festgestellte indikative Nettoinventarwert eines ETFs – als Näherungswert des Fondsvermögens im Handelsverlauf.

Index – Eine statistische Zusammensetzung, die Veränderungen der Wirtschaft oder Finanzmärkte misst. *Vgl.* Aktienindex, Börsenindex, Index-Optionen, Ifo Geschäftsklima.

Indexanleihen – Anleihen, deren Tilgung oder Zinssatz nicht von vornherein festliegt, sondern sich am jeweiligen Fälligkeitstermin an anderen, in den Anleihebedingungen genau benannten Daten orientiert (zum Beispiel Preissteigerungsrate, Ölpreis, Aktienindex).

Indexanpassung – Überprüfung und mögliche Änderung der Zusammensetzung eines Index zum Beispiel für Aktien, die an der Deutschen Börse beim DAX vierteljährlich erfolgt. Dabei wird untersucht, ob die im Index enthaltenen Wertpapiere weiterhin die Kriterien für die Indexzugehörigkeit erfüllen, zum Beispiel hinsichtlich ihres Marktwerts oder der rechtzeitigen Vorlage der Geschäftsberichte.

Indexfonds – Investmentfonds, die darauf abzielen, die Wertentwicklung eines Index möglichst genau abzubilden, das sind zumeist passiv gemanagte Fonds wie ETFs.

Indextracking – Das Bestreben, die Entwicklung eines Index möglichst genau nachzubilden. Das kann über den Kauf der Wertpapiere geschehen (physische Nachbildung), wie sie im Index enthalten sind, oder über den Einsatz von derivativen Instrumenten wie Swaps (synthetische Nachbildung).

Index-Optionen – Optionen, denen nicht ein bestimmter Basiswert, sondern ein Index zugrunde liegt, zum Beispiel der DAX. *Vgl.* Option.

Inflation – Die Entwertung/Abwertung des Geldes aufgrund von Ungleichgewichten zwischen den zur Verfügung stehenden Gütern und Dienstleistungen einerseits und der Geldmenge, mit der diese bezahlt werden können, andererseits.

Inhaberaktien – Aktien, bei denen die verbrieften Rechte vom jeweiligen Inhaber (Überbringer) geltend gemacht werden können, ohne dass dieser in der Regel den Nachweis erbringen muss, tatsächlich der rechtmäßige Eigentümer zu sein. Gegensatz: Namensaktien.

innerer Wert – Kenngröße zur Bewertung von Optionsscheinen, die den tatsächlichen rechnerischen Wert des Optionsscheins angibt. So besitzt ein Optionsschein, mit dem für 150 Euro eine Aktie bezogen werden kann (Bezugspreis), die selbst 200 Euro notiert, einen inneren Wert von 50 Euro (Berechnungsformel innerer Wert in Währung = Aktienkurs – Bezugspreis). Kostet dabei der Optionsschein 100 Euro, so besäße dieser Schein einen inneren Wert von 50 Prozent.

Insider, Insidergeschäfte, Insiderinformationen, Insiderregeln – Als Insider wird jener verstanden, der aufgrund seiner Tätigkeit oder besonderen Stellung vertrauliche, nicht allgemein zugängliche Informationen über Daten, Zusammenhänge, Vorhaben eines Unternehmens besitzt und diese zum eigenen Vorteil durch entsprechende Börsengeschäfte fast ohne Risiko ausnutzen kann.

Insolvenz – Die aus Überschuldung oder Zahlungsunfähigkeit herrührende Unfähigkeit eines Unternehmens, seine Gläubiger zu bedienen. Wird eine Insolvenz angemeldet, stellt ein gesetzlich normiertes Verfahren sicher, dass alle Gläubiger gleiche Chancen haben, aus der noch vorhandenen Substanz befriedigt zu werden.

institutionelle Anleger – Bezeichnung für Kapitalsammelstellen mit hohem Anlagebedarf wie Versicherungen, Pensions- und Investmentfonds usw.

Internationaler Währungsfonds (IWF) – Die zentrale Institution der westlichen Welt zur Koordination und Zusammenarbeit auf währungspolitischem Gebiet, in der fast 200 Mitgliedsländer vertreten sind.

Interventionen – Eingriffe der Notenbank vor allem auf den Devisen- und Kapitalmärkten, um bestimmte für wichtig erachtete Relationen oder Zielgrößen (zum Beispiel einen bestimmten Devisenkurs, bestimmte Umlaufrenditen beziehungsweise Zinsen) zu verteidigen.

Interventionspunkte – In einem System fester Wechselkurse jene oberen und unteren Preisgrenzen um einen vereinbarten Kurs herum, ab denen die Notenbanken durch Käufe oder Verkäufe auf dem Devisenmarkt eingreifen.

inverse Zinsstruktur – Umkehrung der in Normalphasen gültigen Zinsverhältnisse zwischen kürzeren und längeren Laufzeiten. Dabei liegt der Zinssatz für kurzfristig ausgeliehene oder aufgenommene Gelder über dem Zinssatz für langfristige Gelder, was in normalen Zeiten genau andersherum ist.

Investmentfonds – Sondervermögen einer Investmentgesellschaft (auch Kapitalanlagegesellschaft, KAG), das je nach angestrebtem Schwerpunkt in Wertpapieren angelegt ist und über den Verkauf von Fondsanteilscheinen an die Anleger finanziert wird. Sondervermögen sind Investmentfonds insofern, als sie bei einer Depotbank liegen und bei Insolvenz der Fondsgesellschaft oder verwahrenden Depotbank nicht zur Insolvenzmasse gehören, sondern den Anteilseignern zugerechnet werden.

Investmentgesellschaft – Kapitalanlagegesellschaften (KAGs), die über die Ausgabe von Anteilscheinen Kapital sammeln, um es nach den für den aufgelegten Investmentfonds gültigen Grundsätzen in Wertpapiere, Edelmetalle, Immobilien oder andere Vermögensklassen anzulegen.

ISIN – International Securities Identification Number, eindeutige Kennung eines Wertpapiers, die weltweit genau einem Wertpapier zugeordnet ist. In Deutschland wird alternativ auch die sogenannte Wertpapierkennnummer (WKN) verwendet.

J

Jahresabschluss – Die innerhalb von drei Monaten nach Beginn des neuen Geschäftsjahres vom Vorstand einer Aktiengesellschaft vorzunehmende Rechnungslegung, bestehend aus der Bilanz, der Gewinn- und Verlustrechnung und dem notwendigen ergänzenden und erläuternden Anhang.

jährlicher Umschlag – Der in Prozent berechnete Anteil von Wertpapieren, der in einer Periode, zum Beispiel einem Jahr, etwa in einem Fondsportfolio verkauft und durch neue Titel ersetzt wird. Da mit dem Kauf und Verkauf Transaktionskosten verbunden sind, führt eine hohe Umschlagshäufigkeit zu entsprechenden Mehrkosten für den Fonds zulasten seiner Rendite.

junge Aktien – Die im Zuge einer vorgenommenen Kapitalerhöhung einer Aktiengesellschaft (zunächst den alten Aktionären) angebotenen Aktien, die nach Aufnahme des Börsenhandels so lange als junge Aktien notieren, wie sie noch nicht voll dividendenberechtigt sind. Gegensatz: alte Aktien.

K

Kapazitätsauslastung – Wichtige Kennziffer zur Feststellung des Auslastungsgrads eines Unternehmens, einer Branche oder der Gesamtwirtschaft in einer bestimmten wirtschaftlichen Periode, gemessen in Prozent der maximal zur Verfügung stehenden Produktionsmöglichkeiten.

Kapitalanlagegesellschaft – *siehe* Investmentgesellschaft.

Kapitalbeteiligungsgesellschaft – Gesellschaft, die sich an anderen, häufig mittleren und kleineren Unternehmen überwiegend als stiller Gesellschafter beteiligt, ohne nach außen hin in Erscheinung zu treten.

Kapitalbilanz – *siehe* Zahlungsbilanz.

Kapitalgewinn – Gewinn aus dem Verkauf von Wertpapieren.

Kapitalerhöhung – Erhöhung des Grundkapitals eines Unternehmens, bei Aktiengesellschaften im Wesentlichen durch Ausgabe junger Aktien, für die den Altaktionären ein Bezugsrecht eingeräumt werden muss. Wird eine solche Aufstockung nur formell vorgenommen und durch Umwandlung von Rücklagen in Grundkapital »bezahlt«, ohne dass der Aktiengesellschaft neue Mittel zufließen, stehen den Altaktionären Berichtigungsaktien zu. *Vgl.* junge Aktien, Berichtigungsaktien, Bezugsrecht.

Kapitalertragsteuer – Form der Einkommensteuer auf Erträge aus Aktien, Genussscheinen, GmbH-Anteilen usw. Bei der Auszahlung von Dividenden wird sie als Abgeltungsteuer in Höhe von 25 Prozent auf den Ertrag sogleich von der Gutschrift abgezogen. Durch einen oder mehrere Freistellungsaufträge unterbleibt der Steuerabzug durch die Bank bis zu einem Höchstbetrag von 801/1602 Euro (Sparerpauschbetrag für Ledige/Verheiratete). In bestimmten Fällen kann sich der Anleger vom Finanzamt eine Nichtveranlagungsbescheinigung besorgen, die er bei seinem Kreditinstitut einreichen muss, um den Steuerabzug ganz zu verhindern.

Kapitalgesellschaft – Gesellschaft, deren Kapital in der Regel durch mehrere Personen aufgebracht wird und die eine rechtlich selbstständige juristische Person ist (zum Beispiel Aktiengesellschaft, Gesellschaft mit beschränkter Haftung).

Kapitalmarkt – Der Markt für langfristige Kredite und Beteiligungskapital, über den sich die Unternehmen den größten Teil ihrer Gelder für anstehende Investitionen und Ähnliches besorgen. Wichtigste Teilmärkte sind der Rentenmarkt, auf dem Anleihen gehandelt werden, sowie der Aktienmarkt.

Kapitalmarktzinsen – Die am Markt für langfristige Kredite geltenden Zinsen.

Kapitalschnitt – Herabsetzung des Kapitals einer Aktiengesellschaft, wenn dieses etwa infolge von gravierenden Verlusten aufgezehrt worden ist.

Kassageschäfte – Im Gegensatz zum Terminhandel alle Geschäfte, die unverzüglich nach Geschäftsabschluss, spätestens aber zwei Börsentage später, zu erfüllen sind.

Kassahandel – Der Börsenhandel, in dem nicht auf Termin, sondern zur sofortigen Lieferung innerhalb von zwei Tagen nach dem Abschluss Geschäfte getätigt werden.

Kassakurs – *siehe* Einheitskurs.

Kassenobligationen – Von Banken oder der öffentlichen Hand ausgegebene festverzinsliche Wertpapiere mit einer Laufzeit bis zu vier Jahren.

Kaufoption – *siehe* Call.

KBV – Abkürzung für Kurs-Buchwert-Verhältnis. Analytische Kennziffer, die den Marktpreis einer Aktie ins Verhältnis zum Buchwert (= Wert der Vermögensgegenstände des Unternehmens minus Verbindlichkeiten) je Aktie setzt. Berechnung: Aktienkurs geteilt durch Buchwert je Aktie.

KCV – Abkürzung für Kurs-Cashflow-Verhältnis. Analytische Kennziffer, die den Marktpreis einer Aktie ins Verhältnis zum Cashflow je Aktie setzt. Berechnung: Aktienkurs geteilt durch Cashflow je Aktie. *Vgl.* Cashflow

KGV – Kurs-Gewinn-Verhältnis, auch Price Earnings Ratio (PER). Wichtige Kennzahl zur Beurteilung der Ertragskraft und -entwicklung eines Unternehmens im Vergleich zu einem oder mehreren anderen. Es stellt das Verhältnis zwischen dem Gesamtgewinn, bezogen auf eine einzige Aktie, und dem Kurs dieser Aktie dar. Berechnung: Aktienkurs geteilt durch Gewinn je Aktie.

Kleinaktionär – Aktionär mit relativ kleinem Aktienbesitz beziehungsweise geringem Anteil an einer Aktiengesellschaft.

Kommanditgesellschaft (KG) – Kapitalgesellschaft mit wenigstens einem persönlich (mit seinem gesamten Vermögen) haftenden und einem nur mit seiner Kapitalbeteiligung haftenden Gesellschafter (Komplementär beziehungsweise Kommanditist).

Kommunalanleihen – Anleihen der Kommunen (Städte, Gemeinden, kommunale Körperschaften). *Vgl.* Anleihe.

Kommunalobligationen – Die im Auftrag der Kommunen von Kreditinstituten ausgegebenen Schuldverschreibungen.

Konjunkturpolitik – Die von staatlicher Seite betriebene Politik, die auf einen Ausgleich übertriebener zyklischer Bewegungen gerichtet ist.

Konjunkturverlauf – Die konkrete, an der Entwicklung des Bruttoinlandsprodukts gemessene wirtschaftliche Entwicklung einer Volkswirtschaft.

Konjunkturzyklus – Die nach klassischer Vorstellung in regelmäßigen Abschnitten sich wiederholende wirtschaftliche Gesamtbewegung, die idealtypisch gekennzeichnet ist durch vier Phasen: Aufschwungphase mit einhergehender Expansion aller wirtschaftlichen Kräfte; Hochkonjunktur mit wirtschaftlichem Boom; Rückschlag mit rezessiven Erscheinungen; Tiefstand aller wirtschaftlichen Potenziale, unter Umständen sogar in Form einer nachhaltigen Depression.

Konsolidierung – Im Börsenjargon jene Börsenphase, in der aufgrund einer vorangegangenen, möglicherweise schnellen Entwicklung (nach oben oder unten) die Kurse über einen gewissen Zeitraum eine Gegenbewegung vollziehen oder um ein neu gefundenes Niveau herum schwanken, um sich an dieses Niveau zu »gewöhnen«.

Konsortialführer – Führendes Kreditinstitut innerhalb eines Konsortiums.

Konsortium – Eine zu einem zeitlich und sachlich begrenzten Zweck gegründete Gesellschaft, die im Wertpapiergeschäft zum Beispiel die Einführung neuer Aktien oder die Unterbringung (Platzierung) einer Anleihe betreibt.

Konsumklima – Die im Rahmen von Meinungsbefragungen der Konsumenten gewonnene Einschätzung des zukünftigen Verbrauchsverhaltens, die als Indikator für den Stand und die Aussicht der aktuellen Gesamtkonjunktur angesehen wird.

Kontrakt – 1. Vertrag, zum Beispiel im Rahmen des Handels mit Optionen, mit bestimmten, häufig standardisierten Merkmalen, der beiden Vertragsparteien bestimmte Rechte und Pflichten einräumt. 2. Kleinste handelbare Einheit im Rahmen des Handels mit Optionen.

Konvertibilität – Konvertible Währungen sind solche, die unbeschränkt zum gängigen Preis an den Devisenbörsen gehandelt werden können.

Kotierung – Zulassung eines Wertpapiers zum amtlichen Handel beziehungsweise Aufnahme der Kursnotierung.

Kreditlimit – Grenze, bis zu der ein eingeräumter Kredit in Anspruch genommen werden darf.

Kreditpolitik – Die im Rahmen der Zuständigkeit der Europäischen Zentralbank betriebene Politik zur Ausweitung oder Restriktion der gesamtwirtschaftlichen Kreditaufnahmemöglichkeiten.

Kündigung einer Anleihe – Soweit dies nach den Anleihebedingungen zulässig ist, die vorzeitige Rückzahlung (Tilgung) des aufgenommenen Kapitals auf einmal.

Kulisse – Bezeichnung für jene Börsenteilnehmer, die sich berufsmäßig auf eigene Rechnung am Börsenhandel beteiligen.

Kupon – Das einem festverzinslichen Wertpapier inbegriffene Zinsversprechen über in der Regel jährlich auszuzahlende Zinsen.

Kupontermin – Tag, an dem bei festverzinslichen Wertpapieren die Zinsen zur Zahlung fällig sind.

Kurs – Preis für das entsprechende Wertpapier, festgestellt in Währungseinheiten pro Stück oder Prozentsätzen vom Nominalwert.

Kursblatt – Amtliches Verzeichnis der Kursnotierungen an der jeweiligen Börse, das börsentägig herausgebracht wird.

Kurs-Cashflow-Verhältnis – *siehe* KCV.

Kursfeststellung/-findung – Der Kurs eines Wertpapiers ist der Preis, den die Marktteilnehmer in einer gegebenen Situation für die mit diesem Papier verbundenen Rechte zu zahlen bereit sind. Er richtet sich an der Börse nach Angebot und Nachfrage.

Kurs-Gewinn-Verhältnis – *siehe* KGV.

Kursindex – Der die Kursentwicklung auf einem Teil- oder Gesamtmarkt je nach Berechnungsmethode widerspiegelnde Index. Bei einem Kursindex sind die Dividenden nicht enthalten. *Vgl.* Aktienindex, Performance-Index.

Kurspflege – Stützung eines Kurses, um das entsprechende Wertpapier auf einem bestimmten Niveau zu halten.

Kurssicherung – Absicherung eines erreichten Kursniveaus durch entsprechende Gegengeschäfte am Options- oder Terminmarkt. *Vgl.* Hedge(geschäfte), Optionsgeschäfte.

Kurstaxe – Vom Kursmakler, Händler oder anderen Marktteilnehmern aufgrund der vorliegenden Marktsituation abgegebene Schätzung über die wahrscheinliche Höhe des noch nicht ermittelten Kurses, im Kursblatt vermerkt als »t« oder »T« oder »-t/T«.

Kurswert – Wert des jeweiligen Wertpapiers auf der Basis des ermittelten Kurses; bei Stücknotierung dieser Kurs selbst, bei Prozentnotierung in Prozent vom jeweiligen Nenn- beziehungsweise Nominalbetrag.

Kurszettel – *siehe* Kursblatt.

Kurszusätze – Um eine möglichst hohe Transparenz am Wertpapiermarkt zu gewährleisten, werden die an der Börse ermittelten Kurse je nach gegebener Marktlage unter Umständen mit besonderen Zusätzen versehen, die einen Aufschluss über die Handelssituation im entsprechenden Wert ermöglichen sollen.

Kurzläufer – Anleihen mit kurzer Gesamt- oder Restlaufzeit.

L

Landeszentralbanken – Die regionalen Hauptverwaltungen der Deutschen Bundesbank in den einzelnen Bundesländern.

Langläufer – Anleihen mit langer Gesamt- oder Restlaufzeit, bis zur Tilgung. Im Gegensatz zu Kurzläufern stärker kursanfällig und deshalb in Phasen mit unsicherer oder nach oben gerichteter Zinsentwicklung von den Anlegern vernachlässigt, in Phasen mit fallenden Zinsen dagegen wegen der möglichen Kurschancen besonders gesucht.

Laufzeit – Zeitraum zwischen der Ausgabe einer Anleihe oder eines Zertifikats bis zu deren beziehungsweise dessen Fälligkeit; bei Optionsscheinen und Optionen bis zum letzten möglichen Ausübungstag.

Leerverkäufe – Verkäufe von Wertpapieren, Waren oder Devisen usw. im Kassa- oder im Termingeschäft, die sich noch gar nicht im Besitz des Verkäufers befinden, zumeist mit der Absicht, sie später billiger erwerben zu können und an der Differenz zwischen Verkaufs- und Kaufpreis zu verdienen (Differenzgeschäft).

leichter – Tendenzbezeichnung für nachgebende Börsenkurse. *Vgl.* Börsentendenzen.

Leitbörse – Börse, an deren Entwicklung sich andere Börsen stark orientieren; so gelten die Börsen von New York und Tokio für die meisten übrigen Finanzmärkte als Leitbörsen.

Leitkurs – Bei festen Wechselkursen der vereinbarte Preis, um den herum sich innerhalb einer gewissen Bandbreite die Währungsparitäten bewegen dürfen, ehe die Notenbanken auf den Devisenmärkten eingreifen. *Vgl.* Interventionen.

Letzter Handelstag – Letzter Tag, an dem eine bestimmte Option oder ein Future gehandelt werden kann.

Leverage – Hebelwirkung, durch die das eingesetzte Eigenkapital von der eintretenden Entwicklung überproportional betroffen wird. Diese Hebelwirkung wird zumeist durch den Einsatz von Fremdkapital erzielt.

Limit(order) – Der vom Anleger angegebene Kurs in einem Börsenauftrag, bis zu dem gekauft beziehungsweise ab dem verkauft werden darf. Beim Kauf gibt das Limit den höchsten Kaufkurs an, beim Verkauf den Mindestkurs.

Limitierung – Feste Kursangabe in einem Börsenauftrag, bis zu deren Höhe im Kauf, von deren Höhe ab im Verkauf ein Auftrag ausgeführt werden soll.

Liquidität – Eines der wichtigsten Kriterien zur Beurteilung der Marktgängigkeit/Handelbarkeit eines Wertpapiers. Je höher die Liquidität, desto größer die Chance, ein Wertpapier möglichst jederzeit zu einem fairen Preis kaufen oder verkaufen zu können. Je höher die Liquidität, desto geringer außerdem im Allgemeinen der Spread, weil bei häufig gehandelten Papieren kein so großer Risikopuffer nötig ist wie bei selten gehandelten. Ein hoher Spread zwischen dem Angebots- und dem Nachfragepreis (Bid/Ask) weist daher auf eine geringe Liquidität hin.

Lombardgeschäft – Geschäftsbereich bei Kreditinstituten, in denen Kredite gegen die Verpfändung von Wertpapieren eingeräumt werden.

Lombardkredit – *siehe* Effektenlombardkredit.

Lombardpolitik – Festlegung der Höhe des Lombardsatzes im Rahmen der Kreditpolitik der Europäischen Zentralbank, durch die die Notenbank die Geld- und Kreditversorgung der Wirtschaft steuert und einen Einfluss auf die Preissteigerungsraten nehmen kann.

Lombardsatz – Zinssatz, zu dem die Europäische Zentralbank den Banken Kredite gegen Verpfändung von Wertpapierbeständen zur Verfügung stellt. Neben dem Diskontsatz gilt der Lombardsatz als einer der wichtigsten Orientierungspunkte über die Geld- und Kreditpolitik der Notenbank.

long – Besitz von Optionskontrakten, die noch nicht durch einen Verkauf aufgehoben beziehungsweise geschlossen wurden. Gegensatz: short.

long position – Kaufposition im Kassa- oder Terminmarkt, die ein Optionsgeschäft eröffnet.

M

Maklergebühren – *siehe* Courtage.

Management Fee – Vergütung, die eine Kapitalanlagegesellschaft für das Management und die Verwaltung eines Fonds erhält. Für passiv gemanagte Fonds liegt diese üblicherweise weit unter der Höhe, die aktiv gemanagte Fonds in Rechnung stellen. Die Vergütung kann neben einem festen Prozentanteil am Vermögen auch eine je nach Wertentwicklung abhängige variable Komponente enthalten. Darüber soll die besondere Leistung eines Managements belohnt werden.

Margin – Die vom Verkäufer einer ungedeckten Option beizubringende Sicherheitsleistung, die an der Terminbörse börsentäglich auf der Grundlage der Schlussposition jedes Clearing-Mitglieds und des Settlement-Preises festgestellt wird.

Market Maker – Händler, der im Auftrag eines Emittenten für ein bestimmtes Wertpapier, beispielsweise ein Zertifikat, jederzeit bis zu einem bestimmten Volumen Kauf- und Verkaufskurse stellen muss, um die Liquidität des Wertpapiers sicherzustellen.

Market Order – Handelsauftrag, bei dem ein Makler unverzüglich kaufen (»billigst«) oder verkaufen (»bestens«) und den vom Markt gebotenen Kurs akzeptieren muss.

Marktenge – *siehe* enger Markt.

Marktkapitalisierung – Aktueller Börsenwert einer Aktiengesellschaft. Berechnung: aktueller Kurs multipliziert mit der Anzahl der ausgegebenen Aktien.

Mengentender – Bei der Zuteilung eines Mengentenders im Rahmen des Ausschreibungsverfahrens für Wertpapierpensionsgeschäfte der Europäischen Zentralbank nennt die EZB einen Zinssatz, zu dem die Kreditinstitute Wertpapiere an sie verkaufen können.

Mini-Future-Zertifikate – Kombinieren die Einfachheit von Open-end-Indexzertifikaten mit der Hebelwirkung von Turbo-Zertifikaten. Mini-Future-Zertifikate haben keine feste Laufzeit. Der Hebel ist somit – anders, als dies etwa bei Optionsscheinen der Fall ist – ohne Laufzeitbegrenzung verfügbar. Der Preis eines Mini-Future-Zertifikats entspricht immer dem inneren Wert, d. h. dem Kapitaleinsatz, zuzüglich der marktüblichen Geld-/Briefspanne. Die mit dem Aufbau einer Hebelwirkung verbundenen Finanzierungskosten werden täglich mit dem Kapitaleinsatz verrechnet. Dadurch entfällt – auch wieder im Unterschied zu Optionsscheinen – das Aufgeld. Der Anleger zahlt nur die Finanzierungskosten, die er auch tatsächlich in Anspruch nimmt. Das erhöht die Transparenz und steigert die Hebelwirkung. Im Gegensatz zu Optionsscheinen wie auch Knock-Out-Optionsscheinen haben schwer durchschaubare Faktoren wie die Volatilität keinerlei Einfluss auf den Preis von Mini-Future-Zertifikaten. Mini-Future-Zertifikate gleichen wirtschaftlich in vielerlei Hinsicht einer Anlage in Futures. Die Vorteile gegenüber dem Future sind eine prinzipiell unbegrenzte Laufzeit, sodass kein »Roll-Risiko« besteht. Zudem kann der Anleger durch den geringen Kapitaleinsatz im Extremfall sogar höhere Hebel als mit dem Future erzielen. Außerdem sind Mini-Future-Zertifikate Wertpapiere, d. h. dass nie eine Nachschusspflicht entstehen kann, wie dies bei normalen Futures der Fall ist.

Mindestschluss – Mindestbetrag in Stück oder Nennwert pro Geschäft, ab dem eine Kursnotierung erfolgt.

Minusankündigung (–) – Kurszusatz im vorbörslichen, börslichen oder nachbörslichen Handel, der eine Veränderung des Wertpapierkurses nach unten um mindestens 5 Prozent bei Aktien, Wandelanleihen, Optionsanleihen und Optionsscheinen signalisiert; bei Doppelminusankündigungen (– –) um mindestens 10 Prozent. Gegensatz: Plusankündigung.

Momentum-Index – Trend- und Einzelwertindikator. Er ergibt sich aus der Abweichung des aktuellen Indexstands vom Durchschnitt aller Index-Schlussstände einer bestimmten Anzahl zurückliegender Tage, angegeben in Indexpunkten. Eine große Abweichung signalisiert eine Übertreibung nach oben oder unten.

MSCI-Indizes – Die von Morgan Stanley täglich veröffentlichten Weltindizes, die – nach Ländergruppen und Branchen geordnet – die Kursveränderungen an den wichtigsten internationalen Aktienmärkten wiedergeben.

N

Nachbörse – Der außerhalb der Verantwortung der Börse nach Börsenschluss stattfindende Handel, der im Wesentlichen über den Berufshandel per Telefon und computergesteuert abgewickelt wird.

Nachschusspflicht – Die etwa im Rahmen von Effektenkrediten infolge eines erfolgten Kursrückgangs entstandene Verpflichtung eines Kreditnehmers, die eingetretene Unterdeckung durch Einzahlung von Guthabenbeträgen zurückzuführen.

Namensaktien – Aktien, die auf den Namen einer bestimmten Person ausgestellt, im Aktienbuch des Unternehmens eingetragen und deren Weitergabe gegebenenfalls durch die Satzung des Unternehmens an besondere Bedingungen geknüpft werden kann (*vgl.* vinkulierte Namensaktien). Gegensatz: Inhaberaktien.

Namensschuldverschreibungen – Schuldverschreibungen, die auf den Namen des Gläubigers ausgestellt sind.

Nasdaq – Die National Association of Securities Dealers ist die erste elektronische Börse der Welt, an der heute die Aktien vieler bekannter Hightech-Unternehmen gehandelt werden. Sie wurde 1971 in den USA errichtet.

Nennbetrag – Andere Bezeichnung für Nennwert.

Nennkapital – *siehe* Stammkapital.

Nennwert – Der offizielle Wert eines Wertpapiers bei Emission (zumeist als runder Betrag zu 100, 500, 1000, 5000 Euro) im Unterschied zum Kurswert als dem Preis, der an der Börse für dieses Wertpapier bezahlt wird. Bezogen auf das jeweilige Grundkapital eines Unternehmens ergibt sich daraus bei Aktien die Anzahl der ausgegebenen Papiere (Grundkapital: Nennwert pro Aktie = Anzahl der ausgegebenen Aktien). Stimmen bei Anleihen dieser Nennwert und der Kurswert überein, spricht man von einem Pari-Kurs.

nennwertlose Aktien – Auch Quotenaktien genannt, die nicht auf einen bestimmten, in Währung ausgedrückten Nennwert lauten, sondern auf einen Bruchteil am Grundkapital der Gesellschaft.

Nettodividende – Der tatsächlich dem Anleger pro Anteil gutgeschriebene Dividendenbetrag, also abzüglich der einbehaltenen 30-prozentigen Körperschaftsteuer bei Einkommensteuerpflichtigen, ohne Abzug bei jenen, die eine Nichtveranlagungsbescheinigung des Finanzamtes vorlegen können. Gegensatz: Bruttodividende.

Nettoinventarwert – Es ist der tatsächliche Wert der in einem Fonds gehaltenen Wertpapiere, bewertet mit den aktuellen Marktpreisen.

Nettoverzinsung – Die nach Abzug von Steuern auf die erzielten Einnahmen verbleibende Verzinsung in Prozent des eingesetzten Kapitals.

Neuemission – Die neu zum Börsenhandel zugelassenen Wertpapiere.

Neuzulassung – Zulassung neu emittierter Wertpapiere zum Börsenhandel.

New York Stock Exchange (NYSE) – Bedeutendste Börse der Welt, wegen ihrer Lage an der New Yorker Wall Street oft auch einfach »Wall Street« genannt.

Nichtveranlagungsbescheinigung – Vom Finanzamt dem Anleger bei Vorliegen bestimmter Einkommensgrenzen ausgestellte Bescheinigungsurkunde, wonach dieser nicht zur Einkommensteuer veranlagt wird und ihm deshalb der Gewinn aus dem Besitz an Wertpapieren (Dividende, Zinsen, Erträge aus Investmentanteilen usw.) ohne Steuerabzug zusteht.

Nominalkapital – *siehe* Aktienkapital.

Nominalwert – Andere Bezeichnung für Nennwert.

Nominalzins – Der Zins, der sich ergibt bei Zugrundelegung des jeweiligen Nennwerts eines Wertpapiers (bei Anleihen der garantierte Zins) ohne Berücksichtigung irgendwelcher Inflation- oder Deflationsraten. Gegensatz: Realzins. *Vgl.* auch Rendite.

Nostroeffekten – Die einem Kreditinstitut selbst gehörenden Wertpapiere. Gegensatz: Loroeffekten.

Nostrogeschäfte – Auf eigene Rechnung betriebene Wertpapiergeschäfte einer Bank.

Nostroguthaben - Guthaben einer Bank bei einer anderen. Gegenteil: Nostroverbindlichkeiten.

Nostrokonten - Die von einer Bank bei einem anderen Geldinstitut geführten Konten.

Nostroverbindlichkeiten - Verbindlichkeiten einer Bank bei einer anderen. Gegenteil: Nostroguthaben.

Notenbank - Die mit der Ausgabe von Geldnoten betraute Bank, in der Europäischen Gemeinschaft die Europäische Zentralbank.

Notenumlauf - Der tatsächliche Umlauf an ausgegebenen Banknoten eines Staates oder einer Währungsunion.

Notierung/Notiz - Der ermittelte und im Börsenblatt wiedergegebene Kurs eines Wertpapiers. *Vgl.* Kursermittlung, Kurszusätze.

Null-Kupon-Anleihen - *siehe* Zerobonds.

Nummernkonten - Anonyme Konten bei Kreditinstituten.

NYSE - Abkürzung für New York Stock Exchange.

O

Obligation - Festverzinsliches Wertpapier, in dem sich der Aussteller (Emittent/Schuldner) gegenüber dem Inhaber der Urkunde zur Zahlung eines bestimmten Betrages zuzüglich einer entsprechenden Vergütung (Zinsen) für das zur Verfügung gestellte Kapital verpflichtet.

offener Immobilienfonds - Immobilienfonds, dessen Mittel durch in ihrer Anzahl unbegrenzt ausgegebene, jederzeit zurückgenommene Anteile am Sondervermögen aufgebracht werden. Gegensatz: geschlossener Immobilienfonds.

offener Investmentfonds - *siehe* Open-end Fund.

Offenmarktpolitik - Politik der Deutschen Bundesbank im Rahmen ihrer Gesamtverantwortung für Währung und Wirtschaft, bei der sie über den offenen Kauf oder Verkauf von Wertpapieren am Geld- und Kapitalmarkt einen Einfluss auf die Zinsentwicklung und die Liquidität nehmen kann.

OGAW - Abkürzung für Organismus für gemeinsame Anlagen in Wertpapieren, Englisch: Undertakings for Collective Investments in Transferable Securities (UCITS). Die OGAW-Richtlinie definiert die speziellen Anforderungen an Fonds und Kapitalanlagegesellschaften, die erfüllt sein müssen, damit der betreffende Fonds eine Vertriebszulassung in der EU erhält. Einen Schwerpunkt bildet hierbei die Regelung der gesetzlich zulässigen Vermögensgegenstände und je nach Fondsart deren prozentualen Anteile am Fondsvermögen.

Open-end-Fund - Hierzulande übliche und allein zulässige Form eines offenen Investmentfonds, der im Gegensatz zum geschlossenen Fonds keine begrenzte

Anzahl von Anteilen ausgibt, sondern laufend neue Anteile an Anleger verkauft oder von diesen jederzeit zurücknimmt, falls erwünscht. Der Kurswert eines Anteils richtet sich nach dem tatsächlichen, anteiligen Wert am Fondsvermögen (Inventarwert), der sich aus dem Barvermögen und dem jeweiligen Kurswert der vom Fonds erworbenen Wertpapiere ergibt. Er wird börsentäglich ermittelt und veröffentlicht. Dem Anleger gegenüber übernimmt die Investmentgesellschaft eine Verpflichtung zur Rücknahme der Anteile.

Open-end-Produkte – Finanzinstrumente, deren Laufzeit von vornherein nicht begrenzt ist – im Gegensatz zum Beispiel zu Optionen, Optionsscheinen und einer Vielzahl von Zertifikaten.

Optionszertifikat – Die eigentliche, die Optionsrechte verbriefende und an der Börse handelbare Urkunde.

Option – Bedingter Terminkontrakt; geltend zu machendes Recht für den Käufer, ein bestimmtes, vertraglich vereinbartes, standardisiertes Angebot (innerhalb einer bestimmten Frist) anzunehmen oder abzulehnen. Der Verkäufer (»Stillhalter«) als Gegenpartei hat dabei nicht die Wahl, ob er das Geschäft durchführt oder nicht. *Vgl.* Optionsgeschäfte.

Optionsanleihe – Anleihe, der eine bestimmte Anzahl von Optionsscheinen beigegeben sind, die durch eine Trennung von der Anleihe für sich an der Börse gehandelt werden können und zum Bezug von Aktien, Devisen oder ähnlichen Wertpapiere beziehungsweise Vermögenswerten berechtigen. Auf diese Weise können Unternehmen benötigtes Kapital niedrigverzinslich beschaffen, da sie dem Anleger über die zusätzliche Einräumung des Optionsrechts Gewinnchancen gewähren, die mindestens den Zinsnachteil gegenüber normal verzinslichen Anleihen am Kapitalmarkt ausgleichen sollen. *Vgl.* Optionsscheine.

Optionsgeschäfte – In seinem Urteil vom 22. Oktober 1984 hat der Bundesgerichtshof den Begriff des Optionsgeschäfts ausführlich definiert, wobei die auf den speziellen Fall des Aktienoptionsgeschäfts zugeschnittene Bemerkung sinngemäß auch auf andere Optionsgegenstände (Devisen, Edelmetalle, Waren usw.) übertragen werden kann: Inhalt des Optionsgeschäfts ist der Erwerb oder die Veräußerung des Rechts, eine bestimmte Anzahl (Mindestschluss) von Wertpapieren einer bestimmten, zum Aktienhandel zugelassenen Aktienart (Optionspapiere) jederzeit während der Laufzeit der Option zu einem im Voraus vereinbarten Preis (Basispreis) entweder vom Kontrahenten (Stillhalter) zu kaufen oder an ihn zu verkaufen. Für dieses Recht hat der Käufer bei Abschluss des Optionsgeschäfts den Optionspreis (Prämie) zu zahlen. Gehandelt werden Kauf- und Verkaufsoptionen (Calls und Puts). Der Käufer einer Kaufoption erwirbt das Recht, jederzeit während der Laufzeit vom Stillhalter die den Gegenstand des Geschäfts bildenden Aktien zu dem vereinbarten Basispreis zu kaufen. Er wird in der Regel von diesem Recht Gebrauch machen, wenn der Kurs der Aktien innerhalb der Laufzeit der Option steigt. Bleibt er gleich oder fällt er, wird die Option nicht ausgeübt; allerdings ist dann der Optionspreis verloren. Der Verkäufer einer Kaufoption (Stillhalter in Stücken) muss während der Optionszeit auf Verlangen des Käufers die Aktien zum vereinbarten Basispreis liefern. Da er deshalb die Aktien im Prinzip vorzuhalten hat, erhält er für diese Leistung den Optionspreis. Der Käufer einer Verkaufsoption erwirbt das Recht, bis zur Fälligkeit der Option jederzeit die Aktien an den Stillhalter zu dem vereinbarten Basispreis zu verkaufen. Er rechnet mit fallendem Kurs und wird die Option dann nicht ausüben, wenn der Kurs der Aktien gegenüber dem Basispreis gleich geblieben oder gestiegen ist. Der Verkäufer einer Verkaufsoption (Stillhalter in Geld) muss bis zum Ende der Optionszeit auf Verlangen des Käufers die Aktien abnehmen; er erhält fürs Eingehen seiner Abnahmeverpflichtung den Optionspreis. Das Optionsgeschäft wird in zwei Phasen abgewickelt. Der erste Teilakt besteht aus dem Abschluss des Optionsvertrages und der Zahlung des Optionspreises. Macht der Optionskäufer von seinem Gestaltungsrecht Gebrauch, kommt es zu dem eigentlichen Wertpapiergeschäft. Bei der Kaufoption muss der Stillhalter die Aktien liefern und der Käufer den vollen (Basis-)Preis bezahlen. Wenn er – was die Regel sein dürfte – über diesen Betrag nicht verfügt, stellt er seine Verbindlichkeiten durch Abschluss eines Gegengeschäfts glatt. Er veräußert die gekauften Aktien zum (gegenüber dem Basispreis) höheren Tageskurs und begleicht mit dem Erwerb seine Zahlungsverpflichtungen aus dem Kaufgeschäft. Die Differenz zwischen dem höheren Verkaufserlös und dem (niedrigeren) Einkaufspreis verbleibt ihm. Einen Gewinn erzielt er allerdings nur, wenn der Differenzbetrag den Optionspreis und die bei der Durchführung des Geschäfts entstehenden Kosten übersteigt. *Vgl.* Call, Put.

Optionsinhaber – Käufer eines Calls oder eines Puts.

Optionsklasse – Alle Optionen desselben Typs mit demselben Basiswert.

Optionsprämie – Andere Bezeichnung für Optionspreis.

Optionspreis – Die Prämie, die der Käufer eines Optionsrechts bezahlen muss und der Verkäufer dieses Rechts aufgrund seiner Leistung erhält, auf Verlangen des Käufers bis zum Verfalltermin jederzeit den Bezugswert zum vereinbarten Preis zu liefern beziehungsweise abzunehmen.

Optionspreismodell – Idealtypisches Berechnungsschema (zum Beispiel nach Black & Scholes) zur Bestimmung des fairen Preises einer Option.

Optionsrecht – Das durch eine Kauf- oder Verkaufsoption erworbene Recht. Dieses Recht kann innerhalb des Zeitraums, für den es gültig ist, ausgeübt, aber auch durch Verkauf auf andere übertragen werden. Nach dem letzten möglichen Ausübungstag verfällt das Optionsrecht.

Optionsscheine (warrants) – Die Spekulation mit Optionsscheinen gehört zu den risikoreicheren Varianten des Börsengeschäfts. Optionsscheine werden ursprünglich zusammen mit einer entsprechenden Anleihe, der Optionsanleihe (Anleihe-cum) herausgegeben, wobei die Anleihe aber auch ohne Optionsscheine (Anleihe-ex) sowie die Optionsscheine für sich genommen an der Börse gehandelt werden können. Je nach Ausstattung berechtigen solche Optionsscheine innerhalb einer bestimmten Zeitspanne zum Bezug von Aktien, Devisen, Edelmetallen oder Ähnlichem in einem bestimmten Bezugsverhältnis zu einem bestimmten, vorher festgelegten Preis.

Optionsserie – Alle Optionen desselben Typs, Basiswerts, Basispreises und Verfalltermins.

Optionstyp – Es gibt zwei solcher Typen, die Kaufoption (Call), mit der auf einen steigenden Kurs des Basiswerts spekuliert wird, oder die Verkaufsoption (Put), mit der auf einen sinkenden Kurs des Basiswerts spekuliert wird.

Optionswert – *siehe* fairer Preis.

Over-the-Counter Market (OTC-Markt) – Freiverkehrsmarkt der USA für Aktien und Anleihen.

P

Pari-Kurs – Kurs, der genau mit dem Nennwert eines Wertpapiers übereinstimmt. Eine Anleihe, die zu pari herausgegeben wird, hat dann einen Kurs von 100 Prozent. Wird sie unter pari ausgegeben, ergibt sich daraus eine höhere Realverzinsung als durch den vereinbarten Nominalzinssatz ausgedrückt; denn der Erwerber investiert weniger als 100 Prozent vom Nominalwert der Anleihe, erhält aber auf diesen Nominalwert die angegebenen Zinsen.

Parität – Austauschverhältnis zweier Währungen zueinander.

Parkett – Ort, an dem der Börsenhandel stattfindet und den nur die zugelassenen Börsenbesucher (Makler, Händler usw.) betreten dürfen.

Partizipationsscheine – In der Schweiz sehr verbreitete Form von Wertpapieren nach Art von Genussscheinen, die keine Mitgliedschafts-, sondern nur Vermögensrechte (Gewinnbeteiligung, Bezugsrechtseinräumung usw.) garantieren.

Passiva – Die auf der rechten Seite der Bilanz, der Passivseite, ausgewiesenen Finanzierungsquellen eines Unternehmens, im Wesentlichen unterteilt in Eigenkapital, Rückstellungen und Verbindlichkeiten.

Passivgeschäfte – Alle auf der Passivseite der Bilanz ausgewiesenen, der Beschaffung von Geldern dienenden Geschäfte einer Bank.

Pennystocks – Englische Bezeichnung für in der Regel hochspekulative Aktien mit ausgesprochen niedrigem Kurswert von zumeist weniger als einem Dollar beziehungsweise Euro. Sie sind zwar optisch billig, in Wirklichkeit aber in der Regel sehr schwankungsanfällig.

Pensionsgeschäft – Verkauf von Werten, zum Beispiel Wertpapieren, für einen bestimmten Zeitraum mit der gleichzeitig vereinbarten Rücknahmegarantie nach Ablauf dieser Zeit zu einem bestimmten Preis.

Pensionssatz – Der für Pensionsgeschäfte von Seiten der EZB erhobene aktuelle Zinssatz.

PER (Price Earnings Ratio) – *siehe* KGV (Kurs-Gewinn-Verhältnis).

Performance – Im weiteren Sinn die Wertentwicklung eines Investments beziehungsweise Wertpapierdepots. Im engeren Sinn der Wertzuwachs des Vermögens einer Investmentgesellschaft als Ausdruck der Leistung seiner Vermögensverwalter.

Performance-Index – Börsenindex wie der DAX (Performance-Index), bei dem sämtliche Dividenden und sonstige Ausschüttungen im Rahmen der Indexberechnung sofort wieder reinvestiert werden. Er spiegelt damit die tatsächliche Wertentwicklung, die sich aus der Kursentwicklung einschließlich Ausschüttungen der Aktien ergibt, was zu einer höheren Notierung führt. Beim DAX liegt der durchschnittliche Dividendenanteil immerhin bei rund 3 Prozent. Bedeutende Indizes wie der Dow Jones, der S&P 500 oder der Nasdaq Composite werden dagegen als Kursindizes notiert. – Neben dem DAX als Performance-Index für die 30 Blue-Chips des deutschen Aktienmarktes gibt es auch den DAX als reinen Kursindex. Wichtig für Anleger: Bei Vergleichen der Entwicklung eines Index mit einem anderen sollte man dies grundsätzlich auf derselben Grundlage tun.

Personengesellschaften – Unternehmen, bei denen alle oder einzelne Gesellschafter mit ihrem gesamten Vermögen haften: offene Handelsgesellschaft (OHG), Kommanditgesellschaft (KG) sowie die Gesellschaft bürgerlichen Rechts (GbR).

Pfandbriefe – Von Hypothekenbanken ausgegebene, langfristige Schuldverschreibungen, die der Finanzierung von Baukrediten dienen und wegen der Beleihung von Grundvermögen besonders gut gesichert erscheinen.

Pfandbriefanstalten – *siehe* Realkreditinstitute.

Pfandbriefmarkt – Teilbereich des Marktes für festverzinsliche Wertpapiere.

Platzierung – Unterbringung von (zumeist neu herausgegebenen) Wertpapieren an der Börse oder direkt beim Anlagepublikum.

Plusankündigung (+) – Kurszusatz im vorbörslichen, börslichen oder nachbörslichen Handel, der eine Veränderung des Wertpapierkurses nach oben um mindestens 5 Prozent bei Aktien, Wandelanleihen, Optionsanleihen und Optionsscheinen signalisiert; bei Doppelplusankündigung (++) um mindestens 10 Prozent. Gegensatz: Minusankündigung.

Point-&-Figure-Analyse – Instrument der technischen Aktienanalyse, das sich von der herkömmlichen Analyse anhand von Balken- und Linien-Charts vor allem durch das Fehlen von Zeit- und Umsatzfaktoren, die Vernachlässigung kleinerer Kursbewegungen und die andersartige formale Darstellungsform unterscheidet.

Portefeuille/Portfolio – Gesamtbestand von Wertpapieren.

Präsenzbörse – Börse, bei der die Kauf- und Verkaufsaufträge über anwesende Personen auf dem Parkett und nicht allein über Computer zusammengeführt werden.

Price Earnings Ratio (PER) – *siehe* KGV (Kurs-Gewinn-Verhältnis).

Präsenzbörse – Börse, bei der der Handel nicht rein elektronisch, sondern durch Börsenmakler abgewickelt wird.

Prime Rate – In den USA den ersten Industriekunden eingeräumter Zinssatz für kurzfristige Kredite, dessen Entwicklung als Indikator für die Entwicklung der Zinsen überhaupt angesehen wird.

Privatbanken – Im Gegensatz zu den öffentlich-rechtlich betriebenen Banken wie Sparkassen, Landesbanken usw. sind Privatbanken Kreditinstitute, die in privatem Eigentum stehen; oft haben sie die Rechtsform einer Aktiengesellschaft.

Privatplatzierung – Unterbringung einer neu emittierten, nicht für den amtlichen Handel vorgesehenen Anleihe in festen Händen.

Prospekthaftung – Haftung von Emittent und Konsortialinstituten für Schäden, die dem Anleger wegen fahrlässiger, fehlerhafter oder absichtlich irreführender Angaben im Emissionsprospekt entstehen.

Prozentnotierung – Im Gegensatz zur Stücknotierung eine in Prozent vom Nominalwert des Wertpapiers ausgedrückte Kursangabe, wie sie zum Beispiel für Anleihen üblich ist.

Publikumsfonds – Investmentfonds, in den jeder Anleger investieren kann. Gegensatz: Spezialfonds, die nur für bestimmte Investorengruppen – zum Beispiel Pensionsfonds – aufgelegt werden.

Publizitätspflicht – Unternehmen, die ihre Aktien an einer Börse listen lassen wollen, unterwerfen sich damit einer besonderen Verpflichtung zur regelmäßigen Bekanntgabe von Informationen über die Entwicklung ihrer Geschäfte.

Put – Verkaufsoption, durch die der Käufer gegen Zahlung eines Optionspreises das Recht, nicht aber die Verpflichtung erwirbt, einen bestimmten Basiswert (zum Beispiel eine Aktie, eine Unze Feingold) innerhalb eines festgelegten Zeitraums (Laufzeit bis zum Verfall) zum vereinbarten Preis (Basispreis) zu verkaufen.

Q

Quantitative Easing – Englische Bezeichnung für eine extreme, unkonventionelle Lockerung der Geldpolitik einer Notenbank. Dabei kauft die Notenbank meist langfristige private oder öffentliche Wertpapiere – zum Beispiel Staatsanleihen – von den Geschäftsbanken auf, um deren Liquiditätsbasis für den Ausbau ihrer Geschäfte und insbesondere ihre Kreditvergabe zu unterstützen. Indirekt finanziert die Notenbank durch den Aufkauf von Staatsanleihen daher auch die entsprechenden Staaten. Die Europäischen Zentralbank (EZB) praktiziert dies schon seit Längerem, obwohl es eigentlich verboten ist und zu heftiger Kritik von Experten führt.

Quartalsdividende – Die in den USA weit verbreitete, in vierteljährlichen Abständen ausgezahlte Dividende.

Quellensteuer – Steuer auf Einnahmen aus Kapitalvermögen, die gleich am Entstehungsort, an der »Quelle«, von diesen Einnahmen abgezogen wird.

Quote – Im Rahmen der Terminbörse eine von einem Market Maker in das Anzeigesystem eingegebene Offerte als Geld- und Briefkurs für eine bestimmte Option.

R

r – Der Kurszusatz »repartiert«, abgekürzt auch rep, besagt, dass die vorgelegten Aufträge nur in beschränktem Umfang ausgeführt werden konnten. *Vgl.* Kurszusätze.

Ratenanleihe – Anleihe, deren Tilgung in gleichbleibenden Raten erfolgt. *Vgl.* dagegen Annuitätsanleihe.

Rating – Klassifizierung der Bonität eines Schuldners nach bestimmten Kriterien in einem über mehrere Stufen gegliederten Einteilungsschema. In den USA werden Anleihen mit einem entsprechenden Zusatz als AAA-Anleihen (höchste Bonitätsstufe) bis D-Anleihen (niedrigste Bonitätsstufe) gekennzeichnet.

Realignment – Die Anpassung von Wechselkursen an veränderte Verhältnisse.

Realtime-Kurse – Kurse, die in dem Augenblick übermittelt werden, in dem sie tatsächlich entstehen.

Realzins – Zinsertrag, der sich unter Berücksichtigung der eingetretenen Inflations- oder Deflationsrate ergibt. Gegensatz: Nominalzins; *vgl.* auch Rendite.

Rechenschaftsbericht – Bericht in der Hauptversammlung einer Aktiengesellschaft über die abgelaufene Rechnungsperiode, verbunden mit der Vorlage des Jahresabschlusses.

Rediskontierung – Eine der wichtigsten Refinanzierungsmöglichkeiten der Banken, die von ihnen zum Diskont angenommenen Wechsel an die Europäische Zentralbank weiterverkaufen zu können.

Rediskont-Kontingent – Umfang der den Kreditinstituten im Rahmen ihrer Refinanzierung von der Deutschen Bundesbank maximal und über den Ankauf der von ihnen diskontierten Wechsel zur Verfügung gestellten Gelder (*vgl.* Diskont, Diskontsatz).

regulierter Markt – Gesetzlich geregeltes Zulassungssegment an der Deutschen Börse. Dort zugelassene Wertpapiere durchlaufen ein öffentlich-rechtliches Zulassungsverfahren und müssen besonders strenge Voraussetzungen und spezielle Pflichten erfüllen.

Rendite – Ertrag eines Investments in Prozent des tatsächlich investierten Kapitals. Als direkte Rendite ergibt sie sich aus den im Laufe eines Jahres gutgeschriebenen Zins- oder Dividendenerträgen, bezogen auf den Einstiegskurs. Dagegen muss bei der Berechnung der Anlagerendite das beim Erwerb der entsprechenden Papiere möglicherweise vorhanden gewesene Auf- oder Abgeld auf die Restlaufzeit des Investments umgerechnet werden. In der Regel wird die Rendite unabhängig von möglicherweise zwischenzeitlich stattgefundenen Kaufpreisänderungen (Inflation/Deflation) ausgewiesen = **nominale Rendite**. Werden diese berücksichtigt, spricht man von der **realen Rendite**. Werden darüber hinaus mögliche steuerliche Abzüge, zum Beispiel die Abgeltungssteuer, berücksichtigt, ist dies die **wahre Rendite** (nach Werner Kurzawa). Dies ist für den Anleger die eigentlich maßgebliche Kennzahl, um verschiedene Investments seriös miteinander vergleichen zu können.

Rentabilität – Maßstab zur Messung der Ertragskraft eines Unternehmens, häufig als Prozentzahl Gewinn/Eigenkapital (Eigenkapitalrentabilität) oder Gewinn/Umsatz (Umsatzrentabilität).

Renten – Kurzbezeichnung für festverzinsliche Wertpapiere, Synonym für Anleihen.

Rentenfonds – Die von einer Kapitalanlagegesellschaft (Investmentgesellschaft) verwalteten Fonds, die ausschließlich oder überwiegend in festverzinslichen Wertpapieren (Renten, Anleihen) angelegt werden.

Rentenmarkt – Teilmarkt der Börse für den Handel von festverzinslichen Wertpapieren.

Rentenwerte – Sammelbegriff für alle festverzinslichen Wertpapiere wie Anleihen, Kommunalobligationen, Pfandbriefe usw. im Gegensatz zu den Dividendenpapieren.

rep – *siehe* r

repartieren – Bei der Emission neuer Wertpapiere führt eine Überzeichnung der Emission aufgrund einer zu großen Nachfrage bei zu geringem vorhandenem Volumen dazu, die vorliegenden Aufträge nach einem bestimmten Schlüssel aufzuteilen, zu repartieren. Bei einer 10-fachen Überzeichnung würde man etwa jedem Kunden nur ein Zehntel der georderten Menge zur Verfügung stellen.

Restlaufzeit – Die bis zur Fälligkeit einer Forderung oder bis zum Verfall eines Rechts verbleibende Zeitspanne.

Rezession – *siehe* Konjunkturzyklus.

Rohstoffbörsen – Warenterminbörsen, an denen die zur Herstellung von Gütern benötigten Rohstoffe gehandelt werden.

Rücknahmepreis – Der Preis, für den ein Fondsanteil von der Kapitalanlagegesellschaft, zurückgenommen wird. Er ergibt sich aus dem Inventarwert einschließlich eventueller Kassenbestände pro Anteil abzüglich Verkaufsspesen und Rücknahmekosten.

Rückstellungen – Im Gegensatz zu Rücklagen als Verbindlichkeiten anzusehen, wobei die Höhe der möglicherweise einzugehenden Verpflichtungen häufig noch nicht genau festliegt.

S

Sampling – Verfahren bei der Replikation von ETFs. Es funktioniert ähnlich wie eine physische Replikation, bei der die im Index enthaltenen Wertpapiere tatsächlich erworben werden. Beim Sampling wird der Kauf im Wesentlichen auf einige wenige, die Indexentwicklung stark bestimmende Einzelwerte beschränkt. Der übrige Teil wird wahlweise durch sich ähnlich entwickelnde, günstiger zu erwerbende Wertpapierkörbe unter Umständen auch aus ganz anderen Anlageregionen abgedeckt, alternativ aber häufig auch durch Swaps, also Tauschgeschäfte mit Banken. Das soll nicht zuletzt die Kosten für die Replikation mindern.

Schatzanweisungen – Kurz- bis längerfristige Schuldverschreibungen der öffentlichen Hand mit einer Laufzeit zwischen sechs Monaten und zwei Jahren; auch in Form unverzinslicher beziehungsweise abgezinster (diskontierter) Papiere angeboten.

Schatzwechsel – Kurzfristige Schuldverschreibungen der öffentlichen Hand mit einer Laufzeit bis zu sechs Monaten, deren Zinsen dem Anleger beim Kauf sofort vergütet und also vorab vom Anlagekapital abgezogen werden (Diskontierung).

Schaukelbörse – Tendenzbezeichnung für die Kursentwicklung einer Börsensitzung, wenn diese durch ein mehrmaliges, »unentschiedenes« Auf und Ab der Kurse gekennzeichnet ist.

Schlusskurs – Der letzte Kurs, der im variablen Handel am Ende einer Börsensitzung ermittelt wird, je nach Zeitpunkt der Kursabfrage am Monitor als Lt (für Last) oder Cl (Close) angezeigt. Gegensatz: Eröffnungskurs.

Schuldverschreibungen – Anderer Ausdruck für Obligationen. Sammelbezeichnung für festverzinsliche Wertpapiere. *Vgl.* Anleihe.

schwach – Tendenzbezeichnung für eine abwärts gerichtete Kursentwicklung. *Vgl.* Börsentendenz.

»Schwarzer Freitag/Montag« – Tage in der Geschichte der Börse, an denen es zu dramatischen Kursverlusten kam. Am Freitag, dem 25. Oktober 1929, wurde auf diese Weise eine mehrjährige Hausse beendet und eine Wirtschaftskrise eingeläutet, die in der Folge auch alle übrigen Länder erfasste. Am Montag, dem 19. Oktober 1987, unterbrach ein entsprechender Börsen-Crash die bis dahin längste Hausse-Bewegung der Nachkriegsgeschichte, ohne allerdings in der Folgezeit auch entsprechende Auswirkungen auf die übrige Wirtschaft zu entfalten.

schwere Aktien – Aufgrund ihres Kurswerts oder ihrer zu großen Stückelung (zum Beispiel 5000 Euro) optisch teuer erscheinende Aktien. Gegensatz: leichte Aktien/Pennystocks.

SEC – *siehe* Securities and Exchange Commission.

Securities and Exchange Commission (SEC) – Die Börsenaufsichtsbehörde der USA mit besonders weitreichenden Befugnissen zur Nachforschung und Verfolgung von Unregelmäßigkeiten an den Börsen, von verbotenen Insidergeschäften usw.

Sekundärmarkt – Im Gegensatz zum Primärmarkt, dem Markt für Neuemissionen, nennt man den Markt für umlaufende Wertpapiere Sekundärmarkt.

Settlement-Preis – Die auf der Basis der Börsenentwicklung täglich vorgenommene Bewertung einer Option, die auch als Grundlage für die Ermittlung der Sicherheitsleistung (Margin) dient, die die einzelnen Börsenteilnehmer für Short-Positionen bereitstellen müssen.

Shares – Engl. Bezeichnung für Aktien und Anteile, auch »Stocks« genannt.

Sharpe ratio – Eine Kennziffer, die die Überrendite einer Geldanlage über einen risikolosen Zins pro Risikoeinheit (bezogen auf dessen Kursschwankungsbreite/Volatilität) misst und den Vergleich zwischen unterschiedlichen Geldanlagen ermöglicht. Unterscheiden sich beispielsweise zwei Investmentfonds sowohl in der Rendite als auch in der Volatilität, sollten Anleger unter sonst gleichen Bedingungen (»ceteris paribus«) dem Fonds mit der höheren Sharpe ratio den Vorzug geben.

short – Besitz von Optionskontrakten, die noch nicht durch einen Kauf aufgehoben beziehungsweise geschlossen wurden. Gegensatz: long.

Short-Position – Position, die aus dem Opening-Verkauf eines Kontraktes entsteht.

short verkaufen – Vermögenswerte, etwa Aktien, verkaufen, die man nicht besitzt (leer verkaufen, Leerverkauf). Short-Verkäufer zielen darauf ab, einen Gewinn dadurch zu erzielen, dass sie Wertpapiere verkaufen, die sie gar nicht besitzen, sondern nur vorübergehend etwa von einem Fonds ausgeliehen haben. Sie erwarten, dass diese Papiere künftig an Wert verlieren und sie dadurch die Möglichkeit haben, die geliehenen Titel zu einem günstigeren Preis zurückzukaufen und an den Ausleiher zurückzugeben.

Sicherungsgeschäft – *siehe* Hedgegeschäft.

Skontro – Bei den Banken geführte Hilfsbücher zur Überwachung von Bestandsmengen und -veränderungen unter anderem im Effektenverkehr.

Skontroführer - Gesetzlich zugelassene Börsenmakler, die die Kursfeststellung an der Börse übernehmen und dabei neutral und nicht weisungsgebunden agieren müssen.

Sondervermögen - Das von einer Kapitalanlagegesellschaft (Investmentgesellschaft) verwaltete Vermögen eines Fonds, das vom Vermögen der Gesellschaft strikt getrennt ist und im Falle einer Insolvenz nicht zu deren Insolvenzmasse gehört.

Sonderverwahrung - Im Wertpapiergeschäft die gesonderte Aufbewahrung der einem Kunden gehörigen Papiere im Streifbanddepot im Unterschied zur allgemein üblichen Girosammelverwahrung.

Sorten - Ausländische Zahlungsmittel. *Vgl.* dagegen Devisen.

Sparquote - Verhältnis des nicht konsumierten Einkommens zum Gesamteinkommen, ausgedrückt in Prozent des Gesamteinkommens.

Spekulation - Im wörtlichen Sinn ein in die Zukunft gerichtetes, vorausschauendes Verhalten (von lat. speculare) mit dem Ziel, künftige Entwicklungen in den eigenen Dispositionen vorwegzunehmen und daraus einen (wirtschaftlichen) Nutzen zu ziehen.

Spekulationsgeschäfte - Im Sinne der Einkommensteuerbestimmung sind Spekulationsgeschäfte alle der Spekulationssteuer unterliegenden privaten Veräußerungsgeschäfte. *Vgl.* Spekulationssteuer.

Spekulationssteuer - Umgangssprachlich verwendeter Begriff für die auf Kursgewinne aus Börsengeschäften anfallende Einkommensteuer, die etwa bei Gold und goldhinterlegten ETCs dann erhoben wird, wenn zwischen Kauf und Verkauf nicht mehr als zwölf Monate (Spekulationsfrist) verstrichen ist. Auch bei Aktien gab es früher eine Spekulationsteuer, wenn die Haltedauer unter einem Jahr lag. Mit Einführung der Abgeltungsteuer seit 2009 sind alle aus Kapitalanlagen gewonnenen Einkünfte (Zinsen, Dividenden, Kursgewinne) mit einem einheitlichen Steuersatz von 25 Prozent zzgl. eventuellem Solidaritätszuschlag von 5,5 Prozent und eventueller Kirchensteuer von 8 bis 9 Prozent belastet. Damit ist die Steuerschuld für den Anleger automatisch abgegolten. Die Spekulationsfrist wurde bei Aktien abgeschafft.

Sperrminorität - Minderheitsbeteiligung an einem Unternehmen, durch die aber bereits wichtige Unternehmensbeschlüsse, zum Beispiel die Änderung von Satzungsbestimmungen des Unternehmens, verhindert werden können. Bei Aktiengesellschaften liegt diese bei 25 Prozent.

Spesen - Die im Zusammenhang mit dem Abschluss eines Bank- beziehungsweise Börsengeschäfts anfallenden Zahlungen für Auslagen, Gebühren, Bankprovisionen usw.

Spezialwerte - Im Gegensatz zu den Standardwerten Aktien von zumeist kleineren Unternehmen mit darüber hinaus gegebenenfalls nur regionaler Bedeutung.

Split – Andere Bezeichnung für Splitting.

Splitting – Im Gegensatz zur Kapitalerhöhung aus Gesellschaftsmitteln, wie sie der Ausgabe von Berichtigungs- beziehungsweise »Gratisaktien« zugrunde liegt, kommt es beim Splitting nicht zu einer wirklichen Kapitalerhöhung, sondern lediglich zu einer Veränderung in der Anzahl der auf das Grundkapital einer Aktiengesellschaft ausgegebenen Aktien.

Spread – 1. Kauf und Verkauf einer gleichen Anzahl von Optionen zur gleichen Zeit mit unterschiedlichem Basispreis und/oder Verfalldatum. 2. Differenz zwischen zwei Preisen, zum Beispiel dem Kauf- und Verkaufspreis eines Wertpapiers an der Börse zum selben Zeitpunkt (Bid/Ask-Spanne) in Währung oder Prozent.

Staatsanleihen – Die von einem Staat (in Deutschland der Bundesrepublik Deutschland), den Ländern und Gebietskörperschaften ausgegebenen Schuldverschreibungen.

Staffelanleihen – Im Gegensatz zu festverzinslichen Anleihen solche mit im Laufe der Zeit steigender oder fallender garantierter Verzinsung.

Stammaktien – Im Gegensatz zu Vorzugsaktien Aktien eines Unternehmens mit vollem Stimmrecht in der Hauptversammlung ausgestattete Aktien.

Stammeinlage – Der Kapitalanteil am Gesamtkapital, der auf einen Gesellschafter bei einer GmbH entfällt.

Stammkapital – Das sich aus den einzelnen Stammeinlagen ergebende gesamte Nominalkapital bei einer GmbH.

Standard-&-Poor's 100 beziehungsweise 500 – Einer der umfassendsten Aktienindizes des amerikanischen Wertpapiermarktes, in dem 100 beziehungsweise 500 Aktienwerte (nach einem bestimmten, repräsentativen Querschnitt gewichtet) enthalten sind. Aus diesem Grund halten viele Analysten den S&P 100 beziehungsweise 500 für aussagekräftiger als den bekannteren, aber auf weniger Werten basierenden Dow Jones Industrial Average.

Standardwerte – Aktien von großen Publikumsgesellschaften aus dem Bereich der Chemie, der Autoindustrie, der Banken usw. mit entsprechenden hohen regelmäßigen Börsenumsätzen.

stille Reserven – Aus nichtverteiltem Gewinn gebildete Rücklagen, soweit sie in der Bilanz nicht ausgewiesen sind.

Stillhalter – Bei Kauf- oder Verkaufsoptionen die jeweiligen Kontrahenten des Optionsgeschäfts. Der Stillhalter verpflichtet sich, dem Käufer einer Kaufoption innerhalb der Optionsfrist jederzeit die entsprechenden Stücke zum vereinbarten Kurs (Basispreis) zu liefern. Das Risiko dieses Stillhaltergeschäfts ist daher sehr hoch.

Stillhaltergeschäfte – Die sich aus der Stillhalterposition an der Optionsbörse ergebenden Geschäfte, zum Beispiel durch den Verkauf einer Kaufoption auf im eigenen Depot befindliche Basiswerte.

Stimmrecht – Das dem Inhaber von Stammaktien zustehende Recht zur Stimmabgabe auf der Hauptversammlung der Aktiengesellschaft. *Vgl.* Hauptversammlung.

Stop-Buy-Order – Weit verbreitete Art eines Kaufauftrags, der automatisch an die Börse gegeben wird, wenn ein bestimmter Wertpapierkurs erreicht beziehungsweise überschritten wird. Solche Order dienen dem Anleger dazu, sich einen attraktiv erscheinenden Einstiegskurs zu sichern. Bei fallenden Kursen kann das der Punkt sein, an dem der Anleger eine Wende nach oben erwartet.

Stop-Loss-Order – Weit verbreitete Art eines Verkaufsauftrags, der automatisch an die Börse gegeben wird, wenn ein bestimmter Wertpapierkurs erreicht beziehungsweise unterschritten wird. Solche Orders dienen dem Anleger dazu, Gewinne abzusichern oder Verluste zu begrenzen.

Stop-Market-Order – Zusammenfassender Begriff für Stop-Loss- und Stop-Market-Orders.

Straddle – Kauf oder Verkauf einer identischen Anzahl Calls und Puts mit gleichem Basiswert, Basispreis und Verfalldatum.

Strangle – Kauf oder Verkauf einer identischen Anzahl Calls und Puts mit gleichem Basiswert und Verfalldatum, aber mit unterschiedlichen Basispreisen.

Streubesitz – Der Aktienanteil eines Unternehmens, der sich nicht in festen Händen befindet, also über den Markt handelbar ist. Je geringer der Streubesitz an einer Aktiengesellschaft, desto weniger liquide deshalb auch der Markt für die entsprechenden Papiere – und umgekehrt. *Vgl.* enger Markt.

Stückelung – Angabe, auf welchen Nennwert die einzelne Aktie oder ein Abschnitt einer Anleihe bezogen ist. Bei Aktien in Deutschland etwa auf 50 und 100 Euro, bei Anleihen etwa auf 100, 500, 1000 Euro.

Stücknotiz – Angabe eines Kurses in Währungseinheit je Anteil im Unterschied zur Angabe in Prozent vom jeweiligen Nominalwert. *Vgl.* Notierung/Notiz.

Stückzinsen – Bei Erwerb einer Anleihe die anteiligen Zinsen vom Tag der letzten Zinsausschüttung bis zum Verkaufstag, die dem Verkäufer der Anleihe gutgeschrieben und dem Käufer belastet werden. Dafür erhält der Käufer den entsprechenden Zinsschein über die volle Abrechnungsperiode und am Tag des folgenden Zinstermins den vollen Zinsbetrag gutgeschrieben.

Stützungskäufe – Bezeichnung für die im Zuge von Interventionen am Devisenmarkt von den Notenbanken vorgenommenen Eingriffe, um den Kurs einer Währung gegen den Markttrend zu halten oder in eine bestimmte Richtung zu bringen.

Swap-Geschäfte – Kombinationsgeschäfte, bei denen Kassa- und Terminkurse zur Erzielung von Gewinnen ausgenutzt werden, weit verbreitet im Bereich des Devisenhandels.

SWX – Abkürzung für SIX Swiss Exchange, das ist die größte Börse der Schweiz.

T

T – »Taxe/Taxkurs« als Kurszusatz besagt, dass es zu keinerlei Umsatz im entsprechenden Wertpapier kam, weil keine Börsenaufträge vorlagen oder die vorliegenden Aufträge nach der gegebenen Marktsituation dem Makler unvertretbar erschienen. *Vgl.* Kurszusätze.

Tafelgeschäfte – Wertpapiergeschäfte am Bankschalter, bei denen die effektiven Wertpapiere, also die physischen Stücke selbst, dem Kunden ausgehändigt werden.

Tagesgeld – Zwischen verschiedenen Banken für einen Tag ausgeliehenes Geld aus den Bankguthaben bei der Bundesbank.

Tagesorder – Der nur für einen Tag gültige Auftrag an eine Bank.

Tantieme – Beteiligung am Jahresgewinn eines Unternehmens in Form von zusätzlich zum Lohn ausgezahlten Erfolgsprämien oder Ähnlichem, insbesondere für leitende Angestellte, Vorstandsmitglieder usw.

Taxkurs – Der Kurszusatz, abgekürzt »(T)«, besagt, dass es zu keinerlei Umsatz im entsprechenden Wertpapier kam, weil keine Börsenaufträge vorlagen oder die vorliegenden Aufträge nach der gegebenen Marktsituation dem Makler unvertretbar erschienen.

technische Analyse – *Vgl.* Aktienanalyse, Chartanalyse.

technische Reaktion – Eine innerhalb eines gleichbleibend aufwärts oder abwärts gerichteten Trends stattfindende Gegenreaktion zur vorangegangenen Kursentwicklung.

Telefonhandel – Der zwischen Banken, Freimaklern usw. stattfindende außerbörsliche Handel, unter anderem in der Vorbörse oder Nachbörse.

Tendenz – Vorherrschende Kursentwicklung am Aktienmarkt, ausgedrückt mit entsprechenden Börsenzusätzen. *Vgl.* Börsentendenz.

Tenderverfahren – Auktionsähnliches Verfahren bei der Emission von Wertpapieren, bei der derjenige den Zuschlag erhält, der das höchste Gebot abgegeben hat.

Termingelder – Zeitweilige Einlagen bei einer Bank, die entweder als Festgelder nach Ablauf der zu Beginn vereinbarten Festlegungsfrist wieder ausgezahlt werden oder als Kündigungsgelder nach Ablauf einer vereinbarten Kündigungsfrist.

Termingeschäft – Im Gegensatz zum Kassageschäft ein Geschäft, das bis zu einem bestimmten, in der Zukunft liegenden Zeitpunkt erfüllt werden soll.

Terminkontrakt – Die an der Terminbörse gehandelten Options- beziehungsweise Futuresverträge mit standardisierten Kennzeichen hinsichtlich des Verfalltermins, des Basispreises, der Menge beziehungsweise Stückzahl usw.

theoretischer Wert – Der sich unter Zugrundelegung eines bestimmten, idealtypischen Berechnungsmodells ergebende Wert einer Option.

thesaurierende Fonds – Investmentfonds, die die erzielten Erträge (Zinsen, Dividenden) nicht an den Anteilsinhaber ausschütten, sondern wieder in entsprechende Werte investieren.

Tilgung – Rückzahlung oder Rückkauf einer Anleihe durch den Schuldner.

Tilgungsanleihe – Anleihe mit fester Rückzahlung. Gegensatz: ewige Anleihe.

Tilgungsdauer – Der Zeitraum, der zur vollständigen Rückzahlung eines Kredites benötigt wird.

Timing – Die zeitlich präzise Abstimmung des Börsenverhaltens auf gegebene Marktsituationen, um den optimalen Zeitpunkt für den Ein- oder Ausstieg zu finden.

Trading – Ein Börsenverhalten, das kurzfristige Kursschwankungen extensiv ausnutzt und zu einem schnellen Wechsel von Wertpapierpositionen führt.

TER – Total Expense Ratio, Gesamtkostenbelastung eines Fonds pro Jahr, ausgedrückt in Prozent der Anlagesumme.

Tracking Error – Abweichung der Wertentwicklung eines Indexfonds von der des maßgeblichen Index.

Trading-Periode – Die eigentliche Handelsperiode an der Deutschen Terminbörse, in der die Kontrakte der entsprechenden Optionsserien in fortlaufender Notierung gehandelt beziehungsweise angezeigt werden.

Transaktionskosten – Gebühren, die für die Ausführung eines Wertpapiergeschäfts anfallen. Dies können Broker-, Bankgebühren und die Geld-Brief-Spanne (Spread) sein.

Treuhandgesellschaft – Gesellschaft, die die Verwaltung von Vermögen, Forderungen oder Ähnlichem nach bestimmten strengen Prinzipien treuhänderisch übernimmt.

Turnaround-Situation – Situation eines Aktienwertes beziehungsweise des entsprechenden Unternehmens; die eine nachhaltige positive Veränderung im Gesamttrend erkennen lässt.

U

Überbewertung – In der Fundamentalanalyse gebräuchliche Bezeichnung für einen zu hohen Kurs der entsprechenden Aktie oder des gesamten Marktniveaus – verglichen jeweils mit dem üblicherweise eingeräumten Niveau des KGVs oder sonstiger Aktienkennzahlen

UCITS – *siehe* OGAW.

Überkauft-Überverkauft-Index – Trend und Einzelwertindikator. Dieser Indikator dient der Früherkennung möglicher bevorstehender kurzfristiger Trendumkehrungen auf zuvor innerhalb einer bestimmten, individuell wählbaren Periode eingetretener massiver Kursbewegungen nach oben oder unten.

Überzeichnung – Im Zusammenhang mit neu ausgegebenen Wertpapieren häufig entstehende Situation, bei der die Nachfrage das Angebot übersteigt.

Ultimo-Auftrag – Auftrag, dessen Laufzeit bis zum Ende des jeweiligen Monats gültig sein soll im Unterschied etwa zu der tagesgültigen Order.

Umlaufrendite – Aktuelle Durchschnittsrendite für Kapitalanlagen, bezogen jeweils auf eine bestimmte Restlaufzeit.

Umlaufvermögen – Rasch umgeschlagene Vermögenswerte eines Unternehmens in Form zum Beispiel des Warenbestandes, der Lagervorräte oder der Roh-, Hilfs- oder Betriebsstoffe, die nicht zum Anlagevermögen gehören. *Vgl.* Anlagevermögen.

Umsatz – Die sich aus der Multiplikation der Menge mit dem jeweiligen Preis/Kurs ergebende Summe, die einen Hinweis gibt auf die Handelsaktivitäten, Größe usw. eines Unternehmens.

ungedeckte Option – 1. Option ohne Sicherstellung. 2. Option, die nicht durch Hinterlegung der entsprechenden Basiswerte, sondern etwa durch Bardepots oder Ähnliches sichergestellt ist.

ungedeckte Short-Position – Position in einem Optionsgeschäft, die durch einen Verkauf von Basiswerten gekennzeichnet ist, über die der Stillhalter dieser Option nicht verfügt.

unlimitierter Auftrag – Kauf- oder Verkaufsauftrag, bei dem der Käufer oder Verkäufer sich mit jedem ordnungsgemäß abgerechneten Kurs zufriedengibt. *Vgl.* bestens, billigst.

Unterbewertung – Bewertung einer Aktie oder eines Gesamtmarktes, gemessen am jeweils aktuellen Kursniveau, die im Vergleich zur Bewertung anderer Aktien oder Gesamtmärkte als niedrig erscheint und ein entsprechendes Nachholpotenzial haben könnten.

Unternehmensanleihen – Sammelbezeichnung für alle Anleihen, die von Wirtschaftsunternehmen ausgegeben werden.

Unterstützungslinie – Ein in der charttechnischen Analyse geläufiger Begriff für die Gerade, die innerhalb eines Trends durch die jeweiligen Tiefpunkte des Kursverlaufs gezogen werden kann. Diese Kurslinie nach unten zu durchbrechen fällt dem betreffenden Wertpapier, Index, Rohstoff oder Ähnlichem besonders schwer. Gegensatz: Widerstandslinie.

Unze – Als sogenannte Troy-Unze für Edelmetalle eine Gewichtseinheit von 31,1035 Gramm, die im internationalen Gebrauch vor allem als kleinste Einheit für Gold, Silber usw. verwendet wird.

Usancen – Überkommene, aber nicht immer ausdrücklich festgelegte Regeln oder Geschäftsgebaren, unter anderem die an einer Börse geltenden Regeln im Wertpapierhandel.

U-Schätze – Abkürzung für unverzinsliche Schatzanweisungen. *Vgl.* Schatzanweisungen.

V

Valuta – 1. Wertstellung für eine Gutschrift oder Belastung auf einem Konto, von der ab die Gutschrift oder Belastung zinsmäßig berechnet wird. 2. Sammelbegriff für Fremdwährungen.

variabel verzinsliche Anleihen – Anleihen, deren Verzinsung nicht fest, sondern zum jeweiligen Zinstermin neu bestimmt wird und sich nach den in den Anleihebedingungen genannten Kriterien richtet, zum Beispiel der Durchschnittsverzinsung am Kapitalmarkt. *Vgl.* floating rate notes.

Verfallmonate – Jene Monate, bis zu denen eine eingegangene Option an der Terminbörse ausgeübt oder ein entsprechendes Stillhaltergeschäft geschlossen werden muss.

Verkaufsoption – *siehe* Put.

Verlosung – Im Zuge der ratenweisen Tilgung von Anleihen nach dem Zufallsprinzip bestimmte Auswahl jener Stücke, die zum gegebenen Zeitpunkt zurückgezahlt werden sollen.

Versorgungswerte – Aktien von Unternehmen, die die Wirtschaft mit Grundenergie (Strom, Gas, Wasser) versorgen.

Verwaltungsvergütung – *siehe* Management Fee

vinkulierte Namensaktien – Besondere Form von Namensaktien, deren Eigentumsübertragung von der satzungsgemäßen Zustimmung der jeweiligen Aktiengesellschaft abhängig ist.

Volatilität – Das Maß für die vergangene (historische) oder erwartete (implizite) Schwankungsbreite des Preises/Kurses eines bestimmten Basiswerts. *Vgl.* historische Volatilität, implizite Volatilität.

Vorbörse – Der im Wesentlichen unter den Banken telefonische und fernschriftliche Wertpapierhandel vor Beginn der eigentlichen Börsensitzung und außerhalb der Verantwortung der Börse.

Vorschusszinsen – Die bei vorzeitiger Wiederinanspruchnahme von Einlagen bei einer Bank zu zahlenden Zinsen, etwa die nach dem Kreditwesengesetz verbindliche Zinsberechnung bei vorzeitiger Auszahlung von Spareinlagen vor Ablauf der Kündigungsfrist.

Vorstand – Das eigentliche, in der Regel aus mehreren Personen bestehende Organ zur Geschäftsführung und Vertretung einer Aktiengesellschaft.

Vorzüge – Andere Bezeichnung für Vorzugsaktien.

Vorzugsaktien – Gegenüber den Stammaktien mit höherer Dividende versehene Aktie, ein Vorzug, der in der Regel allerdings durch den Nachteil erkauft wird, dass der Inhaber dieser Papiere daraus keinerlei Stimmrechte auf der Hauptversammlung herleiten kann.

Vorzugsdividende – Die besondere, dem Inhaber von Vorzugsaktien gewährte Dividende, die in einer Dividendengarantie, aber auch aus einer gegenüber den Stammaktien mit einem zusätzlichen Bonus versehenen Ausschüttung bestehen kann.

W

Wachstumsaktien – Aktien von Unternehmen mit tatsächlichen oder erwarteten überdurchschnittlichen Gewinnzuwächsen während mehrerer Jahre. Üblicherweise weisen sie höhere Kurs-Gewinn-Verhältnisse auf und schütten nur geringe oder keine Dividenden an ihre Aktionäre aus. Gegensatz: Value-Aktien.

Währungsanleihe – Anleihe, die in einer anderen als der Landeswährung des Emittenten herausgegeben wird.

Währungsparität – Festgelegtes bestimmtes oder variables Verhältnis zwischen den Währungen zweier Länder, zum Beispiel dem Euro und dem Dollar.

Währungsreserven – Die bei der Bundesbank gehaltenen Reserven an Gold, Devisen, Guthaben beim Internationalen Währungsfonds, die zusammengenommen die internationale Zahlungsfähigkeit des Landes gewährleisten sollen.

Wall Street – Straße in New York, an der sich die bedeutendste Börse der westlichen Welt, die New York Stock Exchange (NYSE), befindet.

Wandelanleihen (Convertible bonds) – Sie räumen dem Eigentümer das Recht ein, die Anleihe innerhalb einer bestimmten Frist unter gegebenenfalls bestimmten Bedingungen und in einem festen Umwandlungsverhältnis in Aktien des Unternehmens zu tauschen.

Wandelobligationen – Andere Bezeichnung für Wandelanleihen.

Warenterminhandel – Handel mit Waren, die nicht sofort, sondern erst später – auf Termin – geliefert beziehungsweise abgenommen werden sollen.

warrants – Engl. Bezeichnung für Optionsscheine. *Vgl.* Optionsscheine.

Wertpapier – Urkunde, die bestimmte Rechte, etwa die Miteigentümerschaft an einem Unternehmen, verbrieft.

Wertpapierbörse – *siehe* Aktienmarkt.

Wertpapierkredit – *siehe* Effektenlombardkredit.

Wertpapierpensionsgeschäfte – *siehe* Pensionsgeschäft.

Widerstandslinie – Ein in der charttechnischen Analyse geläufiger Begriff für die Gerade, die innerhalb eines Trends durch die jeweiligen Höchstpunkte des Kursverlaufs gezogen werden kann. Diese Kurslinie nach oben zu durchbrechen fällt dem betreffenden Wertpapier, Index, Rohstoff oder Ähnlichem besonders schwer. Gegensatz: Unterstützungslinie.

Wertpapierkennnummer/WKN – Eindeutige Kennzeichnung für jedes Wertpapier deutschlandweit. Im internationalen Handelsverkehr wird dagegen die internationale Wertpapierkennnummer ISIN verwendet.

Wiederanlage – *Vgl.* thesaurierende Fonds.

X

XETRA – Die elektronische Handelsplattform der Deutschen Börse AG.

Y

Yankee bonds – Von ausländischen Schuldnern emittierte Dollar-Anleihen.

Yield to Matury – Die Rendite, die mit einem Rentenwert oder einem anderen festverzinslichen Wertpapier erzielt würde, wenn der Titel bis zur Endfälligkeit gehalten würde.

Z

Zahlungsbilanz – Aufstellung der gesamten Waren-, Dienstleistungs-, Kapital-, Devisen- und Goldtransaktionen zwischen einem Land und dem übrigen Ausland über eine bestimmte Abrechnungsperiode. Die Zahlungsbilanz gliedert sich in die Leistungsbilanz (Ströme der Waren, Dienstleistungen und sonstigen Übertragungen), die Kapitalbilanz (Ströme der Kapitalanlagen) und die Gold- und Devisenbilanz. Zahlungsbilanz-Ungleichgewichte machen sich nur innerhalb der Betrachtung einer dieser Positionen bemerkbar, da die Zahlungsbilanz als Gesamtbilanz immer ausgeglichen ist. *Vgl.* dagegen Handelsbilanz.

zeichnen – Die feste Übernahme von neu ausgegebenen Wertpapieren zu den im Zeichnungsangebot aufgeführten Bedingungen.

Zeitwert – Der Wert einer Option, der sich allein aus der Restlaufzeit dieser Option ergibt.

Zentralbank – *siehe* Europäische Zentralbank/EZB, US-Notenbank/Fed.

Zentralbankrat – War einst das oberste, aus dem Präsidenten, dem Vizepräsidenten, den übrigen Direktoriumsmitgliedern der Bundesbank sowie den Präsidenten der einzelnen Landeszentralbanken gebildete, Organ der Deutschen Bundesbank, das für die Festlegung der währungs- und kreditpolitischen Grundsatzentscheidung zuständig ist. Seit der europäischen Integration werden die wesentlichen Aufgaben der früheren Bundesbank auf die Europäische Zentralbank/EZB übertragen. *Vgl.* EZB.

Zerobonds – Sogenannte Null-Kupon-Anleihen, bei denen sich die Verzinsung bis zum festgelegten Rückzahlungstermin aus dem jeweiligen Unterschiedsbetrag zwischen dem Kaufkurs und der Tilgung zum Nominalwert errechnet.

Zertifikat – 1. Anteilschein eines Investmentfonds. 2. Spezielle Schuldverschreibung, die beispielsweise als Aktienindexzertifikat die Teilhabe an der Kursentwicklung eines bestimmten Aktienindex garantiert. *Vgl.* Bonus-Zertifikate, Discount-Zertifikate.

Zertifikate-Börse – Obwohl Zertifikate über den jeweiligen Emittenten und an den meisten deutschen Aktienbörsen gehandelt werden können, hat sich die Stuttgarter Börse unter dem Namen Euwax zu einem der besten, umsatzstärksten und für Privatanleger besonders attraktiven Handelsplatz für Zertifikate und Optionsscheine entwickelt. Die zweitwichtigste Börse für den Handel mit Zertifikaten und Optionsscheinen ist das Zertifikatesegment der Frankfurter Wertpapierbörse.

Zins – Preis für die befristete Überlassung von Geld, der im Voraus vereinbart wird und nicht, wie bei Dividenden, von der Höhe etwa eines Unternehmensgewinns abhängig ist.

zinsempfindliche Branchen – Jene Teilbereiche der Wirtschaft wie Konsumgüterindustrie einschließlich Kaufhäuser, Bauwirtschaft, Kreditinstitute und Ähnliche, deren Geschäfte bei steigenden Zinssätzen eher schwieriger, bei fallenden Zinssätzen eher leichter werden.

Zinseszins – Der Anteil an Zinsen, der auf erhaltene und nicht entnommene Zinserträge entfällt.

Zinsniveau – Die Höhe der Zinsen am Geld- und Kapitalmarkt, gemessen am durchschnittlichen Zinsniveau einer vorangegangenen Periode, wobei in der Regel nicht die nominalen, sondern die realen Zinsen ausschlaggebend sind.

Zinssatz – Der Prozentsatz, mit dem eine Kapitalanlage verzinst oder ein Kredit gewährt wird.

Zinsspanne – Spanne zwischen den Erträgen aus Zinsen und den Aufwendungen für Zinsen eines Kreditinstituts.

Zinstender – Die von der Europäischen Zentralbank durchgeführten Ausschreibungsverfahren im Zuge ihrer Wertpapierpensionsgeschäfte, bei denen die Kreditinstitute den Zinssatz nennen müssen, zu dem sie bereit sind, entsprechende Wertpapiere an die EZB zu verkaufen, um sich liquide Mittel zu besorgen. *Vgl.* Tenderverfahren, Mengentender.

Zinstermin – Termin, an dem die vereinbarten Zinsen aus einer Anleihe fällig sind, zumeist im Abstand von einem halben oder einem Jahr.

Zinsterminkontrakt – Termingeschäft über den Kauf von verzinslichen Wertpapieren.

Zitterbörse – Börsensituation, die durch ein ständiges Hin und Her der Marktbewegungen gekennzeichnet ist. *Vgl.* Schaukelbörse.

Zulassungsstelle – Die gemäß Börsengesetz eingerichtete Kommission, die über die Zulassung von Wertpapieren zum Handel, gegebenenfalls auch über den späteren Entzug dieser Zulassung entscheidet.

Zusatzaktien – *vgl.* Berichtigungsaktien.

Zuteilung – Die im Zuge der Ausgabe neuer Wertpapiere infolge Überzeichnung der Emission vorgenommene Aufteilung der Wertpapiere auf die verschiedensten Kaufinteressenten.

Zwangsregulierung – Im Börsenhandel zwangsweise vorgenommene Transaktion gegen einen Händler, zum Beispiel der neuerliche Kauf zu seinen Lasten, wenn dieser nicht oder nicht fristgerecht liefert.

zyklische Aktien – Aktien, die sich entsprechend der vorherrschenden Marktbewegung verhalten.

zyklisches Anlageverhalten – Anlageverhalten, das darauf ausgerichtet ist, die Bewegungen des Gesamtmarktes in etwa mitzumachen: bei anziehenden Kursen eher zu kaufen, bei fallenden Kursen eher zu verkaufen.

Sach- und Personenregister

Investieren wie Warren Buffett

Yefei Lu

Warren Buffett ist der Superstar des Kapitalismus und unumstritten der erfolgreichste Investor aller Zeiten. Doch warum eigentlich ist er so erfolgreich? Was sind seine Erfolgsgeheimnisse? Und wie können andere sich diese aneignen? Anhand der 20 wichtigsten Investments von Warren Buffett in Firmen wie Coca-Cola, Washington Post, GEICO, US Air, Wells Fargo und IBM seziert der erfahrene Finanzanalyst Yefei Lu die langfristige Anlagestrategie des Starinvestors. Wie sieht das Timing von Buffett aus? Welches (Insider-) Wissen nutzt er für seine Entscheidungen? Lu arbeitet die Schlüsselfaktoren heraus, mit denen jeder Anleger, unabhängig von seinem Anlageschwerpunkt sowie der Größe und der Ausrichtung des interessanten Unternehmens, nach denselben Kriterien vorgehen kann wie der Erfolgsinvestor.

336 Seiten | Hardcover | 24,99 € (D) | ISBN 978-3-95972-198-1